Psi als Staatsgeheimnis

Henry Gris/William Dick

PSI als Staatsgeheimnis

Der Vorsprung
der Russen in der
psychologischen, medizinischen
und strategischen Nutzung
bisher ungeklärter
Paraphänomene

Scherz

Erste Auflage 1979.
Einzig berechtigte Übersetzung aus dem Amerikanischen
von Hainer Kober (Teil I und II) und Brigitte Stein (Teil III).
Schutzumschlaggestaltung: Graupner + Partner.

Titel der Originalausgabe: »The New Soviet Psychic Discoveries«.

Inhalt

Einleitung
Unter den Fittichen von Nowosti – und auf Abwegen

Anna, die mollige Bedienung in der Bar für ausländische Währungen, gleich hinter der stets überfüllten Empfangshalle des *Intourist*-Hotels, war offensichtlich darin geschult, sich an Gesichter zu erinnern. Als wir zu ihr an die Theke kamen, begrüßte sie uns wie alte Bekannte mit betonter Herzlichkeit: »Wie nett, daß Sie wieder in Moskau sind!« Wobei sie uns allerdings mit »Gospodin« anredete, was die Russen eigentlich nur noch Ausländern gegenüber tun.

Die Bar war leer. Wir waren die einzigen Gäste. Bevor wir noch etwas bestellen konnten, standen schon zwei Espressos vor uns, und aus einem Versteck unter dem Büfett angelte Anna die Flasche mit dem georgischen Fünf-Sterne-Kognak, den sie offenbar für besondere Gäste in Reserve hielt.

Sie erinnerte sich also auch daran, daß wir die russische Winterkälte am liebsten mit Kaffee plus Kognak bekämpften. Und heute, an diesem ersten Morgen, den wir wieder in Moskau waren, erschauerten die Passanten ebenso wie die kahlen Linden in der Gorki-Straße unter dem eisigen Wind, der den breiten Boulevard entlangfegte.

Während wir uns aufwärmten, war Anna vermutlich damit beschäftigt, unser Gespräch zu verfolgen, um es den Herren vom KGB so genau wie möglich wiedergeben zu können. Sie würde berichten, daß wir in Begleitung eines sowjetischen Staatsbürgers gewesen seien, den sie schon einmal in unserer Gesellschaft gesehen habe, einen gewissen Viktor Adamenko. Was sie wahrscheinlich nicht wußte und sie auch kaum interessiert hätte: daß es sich um einen führenden sowjetischen Parapsychologen handelte. Sie hatte wohl überhaupt noch nie etwas von Parapsychologie gehört. Doch ihr Bericht würde sich als zutreffend erweisen, und unsere drei Namen und Daten zur Person würden sich gewiß schon in den Akten des Staatssicherheitsdienstes finden.

Nicht, daß das Viktor Adamenko oder uns etwas ausgemacht hätte.

Alles hatte vor vielen Jahren begonnen – merkwürdigerweise in Hollywood. An dem Tag, als Valentin Sorin, ein prominenter Nachrichtenkommentator des russischen Fernsehens, ratlos in einem Hotelzimmer in Los Angeles saß, weil er nicht die Interviews bekam, um deretwillen er um die halbe Welt gereist war. Niemand wollte ihn empfangen. Doch bevor Sorin Moskau verließ, hatte ihm Henry Shapiro, der Chef des amerikanischen UPI-Nachrichtenbüros, für den Notfall die Telefonnummer von Henry Gris gegeben. Der ließ seine Beziehungen spielen und arrangierte für den sowjetischen Kollegen doch noch ein paar der gewünschten Interviews. Das vergaß er ihm nie. Als unsere Rollen nun vertauscht waren, erklärte sich Sorin sofort bereit, uns ebenfalls weiterzuhelfen.

Monatelang hatten wir vergeblich auf unsere Visa für die Sowjetunion gewartet. Dann beschlossen wir, Sorin in Moskau anzurufen, um ihn zu bitten, ein gutes Wort für uns einzulegen. Zwei Tage später erhielten wir die Nachricht, daß unsere Visa genehmigt seien.

Kurz nach unserer Ankunft aßen wir mit Sorin im Moskauer Presseklub. Er sagte: »Wissen Sie, daß die tatsächlich gemeint haben, Sie seien Spione? Man fragte mich, warum ich Ihnen helfen wollte, nach Rußland zu kommen. Ich sagte: ›Weil es ehrenwerte Journalisten sind.‹ Dann erzählte ich, daß ich vor einem Jahr zu einem kurzen Besuch in Hollywood gewesen sei und dort Schwierigkeiten mit dem State Department gehabt hätte. ›Diese Leute haben mir geholfen, obwohl sie nichts über micht wußten!‹ Daraufhin meinten sie, wenn ich mich dafür verbürgen könnte, daß Sie keine Spione seien, würden Sie Ihre Visa sofort erhalten. Ich sei aber persönlich dafür verantwortlich, daß Sie sich einwandfrei aufführen. Ich erklärte mich damit einverstanden. Also, Jungs, tut mir den Gefallen und spioniert nicht herum.«

Wir werden wohl nie erfahren, ob Natascha Jakowlewa, an die

Sorin uns weiterreichte, ebensoviel riskierte wie er. Sie war ein recht attraktives Redaktionsmitglied der Presseagentur Nowosti und hatte die Aufgabe, uns die Wege zu ebnen. Nowosti ist bekanntlich ein Propagandainstrument der Regierung und betreut die ausländischen Pressevertreter der UdSSR. Natascha, die in der Abteilung »Nordamerika« arbeitete, traf die Verabredungen für die Interviews, führte uns zu den Personen, die wir zu sehen wünschten, und blieb während der Gespräche eisern an unserer Seite. Sobald sie uns miteinander bekannt gemacht hatte, erklärte sie voller Hochachtung, daß wir den *National Enquirer* verträten. Er sei die meistgelesene Zeitschrift Amerikas; man müsse sie sich als eine Vereinigung der beiden auflagenstarken russischen Wochenblätter *Literaturnaja Gazeta* (»Literaturzeitung«) und *Nedelja* (»Woche«) vorstellen. Der Vergleich hinkte zwar, ermöglichte unseren Gesprächspartnern aber immerhin, sich ein Bild zu machen.

Das erste Mal blieben wir nur zwei Wochen in Rußland. Doch wir kamen bald wieder – schließlich jedes Jahr mehrere Male, und wir berichteten über alles, was uns auf dem Gebiet der Forschung und Wissenschaft interessant schien: über Lebensverlängerung, über das Leben im Weltraum, Krebsforschung und neue Energiequellen.

Am Ende unserer vierten Reise wurden wir von der Nowosti-Nachrichtenagentur um einen Vortrag vor den Redaktionsmitgliedern gebeten. Es ging um die Frage, warum der *Enquirer* in Amerika so erfolgreich sei. Am folgenden Tag stellten wir im überfüllten Konferenzraum fest, daß sich auch andere Moskauer Journalisten eingeschmuggelt hatten. Nach dem Vortrag hagelte es Fragen. Besonders schien sie zu interessieren, warum die amerikanischen Leser so großen Spaß an »Geistergeschichten« haben. Ein Diskussionsteilnehmer wollte wissen, ob wir selbst auch an Geister glaubten, und fügte zu unserer großen Überraschung hinzu: »Ich kann Ihnen eine phantastische Geschichte über einen Geist hier in Moskau erzählen. Ich bin ihm selbst begegnet!«

Andere brachten übersinnliche Phänomene, Astrologie und Okkultismus zur Sprache. Offensichtlich waren sie begierig, über diese Themen mehr in Erfahrung zu bringen. »Sind Sie der Ansicht, daß sich ein Wassermann anders verhält als ein Fisch?«

fragte einer. Als wir bejahten, sagte er befriedigt: »Der Meinung bin ich auch.«

Nach dem Vortrag nahm uns eine gepflegt aussehende und gut gekleidete Frau mittleren Alters beiseite und stellte sich als Ludmilla Michailowna Borosdina, die Herausgeberin des Magazins *Soviet Life* vor. »Ich gebe Ihnen meine Telefonnummer«, sagte sie. »Wenn Sie jemals zurückkommen, um sich speziell über paranormale Phänomene in der Sowjetunion zu informieren, rufen Sie mich an. Ich kann Ihnen viel darüber erzählen. Es wäre mir ein ausgesprochenes Vergnügen, Sie auf Ihren Reisen zu begleiten.« Sicherheitshalber berichteten wir unseren Gastgebern, den Nowosti-Leuten, von diesem Angebot. Ein bißchen mit der Konkurrenz zu winken, tut immer gut, auch in der UdSSR.

»Kommt nicht in Frage«, protestierte Natascha Jakowlewa, »wann immer Sie wiederkommen, arbeiten Sie mit *mir* zusammen.« Ausnahmsweise gefiel uns einmal eine solche besitzergreifende Haltung. Natascha wußte nun, daß wir zu Frau Borosdina gehen würden, wenn sie nicht alle von uns gewünschten Kontakte vermittelte.

Einige Monate später wurde uns nach Florida telegrafisch mitgeteilt, daß unserer Bitte stattgegeben werde, eine umfassende Untersuchung über das viele Millionen Rubel verschlingende parapsychologische Forschungsprogramm der Sowjets durchzuführen. Die Nachricht von Wladimir Machotin, dem damaligen Leiter der Nordamerika-Abteilung von Nowosti, besagte, daß wir einen Monat lang durch die Sowjetunion reisen und dabei mit *allen* Aktivisten der Psi-Forschung zusammenkommen könnten. Doch im weiteren Text der Depesche war dann nur von fünf Leuten die Rede, die wir sehen sollten. Was war mit den anderen? Wir hatten sehr viel mehr auf unserer Liste und waren nun besorgt. Umgehend fragten wir bei Nowosti zurück. Zwei Tage später erhielten wir ein Kabel von Natascha Jakowlewa: »Keine Sorge. Es geht alles in Ordnung.«

Unsere Expedition in das paranormale, übersinnliche Rußland konnte beginnen. Natürlich war uns klar, daß wir nicht auf eigene Faust vorgehen durften. Jurij Schewjakow, ein ausgezeichneter Wissenschaftsredakteur, wurde von Nowosti zu unserer Begleitung abkommandiert, ein blasser junger Mann von ernstem Aussehen und konservativer Erscheinung. Er war entsetzlich höflich und nervös. Englisch sprach er sehr langsam, aber deutlich. Seine Aufgabe war, uns stets im Auge zu behalten, während er uns offiziell bei unserer Arbeit half. Aus irgendeinem Grunde brauchten wir für diese Dienstleistungen nicht die üblichen Gebühren zu zahlen, sondern nur für die Fahrt-, Hotel- und Verpflegungskosten der Nowosti-Mitarbeiter aufzukommen – Kosten, die die jeweilige Begleitperson auf ein äußerstes Minimum einzuschränken suchte. Dafür verfügten wir über einen Reisebegleiter, der unser Manager, Sekretär, Dolmetscher und Bote in einer Person war. Doch da einer von uns, nämlich Gris, fließend Russisch sprach, brauchten wir uns unseres Dolmetschers kaum jemals zu bedienen.

Fünf Forscher hätten wir mit offizieller Erlaubnis eigentlich nur interviewen dürfen – und am Ende waren es doch 62: Astrophysiker, Physiker, Mathematiker, Philosophen, Raumfahrtingenieure, Erziehungswissenschaftler, Mediziner, Psychologen, Gedankenleser, Hellseher, Heiler, Medien ... kurz, Sensitive aller Art und der verschiedensten Herkunft, Hochgebildete und Analphabeten.

Es war uns gestattet, den weltberühmten Semjon Kirlian zu sprechen, der eine besondere Technik der Aurafotografie entwickelt hat. An vielen Universitäten des Auslands einschließlich der USA und der Bundesrepublik Deutschland wird heute mit ihr experimentiert. Westlichen Journalisten und Wissenschaftlern, unter anderem der bekannten amerikanischen Parapsychologin Dr. Thelma Moss, wurde ein Besuch bei ihm verweigert. Wir aber durften zu ihm ins ferne Krasnodar.

Wir sprachen auch mit Dr. Viktor Injuschin, der kaum jemals Alma-Ata, die Hauptstadt von Kasachstan, verläßt. Dort ist er mit einer Reihe äußerst bedeutsamer Forschungsprogramme beschäftigt, von der Diagnose früher Krebsstadien mit Hilfe der Kirlian-Fotografie bis zur Radarkontrolle der menschlichen Psyche.

Einige Tage verbrachten wir bei Dr. Genadij Sergejew. Er gewährte uns Einblick in die neuesten, faszinierenden Ergebnisse seiner Forschungsarbeiten über Bioenergie, die Quelle ewigen Lebens.

Und natürlich sprachen wir wiederholt mit Viktor Adamenko,

dem brillanten Physiker und Allround-Parapsychologen. Adamenko, Injuschin und Sergejew sind die drei Säulen der sowjetischen Psi-Forschung. Gemeinsam sind diese drei bemerkenswerten Männer auch für eine neue wissenschaftliche Nomenklatur verantwortlich, die die verschiedenen geheimnisvollen Kräfte des menschlichen Geistes in nüchternen, exakten Begriffen ausdrückt. Sie tragen neue Hypothesen vor, die uns heute so bestürzend erscheinen wie Einsteins Relativitätstheorie den konventionellen Physikern des Jahres 1915. Und bezeichnenderweise verwendet das russische Trio Einsteins Ergebnisse für die eigene Arbeit.

Wir haben beobachtet, wie Alla Winogradowa unglaubliche psychokinetische Leistungen vollbrachte. Sie hat die Nachfolge der bedeutendsten Sensitiven der UdSSR, Ninel Kulagina, angetreten, die im wahrsten Sinne des Wortes ein Opfer der Wissenschaft geworden ist. Es wurde uns auch gestattet, einen Blick in ein Labor der Träume zu werfen, Träume, die menschliches Leben zu retten vermögen. Aufgezeichnet hat sie Dr. Wassilij Kassatkin in Leningrad, der sich auch mit der Untersuchung von Präkognition beschäftigt – ein Phänomen, das die Menschheit von alters her beunruhigt.

Wir waren die ersten westlichen Journalisten, denen es gelang, bis zu Professor Dr. Felix Zigel vorzudringen, *der* russischen Kapazität auf dem Gebiet der Ufologie. Er hat sich mit der Frage befaßt, ob Wesen von anderen Sternen möglicherweise mittels Telepathie mit uns in Verbindung treten können. Dr. Wladimir Raikow und Dr. Pawel Bul führten uns in die durch Hypnose zugängliche Welt des Unterbewußten. Wir trafen Boris Ermolajew, der einen Menschen in der Luft schweben lassen kann, den hochbegabten Telepathen Jurij Kamenskij und das Medium Tofik Dadaschew . . . Sie alle und noch viele andere haben uns eingehend mit ihren Forschungsarbeiten, Vorhaben und Hoffnungen vertraut gemacht. Und sie alle haben sich ihrem wissenschaftlichen Ziel viel konsequenter, bedingungsloser verschrieben als die meisten ihrer Kollegen im Westen.

Mit dem Flugzeug, dem Zug, dem Auto und zu Fuß legten wir mehr als 40 000 Kilometer quer durch die ganze Sowjetunion zurück. Wir hatten Zugang zu nahezu allen Daten, die wir brauchten, um die erstaunlichen sowjetischen Anstrengungen auf diesem Gebiet ins rechte Licht zu rücken. Wir durften nicht nur Interviews machen, sondern auch die Laboratorien besichtigen, in denen die Forschungsarbeiten durchgeführt werden. Immer wieder hat man uns versichert, daß wir – auch russische Journalisten eingerechnet – die ersten professionellen Zeitungsleute seien, die so umfassende Recherchen anstellen und so viele Personen befragen durften. Einige Wissenschaftler seien bisher vor der Presse völlig abgeschirmt worden.

Als der Astrophysiker Wsewolod Troizkij von seinem berühmten Observatorium in Gorki, einer Einrichtung, die in erster Linie gebaut worden ist, um Signale aus dem Weltraum aufzufangen, herübergereist kam, nur um uns zu sehen, fanden sich im Nowosti-Büro drei sowjetische Reporter ein und baten uns um die Erlaubnis, bei dem Interview still in einer Ecke sitzen und sich Notizen machen zu dürfen.

»Wollen Sie damit sagen, daß Sie als sowjetische Journalisten diesen Mann nicht interviewen dürfen? Können Sie ihn denn nicht einfach um ein Gespräch bitten?«

»Völlig ausgeschlossen. Das ist ein berühmter Wissenschaftler. Seine Zeit ist außerordentlich wertvoll. Um ehrlich zu sein, wir beneiden Sie schrecklich.«

Wie bereits erwähnt, hat die Nowosti-Presseagentur eine Doppelfunktion: Einerseits verbreitet sie Meldungen über die Sowjetunion, die zur Veröffentlichung im Ausland bestimmt sind, andererseits betreut sie ausländische Korrespondenten im Lande. Die amerikanischen Korrespondenten in Moskau behaupten hartnäkkig, daß es sich um eine Einrichtung des KGB, also des Staatssicherheitsdienstes, handle. Wir haben keinen Mitarbeiter von Nowosti jemals dabei ertappt, daß er hinter uns herspioniert hat. Doch gingen wir davon aus, daß sie eingehende Berichte über unser Tun und Lassen anfertigen und weiterleiten mußten.

Bei unserer ersten Rußlandreise im Sommer 1972 begannen wir, sobald wir unser Moskauer Hotelzimmer betreten hatten – wir wohnten in dem riesigen 5000 Zimmer umfassenden *Rossija* –, nach versteckten Mikrofonen zu suchen. Wir konnten keines finden, was nicht unbedingt heißt, daß es dort keine gab.

Bei einem späteren Aufenthalt im *Intourist*-Hotel gerieten wir versehentlich in das Überwachungszentrum im 19. Stock. Es war ein Raum voller elektronischer Einrichtungen, von Fernsehmonitoren bis hin zu einem riesigen Schaltbrett mit flackernden Lichtern. Der Mann hinter dem Schaltbrett schlürfte Tee. Der dampfende Samowar wirkte wie ein Relikt aus einem längst vergangenen Zeitalter. Freundlich erhielten wir Auskunft. Je drei farbige Lichter kamen auf ein Zimmer, weiß, grün und rot. Mit ihrer Hilfe könne er besser über die persönliche Sicherheit der Hotelgäste wachen, erklärte der Mann. Ein Licht sei mit der Zimmertür verbunden, die in den Gang führe. Jedesmal, wenn ein Gast seine Tür öffne, gehe das Licht an. Wir vermuteten, daß ein zweites mitteilte, ob er in seinem Zimmer sei, und das dritte bedeutete: Mikrofon eingeschaltet. Eines Abends folgte man uns in den Moskauer Zirkus. Gott weiß, warum. Ein andermal wurden wir mitten in der Nacht im Hotel *Aserbeidschan* in Baku durch einen Mann und eine Frau, die sich als Dissidenten ausgaben, einer Gesinnungsprüfung unterzogen. Ein leises Klopfen an der Tür, ein Wispern: »Lassen Sie uns hinein. Wir haben eine Botschaft nach draußen.«

Wir sagten ihnen, sie sollten gehen, am Morgen wiederkommen und einen Gewährsmann mitbringen. Das taten sie nicht. Als wir unsere Begleiterin Natascha beim Frühstück von dem Vorfall in Kenntnis setzten, wurde sie sichtlich ärgerlich. »Haben Sie auch keine Dummheit gemacht?« fragte sie. Wir versicherten ihr, daß wir brav gewesen seien.

Und schließlich wollen wir Nikolai Sergejewitsch Witrochin, einen Philosophieprofessor, und seine Braut Lydia Iwanowna nicht vergessen. Zwei Figuren wie aus dem *Malteser Falken*, nur sowjetischen Zuschnitts. Überall in Rußland tauchten sie plötzlich, wie aus dem Boden gewachsen, auf und leisteten uns für einen unterhaltsamen Tag Gesellschaft. Wir haben zwar keinen unwiderlegbaren Beweis, doch guten Grund anzunehmen, daß die beiden als zusätzliche Betreuer auf uns angesetzt waren. Nun, es hat uns nicht gestört. Unter Beobachtung oder nicht, wir leisteten uns keinerlei Tricks und Manöver, keine politische Äußerung, keine Gesetzesverstöße. Wir waren Journalisten, die sich ausschließlich mit wissenschaftlichen Themen befaßten. Wir taten unsere Arbeit, schrieben unsere Berichte, die ohne irgendeine politische Färbung im Druck erschienen – zuerst im *National Enquirer*, dann in der ganzen Welt.

Die Nowosti-Leute waren offensichtlich mit uns zufrieden. Bei den nächsten Reisen hatten wir das Gefühl, daß sie überall, selbst beim KGB, persönlich für uns bürgten. Immer wenn etwas, das anfangs abgelehnt worden war, plötzlich möglich wurde, wenn wir zum Beispiel eine geheime Telefonnummer erfuhren, wußten wir, daß irgend jemand ziemlich weit oben sein *»w porjadke«* gegeben haben mußte – das russische »okay«.

Unsere Reisebegleiter hielten mit dem geheimnisvollen Jemand in der sowjetischen Hierarchie, der unsere Mission gebilligt hatte, ständig Verbindung. Offensichtlich wußte der Betreffende alles über uns. Vermutlich haben wir ihn niemals an der Nase herumführen können, selbst nicht auf unserer »geheimen« Reise nach Moskau.

Bei diesem Besuch wollten wir die losen Enden unserer umfangreichen Recherchen ohne Überwachung abschließend zusammenfügen. Wir reisten als Touristen ein. Niemand war über unsere Ankunft unterrichtet. Wir brauchten keinen Führer, um uns in Moskau zurechtzufinden, das wir mittlerweile recht gut kannten. Und wir sprachen Russisch. Wir wollten allein zurechtkommen, uns überall in der Stadt frei bewegen und jeden anrufen können, von dem wir noch eine Auskunft brauchten.

Wir hatten unseren Aeroflot-Flug von Kopenhagen nach Moskau im letzten Augenblick gegen zwei Plätze in einer japanischen Linienmaschine umgebucht, die auf ihrem Flug nach Tokio nachts in Moskau zwischenlandete. Als wir dort mutterseelenallein ausstiegen, lag der größte Teil des Flughafenpersonals längst im Bett. Mit einem raschen Blick überzeugten wir uns davon, daß niemand auf uns wartete. Der Mann an der Zollkontrolle ließ uns mit einer müden Handbewegung passieren. In der *Intourist*-Empfangshalle des Flughafens Scheremetjewo, wo alle Besucher sich dem staatlichen Touristikbüro anvertrauen müssen, saß ein Mann hinter einem langen Tisch mit einer Reihe leerer Stühle davor. Er musterte die Seite des Buches, in dem die erwarteten Auslandsbesucher verzeichnet wurden, und hob die Augenbrauen. Unsere Namen waren dort nicht zu finden. »Ich habe keine Hotelreservierung für Sie«, murmelte er, »wie kann das sein?« Wir zuckten die Achseln, als verstünden wir nicht, und sahen ihn hilflos an. Sowjetische Einreisevisa treten einen Tag vor der erwarteten Ankunft in Kraft. Wir hatten uns diese Gesetzeslücke zunutze gemacht und waren absichtlich einen Tag früher gekommen.

»Ich werde sehen, was ich für Sie tun kann«, meinte er und griff zum Telefon. »Ich hab' hier zwei Trottel«, sagte er in den Hörer, »könnt ihr sie irgendwo unterbringen?« Er nickte und legte auf.

»Gehen Sie ins Hotel *Berlin*«, sagte er gleichgültig. »Ich gebe Ihnen die Nummer Ihres Fahrers.« Unseren überschwenglichen Dank ignorierte er. Vermutlich war er genauso froh, uns so rasch loszuwerden, wie wir ihn.

Uns ging es während dieses »Geheimaufenthalts« vor allem darum, noch einmal mit Viktor Adamenko zusammenzukommen. Mit seiner Hilfe wollten wir das Bild, das wir von der parapsychologischen Forschungsszene in der Sowjetunion gewonnen hatten, auf den neuesten Stand bringen. Er sollte uns die fehlenden Stücke unseres Puzzlespiels liefern. Wir brauchten noch ein paar zuverlässige Interviewpartner. Wenn Viktor die Leute nicht persönlich kannte, so hatte er doch eine Vorstellung von der Bedeutung ihrer Arbeit und wußte, wer ein fauler oder gefährlicher Kunde und wer in Ordnung war.

Hinter seinem eleganten Äußeren verbarg sich ein brillanter wissenschaftlicher Verstand. Er sprach leise, ernst und stets aufrichtig. Sein Name ließ auf ukrainische Herkunft schließen. Doch seine dunklen Augen und das schwarze Haar, die gar nicht slawischen Gesichtszüge verrieten die ethnische Mischung. Mit seinem gepflegten Äußeren und seinen guten Umgangsformen wirkte er auf uns wie der vielzitierte »Kavalier alter Schule«.

Wir mußten mit Viktor Verbindung aufnehmen, aber wie? Wir hatten zwar die Telefonnummer des Instituts für allgemeine Physiologie, in dem er arbeitete. Doch frühere Erfahrungen hatten gezeigt, daß die Vermittlung uns einfach nicht weiterverband. Es bestand kaum Aussicht, ihn zu treffen, und doch hatten wir, wie so oft in Rußland, wieder einmal das zuversichtliche Gefühl, irgend etwas würde geschehen und uns helfen. Und es geschah etwas. Wir waren gerade durch die Hoteltür ins Freie getreten, als wir eine vertraute Gestalt erblickten. Unglaublich, es war Adamenko!

Er stand nur ein paar Schritte entfernt auf dem Bürgersteig. Er mußte schon lange dort gestanden haben, denn er sah trotz seines dicken Mantels ganz verfroren aus. Er hatte die Schultern hochgezogen, die Mütze aus grauem Kaninchenfell saß ihm tief im Gesicht, die Ohrenschützer waren heruntergeklappt. Er scharrte mit den Füßen im Schnee und hatte die Hände tief in den Taschen vergraben.

»Mein Gott, Viktor, daß wir Sie hier finden! Woher wußten Sie . . .?«

Er starrte uns an, und seine Augen weiteten sich vor Freude. Im gleichen Moment schmolz sein erfrorenes Gesicht zu einem breiten Grinsen.

»Ich habe es nicht gewußt«, erklärte er zögernd. »Wenigstens nicht bewußt.«

»Warten Sie hier auf irgend jemand?«

»Nicht direkt . . .« Dann, mit einem Zwinkern im Auge, »es sei denn, auf Sie. Vielleicht . . .«, er machte eine Pause, » . . . war es Gedankenübertragung?«

Später kam uns in den Sinn, daß er vielleicht auf einen Kollegen gewartet hatte, möglicherweise um irgendwelche inoffiziellen Papiere in Empfang zu nehmen, die im parapsychologischen Untergrund Moskaus zirkulierten. Die persönliche Zustellung ist sicherer als die Post und wird von sowjetischen Intellektuellen gern und häufig gewählt.

Wir teilten Adamenko rasch mit, unter welchen Umständen wir diesmal eingereist waren. Er begleitete uns wortlos ins *Intourist*-Hotel, unsere schweren Mäntel landeten in einer Ecke, wir setzten uns an einen der Tische, von denen man auf den mit Schnee bedeckten Innenhof hinaussieht. Dort hatten wir bei unseren früheren Aufenthalten in Moskau schon oft mit Viktor gesessen. Es war, als wären wir nie fortgewesen.

»Gotowo!« rief Anna, was soviel heißt wie »bitte schön, bedienen Sie sich!« Sie stellte Kaffee und Kognak auf ein Tablett. In der Ausländerbar wird von einem erwartet, daß man trotz der gepfefferten Preise, die man für einen normalen Kaffee oder ein schlich-

tes Sandwich in Devisen zu zahlen hat, für sich selbst sorgt. Was übrigens auch Anna tat. Flink hatte sie die Zwanzigdollarnote verschwinden lassen. Wir wußten, daß wir nichts herausbekommen würden. Als Viktor den Kognak eingoß, sagte er: »Sicherlich soll ich Ihnen bei irgend etwas helfen. Richtig?«

Richtig. Doch bevor wir zu der langen Frageliste kamen, die wir noch in Amerika vorbereitet hatten, mußten wir die Frage loswerden, die uns am meisten beschäftigte: Warum hatte man uns den Zugang zu den bestgehüteten Geheimnissen der sowjetischen Psi-Forschung gestattet? War das nichts Ungewöhnliches, hatten auch andere die Gelegenheit gehabt?

Viktor schüttelte den Kopf. »Absolut ungewöhnlich«, wiederholte er mehrmals. »Niemand – und ich meine wirklich *niemand* –, der vor Ihnen aus dem Ausland hierhergekommen ist, und dazu gehören prominente Wissenschaftler, wurden die Einblicke gewährt, die man Ihnen geboten hat. Niemand durfte so offen und so lange mit den Leuten sprechen wie Sie. Sie sind die ersten aus der westlichen Welt, die mit allen führenden Parapsychologen in unserem Land zusammenkommen durften. Ich habe vielleicht ein bißchen dazu beigetragen, doch vor allem lag es an der Billigung von oben. Ohne die wäre das Ganze nicht möglich gewesen.«

»In Ordnung, Viktor, aber wir wissen immer noch nicht, warum?« Wir blieben hartnäckig. »Warum hat man es zugelassen?«

Adamenko hatte schweigend zugehört und die goldene Flüssigkeit in seinem Glas betrachtet. Nach einer Weile sagte er nachdenklich: »Ich bin zwar versucht zu glauben, daß ein neuer Wind weht, doch die gegenwärtigen Machthaber haben noch kein uneingeschränktes Vertrauen zu uns. Die wissenschaftliche Revolution, die wir einleiten, ist zu tiefgreifend, stellt die alten und bewährten physikalischen Gesetze zu grundsätzlich in Frage, bricht zu abrupt mit der Weise, in der man Physik bislang gelehrt und verstanden hat. Wir parapsychologischen Forscher sind ernsthafte Wissenschaftler und der Meinung, daß wir eines Tages die Geheimnisse des menschlichen Geistes mit Hilfe exakter Gleichungen erklären können. Wenn uns das gelungen ist, werden wir auch Mittel und Wege finden, die Bioenergie zu kontrollieren und sie schließlich dosiert nutzbar zu machen. Nicht heute, nicht morgen, aber in absehbarer Zukunft. Hinter dieser neuen Grenze liegt die Antwort auf die Frage, auf welche Weise sich so unterschiedliche Ziele verwirklichen lassen wie die Kommunikation mit außerirdischen Kulturen, die Verlängerung des menschlichen Lebens, der Sieg über den Krebs, der Sieg über die Blindheit . . .«

Das war seine Vision. Über den Tisch hinweg sah er uns unverwandt und seiner Sache sicher an. Plötzlich glitt ein leichtes Lächeln über sein Gesicht.

»Was nun Sie angeht, meine Herren, möchte ich meinen, daß die Leute da oben wissen wollen, wie weit unsere Wissenschaftler hier im Vergleich zur übrigen Welt sind. Deshalb hat man Ihnen erlaubt, sich bei uns umzusehen, Material zu sammeln und es im Westen zu veröffentlichen. Sie sind gespannt, wie die Reaktion darauf ist. Das werden sie sorgfältig beobachten. Ich glaube, sie sind darauf ebenso neugierig wie Sie.« Viktor Adamenko hob sein Glas und sagte: »Ich trinke auf Ihren Erfolg. Auch Sie haben uns geholfen. Sie haben uns eine Möglichkeit zum Informationsaustausch verschafft, die wir sonst nie bekommen hätten. Deshalb möchte ich Ihnen auch im Namen meiner Kollegen danken.«

Wir fragten ihn, wen wir während unseres kurzen geheimen Aufenthalts noch aufsuchen sollten. Er nannte uns Namen, traf Verabredungen und wohnte auch einigen der inoffiziellen Interviews bei.

Was zu diesem Zeitpunkt niemand von uns wußte oder auch nur ahnte: daß innerhalb weniger Monate aufsehenerregende Geschehnisse unseren Psi-Recherchen unerwartet zusätzliche Bedeutung verleihen und sie in einem ganz neuen Licht erscheinen lassen sollten.*

* Siehe Kapitel 21.

Erster Teil

Reise durch das Land der unbegrenzten Psi-Möglichkeiten

1 Boris Ermolajew und die schwebende Schauspielerin

Das kleine Büro von Luisa Georgijewna Nikitina, Redakteurin des Auslandsressorts der *Literaturnaja Gazeta*, lag am äußersten Ende eines langen, spärlich beleuchteten und schäbigen Flurs im obersten Stockwerk eines verwahrlosten Moskauer Gebäudes. Die Möblierung war selbst nach sowjetischen Maßstäben bescheiden. Aber es gab immerhin so etwas wie eine Besucherecke – einen niedrigen Tisch mit ein paar Holzstühlen darum –, woran zu erkennen war, daß Frau Nikitina nicht abgeneigt war, gelegentlich Gäste zu empfangen. Zu unserer Überraschung war sie jung und recht attraktiv, obwohl sie wenig von sich hermachte.

Es war unser erster Besuch bei der renommierten Wochenzeitschrift, die den Kampf gegen die Parapsychologie – vor allem gegen die Telepathie – zu ihrem Anliegen gemacht hat.

Luisa Georgijewna fragte: »Ich vermute, Sie möchten Boris Ermolajew kennenlernen?«

»Boris wen?«

»Sie scheinen noch nicht von ihm gehört zu haben. Ein wirklich bemerkenswerter Mann. Mit nichts als reiner Willenskraft läßt er Menschen in der Luft schweben. Wir haben ihm vorgeschlagen, führende Naturwissenschaftler in unser Büro einzuladen, damit er seine erstaunlichen Kräfte vor ihren Augen unter Beweis stellen kann. Doch er gab uns einen Korb. Er sagte, er sei zu seinen außergewöhnlichen Leistungen nur in einer Wohnung oder einem Klubraum – wie dem unseres Filmklubs – in der Lage. So hat es bis heute keine Überprüfung gegeben. Doch was nicht ist, kann ja noch werden. In der Zwischenzeit enthalten wir uns eines Urteils über seine Fähigkeiten.«

»Alles hat in diesem Klub angefangen«, erläuterte Viktor Ladischew, Redakteur des Ressorts Wissenschaft, der mit seinem Kollegen Efim Demuschkin zu uns gestoßen war. »Ich wartete im Hauptraum auf die Vorführung eines Films, als ein junger Mann hereinplatzte und völlig außer sich rief: ›Ermolajew hat gerade die Schipichina in die Luft gehoben, und dort schwebt sie nun.‹

Ich werde es mir nie verzeihen, daß ich nicht hinausgestürzt bin, um zu sehen, wie die bekannte Regisseurin in der Luft schwebte. Aber andere haben es getan und hinterher behauptet, tatsächlich beobachtet zu haben, wie sie langsam wieder auf einen Diwan herabgesunken sei. Offensichtlich hatte sie dem Experiment zugestimmt, nachdem Ermolajew eine Handvoll Reis in die Luft geworfen hatte, die dort einen schwebenden Reisball bildete, der für etwa eine halbe Minute konsistent blieb, bevor er auseinanderfiel. Der Reis war praktisch zu einer Art Mini-Planet geworden, der durch seine eigene Gravitationskraft zusammengehalten wurde.

Wie gesagt, ich habe es nicht selbst gesehen, aber es gibt genügend zuverlässige Augenzeugen. Bald sprachen alle Theaterleute in Moskau davon.« Ladischew lächelte. Unsere Frage vorwegnehmend fügte er hinzu: »Das war vor einigen Jahren.«

»Lebt dieser Ermolajew in Moskau?«

»O ja«, erwiderte Luisa Georgijewna heiter, »er ist ein begabter Filmregisseur.«

An Ort und Stelle beschlossen wir, ihn aufzustöbern. Zuerst baten wir Jurij Schewjakow, unseren »Adjutanten« von Nowosti, uns Fotokopien der sowjetischen Artikel zu besorgen, die in den letzten Jahren über Ermolajew erschienen waren. Viktor Adamenko steuerte unschätzbare Hintergrundinformationen bei, und ein bedeutender Wissenschaftler, Genadij Sergejew, promovierter Ingenieur und als Mathematiker an verschiedenen Leningrader Instituten tätig, kannte Ermolajew bereits aus Leningrad, wo dieser seine Jugend verbrachte. Sergejew teilte uns mit, daß Ermolajew das Filmmetier von der Pike auf gelernt hat und als einer der originellsten jungen Regisseure der Sowjetunion gilt. Kürzlich hat er einen Film nach Nikolai Gontscharows Roman *Oblomow* gedreht. Seine einzigartige psychokinetische Begabung will er allerdings nur vor ernsthaften Wissenschaftlern seiner Wahl oder vor engen Freunden unter Beweis stellen.

Sergejew, der mit Ermolajew experimentiert hat, stellte fest: »Er besitzt die ungewöhnliche Fähigkeit, seine Energie auf einen Punkt im Raum zu konzentrieren und Objekte viele Sekunden lang in der Luft schweben zu lassen.«

Viktor Adamenko fügte hinzu: »Ich bin über die Testreihe informiert, die Professor Wenjamin Puschkin mit Ermolajew durchgeführt hat und die dessen Fähigkeit, Objekte in der Luft schweben zu lassen, beweist. Es handelte sich um sorgfältig kontrollierte Tests. Jede Maßnahme wurde getroffen, die Experimente wissenschaftlich abzusichern. Es kann kein Zweifel daran bestehen, daß Ermolajew über außergewöhnliche Fähigkeiten verfügt.«

Puschkin ist Psychologieprofessor an der Moskauer Universität, wo er 1973/74 auch die von der Regierung genehmigten Versuche mit Ermolajew durchgeführt hat. Unglücklicherweise zog er sich gerade, als wir in der Sowjetunion eintrafen, eine Lungenentzündung zu und weilte während der ganzen Dauer unseres Aufenthalts zur Genesung in einem Sanatorium außerhalb Moskaus. So konnten wir ihn nicht sehen – zur Enttäuschung Ermolajews. Es war sein dringender Wunsch gewesen, daß wir mit Puschkin zusammenkamen. Aber wir haben Puschkins Artikel über Ermolajew gelesen und sprachen mit anderen Wissenschaftlern, die sich von seinen Fähigkeiten überzeugt hatten.

»Es gibt wirklich Menschen«, schrieb Puschkin in einer maßgeblichen Monatszeitschrift, »die die Kraft besitzen, Gegenstände so zu beeinflussen, daß sie in der Luft schweben. Ich habe beobachtet, wie Ermolajew Objekte in der Luft schweben ließ. Ich bin zu der Überzeugung gekommen, daß dieser Mann in der Lage ist, ein Magnetfeld zu schaffen, das die Schwerkraft aufhebt.«

In einem später veröffentlichten offiziellen Bericht sagte Puschkin, daß zu Beginn eines jeden Experiments mit Ermolajew gewisse »Aufwärmübungen« auf dem Programm standen. Sie sollten die Versuchsperson in einen Zustand hoher Spannung versetzen. Ermolajew hielt seine Hände über Spielkarten, die umgedreht auf dem Tisch lagen, und gab ihre Farben und Werte genau an. Dann bewegte er Gegenstände, die vor ihm auf dem Tisch standen, ohne sie zu berühren.

In seinem Artikel beschreibt Puschkin ganz nüchtern, was passierte: »Ermolajew nahm einen Gegenstand in die Hand, preßte ihn zwischen seinen ausgestreckten Händen, und entfernte diese dann langsam. Der Gegenstand blieb in der Luft ›stehen‹. Ermolajew nahm seine Hände immer weiter zurück, bis beide Handflächen etwa 20 Zentimeter von dem Gegenstand entfernt waren. Das Objekt schwebte einige Sekunden lang in der Luft.«

In Swerdlowsk, im Ural, erscheint eine für ihre Beiträge über Psi-Forschung bekannte Zeitung, deren Wissenschaftsredakteur Iwan Guderman 1973 Zeuge einiger Experimente war. Er berichtet: »Abgesehen von einem Tisch in der Mitte ist der Raum leer. Auf dem Tisch ein Tischtennisball, eine Streichholzschachtel, einige Bleistifte. Ein Mann betritt den Raum, bleibt vor dem Tisch stehen, streckt seine Hand aus und erstarrt. Doch am Ausdruck seines Gesichts, an der Gespanntheit seines Körpers erkennt man, daß er nicht einfach nur regungslos dasteht – es arbeitet in ihm. Eine Minute vergeht, noch eine. Und plötzlich ruckt der Ball aus seiner Lage und rollt vom Tisch. Auch die Schachtel bewegt sich, als gleite sie über die Oberfläche des Tisches. Die Bleistifte scheinen der Schwerkraft ledig geworden zu sein, sie haben sich in die Luft erhoben.«

Worin liegt das Geheimnis der seltsamen Kraft Ermolajews? Einer ersten Hypothese Puschkins zufolge sollte die Fähigkeit elektrostatischen Ursprungs sein. Kurz gesagt, er nahm an, daß elektrische Ladungen auf den Gegenstand einwirken, wenn dieser sich in der Nähe der Hand Ermolajews befindet. Dadurch wird er bewegt bzw. in die Luft gehoben. Nach weiteren Experimenten mit Ermolajew kam Puschkin jedoch zu dem Schluß, daß der ungewöhnliche Effekt nicht durch elektrostatische Kräfte hervorgerufen werden könne.

»Ich zog dann die Theorie A. P. Dubrows in Betracht, die im wesentlichen darauf hinausläuft, daß lebende Systeme fähig sind, Gravitationswellen zu erzeugen und zu empfangen. Ist man bereit, diese Vorstellung zu akzeptieren, muß man sich auch die höchst ungewöhnliche Auffassung zu eigen machen, daß ein Mensch in der Lage ist, ein Gravitationsfeld zu schaffen und dann mit dessen Hilfe auf Gegenstände in der Umgebung einzuwirken.«

Puschkin kam also zu dem – natürlich rein theoretischen –

Schluß, daß die Demonstrationen Ermolajews durch die Schaffung von Gravitationsfeldern ermöglicht würden. Er fügte hinzu: »Die wissenschaftliche Tradition belegt den Versuch, an die grundlegenden Naturgesetze zu rühren, mit bestimmten Tabus. So wird die Fähigkeit eines Menschen, auf Objekte in seiner Nähe einzuwirken, von zahlreichen Wissenschaftlern immer noch als Verletzung dieser grundlegenden Naturgesetze betrachtet. Nun ist es aber von entscheidender Bedeutung und kann gar nicht oft genug wiederholt werden, daß die Fähigkeit, Gegenstände zu bewegen und in der Luft schweben zu lassen – mit all ihren ungewöhnlichen und sinnverwirrenden Aspekten –, dem bestehenden physikalischen Weltbild nicht unbedingt widerspricht.«

Der Puschkin-Bericht über Ermolajew und seine Fähigkeiten wurde durch die Naturwissenschaftler V. P. Sintschenko, A. N. Leontjew, B. F. Lomow und A. R. Luria bestätigt und unterschrieben – alle Mitglieder der Sowjetischen Akademie der Wissenschaften.

Von weiteren Experimenten mit Ermolajew berichtete Puschkin im Februar 1974 in der Zeitung *Trud:*

»Ich sah, wie Ermolajew viele verschiedene Gegenstände zwischen seinen Händen hielt und sie einen nach dem anderen in die Luft hob. Anscheinend spielt das tatsächliche Gewicht des Objekts keine Rolle. Es sah so aus, als koste jeder Test Ermolajew die gleiche Anstrengung.

Bei einem Experiment bat er um die Hilfe seines Freundes Maxim Schukow. Er sollte eine Hand über seine, Ermolajews, Hände halten, wie um den Gegenstand abzuschirmen. Auf diese Weise gelang es Ermolajew, den Gegenstand länger in der Luft schweben zu lassen.

Es war, als sei der Gegenstand mittels einer Schnur an Schukows Händen befestigt. Aber natürlich war da keine Schnur. Die Experimente wurden unter strengster Kontrolle durchgeführt. Es wurden keinerlei Hilfsmittel verwendet.

Zu Beginn dieses Experiments war Ermolajew sehr nervös. Er zeigte wenig Selbstvertrauen, und die Gegenstände schwebten nur ein oder zwei Sekunden in der Luft. Dann bat er um absolute Ruhe, konzentrierte sich lange und gewann anscheinend sein

Selbstvertrauen wieder. Danach blieben die Gegenstände länger in der Luft.

Ich bin zu dem Schluß gekommen, daß das von der Versuchsperson geschaffene Feld sich leichter kontrollieren läßt, wenn das Objekt flach ist. Offensichtlich kann Ermolajew die Schwerkraft aufheben, eine ganz besondere Schwerkraft, die mit Newtons Gravitationsgesetz nicht zu erklären ist.«

Bei der Überprüfung der experimentellen Bedingungen entdeckte Puschkin, daß Ermolajews Fähigkeit ganz und gar von seinem seelischen Zustand abhing, zu dem jedoch auch die Einstellung des Publikums wesentlich beitrug. Jedes Experiment bedeutete beträchtlichen emotionalen Streß für ihn. Häufig wurde er ohnmächtig, oft fühlte er sich schlapp.

Als wir Boris Ermolajew zum ersten Mal begegneten, wußten wir also bereits, daß er eine lebende Legende war, ein wirklich außergewöhnlicher Sensitiver mit erstaunlichen Fähigkeiten.

Wir trafen ihn in der Empfangshalle des *Intourist*-Hotels. Obwohl er nicht groß war, bemerkten wir ihn im Gewimmel ausländischer Touristen und Geschäftsleute sofort. In dem Augenblick, als unsere Blicke sich kreuzten, wußten wir, daß dies unser Mann war.

»Sie sind also Gris und Dick«, begrüßte Ermolajew uns. Dann wandte er sich dem bärtigen Mann zu, der mit ihm gekommen war, und sagte: »Ich habe dir im Auto erzählt, daß irgend etwas mit dem Arm von Mister Gris nicht stimmt, aber ich wußte nicht, mit welchem. Es ist der rechte.«

»Genau das hast du gesagt«, bestätigte der Bärtige und stellte sich selbst als Viktor Gorochow, Drehbuchautor, vor. »Boris bat mich mitzukommen, weil er kein Englisch spricht.«

Was war das mit dem Arm von Gris?

»Boris hat auf unserer Herfahrt behauptet, Mister Gris habe einen schlimmen Arm. Ich kann das beschwören.« Henrys rechter Arm war tatsächlich aufgrund einer alten Verletzung nicht voll einsatzfähig. Aber woher wußte Ermolajew das?

»Er weiß es eben«, sagte Gorochow. »Er hat mit Mister Gris telefoniert, nicht wahr? Er spürt so was. Das gehört zu seiner Gabe der außersinnlichen Wahrnehmung.«

»Fragen Sie mich nicht, wie das kommt«, sagte Ermolajew. »Ich fühle es einfach. Ich weiß auch, wenn jemand sich irrt und meint, er habe es mit dem Herzen, während es in Wirklichkeit die Nieren sind. Als ich hier vor kurzem einen Regisseur aus Leningrad traf, sah ich ihn an und sagte: ›Sie sollten mal Ihr Blut untersuchen lassen.‹

›Warum?‹ protestierte er, ›ich bin so gesund wie ein Pferd!‹

›Lassen Sie sich untersuchen!‹ Er tat es, rief Viktor an und sagte zu ihm: ›Wissen Sie, daß Ermolajew recht hatte? Ich habe Diabetes.‹ Wie ich darauf kam? Ich weiß es nicht. Irgendwas in mir hat ›klick‹ gemacht.

Es tut mir leid, daß ich Ihnen meine Fähigkeiten nicht hier und jetzt vorführen kann«, sagte er, »aber wenn einer von Ihnen Kopfschmerzen hat, kann ich ihn davon befreien.« Auf dieses Angebot sollten wir später noch zurückkommen.

»Ich vermag Farben mit meinen Fingerspitzen zu ›sehen‹«, erzählte er beim Essen. »Beispielsweise teilen mir meine Finger mit, daß der Filz unter dieser Tischdecke braun ist. Ich gebe zu, daß das nichts beweist. Ich hätte das bemerken können, als ich das letzte Mal hier war. Ich kann Ihnen allerdings versichern, daß das nicht der Fall ist.« Der Vollständigkeit halber sei angemerkt, daß »unser« Filz tatsächlich braun war – der auf dem Nachbartisch jedoch grün.

Ermolajews Geschichte ist in der Tat ungewöhnlich. Wir wußten bereits, daß er vor achtunddreißig Jahren in Alma-Ata geboren wurde, in jener Stadt in Zentralasien, in die Trotzkij einst von Stalin verbannt worden war. Wir vermuteten, daß Boris' Vater, der Arzt Dr. Wladimir Ermolajew, aus ähnlichen Gründen in Alma-Ata gelandet ist. Schließlich wurde ihm die Rückkehr erlaubt, und er ließ sich in Leningrad nieder.

Ermolajew erinnerte sich, daß seine besonderen Fähigkeiten schon früh zutage traten. Als er noch sehr klein war, kam er lange Zeit ohne Nahrung aus. Nie hatte er Hunger. Sein Vater untersuchte ihn gründlich, konnte aber nichts Besorgniserregendes feststellen. Boris nahm eine normale körperliche Entwicklung, obwohl er sich hauptsächlich von kaltem, klarem Wasser ernährte.

»Ungewöhnlich war auch, daß ich ausgerechnet von Spinnen –

selbst giftigen – fasziniert war und sie als Haustiere hielt. Sie haben mir nie etwas getan. Ich erinnere mich, daß ich drei Jahre alt war, als ich einen Spielzeugelefanten mit mechanischen Beinen geschenkt bekam. Mein Vater zog ihn auf, und die Beine des Elefanten bewegten sich, als er ihn mir gab – aber sobald ich ihn berührte, hörte die Bewegung auf, ohne daß der Mechanismus abgelaufen oder kaputtgegangen war. Ich erinnere mich noch deutlich, wie verblüfft mein Vater damals aussah.«

Als Junge verfügte Boris noch nicht über die Kraft, Gegenstände in der Luft schweben zu lassen. Diese Fähigkeit entdeckte er erst 1967, als er eine Party in Leningrad besuchte. »Es ist eine hübsche Geschichte«, sagte er, »ich war bei meinen Eltern, als das Telefon klingelte und ein Mann, den ich kaum kannte, mir mitteilte, bei ihm zu Hause sei eine Party und ob ich nicht auch kommen wolle. Ich sagte: ›In Ordnung‹, legte den Hörer auf, ging hinunter, sprang in mein Auto und fuhr los.

Ein Freund war bei mir, der diese Geschichte später Professor Puschkin bestätigt hat. Wir hielten vor einem Haus und gingen die Treppe hoch. Ich hatte bereits an einer Wohnungstür geklingelt, als mein Freund plötzlich sagte: ›Boris, woher weißt du eigentlich, daß wir hier richtig sind?‹ Da wurde mir plötzlich klar, daß ich die Adresse gar nicht kannte. ›Also gehen wir wieder‹, sagte ich und drehte mich schon um, als sich die Tür öffnete und eine Stimme sagte: ›Kommen Sie herein!‹

Es war der Mann, der uns eingeladen hatte, und ich erzählte ihm, was geschehen war. Er schien sich nicht zu wundern. ›So etwas passiert dauernd. Selbst wenn ich Ihnen die Adresse gegeben hätte‹, fügte er hinzu, ›würden Sie nicht auf normale Art hergefunden haben. Das Gebäude wird gerade gestrichen. Sehen Sie, alle Schilder, Hausnummern, Wohnungsnummern sind abmontiert.‹

Die Party war langweilig, und ich wollte gerade weggehen, als der Gastgeber auf mich zutrat und sagte: ›Ich möchte Ihnen etwas zeigen.‹ Mit diesen Worten nahm er eine halberblühte Chrysantheme aus einer Vase, hielt sie mit beiden Händen hoch, nahm dann seine Hände fort – und die Blume blieb in der Luft. Er sagte: ›Beobachten Sie weiter.‹ Plötzlich wurde die Blume lebendig, ihre aufgerollten Blütenblätter streckten sich und öffneten sich weit.

Voller Erstaunen und Respekt beglückwünschte ich ihn. ›Das ist noch gar nichts‹, sagte er, ›Sie sollten meine Schwester bei der Autolevitation erleben.‹ Er stellte mich ihr vor. Sie war ein dickes, häßliches Mädchen. ›Zeigen Sie mir, wie Sie das machen?‹ fragte ich sie. ›Ja‹, erwiderte sie, ›aber sonst kein weiteres Publikum.‹ Damit führte sie mich ins Schlafzimmer nebenan, stellte sich auf ein Sofa – es sank unter ihrem Gewicht tief ein – und kniff ihre winzigen Augen zusammen. Plötzlich wurde das Sofa unter ihren Füßen wieder eben, und dann erhob sie sich wie ein Ballon in die Luft – etwa einen halben Meter hoch. Der einzige Gedanke, den ich fassen konnte, war merkwürdigerweise: ›Wie häßlich sie ist!‹ Dann sank sie wieder auf das Sofa, und ich verließ das Zimmer ohne ein Wort. Verblüfft fragte ich meinen Gastgeber: ›Ist Ihre ganze Familie so?‹

Er zuckte die Achseln: ›Vielleicht.‹

Die nächsten zwei Wochen besuchte ich ihn immer wieder, um zu sehen, wie er das anstellte. Ich wollte ihm das abgucken. Er war ein untergeordneter Ingenieur bei den Wasserwerken. Als ich ihm sagte, er täte weit besser daran, seine bemerkenswerten Fähigkeiten auf der Bühne vorzuführen, war er sofort Feuer und Flamme. Da ich zum Theater gehöre, konnte ich ihn mit den richtigen Leuten zusammenbringen. In der Künstleragentur sah man sich dann an, wie er Dinge in die Luft hob. Doch der Kommentar lautete: ›Das kriegt ab der zweiten Reihe niemand mehr mit. Wenn Sie statt dessen, sagen wir, einen Kleiderschrank schweben lassen könnten, wäre das was anderes. Aber so? Tut uns leid. Kein Interesse.‹

Er war tief traurig. Bald darauf kündigte er bei den Wasserwerken und verließ Leningrad. Ich habe nie wieder von ihm gehört. Er hieß Senja, und mein Abenteuer mit ihm ist bezeugt. Sein Nachname? Sagen wir, ich erinnere mich nicht.«

Doch dieser Senja spielte eine entscheidende Rolle im Leben des jungen Ermolajew. Denn an dem Tag, an dem Ermolajew sich von dem Mann endgültig verabschiedet hatte, ging er nach Hause, setzte sich an einen Tisch, konzentrierte sich auf eine Zigarettendose und sah mit Befriedigung, wie sie in der Luft schwebte. Von da an verbrachte er seine Freizeit damit, seine Kräfte zu entwickeln.

Besonders eingehend befragten wir ihn über die Experimente mit Puschkin. Ermolajew erklärte: »Um seine Kräfte optimal einzusetzen, muß man sich geistig ungeheuer konzentrieren. Wenn man versucht, einen Gegenstand in der Luft schweben zu lassen, darf man an nichts sonst denken. Puschkin konnte in seinem Labor die notwendigen Voraussetzungen für eine solche Konzentrationsleistung herstellen. Bei einem Experiment schloß er meinen Kopf an einen Elektroenzephalographen an. Wenn ich mich nicht genug konzentrierte, ertönte ein ununterbrochener Piepton. Wenn ich mich stark konzentrierte, hörte man ein sehr schnelles ›Piep, Piep, Piep‹.«

Als Krönung erfuhren wir schließlich noch, daß sich unter Ermolajews konzentriertem Blick der »Luxuskörper« eines berühmten internationalen Filmstars von einem Diwan erhoben und in der Luft geschwebt habe. »Viele haben mir von der Levitation der Schauspielerin berichtet«, hörten wir von Viktor Adamenko. »Alle, die dabei waren, sind ernst zu nehmende Genossen.« Den Erzählungen zufolge hatte Ermolajew die Frau etwa zwanzig Sekunden in der Luft schweben lassen, bevor er sie langsam wieder herunterließ. Zahlreiche Menschen, mit denen wir zusammengekommen sind und die wir interviewt haben, waren auf dieser Party, die in einer Moskauer Wohnung von Theaterleuten stattfand.

Zu den Partygästen gehörte auch Boris Groschikow, einer der besten Tänzer des Bolschoi-Balletts. »Ich war dort und habe gesehen, wie Ermolajew die Levitation zustande gebracht hat«, sagte er. »Ich wollte meinen Augen nicht trauen, aber es war wirklich so. Die Frau lag bewegungslos da – einen halben Meter *über* dem Sofa. Wir standen alle um Ermolajew und die Frau herum, so nahe, wie wir wollten. Es war kein Trick dabei. Wir waren nicht hypnotisiert, es gab keine Stricke oder Spiegel. Wir wurden nicht hereingelegt. Es war eine spontane Vorführung.«

Obgleich Ermolajew selbst den Namen der betreffenden Schauspielerin nicht nennen wollte – sie befand sich mittlerweile wieder in Paris, wo sie lebt –, konnten wir ohne Schwierigkeiten das Geheimnis ihrer Identität lüften. Aus verschiedenen Gründen haben wir versprochen, ihren Namen für uns zu behalten. »Ich hatte ihr gerade meine Kraft demonstriert, indem ich einige Dinge in die

Luft hob«, erzählte Ermolajew, »als sie mich fragte, ob ich auch sie schweben lassen könne. Sie war in Begleitung ihres Mannes, der von ihrem Vorschlag nicht sehr begeistert war. Ich hatte so etwas noch nie zuvor getan. Aber sie fragte immer wieder, so daß ich mich schließlich einverstanden erklärte.

Sie war so leicht, daß ich sie auch mit den Armen hätte hochheben können. Das ist eine ganz entscheidende Voraussetzung bei einer Levitation. Man muß wissen, daß man dem Gegenstand physisch gewachsen ist. Ich kann keine Häuser in der Luft schweben lassen. Ich sagte der Schauspielerin, sie solle sich hinlegen, weil ich irgendwie spürte, daß sie sich für die Levitation in einer waagerechten Lage befinden müsse. Ich hatte recht. Ich habe inzwischen zahlreiche Experimente mit anderen Menschen durchgeführt. Gewöhnlich habe ich keinen Erfolg, wenn ich versuche, Personen schweben zu lassen, die aufrecht stehen. Damals mußte ich improvisieren. Ich versuchte, mir vorzustellen, daß sie in Wirklichkeit nicht liege, sondern sich über meinem Kopf befinde, als sei die Decke der Fußboden, daß ich sie oben hielte – sie vor dem Fallen bewahre.

Darauf konzentrierte ich mich. Meine Hände waren die ganze Zeit einen halben Meter über ihr. Als sie sich nach oben bewegte, behielten meine Hände diesen Abstand bei. Obwohl man mir später sagte, daß es so ausgesehen habe, als drücke ich sie mit meinen Händen nach unten, hatte ich in Wirklichkeit nur den einen Gedanken: Ich trage sie.«

Der Tänzer Groschikow bestätigte den von Ermolajew geschilderten Vorfall in allen Einzelheiten und fügte hinzu: »Auf der gleichen Party sah ich später, wie Ermolajew einen Stuhl in die Luft hob – wieder nur mit Hilfe seiner Konzentrationskraft. Der Stuhl entfernte sich etwa einen halben Meter vom Fußboden und schwebte dann mindestens zehn Sekunden lang. Er experimentierte auch mit einigen Nelken, die er für etwa dreißig Sekunden in der Luft ›hängen‹ ließ.«

Viktor Gorochow brachte einen neuen Gesichtspunkt ins Gespräch: »Ich glaube, das ist nichts Neues. Jesus Christus hat sicherlich auch über solche Kräfte verfügt.« Dann erzählte uns Viktor, wie er sich eines Tages schrecklich krank gefühlt habe. Ermolajew bat ihn, sich hinzulegen, und habe dann seine Hände ganz dicht an ihm vorbeigeführt, ohne ihn jedoch zu berühren.

»Zuerst spürte ich eine wohlige Wärme. Obgleich ich nicht müde war, schlief ich ein. Als ich aufwachte, fühlte ich mich wie neugeboren, voller Energie. Boris erklärte, er habe seine Gedanken nur darauf konzentriert, daß es mir gutgehe. Um das zu erreichen, habe er mich zu einem kurzen Schläfchen veranlaßt. Was auch immer passiert sein mag, innerhalb weniger Minuten hatte er mich von meinem Unwohlsein befreit. Boris ist wie ein gutartiger Vampir – er saugt einem nicht das Blut aus, sondern auf geistigem Wege das Gift.«

Später – in unserem *Intourist*-Zimmer – befreite er auch Henry Gris in fünf Minuten von seinen Kopfschmerzen.

Da immer wieder über Ermolajews Heilkraft berichtet wird, führt heute ein bekannter Moskauer Immunitätsforscher Tests mit dem erstaunlichen Medium durch. Ermolajew möchte selbst, daß man seine Fähigkeit erklärt. Denn er ist der Meinung, daß man auch anderen Menschen helfen kann, wenn man erst einmal dem Geheimnis seiner Kraft auf die Spur gekommen ist.

Den mehr als vierzig Wissenschaftlern, mit denen wir über Parapsychologie gesprochen haben, waren die Tests, die Puschkin mit Ermolajew durchgeführt hatte, bereits bekannt. Dazu meinte Adamenko: »Wir sind in unserer Arbeit an das Ungewöhnliche gewöhnt, doch selbst wir empfanden die Ergebnisse der Experimente Puschkins als höchst aufregend.«

Sergejews Urteil über Ermolajew beruhte auf Testergebnissen, die der inzwischen verstorbene berühmte Leningrader Wissenschaftler Leonid Wassiliew erzielt hat. »Diese Tests unter Laborbedingungen«, sagte Sergejew, »zeigen eindeutig, daß Ermolajew in der Lage ist, Gegenstände nur durch die unbekannten Kräfte seines Geistes in der Luft zu halten. Die Tatsache, daß es immer noch sehr schwer ist, dieses Phänomen befriedigend zu erklären, heißt nicht, daß man es ignorieren darf. Wir haben keinerlei Grund, an Professor Puschkin und seinen Untersuchungen zu zweifeln. Meiner Überzeugung nach hat Ermolajew seine Fähigkeiten – so groß sie auch bereits sind – noch nicht einmal voll entwickelt.«

2 Tofik Dadaschew, Varietékünstler – Spezialgebiet Gedankenlesen

Stehend brachte das Publikum dem drahtigen, grauhaarigen Mann Ovationen dar, der eine Stunde lang die Gedanken der Zuschauer gelesen hatte – offensichtlich ohne sich ein einziges Mal zu irren.

Es war Wolf Messing, das berühmte Medium, dessen Fähigkeiten sogar Stalin verwirrt und beeindruckt hatten. Messing befand sich auf Tournee und stellte seine Kräfte von Vorstellung zu Vorstellung erneut unter Beweis. Er war zwar nicht mehr der Jüngste, aber noch auf der Höhe seines Leistungsvermögens. Doch an diesem Abend gab es in dem kalten, tristen Zuschauerraum des Radiotechnologischen Instituts in Kiew einen Menschen, der von dem großen Messing nicht fasziniert war.

Der schwarzhaarige junge Mann stand allein hinten in der Halle. Er beteiligte sich nicht an den Beifallskundgebungen. Seine glühenden Augen folgten jeder Bewegung des Gedankenlesers. Als die Vorstellung vorüber war, wartete er nicht auf den überfüllten Bus, sondern eilte voller Ungeduld zu Fuß nach Hause, um seinem Onkel so rasch wie möglich mitzuteilen: »Ich habe gerade Messing gesehen. Er ist phantastisch. Aber weißt du was? Alles, was er kann, kann ich auch.«

Das war 1966. Tofik Dadaschew lebte damals bei seinem Onkel in Kiew. Eigentlich wollte er Radioingenieur werden, doch sein Schicksal war besiegelt, nachdem er Messing erlebt hatte. Auf der Stelle beschloß der Neunzehnjährige, sich ganz der Tätigkeit zu verschreiben, die ihm so leichtfiel und die ihn außerordentlich faszinierte. Er wollte in die Gedanken anderer Menschen eindringen – und noch berühmter werden als Wolf Messing.

Als wir in Moskau eintrafen, war Tofik Dadaschew bereits auf dem besten Wege, sein Vorhaben zu verwirklichen. Wenige Monate zuvor war Messing im Alter von fünfundsiebzig Jahren infolge eines Schlaganfalls gestorben.

Noch zwei Wochen vor seinem Tod hatte er einem Redakteur der Nowosti-Presseagentur ein längeres Interview gegeben. Die Ironie des Zufalls wollte es, daß der Mann, der das Ende des Krieges gegen die Nazis auf den Tag genau vorauszusagen vermochte, von seinem eigenen Tod nichts ahnte. Von Dadaschew hatten wir im Westen noch nichts gehört. Doch in unseren Gesprächen mit sowjetischen Wissenschaftlern und Parapsychologen kamen die erstaunlichen Fähigkeiten des jungen »Hexenmeisters« aus Aserbeidschan immer wieder zur Sprache. Und so stand auch sein Name schon bald ganz oben auf unserer Interview-Wunschliste.

Nach vielem Hin und Her, strikten »Njets«, geheimnisvollen Botschaften, plötzlich auftauchenden Vermittlern und Telefonnummern – eine Praxis, die wir schon bald als typisch russisch zu akzeptieren lernten –, kamen wir Tofik Dadaschew auf die Spur. Er gab gerade eine Vorstellung in Duschambe, einer Stadt von etwa vierhunderttausend Einwohnern nahe der chinesischen Grenze auf der Hochebene von Pamir. Sein »Arbeitgeber« – so erklärte Tofiks Onkel Eduard Minasow, unser Verbindungsmann zu Dadaschew – sei die allmächtige Regierungsagentur Goskonzert (eine Abkürzung für Staatskonzert).

Goskonzert entscheidet über das berufliche und private Geschick von etwa neuntausend reisenden Unterhaltungskünstlern – Sängern, Ballettänzern, Clowns, Hochseilakrobaten und eben auch Gedankenlesern wie Tofik. Ob jung oder alt, ob es ihnen gefällt oder nicht, sie müssen auf Tournee – allein, zu zweit, in Gruppen. In der Moskauer Zentrale von Goskonzert sieht man riesige Karten der Sowjetunion mit Tausenden von farbigen Nadeln gespickt. Jede steht für einen Künstler, der unterwegs ist. Goskonzert schickt diese Männer und Frauen in jeden Winkel und jedes Nest der Sowjetunion, in große und kleine Theater, Konzertsäle, Kulturhäuser, Kolchose-Versammlungsräume und Dorfkinos.

Es gibt keinen Ruhestand. Der Bedarf an Unterhaltungskünstlern ist zu groß. Ist die »Altersgrenze« erreicht, findet irgendeine öffentliche Ehrung statt. Am nächsten Tag geht die Arbeit weiter wie gewöhnlich. So bleibt man bis zu dem Tag auf Tournee, an dem man stirbt.

Offensichtlich war dies auch das Schicksal Wolf Messings gewesen. Er stand schon in den Siebzigern, und seine übersinnlichen Fähigkeiten ließen nach. Doch Goskonzert zwang ihn weiterzumachen.

Messing, einer der größten Gedankenleser der Welt, ein Phänomen, das sogar von Parapsychologen jenseits des Eisernen Vorhangs anerkannt wurde, hat seinen Status als »Varietékünstler« selbst nie in Frage gestellt. Er hatte schon vor langer Zeit, auf der absoluten Höhe seiner unglaublichen übersinnlichen Fähigkeiten, klein beigegeben. Stalin, damals sein bedeutendster Bewunderer, wußte ihn sich während der tragischen Kriegs- und Nachkriegsjahre gefügig zu machen.

In den sowjetischen Nachrufen wurde er als »brillanter Unterhaltungskünstler« bezeichnet – daran hatte wohl nie jemand gezweifelt. Doch war das wirklich alles, was es über Messing zu sagen gab? Als wir einen Funktionär von Goskonzert in Moskau fragten, ob nicht bestimmte Faktoren der unerklärten Fähigkeiten Messings wissenschaftlich relevant und wert gewesen wären, genauer erforscht zu werden, zuckte der Mann nur gleichgültig mit der Schulter.

»Was für eine Wissenschaft meinen Sie?« fragte er und gab dann selbst die Antwort. »Mit Wissenschaft hat das bestimmt nichts zu tun. Es ist einfach gute Unterhaltung.«

Eduard Minasow jedoch hielt seinen Neffen offensichtlich für mehr als nur einen Unterhaltungskünstler. »Er hat einen Riesenerfolg, wissen Sie«, erzählte er uns stolz. »Und er steigert sich von Jahr zu Jahr. Ich meine damit, daß seine Kräfte immer stärker werden. Er kann heute Gedanken auf weit größere Entfernung lesen als, sagen wir, vor zehn Monaten.

Wolf Messing war phantastisch, aber Tofik Dadaschew ist jetzt schon besser als Messing zur Zeit seines größten Ruhms. Deshalb schicken wir ihn ständig auf Tournee. Er ist phänomenal.«

Heute führen Tofiks ausgedehnte Gastspielreisen ihn von einem

Ende der Sowjetunion zum anderen. Man kennt ihn in Reval und Riga an der Ostsee, aber auch in Wladiwostok am Japanischen Meer, in Fergana, nahe der chinesischen Grenze, und in Murmansk nördlich des Polarkreises. Neun Monate im Jahr ist Tofik unterwegs.

Von Duschambe aus ging es weiter nach Sibirien zu Vorstellungen in Nowosibirsk, Irkutsk und Bratsk. Die Tournee sollte ihn schließlich wieder zurück nach Moskau führen, wo er als Junggeselle lebt. »Nein, keine feste Freundin«, lachte sein Onkel. »Das ist der Preis, den man für den Ruhm zahlt.« Auf der 13 000 Kilometer langen Gastspieltour dürfte er nach Minasows Schätzung vor etwa ebenso vielen Zuschauern auftreten. Allerdings riet uns Minasow ab, Tofik in Duschambe zu treffen. »Sie könnten ihn verfehlen«, meinte er besorgt, »und dort hängenbleiben.« Wir mußten zugeben, daß er recht hatte. Selbst wenn Nowosti unseren Fahrplan ausarbeitete und uns besondere Visa für die Tadschikische Republik besorgte, konnten wir in diesem abgelegenen Winkel der Sowjetunion möglicherweise für mehrere Tage festsitzen. Wir taten besser daran, uns aufs Telefon zu verlassen. Das hatten wir schon bei anderen Interviewpartnern gemacht und auch so alle gewünschten Informationen erhalten.

»Rufen Sie ihn nach Mitternacht in seinem Hotel an«, sagte Minasow. »Wenn Sie beim ersten Mal niemanden erreichen, versuchen Sie es immer wieder.« Wie alle sowjetischen Hotels müßte auch das in Duschambe von der Nützlichkeit einer Telefonzentrale erst noch überzeugt werden. Jedes Zimmer hat seinen eigenen Amtsanschluß.

Es war dennoch genau Mitternacht in Duschambe – und zehn Uhr abends in Moskau –, als die Fernvermittlung uns mitteilte, daß Tofik Dadaschew sprechbereit sei.

Aus dem Hörer drang eine selbstbewußte junge Stimme: »Ja, ich verstehe Sie gut. Was kann ich für Sie tun?«

Als wir sagten, daß wir ihm gern einige Fragen stellen würden, antwortete er ohne zu zögern: »Schießen Sie los!«

Ob er heute abend aufgetreten sei? Ja, er habe gerade eine Vorstellung vor vierhundert Leuten in einem Frauenverein gegeben.

Was er da gezeigt habe?

»Wenn mein Publikum sich aus anspruchslosen Menschen zusammensetzt, mache ich es den Zuschauern leicht. Ich bitte einige, in meiner Abwesenheit als Rateobjekt einen Abschnitt aus einer Zeitschrift auszuwählen und sie dann wieder wegzulegen. Anschließend sage ich, um welche Zeitschrift, welche Seite und welchen Abschnitt es sich handelt. Das ist wirklich sehr einfach. Es gab Zeiten, da brauchte ich eine ziemlich lange Konzentrationsphase und Stimmkontakt mit der betreffenden Person. Heute ist überhaupt kein Kontakt mehr erforderlich.«

Auf der Bühne, so erklärte er, trage er nach wie vor eine schwarze Kapuze und darunter noch eine schwarze Augenbinde, die zu seinen Markenzeichen geworden seien. Er brauche die Abschirmung von seiner Umgebung aus Konzentrationsgründen.

»Gibt es Dinge, die Sie heute können und zu denen Sie vor zwei Jahren noch nicht in der Lage waren?«

»Vor drei Jahren schlug der Parapsychologe Genadij Sergejew vor, ich solle versuchen, Gedanken per Telefon zu lesen. Ich sagte ihm, soweit sei ich noch nicht. Heute bin ich es. Ich könnte jetzt auch Ihre Gedanken lesen, vorausgesetzt, ich hätte eine Fotografie von Ihnen vor mir liegen. Noch bin ich nämlich darauf angewiesen, die Zielperson zu sehen, sei es auf einem Fernsehschirm oder auf einem Foto. Vielleicht ist das später einmal nicht mehr nötig . . .«

»Würden Sie sich dann auf ein Experiment Moskau-New York einlassen?«

»Mit Vergnügen.«

»Wie alt sind Sie?«

»Fast dreißig.«

»Glauben Sie wirklich, daß Sie Ihre Möglichkeiten noch nicht voll ausgeschöpft haben?«

»Ich bin mir dessen sogar sicher.«

»Wären Sie in der Lage, eine vermißte Person aufzufinden, zum Beispiel jemanden, der gefangengehalten wird und in Gedanken Hilferufe aussendet?«

Längeres Schweigen am anderen Ende der Leitung. Uns wurde klar, daß wir da an etwas gerührt hatten, worüber er nicht sprechen durfte. Er räusperte sich und sagte dann zögernd: »Es haben sich Menschen um Hilfe an mich gewandt, aber ... Ich möchte mit so etwas nichts zu tun haben. Ich bin Varietékünstler ... Ich gehöre auf die Bühne. Bitte, lassen Sie uns über etwas anderes reden ...«

Damit war eines klar: Ihn *haben* solche Gesuche erreicht, und er *kann* sie empfangen. Andernfalls hätte es ihm nichts ausgemacht, darüber zu sprechen. Es folgte ein kurzes Schweigen. Dann wechselten wir das Thema. Wir erzählten ihm etwas über uns, unsere Arbeit, unsere Aufgabe, unsere Eindrücke von Rußland. Er hörte aufmerksam zu und unterbrach uns hie und da mit Fragen, die zeigten, daß er wieder ganz unbefangen war. Schließlich sagten wir: »Wir würden gern mit Ihrem Onkel oder Ihrer Großmutter über Ihre Kindheit sprechen, aber Eduard Minasow bestand darauf, daß wir erst Ihre Erlaubnis dafür einholen.«

»Sie können Onkel Eduard sagen, daß Sie meine Erlaubnis haben«, erwiderte er lachend.

So erfuhren wir vom Onkel und später von der Großmutter bisher unbekannte Einzelheiten aus Dadaschews Kindheit und Jugend.

Tofik wurde in Baku, der sowjetischen Erdölmetropole, geboren. Der Vater verließ seine Mutter nach nur einjähriger Ehe und hat sich nie wieder gemeldet. Mütterlicher- wie väterlicherseits ist Tofik Aserbeidschaner, gehört also jenem zähen kaukasischen Bergvolk an, das mit den Persern verwandt ist. Es gibt fast ebenso viele Aserbeidschaner auf der iranischen Seite der Grenze wie auf der sowjetischen. Tofik wuchs bei seiner Großmutter auf. Seine Mutter hat keine Rolle in seinem Leben gespielt. Er nennt seine Großmutter »Mama«. Als Kind war Tofik zerstreut, introvertiert und verschlossen. »Irgendwie anders«, meinte die Großmutter. »Wir hatten immer das Gefühl, daß etwas Besonderes in ihm steckte. Als er noch sehr klein war, vermutete ich bereits, daß er medial veranlagt sei. Das kommt in unserer Familie häufiger vor. Ich hatte zwei Brüder, die sensitiv waren, und meine beiden Eltern besaßen die unheimliche Fähigkeit, Dinge vorauszusehen.«

Als kleiner Junge verblüffte Tofik Onkel und Großmutter damit, daß er ihre Gedanken las. Versteckten sie zum Beispiel die Süßigkeiten vor dem kleinen Leckermaul und weigerten sich, ihm zu sagen, wo sie waren, starrte Tofik die beiden einige Minuten lang an und ging dann ohne zu zögern dorthin, wo die süßen Sachen sorgsam versteckt worden waren.

»Damals entdeckten wir, daß er in der Lage war, unsere Gedankenwellen aufzufangen«, sagte seine Großmutter. »Doch gewöhnlich zog Tofik es vor, allein zu sein. Oft saß er stundenlang da und brütete vor sich hin.« Er sei jedoch keineswegs unglücklich gewesen, beteuerte Tofik. Das Alleinsein habe es ihm ermöglicht, seine Konzentrationsfähigkeit zu entwickeln.

Schon früh war er fest davon überzeugt, außergewöhnliche Kräfte zu besitzen. Doch bevor er Erwachsenen gegenüber etwas davon verlauten lassen wollte, mußte er ihrer vollständig Herr geworden sein. So begann er, sich durch Konzentrationsübungen und heimliche Experimente selbst zu trainieren.

Einer der wenigen Orte, an denen sich die jungen Leute von Baku versammeln konnten, war die örtliche Billardhalle. Man schloß kleine Wetten auf die Partien ab, die die Jungen austrugen. Wie die anderen setzte auch Tofik sein bescheidenes Taschengeld ein. Manchmal gewann er, manchmal verlor er.

Da tauchte eines Tages ein Fremder in der Halle auf, und Tofik machte zum ersten Mal Bekanntschaft mit einem Billardhai. Der verlor einige Spiele, bei denen es um kleine Einsätze ging, gewann aber stets, wenn die Wetten stiegen. »Er war wirklich ein Profi, der Amateure ausnahm«, erinnerte sich Tofik. »Er konnte gewinnen, wann er wollte. Vor allem ärgerte mich, daß er sich über seine Erfolge so hämisch freute.«

Eines Tages beschloß Tofik, den Billardhai zu bestrafen. Er setzte sich ruhig in eine Ecke und konzentrierte sich völlig auf dessen Bewegungen. Schon nach wenigen Minuten spürte Tofik, daß er im Geiste an Stelle des Mannes spielte. »Daraufhin machte ich in Gedanken Fehler – und der Stoß des Burschen ging daneben! Ich beobachtete, wie er nervös wurde. Er verstand überhaupt nicht, was da passierte.« Der Billardhai verlor Partie und Einsatz und sah sich sehr zu seinem Ärger gezwungen, erstmals eine größere Summe auszuzahlen. Tofiks übersinnliche Rache wurde von niemandem bemerkt, denn noch immer hatte er keinem anvertraut, wozu er fähig war.

Mit fünfzehn zog er zu seinem Onkel Minasow, der seit einiger Zeit in Kiew lebte. Dort hatte Tofik gerade das Radiotechnologische Institut absolviert, als ein Plakat den Auftritt des berühmten Wolf Messing ankündigte.

Dieser Tag veränderte Tofiks Leben. Sein Onkel erinnerte sich: »Als er mir seine weiteren Zukunftspläne mitteilte, wußte ich bereits, daß er Gedanken lesen bzw. beeinflussen konnte. Ich zweifelte nicht daran, daß er genauso berühmt werden würde wie Messing.«

Minasow ließ Tofik von Kiewer Parapsychologen testen, und bald verbreitete sich die Nachricht von Dadaschews erstaunlichen Fähigkeiten auf dem unglaublich raschen Weg der wissenschaftlichen Flüsterpropaganda, die in jeden Winkel der Sowjetunion dringt, aber stets nach Moskau zurückführt.

Wie üblich mußte Tofik, bevor er als Messings jüngerer Konkurrent auf der Bühne erscheinen durfte, einige Prüfungen vor »Kollegen« ablegen – nämlich vor von Goskonzert anerkannten Zauberern, Illusionisten und Taschenspielern.

Tofik reiste nach Moskau, um die geforderten Tests zu absolvieren. Prüfung Nr. 1: Gedankenübertragung auf Personen, die von einem Sachverständigengremium ausgewählt worden waren.

Dabei trug Tofik eine schwarze Kapuze über dem Kopf, so daß die betreffenden Personen sein Gesicht nicht sehen konnten. Die Sachverständigen hatten noch nie ähnliches erlebt! Noch nicht einmal Messing war zu solchen Leistungen fähig gewesen! Ohne daß er von der Versuchsperson gesehen oder gehört werden konnte, veranlaßte er sie, sich auf den Boden zu setzen, Schuhe und Krawatte abzulegen und auf Strümpfen zu tanzen. Der Mann erklärte später: »Irgend etwas, eine innere Stimme befahl mir, es zu tun. Ich mußte gehorchen.«

Prüfung Nr. 2: Gedankenlesen. Man führte ihn in einen großen Raum und forderte ihn auf, Gegenstände aufzuheben, die ihm andere in Gedanken bezeichnen würden. Er tat es. Dann folgte Prüfung Nr. 3, der Telefontest: Man muß eine Nummer wählen und den Teilnehmer, der sich meldet, mit Namen anreden. Ohne zu zögern entsprach er der Anweisung und traf ins Schwarze.

Am 21. Oktober 1970 trat er zum ersten Mal öffentlich auf, und das ausgerechnet vor dem wohl kritischsten Publikum ganz Moskaus – Mitgliedern des Journalistenverbandes. Mehr als tausendfünfhundert hatten sich eingefunden, um »den neuen Messing« zu sehen. Seine Vorstellung war grandios. Zu diesem Zeitpunkt war er natürlich auch schon von Goskonzert akzeptiert. Mit dreiundzwanzig Jahren begann Tofik also seine Laufbahn als »Varietékünstler – Spezialgebiet Gedankenlesen«.

Er erhielt eine eigene kleine Wohnung in Moskau und die Erlaubnis, sich an der Moskauer Universität einzuschreiben, wo er zwischen den Tourneen Jura studieren wollte. Diese Moskauer Wohnung besitzt er immer noch. Hin und wieder wird er dort von seinem Onkel und der Großmutter besucht.

Was zeigt Dadaschew nun in seinen Vorstellungen? Hören wir, was Augenzeugen berichten: Tofik erscheint in einem eleganten dunklen Anzug auf der Bühne und bittet nach ein paar einleitenden Worten jemanden aus dem Publikum, ihm die Augen fest zu verbinden und eine schwarze Kapuze über seinen Kopf zu stülpen. Nun kann er nichts mehr sehen. Mehr Freiwillige werden auf die Bühne gebeten. Tofik ermuntert sie: »Denken Sie an etwas Bestimmtes ... konzentrieren Sie sich!« Seine Arme sind ausgestreckt, als versuche er unsichtbare Fäden in der Luft zu erspüren. Das Publikum beobachtet aufmerksam, wie Tofik die Bühne verläßt und sich den Weg durch einen Gang zwischen den Sitzreihen ertastet. Alles Flüstern verstummt, die Zuschauer sitzen in gebanntem Schweigen, als Tofik eine Hand ausstreckt und die Schulter eines älteren Herrn berührt. Er bittet den Mann, mit ihm zu kommen.

Die beiden sind bald wieder bei den Freiwilligen auf der Bühne. Tofik trägt immer noch Augenbinde und Kapuze. Ungeduldig sagt er zu einem der Freiwilligen: »Ich weiß, daß wir noch nicht fertig sind, fahren Sie bitte fort, mir Ihre Anordnungen zu senden.«

Plötzlich streckt Tofik wieder entschlossen die Hand aus und zieht ein Notizbuch aus der Tasche des älteren Herrn, den er soeben aus dem Auditorium geholt hat. Rasch blättert er das Buch durch und hält auf einer der letzten Seiten inne. Dann händigt er das offene Notizbuch seinem Besitzer aus und wendet sich dem Publikum zu.

»Unser Kandidat ist der Sohn des älteren Herrn, den ich bat, mit auf die Bühne zu gehen. Er hat mir in Gedanken den Befehl gegeben, seinen Vater zu finden, dessen Notizbuch an mich zu nehmen, eine bestimmte Seite aufzuschlagen und eine Telefonnummer auszuwählen, die dort steht. Die von ihm gedachte Nummer befindet sich in Zeile drei der Seite, die ich dem Sohn soeben gezeigt habe.«

Vater und Sohn sind fassungslos – das Publikum bricht in begeisterten Applaus aus.

Aber es kommt noch besser. Zu Beginn der Vorstellung hatte Tofik eine Gruppe von fünf Unparteiischen willkürlich aus den Zuschauern ausgewählt. Während der Darbietung haben sie ruhig dagesessen, alle Vorgänge beobachtet und sich davon überzeugt, daß keine Flüsterbotschaften zwischen den Freiwilligen und Tofik ausgetauscht wurden und daß er nicht an Augenbinde und Kapuze gerührt hat.

Nun kommt der Sprecher der Unparteiischen auf die Bühne und verliest eine Notiz, die der Kandidat ihm gegeben hat, bevor er mit Tofik Kontakt aufnahm.

»Ich habe«, liest der Mann laut vor, »meinem Vater, der sich im Zuschauerraum befindet, meine neue Telefonnummer gegeben. Ich möchte, daß Dadaschew ihn entdeckt, auf die Bühne bringt, ihm das Notizbuch aus der Tasche zieht, es bei dem Buchstaben ›S‹ aufschlägt und die Nummer zeigt.«

Dieser Aufforderung war Tofik aufs i-Tüpfelchen genau nachgekommen! Ihm war nicht »befohlen« worden, die Nummer vorzulesen, er sollte sie nur zeigen!

Noch erstaunlicher war folgende Demonstration Tofiks, über die die Leute in Rostow immer noch sprechen: Er stand mit verbundenen Augen vor einem Publikum von nahezu neunhundert Menschen, als er von einem Kandidaten gedanklich aufgefordert wurde, die Registriernummern eines bestimmten Reisepasses, Wehrpasses und Visums zusammenzuzählen, die bei anderen Zuschauern in der Tasche steckten. Nach sechs Minuten völliger, schweigender Konzentration nannte Tofik die Zahl. Als die betreffenden Drei aufstanden – sie saßen weit auseinander – und die Nummern auf ihren Ausweisen zusammenzählten, stellte sich heraus, daß Tofik die richtige Zahl genannt hatte!

Tofik zieht übrigens diese schwierigeren Experimente vor. »Es ist interessanter«, meinte er, »wenn ein Intellektueller im Publikum mir seine Gedankenanweisungen erteilt. Denn der Schwierigkeitsgrad meiner Experimente hängt natürlich von den geistigen Fähigkeiten des Senders ab. Intellektuelle denken sich kompliziertere Aufgaben aus – und die sind mir viel lieber.«

Ein bedeutender Moskauer Wissenschaftler erzählte uns von einem der größten Triumphe Tofiks. Man hatte ihn aufgefordert, ins Moskauer Polizeihauptquartier zu kommen und dort aus einem Stapel von 45 Bildern die Fotos von drei Kriminellen herauszusuchen, die gerade im Gefängnis saßen. Tofik las die Gedanken des Polizeibeamten, der neben ihm stand, und griff drei Fotografien heraus. Dies seien die Männer, sagte er mit Bestimmtheit. Dann wühlte er wieder in den Fotos, zog ein viertes Bild heraus und erklärte: »Und der wird gerade eingeliefert.« Genauso war es!

Allerdings gibt Tofik zu, daß er sich manchmal irrt – gewöhnlich weil die Nachricht, die er empfängt, verzerrt ist. Außerdem hat er festgestellt, daß ihm die Arbeit schwerer fällt, wenn er sich in der Nähe eines starken Radio- oder Fernsehsenders befindet. Manchmal versuchen mehrere Leute gleichzeitig, ihm ihre Gedanken zu senden, wodurch die Sendung seines eigentlichen Zielsubjekts gestört wird. Ferner beeinträchtigt physische oder psychische Erschöpfung seine paranormalen Fähigkeiten.

Im übrigen scheint sein Geist abends empfangsbereiter zu sein – Tofik meint, weil abends weniger äußere Störfaktoren auftreten. Der Verkehr läuft ruhiger, und die Fabriken sind geschlossen. Da seine Erfolgsquote abends viel höher ist als am Tage, versucht er, alle ernsthaften Experimente auf den Abend zu verlegen.

Seinen bislang einzigen Kontakt mit ausländischen Parapsychologen hatte er auf einer Konferenz 1973 in Prag, wo er seine Meisterschaft unter Beweis stellte. Genadij Sergejew, der Leningrader Parapsychologe, war ebenfalls dort und berichtete später: »Tofik verblüffte sie alle. Besonders seine Fähigkeit, die Gedanken einer nicht russisch sprechenden Person zu lesen, blieb allen unerklärlich. Er wurde in Gedanken von einem englischen, nicht russisch sprechendem Wissenschaftler aufgefordert, zu einem bestimmten

Mann in der zweiten Reihe zu gehen und ihn als John anzusprechen. Tofik, der auf der Bühne stand, lächelte, stieg herunter, ging ohne zu zögern auf den Mann zu und sagte auf russisch: ›Sie sind John.‹ Ich war dabei, als das geschah. Nun weiß ich mit Sicherheit, daß Tofik nicht ein einziges Wort Englisch kann. Offensichtlich bedienen sich Gedanken einer eigenen Sprache.«

Robert Kjutscharjanz, Redakteur der Nowosti-Presseagentur, der Messing noch zwei Wochen vor seinem Tod interviewt hat, bestätigte, daß Tofik heute besser sei, als Messing es je gewesen ist. Dabei war Robert, der nicht nur die Sowjetunion, sondern auch die ganze westliche Welt bereist hat, auch von dem legendären Messing sehr beeindruckt gewesen.

Messing erklärte, daß eines der Geheimnisse seiner Erfolge als Gedankenleser die Tatsache sei, daß die Gedanken anderer Menschen vor seinem geistigen Auge zu Bildern würden. Ein bestimmter Ort, eine bestimmte Handlung, eine bestimmte Person – er *sah* sie alle, statt sie zu hören. Die Bilder besaßen Farbe und Perspektive.

»Wir wissen aus Untersuchungen über die bemerkenswerten Leistungen Wolf Messings«, schrieb der Moskauer Wissenschaftler Jurij Filatow, »daß er immer Wert darauf legte, die Versuchspersonen bei der Hand zu nehmen. Wir glauben, daß unbewußte Muskelbewegungen, die das menschliche Denken begleiten, entscheidend dazu beitrugen, daß er die Gedanken der Versuchsperson lesen konnte.« Messing hat tatsächlich eingeräumt, es sei leichter für ihn, wenn er sein Zielsubjekt berühre. Das helfe ihm, sein Denken gegen alle anderen Einflüsse abzuschirmen. Aber wie Daschew leugnete er, daß er die Gedanken lese, indem er sich auf die kaum erkennbaren Bewegungen der Muskeln verlasse. Er teilte Kjutscharjanz mit: »Es ist für mich sogar leichter, mit verbundenen Augen zu arbeiten, weil ich dann weder die Versuchsperson noch den Rest des Publikums sehe. Am leichtesten lese ich die Gedanken von Taubstummen – ich nehme sie lebhafter und deutlicher wahr.«

Messing behauptete nie, ein Geistheiler zu sein, doch befreite er immer wieder Menschen von Kopfschmerzen, indem er ihre Schläfen leicht mit den Fingerspitzen berührte. Auch konnte er Krankheiten genau diagnostizieren bzw. das erkrankte Organ bezeichnen. Dank seiner erstaunlich guten Gesundheit brauchte Wolf Messing sich niemals einer intensiven medizinischen Untersuchung zu unterziehen, die vielleicht dazu beigetragen hätte, einige seiner erstaunlichen Kräfte zu erklären. Einmal jedoch gab er dem Drängen einer Neurologin nach, die seiner Vorstellung in Belaja Serkow beigewohnt hatte. Er gestattete ihr, eine flüchtige Untersuchung vorzunehmen.

Die Ärztin war überrascht, daß Kopf- und Brustbereich Messings weit mehr Wärme ausstrahlten als seine anderen Körperteile. Doch da er weiterziehen mußte, blieb ihr keine Zeit, den Grund dafür herauszufinden.

In späteren Jahren verbrachte Messing den größten Teil seiner Freizeit zu Hause in seiner Wohnung. Er las gern, vor allem Tiergeschichten und Kriminalromane. Da er auf der Straße sofort erkannt wurde, ging er so selten wie möglich aus. Erinnerte er sich an seine vielen paranormalen Leistungen, so war er stets besonders stolz darauf, daß er bei einer Vorstellung in Nowosibirsk am 7. März 1944 den Tag des Kriegsendes genau vorhergesagt hatte: den 9. Mai 1945. Eine weitere erstaunliche Probe seiner Präkognitionsfähigkeit lieferte er 1948 in Aschchabad.

»Ich sollte einige Vorstellungen in Aschchabad geben«, so berichtete der alte Mann dem Nowosti-Redakteur, »doch als ich am ersten Tag meines Aufenthalts die Straße entlangging, überfiel mich plötzlich eine unerklärliche Angst. Innerhalb weniger Minuten steigerte sich diese Empfindung. Ich wurde von dem unwiderstehlichen Impuls überwältigt, die Stadt sofort verlassen zu müssen. Dieser Drang wurde so heftig, daß ich zum ersten und einzigen Mal in meiner Laufbahn alle Vorstellungen am Ort absagte und nach Moskau zurückreiste. Drei Tage später wurde Aschchabad von einem verheerenden Erdbeben heimgesucht, fünfzigtausend Menschen kamen dabei um.«

Kjutscharjanz fragte, welche Erklärung Messing denn für seine außergewöhnliche Fähigkeit habe, zukünftige Ereignisse richtig vorherzusagen.

»Wenn ich mich mit aller Kraft konzentriere«, erwiderte Messing, »sehe ich plötzlich als Ergebnis dieser Anstrengung einen

Strom von Ereignissen. Ich nenne das ›unmittelbare Erkenntnis‹ und halte es für nichts Geheimnisvolles. Die Zukunft entwickelt sich aus der Vergangenheit und der Gegenwart. Gewiß spielen bei diesem Vorgang bestimmte Modelle oder Verbindungen eine Rolle. Gegenwärtig können wir den Mechanismus dieser unmittelbaren Erkenntnis nicht verstehen, weil wir noch recht unklare Vorstellungen über das Wesen der Zeit, ihr Verhältnis zum Raum, zur Vergangenheit, Gegenwart und Zukunft besitzen.«

Messings Beitrag zur Psi-Forschung ist nicht gering zu schätzen, doch es sieht so aus, als würde Dadaschew ihn noch weit übertreffen können.

3 Gespräche mit den sowjetischen Psychokinese-Stars

Entsetzt sahen wir einander an und dachten gleichzeitig: »Arme Frau«, als wir im Telefon die kraftlose, müde Stimme vernahmen, die fragte: »Wer ist da?« Dann half ihr jemand im Hintergrund auf die Sprünge, und sie meinte: »O ja, natürlich. Die Amerikaner ... Mein Mann hat mich gerade daran erinnert. Wie nett von Ihnen anzurufen.«

Sie sprach, als sei sie hundert Jahre alt. Dabei war sie noch vor einigen Monaten das fähigste und berühmteste psychokinetische Medium der Welt gewesen.

»Wir bewundern Sie, Ninel Sergejewna. Wissenschaftler in der ganzen Welt erkennen Ihre unglaublichen Leistungen an.«

»Danke.« Dann verblaßte ihre Stimme zu einem verzagten Flüstern. »Es geht mir nicht sehr gut, wissen Sie. Es ist das Herz. Seit meinem Herzanfall habe ich keine Kraft mehr. Ich bin nur noch ein Schatten meiner selbst ...«

»Ich glaube nicht, daß ich es noch einmal wagen werde, ein Experiment mit ihr durchzuführen. Es könnte glatter Mord sein«, hatte Genadij Sergejew uns vor einigen Tagen mitgeteilt. Der Leningrader Wissenschaftler hatte die meisten Experimente mit Ninel Kulagina geleitet. »Es ist fraglich, ob sie ihre Kräfte jemals wiedergewinnen wird. Zwar spreche ich ihr am Telefon ständig Mut zu und bitte sie, sich rasch zu erholen, da wir sie brauchen, doch, wie gesagt, ich glaube nicht, daß ich es wagen werde, wieder mit ihr zu experimentieren. Die Wahrheit ist, daß sie erledigt ist ... Wenn nicht ein Wunder ...«

Am Abend zuvor hatte uns ihr Mann, Viktor Kulagin, ein Bauingenieur, auf unsere Frage: »Würden Sie sagen, daß Ihre Frau ein Opfer der Wissenschaft ist?« geantwortet: »Ja, genauso ist es ...«

Ohne Zweifel hat die Kulagina mehr als irgendein anderes Medium zur wissenschaftlichen Untersuchung der Psychokinese beigetragen – jener geheimnisvollen Fähigkeit, materielle Objekte allein durch die Kraft des Geistes zu bewegen. Die Experimente mit der Kulagina sind von sowjetischen Wissenschaftlern unter kontrollierten Laborbedingungen durchgeführt und sorgfältig aufgezeichnet worden.

Ironischerweise begriff sie selbst niemals so recht, was es mit all dem auf sich hatte. Sie wußte nur, daß sie »dabei« Schmerzen empfand, Schwindelanfälle bekam, an Gewicht verlor, sich häufig unpäßlich fühlte – und das alles im Namen einer Wissenschaft, die ihr selbst im Grunde fremd blieb. Doch sie ertrug diese Wissenschaft und ihre Hohenpriester mit beispielhafter Selbstlosigkeit – bis sie einen Herzanfall erlitt, an dem sie fast gestorben wäre. Bezeichnenderweise wurde diese Nachricht zurückgehalten. Selbst die sowjetischen Parapsychologen erfuhren nur über inoffizielle Kanäle davon. Im Ausland sprachen die Wissenschaftler weiterhin so über sie, wie sie es in den letzten zehn Jahren getan hatten, und warteten auf Nachricht von neuen Experimenten mit der Kulagina.

Deshalb stand sie auch ganz oben auf der Namensliste, die wir noch aus Amerika der Nowosti-Presseagentur hatten zugehen lassen. Ein Bericht mit dem Titel »Was macht die Kulagina heute?« mußte unbedingt zu unserer Ausbeute gehören. Außerdem hatte uns Dr. Thelma Moss dringend geraten, auch mit Sergejew zu sprechen und uns von seiner Arbeit mit der Kulagina erzählen zu lassen.

Es war nicht leicht. Zuerst teilten uns offizielle Stellen mit, es sei sehr unwahrscheinlich, daß Sergejew sich bereit erklären würde, Fragen zu beantworten, weil er Interviews nicht möge. Als wir in Leningrad ankamen, war sich Dr. Sergejew immer noch nicht ganz klar darüber, ob er mit uns sprechen wollte. Er ließ durchblicken, daß es ihm vor allen Dingen um die offizielle Erlaubnis ging. So übten wir ständig Druck aus auf Jurij Schewjakow, unseren schüchternen, aber unglaublich eifrigen Nowosti-Begleiter. Und seinem Charme, seiner Gastfreundschaft und seiner Hartnäckigkeit gelang es wirklich, Sergejews Zurückhaltung zu überwinden.

Jurij verfiel auf den ungewöhnlichen Einfall, den bedeutenden Wissenschaftler zunächst als seinen persönlichen Gast zu einem privaten Gespräch in unser Hotel – das berühmte alte *Astoria* – einzuladen, ohne daß wir dabei waren.

Das *Astoria* war so angesehen, daß es selbst einen Wissenschaftler vom Rang Sergejews beeindrucken konnte. Er nahm Jurijs Einladung an. Wir erfuhren später, daß Jurij Sergejew mit Kaffee und Kognak, Limonade, belegten Broten, Schokolade und Orangen bewirtet hatte. Das überstieg entschieden die Mittel des jungen Korrespondenten der Nowosti-Presseagentur. Er durfte sich auch keine Hoffnungen machen, die Auslagen von seiner Dienststelle erstattet zu bekommen. Trotzdem ließ er sich das Geld auch von uns nicht zurückgeben. Er hatte unser Projekt zu seinem ganz persönlichen Anliegen gemacht.

Und so borgte Jurij sich schließlich eines Morgens unseren Mietwagen aus und holte Sergejew zu Hause ab. Wir trafen uns vor dem *Astoria*-Hotel und fuhren zum örtlichen Nowosti-Büro, wo wir unsere Interviews in einem offiziellen Rahmen abwickeln konnten.

Sergejew, der sich während der Fahrt auf kurze Bemerkungen beschränkt hatte, taute bei seinem Lieblingsthema, der Psi-Wissenschaft, bald auf – vor allem als wir über die Experimente sprachen, die er im Laufe der Jahre mit der Kulagina durchgeführt hatte, und stellte mit Nachdruck klar, was er von den Fähigkeiten dieser Frau hielt. »Vor ihrem Herzanfall war sie ohne Frage das stärkste psychokinetische Medium der Welt.«

Die Kulagina, heute achtundfünfzig Jahre alt, lebte, ein junges Mädchen damals noch, in Leningrad, als die Deutschen die Stadt belagerten. Trotz ihrer Jugend wurde sie Panzerfunkerin und versah ihren Dienst in dem gepanzerten Zug, der seinen Weg nach Leningrad hinein und aus Leningrad heraus erkämpfte und die Stadt mit Vorräten versorgte. Von einer Granate schwer verletzt, erholte sie sich wieder und führte nach dem Krieg ein ganz normales Leben als glückliche Frau und Mutter.

Die Kulagina war sich, noch bevor ihre Fähigkeiten den Wissenschaftlern bekannt wurden, bewußt, daß sie über außergewöhnliche Kräfte verfügte. So konnte sie zum Beispiel Dinge »sehen«, die in den Taschen anderer verborgen waren. Ein Bild der im Moment nicht sichtbaren Gegenstände schien vor ihrem inneren Auge aufzublitzen. Sie konnte auch Krankheiten diagnostizieren, häufig ohne es eigentlich zu wollen. Wenn sie mit kranken Menschen zusammenkam, sah sie im Geist ein Bild der Krankheit vor sich, etwa einen schmerzenden Kopf oder eine geschwollene Niere.

Der wissenschaftlichen Welt wurden ihre Fähigkeiten 1964 bekannt. Sie lag infolge eines Nervenzusammenbruchs im Krankenhaus und beschäftigte sich dort viel mit Handarbeiten. Die Ärzte waren erstaunt, als sie sahen, wie sie in ihren Nähkasten langte und, ohne hinzuschauen, jeweils das Garn der gewünschten Farbe griff. Die Parapsychologen am Ort wurden von ihrer Fähigkeit, »blind zu sehen«, in Kenntnis gesetzt. Im folgenden Jahr, als sie sich wieder ganz erholt hatte, war sie bereit, an einigen Experimenten teilzunehmen.

Zuerst überzeugten sich die Wissenschaftler davon, daß die Kulagina tatsächlich Farben dadurch wahrnehmen konnte, daß sie den betreffenden Gegenstand lediglich mit den Fingerspitzen berührte. Dann stellte man fest, daß sie die Gabe besaß, einen erkrankten Körperteil durch Handauflegen zu heilen. Dr. Sergejew führte eine ganze Reihe Heilexperimente mit ihr durch, an denen Patienten teilnahmen, die, unzufrieden mit der Behandlung ihrer Ärzte, nur zu glücklich waren, etwas anderes ausprobieren zu können. Die Experimente verliefen – so Sergejew – außerordentlich erfolgreich. Die Kulagina zeigte, daß ihre unerklärlichen Kräfte vor allem offene Wunden von Unfallopfern rascher heilen ließen. Um eine Besserung zu erzielen, brauchte sie ihre Hände nur kurz nahe den Verletzungen aufzulegen. Sie hatte auch großen Erfolg bei der Behandlung von Lungenentzündungen. Ihre »Therapie« bestand in diesem Fall darin, die Hände auf die Seite des Patienten zu legen. Ein sechsundzwanzigjähriger Mann wurde mit teilweise gelähmten Beinen zu ihr gebracht; nach einer nur dreimonatigen Behandlung konnte er wieder gehen.

Auch über gewisse telepathische Kräfte verfügte die Kulagina. Doch als die Wissenschaftler ihre psychokinetischen Leistungen testeten, erwies es sich, daß sie auf diesem Gebiet unschlagbar war.

Die Kulagina merkte, daß sie alle anderen Gedanken ausschalten mußte, wenn sie Gegenstände allein mit der Kraft ihres Geistes bewegen wollte. Sie konzentrierte sich ausschließlich auf das Zielobjekt – so sehr, daß nur noch ein Bild vor ihrem geistigen Auge stand. Kurz bevor das Zielobjekt sich bewege – so sagte sie den Forschern –, empfinde sie ein scharfes Ziehen in ihrer Wirbelsäule, und vor ihren Augen verschwimme alles. Die Ärzte stellten auch eine deutliche Erhöhung ihres Blutdrucks fest. Sie brauchte indessen keine spezielle Ernährung, um ihre Fähigkeiten zu bewahren. Nur führte sie keine Experimente nach einer schweren Mahlzeit durch, weil das ihr Herz übermäßig beansprucht hätte. Sie trank auch keinen Alkohol und rauchte nicht.

Die besten Ergebnisse erzielte sie bei trockener, kühler Witterung. Nach jedem Experiment brauchte sie mindestens fünf Minuten Ruhe, damit ihr Blutdruck nicht beängstigende Werte erreichte.

Berichte von den erstaunlichen Leistungen der Kulagina oder Michailowa, wie sie damals genannt wurde, gelangten erstmals 1968 in den Westen. Zeitungen und Zeitschriften verbreiteten sie in der ganzen Welt, und der Vorwurf des Betrugs blieb natürlich nicht aus.

Sergejew gelang es schließlich, die außerordentliche Energie aufzuzeichnen, die von der Kulagina ausgeht: »Wir steckten einen unbelichteten Film in einen schwarzen Umschlag. Sie konnte den Film belichten, indem sie den Umschlag einfach ansah!« Er zeigte uns einige Bilder, die man von einem im Rahmen dieses Experiments belichteten Film entwickelt hatte. Sie zeigten deutlich, über die ganze Fläche verteilt, weiße Flecken von unregelmäßiger Größe. »Sie hat den Umschlag nicht berührt, nur angesehen!« hob Sergejew noch einmal hervor.

Während eines anderen Experiments befand die Kulagina sich in einem sehr erregten Gemütszustand. Sie bewegte einen Tennisball über einen Tisch. Wieder steckten die Wissenschaftler einen unbelichteten Film in einen schwarzen Umschlag und führten ihn in der Nähe ihres Kopfes vorbei. Abermals stellten sie fest, daß der Film Lichteinflüsse aufwies. Die belichteten Stellen waren dann am größten, wenn der Umschlag in der Nähe ihres Hinterkopfes gehalten wurde. Die von der Kulagina ausgehende Energie belichtete drei Filmstreifen, die in dem versiegelten Umschlag übereinander lagen! Man hatte, als man den Film in den Umschlag steckte und als man ihn später entwickelte, alle nur möglichen Vorsichtsmaßnahmen getroffen. Es war völlig undenkbar, daß der Film von irgendeiner anderen Lichtquelle als der Energie der Kulagina hätte belichtet werden können.

Sergejew glaubt, dies sei ein neues Verfahren, die »Aura« aufzuzeichnen, die man bislang nur mit der sogenannten Kirlian-Fotografie festgehalten hatte. Die belichteten Stellen auf dem Film seien durch elektrische Entladungen des Mediums verursacht worden. In anschließenden Tests, die sich des gleichen Verfahrens bedienten, wurde festgestellt, daß die Kulagina ihre Kraft steuern konnte. Durch einen schwarzen Umschlag hindurch vermochte sie Bilder auf unbelichtete Filme zu »zeichnen«. Der Umschlag, der den Film enthielt, wurde vor sie hingelegt; sie starrte ihn an und versuchte, mit ihren Augen ein Bild zu formen. Wiederholt war sie in der Lage, ein Kreuz zu zeichnen, indem sie ihre Augen auf und nieder und dann von einer Seite zur anderen bewegte. »Als sie dies mehrmals über dem gleichen Umschlag wiederholte, erhielten wir mehrere Kreuzbilder auf einer Aufnahme. Sie konnte mit ihren Augen auch Buchstaben auf den Film ›projizieren‹. Es war, als hätten wir einen Laserstrahl verwendet«, berichtete Sergejew. Er zeigte uns die Ergebnisse dieses Tests. Die Fotos wiesen deutlich die vielen weißen Kreuze auf. Sie wirkten grob gezeichnet, waren aber unschwer zu erkennen.

Sichtlich stolz wurde Sergejew, wenn er von Ninels psychokinetischen Kräften sprach. Er hatte in Leningrad wiederholt Experimente mit ihr unter kontrollierten Laborbedingungen durchgeführt und herausgefunden, daß sie Gegenstände zu bewegen vermochte, die schwerer waren als ein Pfund.

»Der Gegenstand wurde auf die ebene Oberfläche eines Tisches gestellt. Die Kulagina versuchte, ihn zu bewegen, ohne ihn zu berühren, indem sie sich auf ihn konzentrierte. Sie begann mit einer langen Konzentrationsphase, wobei sie sich offenbar aus einer unsichtbaren Energiequelle auflud.

Während dieser Phase, so erzählte sie mir, versuchte sie, jeden anderen Gedanken aus ihrem Bewußtsein zu verbannen. Sie dachte nur an den Gegenstand und seine Bewegung.

Wenn sie ihren höchsten Erregungszustand erreicht hatte, sah sie aus, als würde sie gleich das Bewußtsein verlieren. In diesem Augenblick schien eine unsichtbare Hand den Gegenstand anzufassen und zu bewegen. Er bewegte sich in einzelnen, ruckartigen Bewegungen, obwohl es dem menschlichen Auge so vorkam, als rolle er.«

Anwesende Wissenschaftler haben diese ruckartige Bewegung nachgewiesen, indem sie ein Stück Film in einem schwarzen Umschlag unter einen Keramikzylinder auf den Tisch legten. Dann forderten sie die Kulagina auf, den Zylinder kraft ihres Geistes zu bewegen. Sie tat es. Als sie den Film entwickelten, fanden sie deutliche Eindrücke darauf, die bewiesen, daß der Zylinder in sechs einzelnen Abschnitten bewegt worden war. Das heißt, auf dem Film war ein Lichtfleck zu sehen, dann nichts, dann ein weiterer Lichtfleck, dann wieder nichts. Jeder Bewegungsabschnitt des Gegenstandes betrug etwa 2,5 Zentimeter. Die Wissenschaftler glauben, daß die Lichtspur durch die Energie verursacht wurde, die die Kulagina auf den Gegenstand ausgestrahlt habe.

Die Wissenschaftler haben auch das Energiefeld elektrischer Entladungen um ihren Körper herum gemessen. Sie stellten fest, daß, wenn die Kulagina sich darauf konzentrierte, einen Gegenstand zu bewegen, das Energiefeld nur halb so groß war wie bei einem normalen Menschen. Sie glauben, daß die Kulagina die Energie aus ihrer Umgebung in ihren Körper aufnimmt, um sie dann in Richtung Zielobjekt zu entladen, das sich daraufhin bewegt. Elektrokardiographische Untersuchungen zeigten, daß sich ihr Herzschlag während der Experimente deutlich meßbar beschleunigte. Ein Sprinter erreicht bei höchster Geschwindigkeit einen Herzschlag von 110; der Puls der Kulagina dagegen stieg auf 160 oder gar 180 an. »Niemals haben wir bei diesen Experimenten an geheimnisvolle Kräfte gedacht«, meinte Sergejew nachdrücklich. »Alles war erklärbar. Wir meinten, jede der Wissenschaft bekannte Methode müsse angewandt werden, um die Fähigkeit des Menschen zu erforschen, seinen Willen ganz auf einen bestimmten Punkt zu konzentrieren.«

Das ungewöhnlichste Experiment mit der Kulagina fand am 10. März 1970 im Leningrader Laboratorium statt. Damals setzte sie ihre Energie ein, um das Herz eines Frosches zum Stillstand zu bringen. Das Experiment wurde von Dr. Sergej Saritschew durchgeführt. Dr. Sergejew war unter den vielen anwesenden Wissenschaftlern.

»Wie bekannt, schlagen Froschherzen auch noch einige Stunden, nachdem man sie aus dem Körper entfernt hat«, berichtete er uns. »Das schlagende Herz eines Frosches hatte man in ein Glasgefäß getan. Die Kulagina saß etwa 80 Zentimeter von dem Gefäß entfernt und konzentrierte ihre Gedanken auf das Herz. Während des ganzen Experiments wurden die Bewegungen des Froschherzens in einem Kardiogramm aufgezeichnet.

Sie gab dem Herzen Befehle, bald langsamer, bald schneller zu schlagen. Das Kardiogramm zeigte, daß das Herz ihren Befehlen gehorchte! Im ersten Experiment hielt sie das Herz nach fünf Minuten an. Dann wurde ein neues Froschherz in ein anderes Gefäß getan.« Sergejew gab ein genaues Protokoll des nun folgenden Experiments, wobei er die Kulagina zitierte:

22.28 Uhr	Ich beginne seinen Schlag zu verlangsamen.
22.30 Uhr	Langsamer ...
22.34 Uhr	Ich beginne, es anzuhalten.
22.35 Uhr	Ich halte es an.
22.39 Uhr	Ich kann es nicht anhalten.
22.41 Uhr	Ich versuche es noch mal ... Wieder beginne ich, seinen Schlag zu verlangsamen.
22.50 Uhr	Ich benutze meine ganze Kraft.
22.51 Uhr	Ich habe es angehalten.

Die Aufzeichnungen des Kardiogramms zeigten, daß das Froschherz tatsächlich genau um 22.51 Uhr zu schlagen aufgehört hatte.

Sergejew faßte zusammen: »Es war, als seien die Herzen von winzigen Blitzstrahlen getroffen worden. Beide hätten normalerweise noch Stunden nach dem Experiment schlagen müssen.«

Ein Leningrader Psychiater, der von diesen erstaunlichen Experimenten hörte, zog ihre Gültigkeit in Zweifel. Über Sergejew forderte er die Kulagina auf, dieses Experiment an seiner Person zu wiederholen. Damit bot sich eine interessante Möglichkeit, unter streng kontrollierten Laborbedingungen herauszufinden, welche Wirkung die Kulagina auf Menschen ausüben konnte. Also bereitete Sergejew das Experiment vor. Die Kulagina und der Psychiater wurden im Abstand von etwa drei Metern in denselben Raum gesetzt. Beide standen unter Beobachtung eines medizinischen Teams. Sie berührten einander nicht und sprachen nicht miteinander. Zu Beginn des Experiments wiesen beide Versuchspersonen, die jeweils an ein separates EKG-Gerät angeschlossen waren, regelmäßige Herzrhythmen auf. Die Kulagina hatte ihre braunen Haare zu einem Knoten hochgesteckt und blickte ins Leere. Der reglose Blick ihrer tiefen, schwarzen Augen schien durch Mauern zu dringen.

Bereits nach zwei Minuten stieg der EKG-Wert des Psychiaters weit über normal an und ließ auf große emotionale Belastung schließen. Auch der Herzschlag der Kulagina war schneller als normal, doch der des Psychiaters beschleunigte sich so rapide weiter, daß die Anwesenden um sein Leben fürchteten! Sergejew mußte das Experiment fünf Minuten nach Beginn abbrechen. Er meinte, alle Wissenschaftler seien sich darüber einig gewesen, daß der Psychiater getötet worden wäre, hätte man das Experiment fortgesetzt.

Einige Male während der psychokinetischen Experimente, die Sergejew geleitet hatte, war die Kulagina bewußtlos geworden. Die Instrumente, die das elektrische Feld um sie herum maßen, zeigten an, daß sie offensichtlich bar jeder Energie war, wenn sie die elektrische Energie aus ihrer Umgebung aufgenommen und dann auf ein Objekt ausgestrahlt hatte. Mehrfach floß eine elektrische Kraft – gewöhnlich durch den Arm – in ihren Körper zurück und hinterließ Brandmale auf der Haut. Sie waren leicht zu erkennen, da die Kulagina bei solchen Experimenten meist kurzärmelige Kleider trug.

»Kein Gegenstand hätte die Brandmale verursachen können. Sie müssen von irgendeiner mächtigen Energie beim Wiedereintritt in ihren Körper hervorgerufen worden sein. Einmal rief die Kulagina aus: ›Ich brenne!‹ Und brach ohnmächtig zusammen. Ein Brandmal erschien auf ihrer Hand. Nicht selten waren diese Brandmale zehn Zentimeter lang! Ich bin auch einmal dabeigewesen, als ihre Kleider bei der Rückkehr der Energie Feuer fingen. Bei diesen Gelegenheiten wurde die Kulagina stets bewußtlos. Es ging ihr sehr schlecht, und wir hatten große Mühe, sie ins Leben zurückzurufen.«

Schließlich war sie völlig entkräftet. Noch eine solche Erschütterung, und ihr Herz würde nicht mehr mitmachen. Vermutlich hätten die Wissenschaftler es früher erkennen müssen, doch sie waren zu versessen auf ihre Experimente.

Die Krise kam mit dem plötzlichen Tod ihres Vaters. Ninel liebte ihn – nicht leidenschaftlich, so sagte Sergejew uns, aber pflichtbewußt, wie es sich für eine brave russische Tochter gehört. Trotzdem war sein Tod ein schwerer Schock für sie. Bei der Beerdigung brach sie zusammen und mußte mit einem Krankenwagen in die Klinik gebracht werden.

»Es war nicht nur der Kummer, sondern auch ein schwerer Herzanfall. Sie kam auf die Intensivstation, und ihr Leben konnte gerettet werden. Aber man sagte uns, wir sollten keine Wunder erwarten. Sie würde für den Rest ihres Lebens eine Invalidin bleiben.«

Jurij trieb ihre Telefonnummer auf. Dabei beschwor er uns, niemandem zu erzählen, von wem wir sie bekommen hatten. Wir vermuteten, daß er die Wahrheit sagte und seine unmittelbaren Vorgesetzten tatsächlich nichts davon wußten. Doch irgend jemand sehr weit oben *mußte* seine Zustimmung gegeben haben. Es war vier Tage, nachdem wir von Sergejew erfahren hatten, was der Kulagina zugestoßen war.

Aber wieviel würde die Kulagina uns erzählen können? Wir waren uns auch klar darüber, daß wir angesichts des weltweiten Interesses an dem russischen Medium beweisen mußten, daß sie in der Tat einen schweren Zusammenbruch gehabt hatte und heute eine Frau war, die an einem unheilbar kranken Herzen litt. Wir wollten also das Interview mit der Kulagina unbedingt auf Band aufnehmen, um einen unwiderlegbaren Beweis mit nach Hause zu bringen.

Sie meldete sich selbst am Telefon, und obwohl sie nicht sofort wußte, wer wir waren, hatte sie schon auf unseren Anruf gewartet.

»Ninel Sergejewna, können Sie uns verstehen?«

»Ja.«

»Sagen Sie uns, was geschehen ist.«

Zögernd erzählte sie uns die Geschichte von ihrem Zusammenbruch beim Begräbnis ihres »Papas«. »Ich bin fast gestorben, wissen Sie.«

»Sie werden sicher bald wieder gesund sein.«

»Ja, das hoffe ich sehr.«

»Würden Sie diese Experimente gern wieder aufnehmen?«

»O ja!« rief sie aus. »Man hat mir gesagt, die Experimente seien sehr wichtig.«

»Das sind sie wirklich. Sie haben der Wissenschaft einen großen Dienst erwiesen. Wissen Sie das?«

»Ich weiß es, und ich bin so glücklich darüber! Deshalb möchte ich gern auch weiterhin von Nutzen sein.«

»Sie haben das lange gemacht, nicht wahr, Ninel Sergejewna?«

»Zehn Jahre. Nein, länger! Seit der verstorbene Dr. Leonid Wassiliew festgestellt hat, daß ich Farben, ohne sie zu sehen, durch die bloße Berührung mit der Hand erkennen kann.«

»Und das war wann?«

»Nachdem ich 1966 diesen Nervenzusammenbruch gehabt habe. Oder war es 1964? Die Ärzte aus dem Krankenhaus holten ihn, damit er es mit eigenen Augen sähe.«

Ihre Stimme wurde schwächer. Kulagin kam ans Telefon und sagte: »Nur noch eine Minute, sie ermüdet rasch.«

»Würden Sie die Arbeit mit Dr. Sergejew gern wieder aufnehmen?«

»O ja. Sobald ich mich wieder wohlfühle.« Ihr Eifer war rührend.

»Hat man Ihnen gesagt, wann das der Fall sein wird?«

»Nein.« Ihre Stimme wurde zu einem traurigen Flüstern. »Ich finde das nicht richtig, wissen Sie. Mein Gesundheitszustand war auch schon vor dem Herzanfall schlecht. Schon seit Anfang 1974. Aber immerhin ruft Genadij Alexandrowitsch mich häufig an. Er ist ein lieber Mensch.«

»Sie müssen sich jetzt ausruhen, Ninel Sergejewna. Eines Tages werden Sie uns in Amerika besuchen.«

Sie brachte ein Kichern zustande: »O ja. Ganz bestimmt. Ganz bestimmt.« Wir hatten unser Telefon mit einer Wanze versehen. Nachdem wir den Hörer aufgelegt hatten, prüften wir das Band. Die Aufzeichnung war einwandfrei. Wir hatten alles darauf eingefangen – ihre Hinfälligkeit und Verzweiflung, ihren Eifer und ihre Hoffnung, das Ergreifende und Demütige ihres bewußten Opfers.

Im Nachtschnellzug »Roter Pfeil«, der uns nach Moskau zurückbrachte, konnten wir die Erinnerung an die kraftlose Stimme der großen Kulagina nicht loswerden. Würde sie sich wieder erholen? Und wenn, würden ihre unglaublichen Kräfte ihr dann noch zur Verfügung stehen? Wer würde es wagen, das herauszufinden? Bestimmt nicht Sergejew, der Forscher, der ihr am meisten zugetan war. Jedenfalls hatte man uns bereits mit ihrer Nachfolgerin bekannt gemacht, die jetzt als das begabteste psychokinetische Medium der Sowjetunion gilt.

Alla Winogradowa ist keine außergewöhnliche Persönlichkeit – bis sie anfängt, ihre psychokinetischen Kräfte unter Beweis zu stellen. Wir begegneten ihr das erste Mal zusammen mit ihrem Mann, Viktor Adamenko, im Konferenzzimmer der Nowosti-Presseagentur in Moskau.

Er arbeitet als Physiker am Nationalen Institut für Allgemeine Physiologie in Moskau und gilt seit der Ächtung Eduard Naumows, der aus Moskau verbannt wurde, weil seine parapsychologische Arbeit zu viel Aufsehen erregte, als der führende sowjetische Parapsychologe.

Adamenko, zu dem wir später ein sehr freundschaftliches Verhältnis gewannen, erwies sich als ein junger, gut aussehender Mann in einem dunklen Straßenanzug, der eine Schwäche für sauber gebügelte Hemden und blitzende Manschettenknöpfe hatte.

Seine Frau Alla, eine zierliche Brünette, erschien uns auf den ersten Blick recht unscheinbar und scheu. Es stellte sich jedoch heraus, daß es nur die Umstände waren, die sie so befangen machten, die Tatsache, daß sie Fremden in einer so offiziellen Umgebung begegnete. Sie brauchte nicht viel Zeit, um uns zu beweisen, warum sie zur Nachfolgerin der kranken Kulagina avancierte. Wir konnten uns im Konferenzzimmer von Nowosti, wo wir uns zuerst trafen, und später in unserem Hotel von den Fähigkeiten der Winogradowa selbst überzeugen.

Für die Vorführung hatten sie einen Plastikwürfel mit einer Kantenlänge von etwa 60 Zentimetern mitgebracht. Wir sahen, wie Adamenko eine Zigarrenhülle aus Aluminiumfolie vor seine Frau hinlegte. Sie saß kerzengerade da, die Füße fest auf dem Boden, berührte nun zuerst das Ende des durchsichtigen Würfels, nahm dann die Zigarrenhülle einen Moment in ihre Hände und legte sie auf den Würfel zurück. Die Hülle lag völlig ruhig. Dann legte sie ihre rechte Hand in deren Nähe, die Fingerspitzen ausgestreckt und die Seite der Hand parallel zur Hülle. Zuerst auf die eine Seite, dann auf die andere. Die Hand war nicht mehr als zwei Zentimeter von der Hülle entfernt, berührte sie aber nicht. Langsam begann sie zu rucken, dann bewegte sie sich. Die Winogradowa richtete ihre Fingerspitzen auf die Hülle – vier bis fünf Zentimeter von ihr entfernt –, und sie rollte sehr rasch auf die Seite des Würfels. Dann hielt sie ihre Fingerspitzen, etwa fünf Zentimeter entfernt, vor die Vorderseite der Hülle. Die Hülle hielt an und rollte zurück. Das wiederholte sie mehrmals.

Eingehend untersuchten wir Würfel und Hülle und konnten uns davon überzeugen, daß es keine Drähte, Magneten oder andere Vorrichtungen gab. Die Winogradowa trug einen langärmeligen Hosenanzug. Später wiederholte sie ihre Experimente ohne die Jacke, mit bloßen Armen. Sie konnte keinerlei Apparate am Körper tragen. Die ganze Zeit über saß sie vor dem Würfel, ohne jedoch die Hülle zu berühren. Aber selbst wenn ihre Finger die Hülle berührt hätten, wäre es schleierhaft gewesen, wie es zu einer so raschen Drehung kommen und wie die Bewegung nach Belieben zum Stillstand gebracht werden konnte.

Um sicherzugehen, reichten wir ihr eine englische Zigarette, die es in Moskau nicht gibt. Sie legte sie vor sich hin und bewegte sie dann in genau derselben Weise. Eine Zigarette hätte natürlich nicht durch einen Magneten bewegt werden können. Um festzustellen, daß sie die Zigarette inzwischen nicht präpariert hatte, forderten wir die Winogradowa auf, sie zu rauchen. Das tat sie mit sichtlichem Genuß. Dann wiederholten wir das Experiment mit einer amerikanischen Zigarette, die sie offenbar ohne die geringste Anstrengung über den Würfel rollen ließ.

Doch die Winogradowa berichtete uns hinterher, daß es ihr weit mehr Schwierigkeiten bereitet hatte, diese Zigarette zu bewegen, da sie aus einem ganz anderen Material bestehe. »Es ist manchmal nicht so leicht, sich auf gewisse Gegenstände psychologisch einzustimmen, vor allem wenn sie nicht metallisch sind. Aber das heißt nur, daß man sich intensiver konzentrieren muß. Man kann jeden Gegenstand bewegen, wenn man sich nur genügend Mühe gibt.«

Mit diesen Worten nahm sie einen unserer roten Plastikkugelschreiber, legte ihn vor sich hin und versetzte ihn in eine unglaublich schnelle rotierende Bewegung. Dann veranlaßte sie einen Tischtennisball, sich wie ein Kreisel zu drehen. Zu keinem Zeitpunkt nahm sie auf die Gegenstände dadurch Einfluß, daß sie sie berührte oder etwa pustete. Es war eine klassische Demonstration der Psychokinese.

Die Winogradowa ist Lehrerin am Forschungsinstitut der Akademie für Erziehungswissenschaften in Moskau und beschäftigt sich vor allem mit den psychischen Problemen von Schulkindern. Psychologie und Parapsychologie hält sie für eng miteinander verwandt.

Ihre ersten psychokinetischen Experimente unternahm sie 1969, nachdem sie den heute berühmten Film gesehen hatte, in dem die Kulagina Streichhölzer und andere kleine Gegenstände bewegt. Interessanterweise gibt es jetzt einen ähnlichen Film von der Winogradowa, der uns in einem Studio des Staatlichen Fernsehens am Tag nach unserer Begegnung mit ihr gezeigt wurde.

»Schon bevor ich den Kulagina-Film sah, spürte ich etwas Ungewöhnliches in mir«, berichtete sie uns. »Ich hatte wundervolle, farbige Träume, an die ich mich immer sehr genau erinnerte. Manchmal war ich aufgrund dieser Träume zu Vorhersagen in der Lage. Zum Beispiel starb mein Bruder vor einiger Zeit. Zwei Tage zuvor hatte ich einen Traum, in dem meine Familie und ich, die ganze Verwandtschaft – mit Ausnahme meines Bruders – in einem Zug saßen und zu einem Begräbnis fuhren. Es war lange her, daß ich meinen Bruder gesehen oder von ihm gehört hatte. Zwei Tage später bekam ich ein Telegramm, in dem mir sein Tod mitgeteilt wurde.«

Bevor die Winogradowa etwas über ihre außergewöhnlichen Fähigkeiten verlauten ließ, führte sie einige Experimente zu Hause durch – sie gelangen nicht. Sie war sicher, Gegenstände mit der Kraft ihrer Gedanken bewegen zu können, doch verfügte sie noch nicht über die entsprechende Konzentrationstechnik. Nach Wochen zeigten sich die ersten bescheidenen Erfolge. Zuerst klappte es mit leichten Gegenständen wie Streichholzschachteln oder der Zigarrenhülle aus Aluminiumfolie. Ohne Zweifel bewegten sie sich. Als ihr Selbstvertrauen wuchs, wagte sie sich an schwerere Gegenstände. Heute schafft sie es, Gegenstände bis zu 200 Gramm Gewicht in Bewegung zu setzen.

Mit Hilfe ihres Mannes verbesserte sie ihre Fertigkeit so sehr, daß sie die Gegenstände heute nicht nur zu bewegen, sondern auch zu kontrollieren vermag. Sie kann sie in eine bestimmte Richtung lenken, sie anhalten und dann zurückbewegen! Sie kann aber auch einen Haufen Streichhölzer wie bei einer Explosion in alle Richtungen auseinanderfliegen lassen. Aus einem Dutzend Gegenstände, die vor ihr liegen, kann sie ein Zielobjekt auswählen und es in Bewegung setzen, während die anderen ruhig liegenbleiben. Seit kurzem versucht sie, ihre Geisteskräfte durch Meditation weiterzuentwickeln. Im Unterschied zur Kulagina ist sie nach solchen Vorführungen nicht erschöpft.

Die Experimente wurden unter den verschiedensten emotionalen und äußerlichen Bedingungen durchgeführt. Grundsätzlich stellte sich heraus, daß die Winogradowa am leistungsfähigsten ist, wenn das Wetter gut und sie selber ausgeruht ist, wenn sie keinen Alkohol getrunken hat und – wenn sie guter Laune ist. In den Untersuchungen zeigte sich, daß sie einem Gegenstand nahe sein muß – die Entfernung darf etwa fünf Zentimeter betragen –, wenn sie ihn in Bewegung setzen will. Ist der erste »Anstoß« aber einmal gegeben, kann sie den Gegenstand auch aus einer Distanz von zwei bis drei Metern in Bewegung halten.

»Ich denke lediglich an den Gegenstand und daß er sich bewegen muß«, berichtete sie uns. »Ich konzentriere mich auf ihn, ich muß mich auf ihn einstimmen. Ich habe das Gefühl, daß irgendeine Energie meinen Fingerspitzen und seitlich meinen Händen entströmt.«

1971 berichtete Adamenko dazu auf einer Konferenz in Alma-Ata: »Wir machten eine Kirlian-Fotografie, während sie sich auf das Bewegen der Gegenstände konzentrierte. Die Aura ihrer Fingerspitzen zeigte ein neues Muster großer Aktivität, und zwar nicht nur an der Hand, die auf das Objekt wies, sondern auch an der anderen.

Physikalisch erkläre ich mir diese Fähigkeit so, daß sich der Gegenstand, der bewegt werden soll, in einem elektrostatischen Feld befindet. Die vom psychokinetischen Medium hinzukommende Energie bewirkt eine elektrische Aktivität in dem Feld und löst die Bewegung aus. Doch wird der Gegenstand sich nur bewegen, wenn die einwirkenden Kräfte größer als die Reibung sind. Normalerweise – eben bei einem Nicht-Medium – sind die Reibungskräfte größer. Der Gegenstand bewegt sich nicht. Das psychokinetische Medium ist in der Lage, die zusätzliche Energie zu liefern, die erforderlich ist, um die Reibung zu überwinden.«

Adamenko ortete das elektrostatische Feld, indem er Voltmeter und einfache Indikatoren wie Blitzlichtbirnen verwendete. Diese Experimente fanden auf demselben durchsichtigen Plastikwürfel von 60 Zentimeter Kantenlänge statt, den die Winogradowa zu unserer ersten Zusammenkunft mitgebracht hatte. Man braucht nur die Oberfläche des Würfels zu reiben, um ein elektrostatisches Feld zu erzeugen.

»Vertraute Gegenstände ließen sich am leichtesten bewegen«, sagte Adamenko. »Wenn wir schwerere nahmen, ohne es Alla mitzuteilen, wurde die Bewegung nicht beeinträchtigt.«

Nachdem sie uns ihre Kräfte das erste Mal vorgeführt hatte, versuchten wir beide es ihr gleichzutun und erlitten kläglich Schiffbruch. Nichts bewegte sich. Entschlossen, nicht klein beizugeben, probierten wir immer wieder, die Gegenstände in der Weise zu bewegen, wie wir es gerade gesehen hatten. Wir feuerten die Gegenstände an: »Los, los, los ... vorwärts, vorwärts!« Alles umsonst. Als wir aufgaben, war sogar das elektromagnetische Feld verschwunden. Adamenko hielt eine kleine Blitzlichtbirne an den Tisch. Sie leuchtete nicht auf. Das hatte sie aber getan, nachdem die Winogradowa ihre Vorführung beendet hatte. Auch während des Experiments mit der Zigarrenhülle wies Adamenko das elektrostatische Feld nach, von dem er zuvor gesprochen hatte. Er brachte die Blitzlichtbirne in die Nähe der Oberfläche des Plastikwürfels. Die Birne leuchtete kurz auf, als habe eine elektrische Entladung stattgefunden.

Als wir Sergejew in Leningrad nach der Winogradowa fragten, bestätigte er, was Adamenko uns gesagt hatte. »Ohne Zweifel ist sie jetzt das bedeutendste psychokinetische Medium. Sie hat die Nachfolge der Kulagina angetreten, wenn sie auch noch nicht deren Kraft besitzt. Ich bin im Bilde über die Experimente, die unter Viktor Adamenkos Aufsicht durchgeführt worden sind. Wenn ich sage, daß ich beeindruckt bin, ist das noch vorsichtig ausgedrückt. Ich hoffe immer noch, daß ein Wunder geschieht und die beiden Frauen eines Tages zusammenarbeiten werden.«

Das Wunder, wenn man es so nennen will, fand im März 1977 in Moskau statt. Beide Medien demonstrierten ihre psychokinetischen Fähigkeiten vor Filmkameras. Die Kulagina hatte man aus Leningrad geholt. Obwohl sie blaß, elend und alt aussah, war sie zu psychokinetischen Leistungen imstande, die – so die Winogradowa – »mir zeigten, daß sie immer noch über bemerkenswerte Kräfte gebot. Ninel Sergejewna ist wie ein Soldat, der entschlossen ist, in den Stiefeln zu sterben. Wir waren fest davon überzeugt, daß sie den Rest ihres Lebens als Kranke zubringen würde. Niemand – selbst die sie betreuenden Ärzte nicht – hatten mit ihrer erstaunlichen Widerstandskraft gerechnet. Ihr unglaublicher Wille hat den Sieg davongetragen – so einfach ist das.«

Der Dokumentarfilm dürfte die neue Einstellung der Sowjets gegenüber der Parapsychologie widerspiegeln und dazu beigetragen haben, daß man die russische Parapsychologie Fremden gegenüber zur Geheimsache erklärte. Der Winogradowa zufolge, die einen nicht unbeträchtlichen Beitrag zu dem Film leistete, ist dieser Film der jüngste Beweis dafür, daß es Psychokinese wirklich gibt. Beide Frauen bewegten Gegenstände durch bloße Willenskraft. Die Kulagina zeigte außerdem, daß sie Gegenstände sehen kann, die dem Blick verborgen sind. Parapsychologen nennen diese Fähigkeit »Kryptoskopie«.

Dr. Injuschin, der bei den Filmaufnahmen in Moskau dabei war, bestätigte, daß die Kulagina plötzlich ihre sensitive Kraft wiedergefunden zu haben schien. Sie sah »normal aus, ganz wohl« und »erwies sich als recht leistungsfähig«.

»Ein Wunder ist geschehen«, sagte Sergejew später, »und mir fiel ein Stein vom Herzen.«

»Wie geht es weiter, Ninel Kulagina?« fragten wir sie.

»Wie es weitergeht? Damit, daß ich aufhöre«, mit diesen bitteren Worten kündigte sie uns ihren Rücktritt an. Sie war zu Hause in Leningrad, es war Samstag, der 24. September 1977, und sie gab uns folgende Botschaft für die Welt draußen mit:

»Solange die offizielle sowjetische Wissenschaft die Psychokinese nicht als Tatsache anerkennt, solange sie behauptet, es handle sich um Einbildung, solange sie nicht bereit ist zu akzeptieren, daß wir es mit einem realen Phänomen zu tun haben, das für unsere Wissenschaft wichtig und nützlich ist, gehe ich nirgendwo mehr hin. Ich werde nirgends hinreisen und nichts tun, um meine Fähigkeiten unter Beweis zu stellen. So ist es. Außerdem ist meine Gesundheit dahin. Damit muß man sich abfinden.«

Gegen ihr besseres Wissen hatte sie den Moskauer Experimenten zugestimmt. Sie sei noch nicht wieder so recht auf dem Damm gewesen. Aber sie würde ihr Leben gern aufs Spiel setzen, wenn die Sache es wert sei. »Sie war es nicht«, sagte sie traurig. »Keiner der Wissenschaftler, die mit den Erscheinungen der Psychokinese und des Hellsehens vertraut sind und meine Arbeit kennen, ist aufgefordert worden, die im Film festgehaltenen Experimente zu leiten.«

Der Vollständigkeit halber sei erwähnt, daß Adamenko da war. Sergejew hatte man jedoch nicht eingeladen. »So führte ich vergeblich vor, was ich immer noch zu leisten vermochte. Unser Erfolg nützte nichts, unsere Mühe war umsonst. Nach vier anstrengenden Tagen in den Fernsehstudios war ich erschöpft. Kaum habe ich es bis nach Hause geschafft. Danach war ich wochenlang bettlägerig. Ständig litt ich unter Kopfschmerzen und Schwächeanfällen. Ich habe einen hohen Preis bezahlt. Für was? Um Zaubertricks zu zeigen? Ich bedaure es sehr.«

Diese Erklärung brachten wir auf einem Tonband aus der Sowjetunion mit. Die Stimme auf dem Band klingt teilnahmslos, ohne Lebensmut, wenn auch schon kräftiger als bei dem ersten Telefongespräch, das wir einige Monate nach ihrem lebensgefährlichen Herzanfall mit ihr führten. Sie spricht so monoton, als sei ihr alles gleichgültig. Später konnten wir feststellen, daß die Kulagins ihre Telefonnummer geändert hatten. Das war im April 1977, einen Monat nach den Fernsehaufnahmen.

Warum das? Wollten sie sich verstecken? Hatten sie genug von einer neugierigen, aber undankbaren Welt? Oder wurden sie von jemandem versteckt, der – in einem Land, in dem die Parapsychologie zusehens zu einer Geheimwaffe wird – die Kulagina und die wertvollen Kräfte, die ihr geblieben sind, nicht unnötig exponieren wollte? In der Sowjetunion, wo private Telefonanschlüsse immer noch genauso schwer zu bekommen sind wie private Autos, mag es zwar nicht schwierig sein, seine Telefonnummer aufzugeben, doch braucht man Beziehungen, Unterstützung von ganz weit oben, um eine neue Nummer zu bekommen – vor allem eine, die nirgends verzeichnet ist.

4 Die große Telepathie-Kontroverse

Der Artikel nahm die ganze Titelseite der *Literaturnaja Gazeta* ein. Die zweizeilige Überschrift lautete: »Telepathie blieb wirkungslos.« Darunter stand: »Kontrolltest Moskau – Kertsch.«

Auf diese Weise wurden die etwa drei Millionen Leser der einflußreichen Wochenzeitschrift Anfang Juni 1968 über das angebliche Scheitern eines wichtigen Telepathie-Experiments unterrichtet. Es war eine unmißverständliche, überzeugend vorgebrachte Botschaft: »Schwamm drüber – Telepathie funktioniert nicht!«

Heute, neun Jahre nach dem Moskau-Kertsch-»Debakel«, zweifeln die Beobachter, die das Auf und Ab der parapsychologischen Forschung in der Sowjetunion verfolgen, kaum daran, daß man sich nach wie vor intensiv mit Telepathie beschäftigt. Die sowjetischen Wissenschaftler dürften ihren westlichen Kollegen auf diesem Gebiet sogar weit voraus sein.

Doch selbst auf unserer letzten Reise nach Moskau tobte die große Telepathie-Kontroverse noch. Als wir uns mit Mitarbeitern der *Literaturnaja Gazeta* zusammensetzten, um über dieses Thema zu diskutieren, waren wir gut versehen mit den Fakten, die für und gegen das Moskau-Kertsch-Experiment sprachen. Wir sagten, wir wären an den Einzelheiten der Versuchsanordnung interessiert, weil wir der Meinung seien, es ließe sich ein ähnliches Experiment zwischen Moskau und New York durchführen. Man begegnete uns jedoch ebenso höflich wie ablehnend.

Der Streit um die Telepathie schwelte schon viele Jahre lang, als die *Gazeta* damals erklärte:

»Ein Teil unserer Presse beschäftigt sich regelmäßig mit dem Thema und sorgt so dafür, daß das Publikum sein Interesse daran nicht verliert. Ja, es schürt dieses Interesse noch. Viele populärwissenschaftliche Zeitschriften stellen ihre Seiten großzügig den Diskussionen über Telepathie zur Verfügung. Physiologen, Physiker, Kybernetiker, Psychologen, Journalisten und sogar ›Telepathen‹ selbst dürfen ihre Auffassungen in aller Breite darlegen. Von Zeit zu Zeit veröffentlichen die Zeitungen sensationelle Informationen über die Ergebnisse von Telepathie-Experimenten, die bei uns oder im Ausland durchgeführt worden sind, Ergebnisse, die von den Anhängern der Telepathie als ›Beweise‹ betrachtet werden. In der Regel bieten diese Berichte jedoch keine Möglichkeit, die Ergebnisse der Experimente objektiv einzuschätzen.«

Die Redakteure der *Gazeta* schienen sich jedoch darüber klar zu sein, daß es in letzter Zeit Nachrichten über Telepathie gäbe, die vertrauenswürdiger wirkten. 1965 sei die »Abteilung Bioinformation der Alexander-S.-Popow-Gesellschaft für Radiotechnik und elektrische Kommunikation« in Moskau eingerichtet worden, die die Aufgabe habe, parapsychologische Phänomene zu erforschen, und bereits zahlreiche, sorgfältig dokumentierte Experimente durchführen konnte. An vielen dieser Experimente sei das berühmte telepathische Gespann Jurij Kamenskij und Karl Nikolajew beteiligt gewesen, von denen es heiße, daß sie unter wissenschaftlichen Bedingungen telepathische Kommunikation über große Entfernungen hergestellt hätten.

In der Ausgabe vom 7. Juli 1966 berichtete die *Komsomolskaja Prawda* unter der Überschrift »Gedankenübermittlung von Moskau nach Nowosibirsk«, daß »zwei Übertragungsformen untersucht worden seien: sogenannte Zener-Karten (fünf Karten mit fünf unterschiedlichen geometrischen Figuren) und visuelle Bilder zufällig ausgewählter Gegenstände. Während der Experimente habe Nikolajew ziemlich deutliche Bilder von Hanteln und einem Schraubenzieher empfangen.

Beim Empfang anderer Bilder scheint eine erhebliche Interferenz vorgelegen zu haben. Doch glauben die Versuchsleiter, daß man in Zukunft, unter Berücksichtigung der Erfahrungen aus dem ersten Experiment, in der Lage sein wird, diese Interferenz zu reduzieren. Das Experiment mit den Zener-Karten wurde noch nicht vollständig analysiert, doch steht bereits jetzt fest, daß die Zahl der Übereinstimmungen zwischen gesendeten und empfangenen Bildern größer ist, als es der Wahrscheinlichkeitstheorie entspricht.«

Der Autor des Artikels meint abschließend: »Ich möchte feststellen, daß ich Gelegenheit hatte, die telepathischen Fähigkeiten von Nikolajew und Kamenskij zu prüfen. Deshalb teile ich die Auffassung jener sowjetischen Wissenschaftler, die glauben, daß alle Menschen, wenngleich in unterschiedlichem Maße, zur Gedankenübertragung fähig sind und daß diese Fähigkeit durch Training entwickelt werden kann.«

Am 9. April 1967 veröffentlichte auch die Moskauer *Prawda* einen Artikel über Telepathie: »Berichte über eine Biokommunikations-Séance zwischen Moskau und Leningrad.«

Die Beschreibung des Moskau-Leningrad-Experiments vom Januar und März 1967, an dem wiederum das Duo Nikolajew und Kamenskij mitwirkte, liest sich sehr aufregend: »Vor den geschlossenen Augen Kamenskijs flackerte ein Licht. Unablässig blitzte eine helle Lampe auf. Kamenskij versuchte, Nikolajew vor sein geistiges Auge zu zitieren und ihm diese Lichtempfindung zu übermitteln. Nikolajew ›sah‹ Kamenskij und kniff die Augen zusammen, aber er konnte sich vor dem ›inneren‹ Lichtstrahl nicht schützen.

Dann begann der zweite, leichtere Test, mit dem die beiden Männer auch vertrauter waren. Jurij Kamenskij betrachtete in Moskau nacheinander eine Plastikbürste, eine leere Zigarettenschachtel der Marke ›Java‹ und einen anderen Gegenstand, dessen Bezeichnung er nicht kannte. Denn vor Beginn des Experiments waren alle diese Dinge in einem versiegelten Paket aus dem Polytechnischen Museum herübergebracht worden. Kamenskij mußte die Objekte ›übermitteln‹.

Er öffnete die Zigarettenschachtel und stellte sich Nikolajew bildlich vor, wie er eine Zigarette aus der leeren Schachtel nahm. In diesem Augenblick schrieb Nikolajew, der mit den Bildern kaum Schritt halten konnte, in sein Notizbuch: ›Ich sehe irgendwo eine Zigarette ... Daß ich schreiben muß, lenkt mich ab. Da ist der

Deckel einer Schachtel, aber nichts darin. Die Oberfläche ist nicht kalt. Sie ist aus Pappe.‹ Am zweiten Tag seines Aufenthalts in Leningrad geschah schließlich etwas, was eigentlich nur durch Funk möglich ist: Wörter wurden über eine große Entfernung hinweg durch die Luft übermittelt – allerdings ohne Funk.«

Die Redakteure der *Literaturnaja Gazeta* zeigten sich von solchen doch eigentlich vielversprechenden Untersuchungsergebnissen wenig beeindruckt. Sie forderten vielmehr Wissenschaftler auf, die Protokolle der beiden Telepathie-Experimente Moskau-Nowosibirsk und Moskau-Leningrad eingehend zu prüfen. Die Experten kamen zu dem Schluß, daß man bei diesen Experimenten nicht mit der notwendigen methodologischen Sorgfalt vorgegangen sei. Die Protokolle zeigten, daß wichtige, für wissenschaftliche Experimente gültige Regeln verletzt wurden.

Da die Berichte nach Auffassung der Redakteure also keinen Beweis für die Existenz von Telepathie enthielten, beschlossen sie, in Zusammenarbeit mit anerkannten Parapsychologen selbst ein kontrolliertes Telepathie-Experiment durchzuführen.

Ein Aufsichtskomitee von zehn Wissenschaftlern wurde gebildet. Vorsitzender war W. F. Turtschin, Physiker und Mathematiker am Institut für angewandte Mathematik der Sowjetischen Akademie der Wissenschaften. Unter den neun Mitgliedern befand sich ein Radioingenieur, ein Psychiater, ein Chemiker und ein Computerfachmann. Das Komitee kam mit Nikolajew und Kamenskij zusammen und einigte sich mit diesen auf das anzuwendende Verfahren.

Man kam den Wünschen der beiden Telepathen entgegen und erklärte sich damit einverstanden, daß Bilder anstelle von Wörtern übermittelt würden. Kamenskij und Nikolajew stimmten ansonsten allen Details zu: der Zahl der Testeinheiten, dem Verfahren zur Übermittlung und zum Empfang der telepathischen Signale, der Methode zur Identifizierung der gesendeten Bilder und den Orten von Übermittlung und Empfang. Beide Seiten einigten sich auch darauf, daß die zu sendenden Bilder unmittelbar vor Beginn des Experiments durch Losentscheid ausgewählt werden sollten.

Das Komitee wählte fünfzig Gegenstandspaare. Diese Paare erhielten Nummern und wurden in zwei gleiche Gruppen aufgeteilt.

Jeder Gegenstand unterschied sich von jedem anderen der gleichen Gruppe durch zahlreiche charakteristische Merkmale. Jeder hatte in der anderen Gruppe sein genaues Gegenstück, das dieselbe Ziffer trug. Ein Test sollte nur dann als erfolgreich gelten, wenn die Nummer des vom Sender genannten Gegenstandes mit der Nummer des vom Empfänger angegebenen Gegenstandes übereinstimmte. Nikolajew und eine Hälfte des Komitees bildeten die »Empfängergruppe«. Sie begab sich in das 1100 Kilometer entfernte Kertsch auf der Krim, während Kamenskij und die andere Hälfte des Komitees in Moskau blieben.

Zwei telepathische Sitzungen fanden statt. Jede bestand aus der Übermittlung und dem Empfang der Bilder von fünf Gegenständen. In Übereinstimmung mit den Regeln, auf die man sich vor Beginn des Experiments geeinigt hatte, wurden der Sender und der Empfänger vorher gefragt, ob das Experiment eventuell verschoben werden sollte. Wenn Kamenskij oder Nikolajew einen solchen Wunsch bis fünfzig Minuten vor dem für das Experiment angesetzten Beginn geäußert hätten, wäre es vertagt worden.

Am 10. Mai um 18 Uhr versammelte sich die Moskauer Gruppe des Komitees im Laboratorium für Psychophysiologie am Moskauer Forschungsinstitut für Psychiatrie. Kamenskij gab das Startzeichen. Die meteorologischen Informationen besagten, daß das magnetische Feld der Erde normale Werte aufwies. Das halten Anhänger der Parapsychologie für unbedingt erforderlich, um eine unnötige Interferenz der telepathischen Übermittlungen zu vermeiden.

Der offizielle Beginn des ersten Experiments war um 19 Uhr abends. Die Zahlenlose wurden um 19.10 Uhr gezogen. Zu diesem Zeitpunkt wurde Kamenskij auch der erste Gegenstand – Nr. 30 – ausgehändigt. Um 19.15 Uhr teilte er mit, daß er damit begonnen habe, das Bild des Gegenstandes telepathisch zu senden. In Kertsch hielt sich Nikolajew im Probenraum des Stadttheaters bereit. Um 19.15 Uhr abends wurde ihm mitgeteilt, Kamenskij habe mit der Übermittlung begonnen. Fast sofort begann er, den empfangenen Gegenstand mündlich zu beschreiben. Die Beschreibung wurde auf Band festgehalten. Außerdem wurde ein handschriftlicher Bericht angefertigt. Jede Übertragung dauerte zehn Minuten.

Die Pause zwischen den Übertragungen betrug fünf Minuten.

Um 20.25 Uhr wurde das Experiment beendet. Nikolajew und seine Assistenten verglichen anschließend sorgfältig die Notizen und die Tonbandaufzeichnung. Die Komitee-Mitglieder zeigten Nikolajew die Duplikate der 50 Gegenstände. Er wurde gebeten aufzuschreiben, welche Gegenstände er in welcher Reihenfolge empfangen habe.

Die Aufzeichnungen wurden unterschrieben und versiegelt. Auch in Moskau wurde die Reihenfolge der Übermittlung niedergeschrieben, unterzeichnet und versiegelt. Am zweiten Tag begann die Übertragung um 23.15 Uhr Moskauer Zeit. Um 0.25 Uhr war sie zu Ende. Wieder wurden die Protokolle unterzeichnet und versiegelt.

Am 13. Mai kam das ganze Komitee in den Redaktionsbüros der *Literaturnaja Gazeta* in Moskau zusammen. Die versiegelten Umschläge mit den Protokollen wurden geöffnet. Anwesend waren auch Kamenskij und Vertreter der Redaktion. Einen Vergleich der Protokolle von Moskau und Kertsch zeigt die folgende Tabelle:

ERSTER TAG:

Gesendet	*Empfangen*
Verknotetes Bleikabel – Nr. 30	Ventilator – Nr. 19
Radiergummi – Nr. 9	Porzellanuntertasse – Nr. 32
Modell eines Motorboots – Nr. 46	Sektkorken – Nr. 3
Aluminiumplatte mit Löchern – Nr. 37	Metallsäge – Nr. 41
Jubiläumsrubel – Nr. 12	Modell eines Motorboots – Nr. 46

ZWEITER TAG:

Gesendet	*Empfangen*
Modell eines Motorboots – Nr. 46	Braunes Plastikrad – Nr. 36
Axt – Nr. 13	Hölzerner Spielzeugsoldat – Nr. 26
Einlegesohle – Nr. 34	Verknotetes Bleikabel – Nr. 30
Kugellager – Nr. 31	Bein einer Plastikpuppe – Nr. 27
Löffel – Nr. 1	Elektrolytischer Kondensator – Nr. 42

Nach Auffassung des Komitees wurde »nicht ein einziges der zehn übermittelten Objektbilder empfangen. Wir schließen daraus, daß es bei diesen Experimenten zu keiner telepathischen Kommunikation kam.« Dennoch brachte das Komitee seine feste Überzeugung zum Ausdruck, daß »es der Mühe wert wäre, mit Experimenten fortzufahren, die den Zweck haben festzustellen, ob es telepathische Kommunikation gibt. Sie sollten unter streng kontrollierten Bedingungen durchgeführt werden. Die Veröffentlichung der Ergebnisse – ob positiv oder negativ – müßte obligatorisch sein.«

Kolmogorow, ein Mitglied der Akademie der Wissenschaften, schrieb: »Die Kontrollexperimente zur Fernübertragung von Informationen (Telepathie), die auf Anregung der *Literaturnaja Gazeta* stattfanden, endeten mit einem totalen Mißerfolg. Zu diesem Ergebnis kam ein Komitee von Sachverständigen unter dem Vorsitz von W. F. Turtschin. Natürlich kann durch den Umstand, daß eine Testreihe fehlschlägt, noch nicht die Möglichkeit des telepathischen Informationstransfers überhaupt ausgeschlossen werden. Dies ist ein jahrhundertealtes Problem. So ist es nur natürlich, daß man immer wieder herauszufinden sucht, ob in der Flut der zweifelhaften und auch phantastischen Berichte über Telepathie nicht ein Kern von Wahrheit steckt. Solche Versuche sollten nicht verboten werden.

Doch ist es sehr verständlich, daß die *Literaturnaja Gazeta* über das Klima besorgt ist, das von unserer Presse um diese telepathischen Experimente herum geschaffen wird. Dem großen Leserkreis muß unmißverständlich klarwerden, daß es nicht einen einzigen Fall gegeben hat, in dem der Transfer von Gedanken oder Bildern zweifelsfrei stattgefunden hat. Die Informationen, die die Psychokinese betreffen, das Vermögen eines Menschen, unbelebte Gegenstände durch die Kraft seiner Gedanken zu bewegen, erscheint noch phantastischer. Leider stellt unsere Presse solche Berichte manchmal als erwiesene Tatsachen hin.

Es wäre sehr nützlich, wenn ein noch repräsentativeres Komitee, das aus Wissenschaftlern entsprechender Fachbereiche der Sowjetischen Akademie der Wissenschaften zu bilden wäre, die Öffentlichkeit über den tatsächlichen Stand der Dinge auf diesem Gebiet aufklären würde.«

E. Kreps, Mitglied der Akademie der Wissenschaften, und E. Asratjan, korrespondierendes Mitglied dieser Akademie, schrieben in einem gemeinsamen Artikel:

»Warum stehen die Ergebnisse des Kontrollexperiments in Widerspruch zu den Ergebnissen der Experimente Moskau-Nowosibirsk und Moskau-Leningrad? Ein Vergleich der Protokolle dieser Experimente mit denen des Kontrollexperiments erlaubt uns gewisse Schlüsse. Einmal kann man die Ergebnisse entsprechend den unterschiedlichen Methoden einschätzen ... Denn wenn man unterschiedliche Methoden anwendet, wird man unterschiedliche Ergebnisse erhalten. Dadurch daß man die in Moskau und Kertsch bereitgestellten fünfzig Gegenstände unmittelbar vor Beginn der Übertragung durch Los bestimmte, ging man sicher, daß jeder der Gegenstände die gleiche Chance hatte, in das Experiment einbezogen zu werden. Aus den Protokollen der früheren Experimente zwischen Moskau, Nowosibirsk und Leningrad geht nicht mit Sicherheit hervor, daß diese Bedingung beachtet wurde. So darf die Gültigkeit dieser Ergebnisse angezweifelt werden.

Schon vor etwa zehn Jahren haben wir das Telepathieproblem im Fachbereich Physiologie der Akademie der Wissenschaften diskutiert. Zu diesem Zeitpunkt lagen keine erhärteten positiven Fakten vor. Es ist jedoch bedauerlich, daß die Presse sofort, wenn es den Anschein hat, daß irgendwelche Fortschritte auf dem Gebiet erzielt worden sind, alle Welt darüber informiert, während negative Ergebnisse niemals veröffentlicht werden, selbst in der wissenschaftlichen Literatur nicht. So entsteht beim großen Publikum der falsche Eindruck, die Wissenschaft hätte bereits viele Beweise für die Existenz von Telepathie beigebracht. Aus diesem Grund ist es so wichtig, auch die negativen Ergebnisse zu publizieren, die die streng wissenschaftlichen Experimente unter kontrollierten Bedingungen ergeben haben.

Aber versuchen wir uns vorzustellen, was passieren würde, wenn die Ergebnisse all der Untersuchungen, mit denen eine ganze Reihe von Menschen zur Zeit beschäftigt sind, sich als positiv herausstellen würden. Gemäß dem weisen Rat von Anatole France sind wir ›bereit, das Übernatürliche zu akzeptieren, wenn es sich zeigen sollte‹. Doch müßten in diesem Fall die Beweise über jeden

Zweifel erhaben sein.«

Sechs Wochen, nachdem die *Literaturnaja Gazeta* über die Ergebnisse des Moskau-Kertsch-Experiments berichtet hatte, brachte sie einen Artikel mit der Überschrift: »Telepathie: Meinungen und Zweifel.« Darin wurde eine Auswahl von Leserbriefen abgedruckt und beantwortet. Der Artikel umfaßte etwa eine Drittelseite und begann mit dem folgenden Kommentar der *Gazeta:*

»Nach Veröffentlichung des Berichts über das Kontrollexperiment zur telepathischen Kommunikation zwischen Moskau und Kertsch, das von unserem Labor durchgeführt wurde, erhielt die Redaktion sehr viele Briefe. Die meisten Leser vertraten die Auffassung, es habe sich um ein nützliches Experiment gehandelt, weil es mit der irrigen Vorstellung vieler nicht unterrichteter Menschen aufgeräumt habe, die Telepathie sei ein bewiesenes wissenschaftliches Faktum.«

Dann folgten einige Lesermeinungen pro und contra. Zahlreiche Leser brachten ihre Zweifel an dem im Experiment verwendeten Verfahren zum Ausdruck.

Leider – so hieß es dann abschließend in der *Gazeta* – sei nichts Verläßliches über die wirklichen Gesetze der telepathischen Kommunikation bekannt. Daher habe man eigentlich auch keine Grundlage, auf der man über diese Gesetze diskutieren könne.

»Einige unserer Leser beanstanden, daß wir die negativen Ergebnisse der Experimente überhaupt veröffentlicht haben. Sie äußern mancherlei Bedenken. Beispielsweise meint der Leser L. Premirow: ›Wir haben in früherer Zeit genügend unter den verschiedenen Tabus gelitten, die Wissenschaftsbereiche wie die Genforschung, die Kybernetik und die Theorie des expandierenden Universums umgaben. Wir sollten solche Fehler in Zukunft vermeiden.‹ Doch bei der Telepathie, für deren Vorhandensein es noch keinerlei wissenschaftliche Beweise gibt, handelt es sich ja um etwas ganz anderes.

Es ist an dieser Stelle angebracht, den Leser daran zu erinnern, daß die Wissenschaft nicht von einem einzigen ausreichend belegten Fall von Telepathie Kenntnis hat. Abgesehen davon sind Forschungsarbeiten auf diesem Gebiet nicht verboten. A. Gezow aus Moskau meint, daß die negativen Ergebnisse der Experimente für das breite Publikum ohne jedes Interesse sind. Er dürfte schwerlich recht haben.

Die Fülle von Leserbriefen, die wir im Anschluß an die Veröffentlichung des Berichts über das Kontrollexperiment erhielten, zeigt, daß die breite Öffentlichkeit die negativen Experimente durchaus zur Kenntnis genommen hat. Es sei auch daran erinnert, daß die Wissenschaft nicht nur mit positiven Ergebnissen etwas anfangen kann. Das überprüfbare und zuverlässig negative Ergebnis eines Experiments verändert unter Umständen eine ganze Forschungsrichtung oder führt zu dem Schluß, daß es das vermutete Phänomen eben doch nicht gibt. So hat man zum Beispiel jahrhundertelang versucht, ein Perpetuum mobile zu bauen. Und die Erkenntnisse, die man aus dieser Kette von Rückschlägen gewann, führten zur Formulierung des Gesetzes von der Erhaltung der Energie und des Zweiten Satzes der Thermodynamik – also zu Eckpfeilern der modernen Naturwissenschaften.«

Die *Gazeta* beendete ihren Kommentar zu den Leserreaktionen mit den Worten: »Kolumbus machte sich auf den Weg nach Indien und entdeckte statt dessen Amerika ... Doch vorerst müssen wir uns an die *Fakten* halten, die uns über die Parapsychologie heute bekannt sind.«

Die *Gazeta* hatte ihr Urteil gefällt: Telepathie gibt es nicht. Doch die Wissenschaftler und Telepathen, die an den Experimenten teilgenommen hatten, waren anderer Meinung. Wir hatten überall nach Jurij Kamenskij und Karl Nikolajew Ausschau gehalten. Nikolajew hatte auch nach dem Frontalangriff der *Literaturnaja Gazeta* den Mut gehabt, mit den Experimenten fortzufahren. So erwarteten wir, daß er als erster auftauchen würde. Zu unserer Überraschung schien er jedoch völlig von der Bildfläche verschwunden zu sein. Wiederholt hörten wir, daß er die Stadt verlassen habe, als Schauspieler in der Provinz auftrete und nicht ausfindig zu machen sei.

Mit Kamenskij klappte es wenigstens per Telefon. Im Laufe eines längeren Gesprächs Leningrad-Moskau gewannen wir sein Vertrauen, so daß wir schließlich wagen konnten, ihn etwas direkter zu fragen.

»Wann haben Sie mit Telepathie begonnen? Bereits als Kind?«

»Ja, ich begann so mit zehn Jahren. An ein besonderes Vorkommnis kann ich mich allerdings nicht erinnern.«

»Hat Ihr Vater Ihnen Gedanken übermittelt?«

»Nein, meist waren es Freunde, wenn wir zusammen im gleichen Zimmer waren, zum Beispiel. Ich konnte bestimmte Empfindungen wahrnehmen. So sprachen meine Freunde etwa über irgendein literarisches Thema. Plötzlich empfing ich einen Impuls, ging zum Bücherregal, nahm ein Buch heraus und gab es einem der Freunde. Der nahm es, schlug eine bestimmte Seite auf, die ich ihm nannte, und fand dort ein Zitat, das ihm gerade durch den Kopf gegangen war. Dann sah er mich erstaunt an und fragte: ›Woher hast du gewußt, daß ich gerade daran dachte? Ich habe doch nichts gesagt!‹ Der Witz ist, daß ich es auch nicht wußte. Ich empfing lediglich einen Impuls und folgte ihm.«

»Wie kamen Sie mit Nikolajew zusammen?«

»Ich interessierte mich schon für Telepathie, bevor ich ihn traf. Als ich einmal mit einigen meiner Freunde über Telepathie sprach, setzte er sich dazu und beteiligte sich an der Diskussion. Noch an Ort und Stelle vereinbarten wir, gemeinsame Experimente durchzuführen. Heute kann ich dazu nur sagen: Ich hoffe, die Arbeit ist nicht umsonst gewesen.«

»Was machen Sie augenblicklich, Jurij Iwanowitsch? Was für einen Beruf haben Sie?«

»Ich bin Biochemiker und arbeite in einem staatlichen Labor.«

»Die Telepathie hat also nichts mit Ihrem Beruf zu tun.«

»Nein.«

»Aber sie hat Ihnen Spaß gemacht?«

»Ja.«

»Haben Sie privat in telepathischer Kommunikation mit irgendeinem Familienmitglied gestanden? Sergejew hat uns gesagt, daß dies zumindest einmal der Fall gewesen sei.«

»Er meinte nicht meine Familie, sondern andere, Freunde, die einem ebenso nahestehen können wie Verwandte. Ja, mit solchen Menschen, die wie ich an Telepathie interessiert sind, habe ich Experimente durchgeführt. Es waren Kollegen.«

»Mit Erfolg?«

»O ja.«

»Haben Sie jemals das Gefühl gehabt, daß irgend jemand mit Ihnen in Kommunikation zu treten sucht? Spontan? So eine Art plötzlicher Stimme im Dunkeln?«

»Nein, nie. Wir haben immer erst mit der Arbeit begonnen, wenn wir uns auf bestimmte Signale geeinigt hatten. Nur so kann man sich auch über Erfolg oder Mißerfolg klarwerden. Man muß nach einem sorgfältig ausgearbeiteten Plan verfahren. Spontane Telepathie kommt vor, doch ist sie für wissenschaftliche Zwecke unbrauchbar. Ohne geeignete Kontrollen läßt sich nicht feststellen, ob es sich tatsächlich um telepathischen Kontakt oder nur um einen bloßen Zufall handelt. Spontane Telepathie interessiert mich daher auch nicht.«

»Wie stehen Sie zu dem Moskau-Kertsch-Experiment?«

»Es war ein ernsthaftes Experiment. Aber wir haben nicht genügend über die Methodologie nachgedacht. Deshalb kam es zu dem negativen Ergebnis.«

»War die *Literaturnaja Gazeta* nicht etwas zu voreilig mit ihrem Verdammungsurteil?«

»Formal war sie im Recht, denn die telepathische Verbindung konnte angesichts dessen, was gesendet und was empfangen worden war, nicht nachgewiesen werden. Tatsächlich hat der Empfänger alle seine Empfindungen detailliert mitgeteilt, weit mehr, als notwendig war, und zwar ohne zwischen Notwendigem und Überflüssigem zu unterscheiden. Die Beschreibungen wurden aus dem überflüssigen Material falsch ausgewählt und trafen nicht zu. Daran hätten wir vorher denken müssen. Außerdem stand neben dem Empfänger eine Person, die wußte, welche Objekte gesendet wurden. Das war ein Kardinalfehler. Aber wir hatten selber Schuld. Diese Person hat ihre Gedanken dem Empfänger möglicherweise unbewußt übermittelt und ihn so verwirrt. Ich bin fest davon überzeugt, daß diese beiden Umstände für die falschen Ergebnisse verantwortlich waren.«

Ob er nicht der Meinung sei, daß man das Experiment nach einiger Zeit hätte wiederholen müssen, nachdem er sich doch über die gar nicht so gravierenden und vermeidbaren Fehler klargeworden war?

»Nun, ich möchte es kein zweites Mal versuchen, wenn ich nicht völlig überzeugt vom Erfolg bin. Ehrlich gesagt, dieser Mißerfolg hat meinem Ruf als Sender sehr geschadet.«

»In den Vereinigten Staaten erwartet man nicht, daß ein wissenschaftliches Experiment gleich beim ersten Mal erfolgreich verläuft. Die Wissenschaftsgeschichte ist reich an Beispielen, wo sich der Erfolg erst nach Hunderten von Experimenten einstellte. Warum muß es in diesem Fall gleich beim ersten Mal klappen?«

»Da haben Sie natürlich recht. Aber, sehen Sie, wir hatten ja bereits Erfolge gehabt, es war nicht der erste Versuch. Und so waren wir sehr zuversichtlich, daß es dieses Mal ebenso positiv verlaufen würde. Doch nach einem solchen Fiasko wagt niemand, das Risiko noch einmal einzugehen. Die Rückschläge sind zu schwerwiegend und schmerzlich.«

»Sind Sie dennoch gewillt, diese Art von Experimenten in einem Kreis von Telepathie-Anhängern fortzusetzen?«

»Ich weiß nicht. Es ist sehr schwer für uns. Ob sich im Laufe der Jahre eine Gelegenheit bieten wird oder nicht, kann ich nicht sagen. Wenn man so viel Zeit für seinen Beruf aufwenden muß, wie ich augenblicklich, ist es sehr schwer. Aber ich bin nach wie vor davon überzeugt, daß die Telepathie ein Mittel zur Gedankenübertragung ist. Das ist wirklich alles, was ich heute dazu sagen kann.«

Seine Stimme, die gerade noch energisch und kraftvoll geklungen hatte, wirkte jetzt ernst und düster. Wir spürten förmlich, wie er sich fragte, ob er diesen Amerikanern nicht vielleicht zuviel erzählt hatte.

»Lassen Sie mich Ihnen Lebewohl sagen«, meinte er. »Tut mir leid, daß ich Sie nicht treffen kann. Vielleicht das nächste Mal, wenn Sie in die Sowjetunion kommen.«

Gern hätten wir auch mit Nikolajew gesprochen, doch wir waren uns klar darüber, daß er in Schwierigkeiten war. Wir respektierten seinen Wunsch, unbehelligt zu bleiben. Ein Treffen mit uns hätte ihm schaden können. Doch Nikolajew hatte sich bei anderen Gelegenheiten geäußert, zum Beispiel in einem Interview mit einem Journalisten aus der DDR, das uns in einer Abschrift zugänglich gemacht wurde:

»Nikolajew ist Schauspieler. Die Truppe, der er angehört, reist von Theater zu Theater; sie besitzt keine eigene Bühne. Schauspieler ist er von Beruf, Telepath in seiner Freizeit.

›Glauben Sie an Telepathie?‹ wollte ich von ihm wissen.

›Von der Telepathie ist man entweder überzeugt, oder man lehnt sie völlig ab. Ich bin überzeugt. So sicher wie auf die Nacht der Tag folgt, gibt es meiner Ansicht nach Telepathie. Jede Faser meines Körpers weiß darum.‹

Dann beschrieb er, was er sieht, wenn er eine telepathische Nachricht empfängt. ›Ich sehe vor meinem geistigen Auge so etwas wie den Bildschirm eines kleinen Fernsehapparats. Auf ihm erscheint zuerst sehr verschwommen der Umriß des Gegenstandes, als sei der Apparat nicht scharf genug eingestellt. Dann wandert das Bild in meine Hand. Ich habe das Gefühl, ich könnte es berühren, seine Form und Größe bestimmen sowie die Temperatur seiner Oberfläche. Je länger ich es ‚berühre', um so klarer wird das Bild auf diesem inneren Fernsehschirm. Wie ein Yogi verbanne ich alle Geräusche und alles Licht aus meinem Bewußtsein. Außerdem sollten sich möglichst wenige Menschen mit mir im Raum aufhalten. Ich brauche dann weniger Energie, um das Bild zu erfassen. Ideal ist ein Raum mit nicht zu hellem, etwas diffusem Licht.

Ich tue nichts Ungewöhnliches. Jeder Mensch besitzt in irgendeinem Maße die Fähigkeit zur Telepathie. Wir entwickeln diese Fähigkeit nur nicht, weil wir ihren Mechanismus noch nicht verstehen. Schließlich kam auch das erste Telefon den Menschen wie Zauberei vor . . . Und ich glaube, daß die Telepathie in zwanzig oder fünfzig Jahren ebenso selbstverständlich zu unserem Alltag gehören wird wie heute das Telefon.‹«

Dr. Genadij Sergejew nahm den Fehdehandschuh auf, den die Redakteure der *Literaturnaja Gazeta* den russischen Parapsychologen so verächtlich hingeworfen hatten. Er versorgte uns auch mit den überzeugendsten Ergebnissen von in letzter Zeit erfolgreich verlaufenen Telepathieversuchen. Wir trafen uns dreimal mit ihm in seiner Heimatstadt Leningrad. Beim ersten Mal informierte er uns über die Einzelheiten des Experiments, das ein Jahr vor dem Moskau-Kertsch-Test stattgefunden hatte:

»Nikolajew ist der beste Empfänger, den ich kenne. Wir haben oft unter streng kontrollierten Laborbedingungen mit ihm gearbeitet. Er hat seine Fähigkeit, telepathische Botschaften zu empfangen, mehr als einmal unter Beweis gestellt.

In dem Experiment, das wir 1967 mit Kamenskij und Nikolajew durchführten und in dem die telepathische Kommunikation zwischen Moskau und Leningrad herzustellen war, wollten wir wissen, ob das Gefühl körperlicher Erregung, der Angst und des Schmerzes bei der Übermittlung telepathischer Botschaften eine Rolle spielt. Kamenskij versuchte diese Emotionen Nikolajew zu senden, indem er an Angst oder Schmerz dachte.

Beide Männer waren an Elektrokardiographen und Elektroenzephalographen angeschlossen. Nikolajew hatte weder eine Ahnung, was gesendet werden sollte, noch wußte er, daß das Experiment eine Stunde dauern würde. Wir machten keinen Versuch, Bilder zu übermitteln, es ging allein um Emotionen. Kamenskij sandte Botschaften von unterschiedlicher Länge – entweder 30 Sekunden oder 45 Sekunden lang. Die Zeit wurde strikt eingehalten. In der Zwischenzeit ließen wir Nikolajew seine Reaktionen aufzeichnen.

Im Zeitraum von einer Stunde wurden sieben Botschaften übermittelt – zwei lange, zwei kurze, zwei lange, eine kurze. Nikolajew notierte sie als drei lange, eine kurze, zwei lange, eine kurze. Er irrte sich also nur zweimal. Wir halten das für einen ausgesprochenen Erfolg. Der Versuch beweist, daß zwischen den beiden Männern eine telepathische Kommunikation stattfand. Nikolajews EKG zeigte außerdem, daß sein Herz vier Sekunden eher als sein Gehirn auf die Botschaft reagierte. Siebenmal änderte sich der Herzschlag Nikolajews, was genau der Zahl der Botschaften Kamenskijs entsprach.

Am 27. Juni 1973 führten wir ein noch exakteres Experiment zum Transfer von Emotionen durch. Nikolajew saß in einem offenen Raum des Medizinischen Instituts von Leningrad. Der Sender in Moskau war dieses Mal Anatolij Arwaskin, der auch schon bei anderen unserer Experimente mitgewirkt hatte.

Nach einem Nikolajew unbekannten Programm sendete Arwaskin telepathische Botschaften von ›wirklichen‹, nicht nur ›gedachten‹ Schmerzempfindungen: Ein Teekessel mit dampfendem, kochendem Wasser stand vor Arwaskin. Mit voller Absicht berührte er entweder das Metall des Kessels mit den Fingerspitzen oder hielt die Hand in den Dampf. Dabei versuchte er gleichzeitig, Nikolajew in einer telepathischen Botschaft den Schmerz, den er dabei empfand, zu übermitteln. Außerdem konzentrierte er sich auf Größe, Form und Farbe des Kessels.

Nikolajew rief während des Empfangs dieser telepathischen Schmerzbotschaften aus: ›Es brennt . . . es ist eine Kerze . . . ja, es brennt.‹ Zwar sagte er nicht, der Gegenstand sei ein Kessel, er meinte aber, er erhalte ›ein Bild von irgend etwas, das rund ist wie ein Ball und ein Mundstück hat . . . es kann ein Haushaltsgegenstand sein . . . Es hat einen Griff.‹

Der Kessel hatte Griff und Tülle. Wieder waren wir der Ansicht, daß eine telepathische Kommunikation stattgefunden habe.«

Als wir uns trennten, händigte Sergejew uns die Protokolle dieses bemerkenswerten Experiments aus. Sie waren in Russisch abgefaßt, und er bat uns, sie ihm nach der Lektüre wieder zurückzugeben.

Ob das Leningrader Nowosti-Büro sie uns fotokopieren könne? »Nicht nur das«, kam die Antwort. »Wir werden die Protokolle für Sie übersetzen und Ihnen mitgeben, wenn Sie nach Moskau zurückfahren. Was halten Sie davon?«

»Großartig«, sagten wir dankbar.

Zu Recht oder zu Unrecht entnahmen wir dieser außergewöhnlichen Hilfsbereitschaft, daß wirklich ein anderer Wind wehte. Ob es dem Wortführer der Gegenseite, der mächtigen *Literaturnaja Gazeta* nun paßte oder nicht, die Telepathie war kein ungeliebtes Kind mehr. Gewiß hätte Nowosti sich nicht zum Anwalt einer fragwürdigen Sache aufgeschwungen.

Als wir die Protokolle erhalten und gelesen hatten, beschlossen wir, die entscheidenden Teile des Dokuments zu veröffentlichen.

Es trug die Überschrift: »Protokolle eines Experiments zur telepathischen Informationsübertragung, Leningrad, 27. Juni 1973«. Wir geben den Text im Wortlaut wieder:

1. Der Perzipient (Empfänger) Nikolajew befand sich im Zimmer eines Backsteingebäudes.
2. Ein EKG-Gerät der Marke »Elka« war während des ganzen Experiments in Betrieb. Es zeichnete das Signal am Ausgang

eines analogen Gerätes auf, das jeden »möglichen Widerstand« bestimmte. Der Eingang des analogen Analysators war mit zwei Meßinstrumenten verbunden, die die elektrischen und magnetischen niederfrequenten Felder des Gehirns im Bereich von 0,2 bis 10 Hertz bestimmten. Die Meßgeräte befanden sich 1,5 Meter vom Perzipienten entfernt.

3. Ein spezielles Meßgerät verzeichnete Beginn und Ende der Übermittlung eines Signals, soweit es vom Perzipienten identifiziert wurde. Die aktiven Empfangsphasen verteilten sich wie folgt: Um 20.46 Uhr identifizierte der Perzipient den übermittelten Gegenstand als brennende Wachskerze; um 20.50 Uhr wurde das Signal unterbrochen. In fünf anderen Fällen, da das Signal empfangen wurde, erklärte der Perzipient, er erkenne Besonderheiten der Gegenstände, ohne sie jedoch identifizieren zu können.

Die Zeitpunkte, zu denen der Perzipient Signale empfing:

20 Uhr abends. Beginn des Experiments. Perzipient wird vorbereitet.

20.05-20.11 Uhr; er empfängt Gegenstand Nr. 1.

20.15-20.20 Uhr; er empfängt Gegenstand Nr. 2.

20.22-20.29 Uhr; Gegenstand Nr. 3.

20.33-20.42 Uhr; Gegenstand Nr. 4 (Kommentar des Perzipienten: »Sie haben dort mit der Übermittlung aufgehört, während ich noch empfange«).

20.46-20.50 Uhr; identifiziert Gegenstand Nr. 5 (eine Kerze).

20.57-21.04 Uhr; empfängt Gegenstand Nr. 6.

Der genaue Wortlaut der Äußerungen Nikolajews – nachdem er sich zu Beginn des Experiments entspannt hatte, war wie folgt:

20.05 Uhr: »Hart ... nicht groß ... schlüpfrig in der Hand ... länglich.«

20.07 Uhr: »Klein ... irgendeine Verdickung ... nicht groß ... rund.«

20.08: »Konischer Gegenstand ... blaugrün.«

20.09: »Metall und etwas anderes ... mit einer Verdickung an der einen Seite.«

20.10: »Öffnung.«

20.11: »Kleiner Gegenstand ... kleiner.«

20.13: »Ich sehe nichts ... das ist alles.«
20.14: »Ich fühle ihn mit meinen Händen.«
20.15: »Er hat winklige Rippen, glatte Oberfläche und Ecken ... Plastik ... helle Farbe ... fast durchsichtig ... irgendwas Scharfes an der einen Seite ... es kann ein Küchengerät sein ... es hat einen Griff.«
20.17: »Kann ein Plastikgegenstand sein ... ein Küchengerät.«
20.19: »Aschenbecher ... nein ... schwer zu sehen ... ob es einen Deckel hat oder nicht ...«
20.20: »Nichts mehr ...«
20.22: »Empfang beginnt wieder.«
20.23: »Rund wie ein Ball. Vielleicht ein Ball? Elastisch, nicht hart.«
20.25: »Glatte Oberfläche ... Gelb ... sieht aus, als ob es elastisch wäre ... Radiergummi ... nein, stimmt nicht.«
20.27: »Das ist ein Ball mit einem herausragenden Element.«
20.28: »Ein elliptisch gewordener Ball. Er ist uneben ... doch der Vorsprung ist noch da ... kann Plastik sein ...«
20.29: »Ist weg.«
20.33: »Hart ... eine rechteckige Schachtel ... irgendeine Aufschrift. Buchstaben.«
20.36: »Metall und Holz ... ein flaches Quadrat darüber ... vielleicht zwei ... das Quadrat hat eine Spitze ... wird rund.«
20.36: »Trägt irgendeine Aufschrift.«
20.38: »Ist schlüpfrig ... rutscht weg ... mit Wachs bedeckt.«
20.39: »Immer noch schlüpfrig ... kalt.«
20.40: »Verliert an Größe, weitet sich dann wieder, als ob ... als ob es ein Mundstück hat ... ist aber nicht rund ... da sind Beschriftungen.«
20.42: »Das ist alles ... Ende.«
Nikolajew fügt hinzu: »Ich habe noch empfangen, als sie dort mit dem Senden schon aufgehört hatten.«
20. 46: »Es beginnt ... ich glaube, es ist Wachs.«
20.48: »Es ist wie eine Kerze ... es brennt, ja, es ist eine Kerze, ich glaube nicht, daß ich mich irre ... die Kerze ist rund ... Offenbar zylindrisch.«
20.50: »Ja ... zylindrisch ... Ende.«

20.59: »Leer ... nein, eine Tasse, ein Fingerhut.«
21.01: »In dieser Tasse ... sie hat eine Kante.«
21.04: »Es ist alles vorbei.«
21.05: »Ende.«

»Wir fanden noch einen weiteren interessanten Sachverhalt heraus«, teilte Sergejew uns mit. »Während des Schmerz-Experiments zwischen Moskau und Leningrad zeigte das EKG, daß der Herzschlag der beiden Männer genau übereinstimmte. Das heißt: Beide EKGs wiesen die gleichen Abweichungen vom normalen Rhythmus auf. Erst als das Experiment zu Ende ging, nahm ihr Herzschlag unterschiedliche Werte an.

Am folgenden Tag kam Arwaskin von Moskau nach Leningrad. Wir führten ein weiteres Experiment mit den beiden Männern durch. Arwaskin saß in einem Zimmer nebenan und sandte Nikolajew das Gefühl der Angst. Sobald Nikolajew sagte, er empfinde Angst, beendeten wir das Experiment und führten Nikolajew in eine nahe gelegene Dunkelkammer. Dort hielten wir in einem schwarzen Umschlag steckende unentwickelte Filme nahe an seinen Kopf. Als wir sie später entwickelten, stellten wir fest, daß sich auf dem Film große belichtete Stellen zeigten. Daraus geht hervor, daß zu dem Zeitpunkt, da Nikolajew unter großem emotionalem Streß stand, von seinem Kopf verstärkte elektrische Emissionen ausgingen.«

Am 21. Juni 1973 seien – so erzählte uns Sergejew – in einem anderen Experiment, über das nie berichtet wurde, telepathische Botschaften korrekt von einem Mann in Leningrad an seine Tochter in der Ukraine übermittelt worden. Bei dem Mann handelte es sich um Alexej P. Sisoletin, 48, Künstler und telepathisches Medium. Seine Tochter war die fünfzehnjährige Ludmilla.

»Unter kontrollierten Bedingungen zog Sisoletin zwischen 20 und 21 Uhr 6 Karten aus 60 möglichen und übermittelte die auf den Karten dargestellten Gegenstände telepathisch an seine Tochter. Das Mädchen hatte lediglich ein Telegramm erhalten, das besagte: ›Am 21. Juni wird Dein Vater um 20 Uhr mehrere Nachrichten senden. Versuche, sie zu empfangen.‹ Ihr Vater war seit zwei Wochen von zu Hause fort.

Einen Tag, nachdem die Tochter das Telegramm empfangen hatte, wählten wir die Gegenstände aus, die gesendet werden sollten, indem ihr Vater willkürlich irgendwelche Karten zog. Vor Beginn des Experiments erfuhr er jedoch nicht, was auf den Karten dargestellt war.

Sisoletin saß hier in Leningrad in einem Raum des Medizinischen Instituts und sandte folgende Bilder: Ball, Umschlag, Ball, Stock, Umschlag, Umschlag. Alle Bilder wurden im Zeitraum von einer Stunde jeweils fünf Minuten lang übermittelt. Die Tochter identifizierte sie, während sie mit ihrem Vater in telepathischer Verbindung stand, und zwar vor Zeugen, die ihre Beobachtungen aufzeichneten. Sie schrieb: ›Umschlag, Stock, Ball, Stock, Umschlag, Umschlag.‹

Von sechs Übermittlungen stimmten also vier. Sie hatte jedoch keine Ahnung, daß sechs Gegenstände gesendet wurden. Ludmilla wußte auch nicht, daß die Sitzung eine Stunde dauern würde. Folglich konnte sie die Durchgabezeit auch nicht in Gedanken irgendwie unterteilen. Für sechs Gegenstände, die je fünf Minuten gesendet wurden, hätte man überdies eigentlich nur dreißig Minuten gebraucht.

Wir kamen zu dem Schluß, daß es sich um ein erfolgreiches Experiment gehandelt habe, das einen Nachweis für telepathische Kommunikation erbrachte.«

Dr. Sergej W. Sperunskij vom Medizinischen Institut Nowosibirsk führte im November 1974 ein weiteres bemerkenswertes Experiment durch. Er hielt in seinem Labor die stattliche Anzahl von 500 weißen Mäusen, die er in zwei Gruppen zu je 250 einteilte.

Die eine Gruppe wurde ins Untergeschoß gebracht, die andere in den dritten Stock. Sie konnten einander weder sehen noch hören. Dann wurde die Gruppe im Erdgeschoß getötet. Sofort geriet die Gruppe im dritten Stock in einen auffallenden Erregungszustand: Die Mäuse reagierten auf den Tod ihrer ehemaligen Käfiggenossen. Wie erfuhren sie davon?

»Irgendeine Form telepathischer Kommunikation fand zwischen den beiden Gruppen statt«, schloß Sergejew. »Als die beiden Gruppen zusammen waren, wurden bestimmte Bande geknüpft. Während des Todestraumas wurde der Gruppe, die nicht zum

Sterben bestimmt war, auf telepathischem Wege ein Gefahrensignal übermittelt, das Furcht und Angst hervorrief.«

Erfreulicherweise konnte Sergejew seine eigene Forschungsarbeit vor kurzem mit einem außergewöhnlichen Experiment krönen: Er zeichnete die Übertragung telepathischer Signale so auf, wie sie der Perzipient, Karl Nikolajew, im April 1977 während einer Sitzung empfing, die in die Geschichte der Wissenschaft eingehen wird. Nach Sergejews Angaben, die wir bei einer späteren Gelegenheit von ihm erhielten, wurde der ungenannte Sender an einen Ort achtzig Kilometer außerhalb Moskaus gebracht. Der Empfänger Nikolajew befand sich in einem Labor in Moskau. Neu war das Aufzeichnungsgerät, an das er angeschlossen wurde – eine Erfindung Sergejews, der er den Namen »Bio-Pelengator« gegeben hatte.

»Zum ersten Mal«, betonte Sergejew mit offensichtlichem Stolz, »waren wir in der Lage, die gesamte telepathische Übermittlung beim Empfänger tatsächlich zu registrieren und so in objektiver Form sichtbare Beweise vorzulegen. Das Experiment war insofern einzigartig, als wir uns nicht dafür interessierten, ob Nikolajew die ihm übermittelten Gedanken identifizierte, sondern wie er die Signale empfing.«

Und das geschah ohne Ausnahme und genau zu dem Zeitpunkt, als die Übermittlungen am Sendeort aufgezeichnet wurden. Der Bio-Pelengator empfing daraufhin Impulse von Nikolajews Gehirn. »Seine Nadel verzeichnete das genaue Muster der Gehirnwellen Nikolajews, die ihrerseits Aufzeichnungen von Nachrichten waren, die aus einer Entfernung von achtzig Kilometern übermittelt worden waren. Der Empfänger konnte nicht wissen, wann welche Gedanken auf ihn gerichtet wurden, noch wußte das vorher irgend jemand anders. Es war dem Sender überlassen, Anfang und Ende der Sendung zu bestimmen.«

Als wir mit unseren Recherchen in Leningrad fertig waren, kehrten wir nach Moskau zurück. Dort erstatteten wir dem Mann Bericht, der uns immer wieder geholfen hat, unsere Eindrücke zu ordnen und zu sichten: Viktor Adamenko. Hier ist sein Kommentar:

»Ich war Teilnehmer und Zeuge vieler der Experimente von

Sergejew, Nikolajew und Kamenskij, durchwegs sorgfältige, wissenschaftlich kontrollierte Versuche. Das Gespann Nikolajew – Kamenskij ist das beste telepathische Team der Welt. Sie sind strengsten Tests unterworfen worden und haben zweifelsfrei bewiesen, daß sie in der Lage sind, telepathische Botschaften zu senden und zu empfangen. Das Moskau-Kertsch-Experiment, das die *Literaturnaja Gazeta* so negativ beurteilt hat, ist in Wirklichkeit positiv verlaufen. Nikolajew hat zwei Gegenstände identifiziert, wenn auch nicht in der richtigen Reihenfolge.

Bei Experimenten zur Telepathie ist es durchaus üblich, daß richtige Bilder in falscher Reihenfolge empfangen werden. Man vergißt gern, daß eine zeitliche Verschiebung beim Empfang nicht so wichtig ist wie der grundlegende Tatbestand, daß der Perzipient einen bestimmten Gegenstand *tatsächlich* empfangen hat.«

Adamenko meinte, es gäbe vielleicht eine besondere »ASW*-Sprache«, die zu übersetzen wir noch lernen müssen. »Es ist fast so, als hörten wir zwei Menschen in einer uns fremden Sprache miteinander sprechen«, meinte er. »Wir hören etwas, wir wissen, daß ein Informationsaustausch stattfindet, aber wir wissen nicht, um was es geht. Genauso verhält es sich meiner Ansicht nach mit der ASW. Nur besonders befähigte Medien sind in der Lage, diese Sprache so zu übersetzen, daß wir sie verstehen.

Ich glaube, daß die hochenergetischen Teilchen, die unablässig aus dem Weltraum auf die Erde gelangen, die Information schneller als der Schall von Gehirn zu Gehirn transportieren und dabei Reaktionen hervorrufen, die wir noch nicht begreifen. Ich trete dafür ein, daß die Wissenschaftler auf der ganzen Welt versuchen sollten, herauszufinden, was diese Teilchen in unserem Gehirn anstellen, welche Emotionen sie auslösen.«

Adamenko äußerte die Vermutung, daß die Träger der ASW-Information und der telepathischen Kommunikation jene Neutrinos seien, mit denen die Erde ständig vom Weltraum aus bombardiert wird. Diese Teilchen sind unsichtbar, wenn man sie nicht mit Hilfe komplizierter wissenschaftlicher Geräte sichtbar macht, und

* Abkürzung für »Außersinnliche Wahrnehmung«. Unter ASW wird eine Erfahrung verstanden, die ohne Beteiligung der uns bekannten Sinnesorgane zustande kommt.

sie durchdringen die Erde und alles, was da kreucht und fleucht. Auf dem Weg durch das Gehirn eines Menschen, so glaubt Adamenko, erhalten sie bestimmte Informationen und übertragen diese auf das Gehirn eines anderen.

»Ich wäre an Experimenten interessiert, die im Weltraum oder auf hohen Bergen durchgeführt würden, wo weniger Umweltstörungen und vielleicht mehr dieser informationstragenden Teilchen zu erwarten sind.«

Er wies darauf hin, daß der US-Astronaut Edgar Mitchell auf einem Mondflug von Blitzen in seinem Gehirn berichtet hatte. Alle Astronauten erwähnten dieses Phänomen, von dem man annimmt, es werde durch Teilchenströme aus dem Raum verursacht. Aber bei Mitchell, der bekanntlich selbst medial begabt und ein passionierter Psi-Forscher ist, trat es häufiger auf. »Das könnte gut daran liegen, daß seine paranormalen Fähigkeiten größer sind als die anderer. So vermag er die Lichtblitze deutlicher zu empfangen, die von den ›gehirn-durchquerenden‹ Teilchen verursacht werden.«

Ungefähr vor einem Jahr führte Adamenko eine Reihe von Experimenten mit dem angesehenen Hypnologen Dr. Wladimir Raikow durch, der an der Neuropsychologischen Klinik in Moskau tätig ist. Zwölf Studenten, alle ausgezeichnet hypnotisierbar, wurden in Tiefschlaf versetzt und an EEG-Apparate angeschlossen. Adamenko und Raikow sandten den Versuchspersonen dann telepathische Botschaften. Die EEG-Maschine registrierte genau in den Augenblicken, da die telepathischen Botschaften den Versuchspersonen übermittelt wurden, bei diesen eine ungewöhnliche Gehirnaktivität. »Offensichtlich wurde die telepathische Botschaft empfangen, obwohl die Versuchspersonen nichts mehr davon wußten, als sie aus dem hypnotischen Schlaf geweckt wurden«, schloß Adamenko daraus.

Eine Versuchsperson wies während dieser Telepathie-Experimente ein besonders hohes Maß an Gehirnaktivität auf. In einem späteren Test zeigte sie dagegen überhaupt keine Reaktion. Niemand konnte sich das erklären, bis bekannt wurde, daß die Versuchsperson in der Zwischenzeit geheiratet hatte. Verblüffenderweise hatte die Ehe die psychischen Fähigkeiten des Mannes verändert.

»Er hielt wohl nichts von vorehelichem Sex«, grinste Adamenko. »Seine Tugendhaftigkeit versetzte ihn in einen intensiven Spannungszustand, der seine medialen Fähigkeiten steigerte. Nachdem er geheiratet hatte, wurde die Spannung regelmäßig abgebaut . . .«

Sex versus Telepathie? Wir merkten uns die Fragestellung vor – welchen Wert auch immer sie haben mochte.

5 Der Kirlian-Effekt – Lichtbilder der Seele?

Es ist zu erwarten, daß die Namen der Kirlians aus Krasnodar – Semjon Davidowitsch und Valentina Krisanowa, seine 1971 verstorbene Gattin – eines Tages in die Geschichte eingehen und ebenso selbstverständlich zu unserem allgemeinen Bildungsgut gehören werden wie die Namen Alessandro Volta aus Como, Georg Simon Ohm aus Erlangen, André-Marie Ampère aus Paris und die vielen anderen großen Erfinder, die vor Jahrhunderten die wissenschaftlichen Grundlagen des technischen Fortschritts schufen. Der Name Kirlian hat heute bereits überall in der Welt einen guten Klang, und jenes Phänomen, das die Russen »Kirlian-Effekt« getauft haben, ist zum Begriff geworden.

Im allgemeinen spricht man von »Kirlian-Fotografie« oder »Aura-Fotografie«. Dabei wird auf einem Film jene »Ausstrahlung« in all ihrer leuchtenden, vibrierenden Farbigkeit festgehalten, die sämtliche Wesen, von der Pflanze bis zum Menschen, belebt. Die Parapsychologen nennen sie »Bioenergie«.

Seit die Kirlians ihre unglaubliche Entdeckung bekanntgegeben haben und seit sich die Nachricht davon weltweit verbreitet hat, haben Psi-Forscher eine Konferenz nach der anderen abgehalten, um das neue Phänomen und seine scheinbar unerschöpflichen Anwendungsmöglichkeiten zu diskutieren und zu analysieren. Erst kürzlich, im Mai 1977, hat so ein internationales Treffen in Bukarest stattgefunden. Bezeichnenderweise nahm der Mann, der den Anstoß zu alledem gab, nicht daran teil, fühlt er sich doch ohne Valentina an seiner Seite nicht berechtigt, den Beifall entgegenzunehmen.

Als wir uns in den Süden Rußlands, nach Krasnodar, begaben, um ihn aufzusuchen – als erste Journalisten aus der westlichen

Welt, die ihm persönlich begegnen sollten –, hatte er schon ein stattliches Alter erreicht. Doch auch mit seinen achtundsiebzig Jahren war er körperlich und geistig noch so beweglich wie andere, die nur halb so alt sind. Obwohl er niemals im Ausland und nur wenige Male in Moskau war, ist er sich durchaus darüber im klaren, welch tiefgreifende Wirkung der »Kirlian-Effekt« in der Wissenschaftswelt hervorgerufen hat. Doch der Ruhm hat ihn nicht aus der Fassung gebracht.

Jahrzehntelang hat er gearbeitet, ohne irgendwelche Anerkennung zu finden. Nun, da seine Entdeckung einen Weg zu neuem, umfassendem Verständnis von Leben und Tod eröffnet und »nebenher« auch eine wissenschaftliche Erklärung für manch ein »Wunder« vergangener Jahrhunderte geliefert hat, ist er glücklich, seinen Beitrag geleistet zu haben. Nicht er, nur seine Entdeckung zählt. »Der Kirlian-Effekt«, erklärte er uns, als ob er persönlich nichts mit dem »Kirlian« des Effektes zu tun habe, »verdient breite Anerkennung. Die ganze Welt wird noch ihren Nutzen davon haben«. Seine Stimme wurde leiser. Er flüsterte, als spräche er zu sich selbst: »Wenn nur Valja das noch erleben könnte.«

Semjon Kirlian hat den größten Teil seines Lebens mit seiner Frau Valentina in einer einfachen Zweizimmerwohnung Ecke Gorki- und Kirow-Straße in Krasnodar verbracht. Das zweistökkige Holzhaus, in dem sie lebten, hat der Fortschritt ausradiert. Ein Aufbauprogramm hat die einst unter Pappeln und Ahornbäumen träumende Provinzstadt am Ufer des trägen Kuban in eine geschäftige Industriemetropole und ein landwirtschaftliches Handelszentrum verwandelt. Heute ist die Gorki-Straße eine belebte Durchgangsstraße, gesäumt von fünfstöckigen Beton- und Backsteinbauten.

Kirlian war Mechaniker von Beruf, seine Frau Lehrerin. Er besaß den praktischen Verstand des geborenen Erfinders. Sie war eine Intellektuelle, eine Akademikerin, die zu seiner Schülerin wurde. Tagsüber unterrichtete sie russische Literatur an einer höheren Schule. Doch jede freie Minute gehörte Kirlian. Sie half ihm bei seinen Versuchen, die jeden Abend bis spät in die Nacht andauerten und jedes Wochenende, jeden Feiertag, jeden Urlaub in Anspruch nahmen. Das Paar ging völlig auf in seinen Experimenten zur Erforschung der Aura von Lebewesen, mit denen es im Jahre 1939 begonnen hatte.

Der kostbarste Besitz der Kirlians war ihr »Labor«. Sie teilten ihr winziges Schlafzimmer mit ihrer Ausrüstung. Jeden Abend mußten sie, um sich für den Rest der Nacht zur Ruhe begeben zu können, fotografische Platten, Entwicklerschüsseln und Induktionsspulen vom Bett räumen. Das schwarze Ungeheuer in der Ecke, ein umgebauter Tesla-Hochfrequenzgenerator, diente nachts als Kleiderständer. In diesem Raum starb Valentina im Dezember 1971. Sie zahlte einen hohen Preis für ihre Teilnahme an den Experimenten. Der jahrelange Umgang mit Hochfrequenzstrom hatte ihre Nerven in Mitleidenschaft gezogen und einen Verfallsprozeß eingeleitet, der, einmal begonnen, nicht mehr aufgehalten werden konnte.

Valentina starb eines schrecklichen Todes. Ihre Nerven waren überempfindlich geworden, und sie empfand unerträgliche Schmerzen, sobald ihr Körper mit irgend etwas in Berührung kam. Zwei Jahre lang war sie bettlägerig; ihr Körper verfiel langsam, bis sie kaum mehr als ein lebendes Skelett war, vor Schmerzen gekrümmt. Kurz vor ihrem Tod verursachte ihr selbst das geringste Geräusch physische Qual. Kirlian hatte Ärzte aus Moskau, Leningrad und Kiew kommen lassen, aber ihr war nicht zu helfen. Man bot ihr Pflege in den besten Krankenhäusern an, doch sie lehnte ab. Semjon wollte nichts davon hören, daß sie aus dem Hause kam. Er wollte sie pflegen – und er tat es bis zu jenem Dezembertag im Jahre 1971, als sie starb.

Ihr Tod war ein schrecklicher Schock für ihn. Er brauchte zwei Jahre, um wieder zu sich zu finden. Am 1. Februar 1974 ernannte ihn dann das Präsidium des Obersten Sowjets zum »verdienten Erfinder«. Kurze Zeit später – so erinnert sich der Mediziner Ruben Stepanow aus Krasnodar – stand sein Freund Kirlian vor ihm. Dr. Stepanow, sozusagen ein Kirlian-Schüler, hatte sich im Forschungslabor des Stadtkrankenhauses von Krasnodar mit dem Kirlian-Effekt beschäftigt. Er versuchte, die Auren von Medizinstudenten zu analysieren, die verschiedenen Arten von psychischem Streß unterworfen waren.

»Semjon fragte mich, wie ich verfahre, und ich erklärte es ihm.

Doch meine Bilder waren alle verschwommen, die Ergebnisse daher ohne Beweiskraft. Er warf einen Blick auf meine Ausrüstung und hob dann voller Verzweiflung die Arme. ›Sie machen alles falsch‹, sagte er, zog seinen Mantel aus und begab sich an die Arbeit.«

Damit kehrte Semjon Kirlian ins Leben und zu seinem Werk zurück. Offensichtlich hat er seine Arbeit seither nicht mehr unterbrochen. Auch die Energie und Beweglichkeit von einst hat er wiedererlangt. Doch über seiner jüngsten Arbeit am Landwirtschaftlichen Forschungsinstitut vor den Toren von Krasnodar liegt der Schleier des Geheimnisses . . .

Begonnen hat alles vor einem halben Jahrhundert. Damals war Kirlian das Faktotum der Stadt, ein autodidaktischer Mechaniker, der etwas von einem Zauberer an sich hatte. Manche Leute erinnern sich noch an seine kleine Werkstatt. Obwohl er nur vier Jahre zur Schule gegangen war, konnte er jedes elektrische Gerät reparieren, von durchgebrannten Sicherungen bis zu Fahrradlampen.

Man baute eines Tages ein neues Krankenhaus, aber dessen elektrische Geräte wollten nicht funktionieren. Kirlian ging hin und brachte sie alle wieder in Ordnung – vom elektrischen Massagegerät bis hin zum Röntgenapparat. Als sich die Nachricht von seinem erstaunlichen Können herumsprach, wurde er mit der Wartung aller medizinischen Apparaturen der Stadt betraut. Der junge Kirlian sah seinen Lebensunterhalt gesichert, gab seine Werkstatt auf, heiratete und bekam jene winzige Zweizimmerwohnung bewilligt, in der Valentina und er die nächsten vierzig Jahre wohnen sollten.

»Eines Abends«, erzählte Viktor Adamenko, der ebenfalls in Krasnodar aufwuchs, »als er den Hochfrequenzgenerator eines elektrischen Massagegeräts reparierte, erhielt er zufällig einen elektrischen Schlag. Er empfand keinen Schmerz, sondern sah vielmehr ein wunderschönes Feuerwerk, das er am liebsten im Bild festgehalten hätte.

Die Vorstellung faszinierte ihn. Doch wie ließ sich eine solche Erscheinung fotografieren? Man benutzte damals immer noch Glasplatten, was bedeutete, daß der Gegenstand, den er fotografieren wollte, gegen die Platte gepreßt werden mußte – und zwar in völliger Dunkelheit.

Aber welcher »Gegenstand«? Warum eigentlich nicht seine Hand? Und so fing alles an. Als Unterlage sollte ein isolierter Tisch dienen. Die fotografische Platte wollte er in schwarzes Papier wikkeln und oben auf einer Elektrode befestigen. Die andere Elektrode würde an seiner Hand befestigt werden. Dann wollte er diese Hand gegen die Platte drücken, den Strom ein- und wieder ausschalten. Fertig. Um ein Unglück zu vermeiden, würde er sich zur Isolierung auf eine Gummimatte stellen.

Am nächsten Tag kehrte er ins Krankenhaus zurück und setzte seinen Plan in die Wirklichkeit um – mit einer Verbesserung. Er bat einen jungen Medizinstudenten, sich neben ihn zu stellen und statt seiner den Schalter zu betätigen. Schließlich war es das erste Mal, und er war seiner Sache nicht sicher. Der Student tat, wie ihm geheißen, hörte das Klicken, auf das er vorbereitet worden war, und schaltete wieder aus. Kirlian hob die Hand von der Platte. Alles war glattgegangen. Später am Abend beobachtete ein aufgeregter Semjon seine Frau Valentina beim Entwickeln der Platte. Darauf erschien der Umriß einer menschlichen Hand, deren Knochen deutlich zu erkennen waren, und deren Fingerspitzen eine geheimnisvolle Aura umgab. In jener Nacht fanden sie keinen Schlaf ...

Eines Tages erhielt das Krankenhaus, in dem Kirlian die Wartung der Maschinen oblag, einen neuen Tesla-Hochfrequenzgenerator, und man überließ ihm den alten, ausgebrannten. Er karrte ihn nach Hause, fand heraus, was kaputt war, improvisierte Ersatzteile und setzte ihn wieder in Betrieb.

»Sobald er repariert war«, erinnerte sich Viktor Adamenko, »konnten sie ihre Experimente zu Hause unter kontrollierten Bedingungen fortsetzen. Im Jahre 1940 begannen die beiden mit systematischen Experimenten und dehnten sie aus, als sie entdeckten, daß nicht nur Menschen, sondern auch Blätter Auren besitzen. Und nicht nur das – jedes Blatt sah auf der Fotografie aus wie ein Meer flimmender Lichter. Sie wußten nicht, was das war, doch sie machten weiter, da sie das Gefühl hatten, vielleicht das Leben selbst zu ›belauschen‹.«

Eines Tages arbeiteten die Kirlians mit anscheinend völlig gleichen Blättern, erhielten jedoch höchst unterschiedliche Ergebnisse. »Sie wußten bereits, daß lebende Blätter vom selben Strauch zu gleichen Aufnahmen führten. Sie zeigten dieselbe Anordnung leuchtender Ausstrahlung. Warum also waren die Fotografien dieser beiden Blätter so verschieden ausgefallen? Weil eines von Mikroorganismen befallen war, die zwei Tage später auch für das bloße Auge sichtbar wurden. Ein Blatt war im Begriff zu sterben; das andere war gesund. Aus dieser Entdeckung entwickelte sich die zweite Forschungsphase: die Diagnose. Dann brach der Krieg aus, und sie mußten ihre Laborarbeit einstellen. Erst fünf Jahre später konnten sie dort anknüpfen, wo sie aufgehört hatten.«

Es sollten noch Jahrzehnte vergehen, bis ihr Verfahren, patentiert und im Laufe der Jahre immer ausgefeilter, weltweite Anerkennung fand.

»Es war ihre Hingabe, ihr Kampfgeist und ihre Überzeugung von der Bedeutung ihrer Entdeckung«, erklärte Adamenko, »der sie schließlich ihren Erfolg verdankten. Wir hatten damals schon lange die Tatsache akzeptieren müssen, daß es ihnen gelungen war, uns einen tiefen Einblick in die aufregende innere Struktur des Lebens zu eröffnen, wie sie sich anhand bekannter, aber auch unerklärlicher biologischer Phänomene darstellt: So zeichnete die Aura eines Blattes, von dem man einen Teil abgerissen hatte, dennoch den Umriß des einst vollständigen Blattes nach. Und die Fingerspitzen-Aura eines Menschen drückte offenbar den Zustand seiner Psyche aus. Man konnte die Aura lesen wie ein Buch, da sich die flackernden ›Flammen‹ der Aura entsprechend den Stimmungen der Person veränderten. Ich erinnere mich, daß ich selbst Kirlian einmal als Versuchskaninchen gedient habe, um den Einfluß von Alkohol zu messen. Ich stärkte mich zwischen den fotografischen Sitzungen mit einem Glas Wein. Die Auren, die vorher und nachher von meinen Fingerspitzen ausgingen, unterschieden sich.

Liebe, Haß, Müdigkeit, Magenschmerzen, sexuelle Begierde – mochte es auch nur die leise Empfindung sein, die durch einen flüchtigen Kuß hervorgerufen wird –, alle Emotionen wurden registriert und bildeten so die Grundlage für wichtige biologische Schlußfolgerungen.«

Im Frühjahr 1968 berief Dr. Viktor Injuschin die erste Tagung über Bioenergie ein. Ihr Hauptthema: »Der Kirlian-Effekt.« Dieser Kongreß in Alma-Ata war der Abschluß von vier Jahren konzentrierter Forschungsarbeit. Anschließend bekam die Stadt den offiziellen Auftrag, sich der Erforschung dieses Effekts zu widmen und nach praktischen Anwendungsmöglichkeiten zu suchen. Gleichzeitig erschienen eingehende Analysen verschiedener Aspekte der Arbeit der Kirlians in vielen medizinischen und wissenschaftlichen Zeitschriften der Sowjetunion. Hier ein Ausschnitt aus dem Artikel von Dr. Stepanow:

»Die Fotos zeigen die Oberflächenstruktur lebender Objekte, die von einem Lichthof hochfrequenter Entladung umgeben sind. Je nach den physiologischen Bedingungen des Organismus verändert sich die Größe des Lichthofs und seine lumineszente Helligkeit. Hält man die menschliche Haut auf einem Farbfilm fest, sieht man, daß verschiedene Bereiche sich farblich voneinander unterscheiden. Beispielsweise sind Aufnahmen von der Herzgegend tiefblau, vom Achselhöhlenbereich blaugrün, von den Hüften olivfarben. Gefühlsregungen wie Schmerz und Angst rufen sofort eine Farbveränderung hervor.

In der Vergrößerung erkennt man vor dem Hintergrund der Haut, wie die Entladungskanäle in Form lumineszenter Konzentration zu Punkten, Kronen und Fackeln werden. Sie weisen unterschiedliche Farbtöne auf: blau, lila, gelb, hell und dunkel. Sie leuchten gleichmäßig oder flackern, blitzen von Zeit zu Zeit auf, sind stetig oder unstet ... an den Fingerspitzen treten die Entladungskanäle wie Fackeln aus, wobei sie aber genau dem Hautmuster folgen. In manchen Bereichen der Haut blitzen plötzlich goldene und blaue Lichter auf, während sich Trauben anderer Farben ständig von einem Punkt der Haut zum anderen bewegen ...«

Wir konnten förmlich sehen, wie Semjon Kirlian bei dieser Lektüre die Achseln zuckte und ungeduldig sagte: »Sicherlich, sicherlich. Aber darum geht es nicht. Wichtig ist die Frage, was das alles bedeutet. Das ist der entscheidende Punkt.«

Natürlich stand der Name Kirlian ganz oben auf unserer Interview-Wunschliste, die wir für die Nowosti-Agentur in Moskau zusammengestellt hatten. Und es wurde auch kein Versuch gemacht, uns den Wunsch abzuschlagen. Vielleicht weil man in Moskau der Ansicht war, es sei an der Zeit, Kirlian der Welt zu präsentieren, damit sie sähe, daß es ihn wirklich gibt? Wir beschlossen, davon nicht zuviel Aufhebens zu machen. Es konnte unklug sein, allzu große Begeisterung zu zeigen. Als uns ein Nowosti-Funktionär beim ersten Treffen in Moskau mitteilte: »Sie haben außerordentliches Glück, daß Kirlian Ihnen ein Interview gewährt. Wir konnten ihn bisher noch nicht einmal dazu bewegen, mit unseren eigenen Presseleuten zu sprechen!« begnügten wir uns damit, verständnisvoll zu nicken.

Immer wieder ist Semjon Kirlian von Wissenschaftlern und Journalisten aus dem In- und Ausland eingeladen worden, über seine Entdeckung zu sprechen, immer hat er abgelehnt. So war es nicht weiter überraschend, daß er geradezu bescheiden auftrat, als er nun mit uns zusammenkam.

Es war ein schöner Morgen. Während wir den neuen Teil der Stadt mit seinen breiten Straßen verließen und an pittoresken alten Holzhäusern vorbeifuhren, informierten uns unsere beiden Begleiter vom Nowosti-Büro in Krasnodar, Jurij Djatschkow und Jurij Senjuk, über das Institut, in dem wir Kirlian treffen sollten. Es sei wirklich *das* Landwirtschaftliche Forschungsinstitut, das Gartenbau-Mekka, an dem die bedeutendsten sowjetischen Agrarexperten die neuesten, besten und ertragreichsten Weizenarten gezüchtet hätten. Sie brächten zwei bis zweieinviertel Tonnen pro Morgen. Der Ertrag bei den neuen Züchtungen, »Aurora« und »Kawkas«, liege etwa doppelt so hoch wie die normale Ernte. Pustowoit, Lukjanenko und Chadinow, bekannte Mitglieder der Sowjetischen Akademie, hätten am Institut ähnlich erfolgreiche Züchtungen und Kreuzungen mit Sonnenblumen, Mais und Reis vorgenommen. Doch der wichtigste Mann dort sei Kirlian, dessen Untersuchung der Aura dieser und anderer Pflanzen gerade eine schlimme Trockenfäule verhindert habe, die leicht die Hälfte der Kuban-Ernte hätte vernichten können. Er habe die Krankheit gerade noch zur rechten Zeit entdeckt und gelte nun als »Wundermann«.

Hinter einer langen geraden Reihe von Pappeln jenseits der schwarzen Erde der gepflügten Felder kam das ausgedehnte, weiße, vierstöckige Gebäude des Instituts in Sicht. Doch als unser Wagen vor dem Haupteingang hielt, war niemand dort. »Kommen Sie mit«, sagten die beiden Jurijs und führten uns, am Fahrstuhl vorbei, die breite Treppe nach oben. Etwas außer Atem erreichten wir das obere Stockwerk und machten vor der reichverzierten Tür gegenüber der Treppe halt.

Ohne Zweifel hatte das Empfangskomitee schon gewartet. Ein stämmiger, rundköpfiger Herr stellte sich als der Institutsdirektor Timofej Semjonowitsch Dubonosow vor. Ihm zur Seite saßen zwei Mitarbeiter. Man forderte uns auf, an dem großen Konferenztisch Platz zu nehmen. Offensichtlich war dies der »Sitzungssaal«. Eine große Schmucktafel an der Wand stellte einen Weizenhalm dar – Freude und Stolz des Instituts.

Wir holten unsere tragbaren Tonbandgeräte heraus. »Gut«, meinte Dubonosow beifällig. »Starke Mikrofone?«

»Ja.«

»Gut«, wiederholte er und zog das kleine Sony-55 näher zu sich heran.

Schweigend saßen wir da. Zwei, drei Minuten verstrichen, dann drehte sich plötzlich lautlos der Türknauf. Die große, verzierte Tür öffnete sich einen Spalt breit, und jemand schaute herein, als wollte er sich vergewissern, ob er hier auch richtig sei. Als er die Männer um den großen Konferenztisch erblickte, strahlte er, trat ins Zimmer und kam in fast entschuldigender Haltung die paar Schritte zu uns herüber. Ein schmächtiger Mann, das sich lichtende Haar ganz weiß, eine Hornbrille, die das asketische Gesicht noch betonte. Er trug einen grauen Zweireiher und eine schwarze Krawatte.

»Ich bin Semjon Kirlian«, stellte er sich mit gedämpfter Stimme vor und streckte uns seine feinnervige Hand entgegen. Wir standen einer lebenden Legende gegenüber – und so begannen wir das Gespräch denn auch mit den Worten: »Wir sind glücklich, daß es Sie wirklich gibt. Drüben in Amerika haben wir schon daran gezweifelt.«

»Nun, jetzt wissen Sie es!« erwiderte er belustigt.

Wir verbrachten zweieinhalb Stunden miteinander. Voller Begeisterung beschrieb er uns seine Arbeit, kam aber auch auf seine Enttäuschungen, Hoffnungen und Ängste zu sprechen. Er zeigte sich ein bißchen besorgt, als er erläuterte, wie seine Erfindung heute auf vielen wissenschaftlichen Gebieten in der ganzen Sowjetunion verwendet wird und allem Anschein nach eine ähnliche Wirkung in der ganzen Welt zu entfalten beginnt.

»Ich kann nicht mehr alle Gebiete aufzählen, auf denen russische Wissenschaftler heute den Kirlian-Effekt nutzen«, sagte er. »Aber sie tun es mit erstaunlichem Erfolg, wobei sie den Anwendungsbereich noch ständig erweitern. Nehmen wir zum Beispiel die Geologie: Sowjetische Prospektoren haben bei der Suche nach Erz mit dem Kirlian-Effekt gearbeitet. Das Verfahren ist sicherlich erfolgversprechender als die Suche mit der Wünschelrute. Wir haben auch mit der Verwendung in der metallurgischen Forschung begonnen, vor allem bei der Untersuchung von Metallmüdigkeit. Der Kirlian-Effekt läßt sich zur Sicherheitsprüfung in jedem nur denkbaren Industriezweig einsetzen. Vor kurzem hat man ihn sogar bei der Untersuchung einer Mordwaffe im Rahmen einer Gerichtsverhandlung erprobt: In einer Art ballistischem Test sollte die Aura zeigen, ob ein bestimmtes Geschoß aus einer bestimmten Waffe abgefeuert worden war.

Mit Hilfe der Kirlian-Fotografie kann man mit viel größerer Sicherheit feststellen, ob jemand lügt oder die Wahrheit sagt, als es die Lügendetektoren vermögen. Das könnte für die Kriminologen – wenn sie es wollen und wenn das Gesetz es erlaubt – ein großes Geschenk werden. Auch auf einem ganz anderen Gebiet haben die Wissenschaftler aufgrund unserer Entdeckung neue Erkenntnisse gewonnen: Es kann kein Zweifel mehr über den Ursprung der sogenannten Heiligenscheine bestehen, die von ehrfürchtigen Zeitgenossen um die Köpfe der Märtyrer herum beobachtet und bezeugt worden sind.«

Lächelnd wiegte er den Kopf. Dies war ein Gebiet, das er trotz allem hier und jetzt nicht erörtern mochte . . .

»In jedem Fall aber«, fuhr er fort, »liegt nach meiner Auffassung der größte Wert des Kirlian-Effekts für die Welt in der Möglichkeit, die er uns bietet, den Menschen zu helfen. Womit wir wieder bei der Medizin wären. So wurde zum Beispiel in unser Stadtkrankenhaus ein Kind eingeliefert, dessen Krankheit keiner der Ärzte diagnostizieren konnte. Da nahmen sie das Kirlian-Gerät zu Hilfe und fotografierten jenen Körperteil des Kindes, wo das Übel vermutlich zu suchen war. Es zeigte sich eine Aura, die der eines Scharlachkranken glich. Man behandelte das Kind daraufhin dementsprechend. Tage später zeigten sich die typischen Scharlachflecken auf seinem Körper und bestätigten die Aura-Diagnose.«

Kirlian hielt einen Moment inne und sagte dann, indem er sich stolz aufrichtete: »Sie müssen sich vorstellen, daß allein über die diagnostischen Eigenschaften des Kirlian-Effekts nicht nur in Rußland, sondern auch in Rumänien, Bulgarien, Ungarn, in der Tschechoslowakei und der DDR von über tausend Wissenschaftlern, Biologen, Ärzten Untersuchungen durchgeführt werden und daß an diesen Arbeiten ein Stab von insgesamt fünfzigtausend Laborassistenten beteiligt ist. Wir haben auch bemerkenswerte Erfolge bei der Behandlung Gemütskranker erzielt. Wenn wir ihre Auren mit denen psychisch gesunder Menschen vergleichen, sehen wir, inwiefern sie sich unterscheiden. Wir legen Aura-Akten über die Patienten an, während sie behandelt werden. Die Kirlian-Fotos zeigen, ob der Zustand eines Geisteskranken sich verschlechtert, selbst wenn keine anderen Symptome als Anhaltspunkte für den Psychologen vorliegen. Verschiedene Arten von Geisteskrankheiten zeigen unterschiedliche Auren. Daraus gewinnt der behandelnde Arzt unschätzbare Hinweise.

Geistige Ermüdung läßt sich ebenso deutlich erkennen wie eine ganze Reihe völlig harmloser Emotionen. Der Kirlian-Effekt ist ein hochempfindliches Meßgerät für Gefühle. Er kann sogar feststellen, ob Menschen wirklich lieben oder sich das nur einbilden. Nicht auszudenken, welchen Wert das für die Institution der Ehe haben könnte! Der Kirlian-Effekt kann auch bei der Behandlung von Alkoholikern nützlich sein. Es läßt sich an ihm ablesen, ob die Behandlung anschlägt, ob der Patient heuchelt oder schwindelt. In ähnlicher Weise kann Rauschgiftsüchtigen geholfen werden.«

Ob er sich an sein erstes Aura-Experiment erinnere? An die Geburt des Kirlian-Effekts?

»Natürlich erinnere ich mich«, antwortete er. »Ich war mit Reparaturarbeiten an einem Hochfrequenzgenerator beschäftigt. Vor kurzem hatte ich mir die Hand verletzt, doch die Wunde war verheilt, ohne ein sichtbares Zeichen zurückzulassen. Aber in dem hochintensiven Feld um den Generator herum trat die Stelle deutlich zutage. Ich bin ein neugieriger Mensch und wollte herausfinden, was es mit diesem Phänomen auf sich hatte. Am folgenden Tag erhielt ich zufällig zwei elektrische Schläge. Sie taten mir nichts. Ich beschloß, ein Experiment zu wagen. Wie alle Welt zu wissen scheint, nahm ich also meine Hand auf, und Valentina entwickelte die Platte. Das Bild besaß große Ähnlichkeit mit einer Röntgenaufnahme. Doch waren wir beide der Auffassung, es sei keine, weil das Besondere an diesem Foto nicht das Skelett war, sondern die Umrisse meiner Hand, mit den Verdickungen an den Fingerspitzen. Das war die Aura, was wir zu diesem Zeitpunkt allerdings noch nicht wußten.

Wir durchlebten einige herrliche Tage, Tage voller Entdeckungen. Doch der erregendste Augenblick für uns war, als wir beide unsere erste Elektrofotografie anstarrten und die Aura erblickten. Wir waren außer uns. Anders kann ich das nicht beschreiben. Ich wußte nicht genau, was mir da gelungen war, aber ich wußte, daß ich eine Entdeckung gemacht hatte, die die Zukunft der Welt entscheidend beeinflussen konnte.

Lange Zeit blieb unsere Ausrüstung recht einfach. Wir hatten kein Geld, teure Apparate zu kaufen oder zu bauen, deshalb behalfen wir uns, so gut es ging. Die Ausrüstung stand überall im Schlafzimmer herum«, erinnerte er sich mit einem wehmütigen Lächeln, »doch wir hatten das Gefühl, wir seien *ihr* im Wege, nicht umgekehrt. Wir nahmen Bilder voneinander auf und stellten fest, daß unsere Auren verschiedene Farben aufwiesen. Der Aura-Hintergrund meiner Frau war orange, meiner bläulich. Später entdeckten wir, daß jeder Mensch eine eigene Aurafarbe besitzt. Wir wissen immer noch nicht, warum. Vielleicht ist das ganz einfach so wie mit den Fingerabdrücken – es gibt nicht zwei, die völlig gleich sind.

Doch nicht immer lief alles so glatt. Vor allem am Anfang gab es zahlreiche Unfälle mit der Hochfrequenzspannung. Wir bekamen elektrische Schläge, die uns betäubt zu Boden warfen. Wir waren bereit, diesen Preis für den Fortschritt zu zahlen. Doch eines Tages, als eine Reihe von Schlägen mir so übel mitgespielt hatte, daß ich längere Zeit bewußtlos blieb, fragte mich Valentina: ›Kannst du eigentlich nichts dagegen tun?‹ Und ich erwiderte: ›Natürlich kann ich das.‹ Ich ersetzte den Schalter durch ein Pedal. Der Stromkreis blieb so lange geschlossen, wie mein Fuß auf dem Pedal stand. Wenn ein elektrischer Schlag mich zurücktaumeln ließ, löste sich mein Fuß automatisch vom Pedal, und der Stromkreis wurde unterbrochen. Von da an erhielt ich weit weniger Schläge. So einfach war das.

Wie Sie wissen, haben wir jahrelang in unserer kleinen Wohnung gearbeitet. 1962 stellten uns die Behörden eine weit größere zur Verfügung, und wir fuhren dort mit unseren Experimenten fort.

Schon seit langem hat die Wissenschaft ein sehr frühes Ergebnis meiner Arbeit zur Kenntnis genommen: Danach weisen krebsbefallene Gewebe sehr verschwommene Umrisse in der Aura-Fotografie auf, während das gesunde Gewebe scharfe Bilder zeigt. Die Ärzte haben daraus weitreichende Schlüsse gezogen. Auf der Grundlage dieser Erkenntnisse entwickelt die sowjetische Onkologie eine neue, erfolgversprechende Technik. Im Rahmen eines Fünfjahresplans soll die Aura-Fotografie bei der Geschwulsterkennung in vielen medizinischen Zentren überall im Lande angewandt werden.

Die Fotografien von krebsbefallenem Gewebe unterscheiden sich auf ganz spezifische Weise von den Auren, die andere Krankheiten hervorrufen. Selbst verschiedene Krebsarten weisen verschiedene Auren auf. Unsere Mediziner werden also vollauf damit zu tun haben, die einzelnen zu klassifizieren und jede Art als besonderen Feind zu bekämpfen. Da gibt es noch viel Arbeit. Aber es sind schon Fortschritte erzielt worden.«

Er nickte zufrieden und meinte dann: »In Rostow am Don hat ein Krankenhaus mit einem so einzigartigen und ehrgeizigen Programm begonnen, daß es die Aufmerksamkeit der ganzen Welt erregen wird – wenn es erfolgreich verläuft. Das Krankenhaus warb um die Unterstützung von hundert Müttern, die 1973 und 1974 in diesem Krankenhaus niederkamen. Die Auren ihrer Kinder wurden bei der Geburt fotografiert. Das Programm sieht vor, daß die Kinder sich jeden Monat einfinden, um fotografiert zu werden. Noch sind die Kinder natürlich sehr klein und ihre Akten dünn. Im Laufe der Zeit werden sich die fortgesetzten monatlichen Aurafotografien jedoch zu Fallgeschichten zusammenfügen, die bahnbrechend für die Zukunft sein könnten.

Sie müssen sich vorstellen, daß dieses Programm auf einen Zeitraum von fünfzig Jahren angelegt ist. Das heißt, daß jedes Kind, auch wenn es schon erwachsen ist, immer noch zwölfmal pro Jahr im Laufe der nächsten fünfzig Jahre fotografiert werden wird. Beendet wird das Projekt erst dann, wenn diese Kinder Männer und Frauen mittleren Alters sind. Natürlich wird der eine oder andere fortziehen und so aus dem Programm ausscheiden. Doch jene, die in Rostow bleiben, werden jeden Monat zu einer Kirlian-Aufnahme erscheinen und ihre Akten so allmählich einen unschätzbaren Wert gewinnen. Natürlich werden wir in fünfzig Jahren nicht mehr alle hier unten weilen«, fuhr er mit einem Zwinkern fort, »was auch für die Ärzte am Krankenhaus in Rostow gilt. Doch wir wollen das Experiment auch weiterhin verfolgen, wo immer wir dann sein sollten.

Wie sicher die Experimente in Rostow am Don sind, ist eine andere Frage«, sagte er, wieder nachdenklich werdend. Als sein Freund, der Biophysiker Viktor Adamenko, ihn kürzlich in Krasnodar besuchte, erinnerte dieser ihn an die dem Verfahren innewohnenden Gefahren. Unlängst hatte ein Moskauer Krankenhaus Adamenko gebeten, mit Hilfe des Kirlian-Effekts experimentell zu untersuchen, wie sich gewisse Krankheiten anhand ihrer Auren erkennen lassen. Er lehnte das Angebot ab, weil er der Auffassung ist, daß der Sicherheitsgrad der Kirlian-Fotografie noch nicht ausreiche. Adamenko ist außerdem der Meinung, daß sich ihre Anwendung im großen Maßstab für die Patienten als schädlich erweisen könnte.

»Ich glaube nicht, daß Viktor recht hat«, meinte Kirlian vorsichtig, »doch ich respektiere seinen Standpunkt.« Er glaubt, daß der Kirlian-Effekt bei den beiden Viktors – bei Adamenko und Injuschin – in guten Händen ist. Er kennt Adamenko seit vielen Jahren, noch aus der Zeit, als dieser in seiner unmittelbaren Nachbarschaft lebte – »ein netter kleiner Junge, nur ein bißchen zu neugierig für mein Empfinden«. Injuschin ist er erst 1964 begegnet, als der Wissenschaftler aus Alma-Ata ihm seinen ersten Besuch abstattete. Seither zählt Injuschin zu seinen überzeugtesten Schülern. Kirlian und Adamenko verfassen gemeinsam wissenschaftliche Artikel, »in denen wir uns das Vergnügen machen, neue Hypothesen aufzustellen. Und Injuschin nimmt sie in seine wissenschaftlichen Bücher auf, die er in Alma-Ata veröffentlicht.

Jetzt hängt alles von den anderen ab. Ich weiß: Mir selbst bleibt nicht mehr viel Zeit. Ich helfe hier dem Genossen Dubonosow bei Tests, wie ich sie vorher noch nicht durchgeführt habe. Es geht dabei um Pflanzen, nicht um Menschen. Ich habe einen großen Kreis beschrieben und komme an meinem Lebensabend wieder – und das in sehr nützlicher Weise – auf die Pflanzen zurück. Ich beschäftige mich mit Fragen wie der Auswirkung von Frost oder Hitze auf Weizen. Am entscheidenden Punkt, wenn der Weizen keinen weiteren Frost mehr verkraften kann, zeigt sich eine aufschießende Aura, ein Hilfeschrei – dann folgt der Tod. Man könnte sagen, daß ich Überlebenstests durchführe.«

»Absolut unschätzbar«, sagte Dubonosow. Wir hatten schon beobachtet, daß Dubonosow ungeduldig auf die Gelegenheit gewartet hatte, sich bemerkbar zu machen. Doch erst jetzt, als wir bereits über eine Stunde tagten, übernahm er Mikrofon und Gespräch.

Wir schenkten den Darlegungen, die folgten, keine besondere Aufmerksamkeit. Während Dubonosow Kirlian einerseits seine Hochachtung aussprach, gab er uns nichtsdestoweniger unzweideutig zu verstehen, daß Kirlian, ein Mann ohne irgendeinen akademischen Grad, lediglich eine Kettenreaktion ausgelöst habe. Seine Entdeckung sei von sowjetischen Wissenschaftlern übernommen worden, deren Wissen erheblich umfangreicher und genauer als das des alten Mannes sei – der, so erinnerte uns Dubonosow freundlich, noch nicht einmal die Schule beendet habe. Dann kam er auf die Arbeit seines Instituts zu sprechen.

Wir hörten freundlich zu. Dubonosow gab das Wort nicht mehr an den alten Mann ab, und auch Kirlian versuchte nicht, unsere Aufmerksamkeit noch einmal in Anspruch zu nehmen. Er saß nur da und hörte zu, höflich und freundlich. Die Anspielungen prallten an ihm ab, ohne eine sichtbare Reaktion hervorzurufen. Doch tief in seinem Innern wurden sie wohl zur Kenntnis genommen – wie der »Kirlian-Effekt« wahrscheinlich gezeigt hätte.

Ob wir das Labor sehen dürften, das innerste Heiligtum des Erfinders? Kirlian zuckte die zerbrechlichen Schultern und sah Dubonosow an.

»Warum nicht?« meinte der Dicke jovial. »Aber seien Sie nicht enttäuscht von dem, was Sie sehen. Die Hauptausrüstung«, fügte er hinzu, »ist sowieso nicht hier. Sie wird gerade repariert, nicht wahr, Semjon Davidowitsch?«

Kirlian antwortete nicht. Vielleicht hatte er nicht hingehört, vielleicht wollte er nicht hören. Wir stiegen die Treppen zu einem Labor im Erdgeschoß hinab. Es war verschlossen. Dubonosow rief nach dem Schlüssel. Ein Mann in weißem Kittel kam angelaufen, um die Tür aufzumachen. Drinnen waren Pflanzen, Meßinstrumente, Schalttafeln und ein sehr großer Apparat, mit dem wir nichts anzufangen wußten. Doch niemandem schien daran gelegen zu sein, ihn uns zu erklären. Wir machten Aufnahmen. Dubonosow versuchte, sich auf allen zu verewigen, doch einige konnten wir schießen, ohne daß er sie durch sein Konterfei verschönte.

Drei Stunden nachdem wir ihn getroffen hatten, nahmen wir an dem abgelassenen Teich unten im Hof Abschied von Semjon Kirlian.

Später am selben Tag waren wir mit ihm in seiner Wohnung in der Karl-Liebknecht-Straße verabredet und fanden dort die gleiche Ausrüstung, die wir im Institutslabor gesehen hatten. Adamenko hatte uns gewarnt: »Die wirklich komplizierte Apparatur befindet sich in Alma-Ata, hinter bewachten Türen.« So waren wir auch nicht weiter enttäuscht.

Wir hatten eigentlich gehofft, Kirlian würde unsere Auren fotografieren. Möglicherweise hatte ihn Dubonosows Behandlung aber doch zu sehr verletzt, denn wir trafen ihn nicht an. Ein Nachbar richtete uns seine Entschuldigung aus und überreichte uns ein Erinnerungsgeschenk – für jeden ein Buch mit dem Titel *Unser Land, der Kuban*. Auf das Deckblatt hatte er geschrieben: »Zur Erinnerung an Ihren Besuch. Kirlian, Semjon Davidowitsch, Krasnodar.«

Einige Tage später, als wir uns wieder im *Intourist*-Hotel in Moskau befanden, beschlossen wir, Kirlian anzurufen und ihm für den denkwürdigen Besuch in Krasnodar zu danken. Da er kein Telefon in seiner Wohnung hatte, beschlossen wir, es im Institut zu versuchen, aber zunächst nach Dubonosow zu fragen. Es war nicht ratsam, die sowjetische Hierarchie durcheinanderzubringen. Dubonosow würde es dem alten Mann möglicherweise niemals verzeihen, wenn wir über seinen Kopf hinweg mit ihm sprächen.

Eine männliche Stimme antwortete: »Genosse Dubonosow? Nein, ist nicht hier.«

»Könnten wir ihn bitte sprechen?«

»Wer ist denn dort?«

»Wir sind die amerikanischen Journalisten, die vor einigen Tagen bei Ihnen zu Besuch waren.«

»O ja«, erwiderte die Stimme, »ich erinnere mich an Sie. Tut mir leid, Sie können nicht mit Dubonosow sprechen. Er ist abgelöst worden.«

»Abgelöst? Warum?«

»Nett, daß Sie angerufen haben. Ich wünsche Ihnen noch einen angenehmen Aufenthalt in der Sowjetunion.«

Klick.

Wir sahen uns verblüfft an. Dann brachen wir in Gelächter aus. Es gibt offensichtlich überall eine höhere Gerechtigkeit. Es war unglaublich, aber Dubonosow hatte bekommen, was er verdiente. Von wem und warum, konnten wir uns einfach nicht denken. So wie er sich aufgespielt hatte, schien uns seine Stellung am Institut gewiß nicht gefährdet.

Was aber immer auch passiert sein mochte, er war rausgeflogen. Hatte Kirlian sich beschwert? Oder jemand anders? War es unseretwegen? Wir werden es nie erfahren, doch hoffen wir, daß es im Sinne eines wirklichen Gentlemans war, im Sinne Semjon Davidowitsch Kirlians.

6 Die heilenden Hände der Kriworotows

Das Treffen fand im Nowosti-Büro auf dem belebten, baumbestandenen Rustaweli-Boulevard in Tiflis (Tbilisi) statt, der 1500 Jahre alten Hauptstadt Georgiens. Wir befanden uns im dritten Stock eines altes, grauen, vierstöckigen Gebäudes, das verschiedene Zeitungsredaktionen und Pressedienste beherbergte. Nur zu glücklich darüber, daß wir überhaupt mit ihnen zusammenkamen, und sogar auf zumindest dem Anschein nach neutralem Boden, fragten wir nicht, warum wir die Kriworotows nicht zu Hause besuchen durften.

Obwohl wir auf die Minute pünktlich waren, erwarteten sie uns schon. Der Vater, Oberst Alexej Kriworotow, war ein ergrauter vierschrötiger Mann von untersetzter Gestalt. Sein Sohn Viktor, schwarzhaarig und schlank, überragte ihn fast um einen Kopf.

»Sie sind kein geborener Georgier, Oberst?« fragten wir auf russisch.

»Nein, ich bin kein Georgier«, sagte Kriworotow ganz offensichtlich erfreut darüber, daß wir bei unserem Gespräch ohne Dolmetscher auskommen würden. »Aber ich spreche Georgisch. Darf ich fragen, woher Sie etwas über uns wissen?«

Wir gaben an, eigentlich sehr wenig über sie zu wissen, wir hätten von ihm und seinen beiden Söhnen in Moskau gehört. Wir wüßten, daß Viktor, der zuerst vorgehabt habe, Ingenieur zu werden, nun an einer Kunstakademie studiere, und daß der andere Sohn, Wladimir, Psychiater sei – auch er ein begabter Geistheiler, obwohl die Behörden ihm als approbiertem Mediziner das »Handauflegen« nicht gestatteten.

Wir erwähnten, daß so angesehene Wissenschaftler wie Viktor Adamenko und Wladimir Raikow uns nachdrücklich zu einem Besuch bei ihnen geraten hätten, doch auch schon vorher, in Amerika ...

»Erzählen Sie mir nicht, daß man mich in Amerika kennt!« unterbrach Kriworotow senior uns ungläubig.

»Aber gewiß doch«, erwiderten wir. Zumindest eine amerikanische Parapsychologin – Dr. Thelma Moss in Los Angeles – hatte seinen Namen erwähnt. Was man drüben von ihm wußte, war wenig, doch reichte es aus, um unsere Neugier zu wecken. Wir wollten wissen, was es mit seiner bemerkenswerten Fähigkeit auf sich hatte, Krankheiten durch die bloße Berührung seiner Hand zu heilen.

Ob wir uns ihre Hände mal ansehen dürften? Sie kamen unserer Bitte bereitwillig nach. Die Hände von Alexej Kriworotow waren klein, zart und feinnervig, die Finger dünn und lang – die Hände eines Pianisten. Viktors Hände waren größer und dem Anschein nach kräftiger als die seines Vaters, aber ebenso weich.

»Erzählen Sie uns etwas über sich, Oberst«, baten wir, und er zierte sich nicht lange.

Alexej Eremejewitsch Kriworotow, aus Borisow in Weißrußland stammend, zog 1931 nach Tiflis und heiratete dort ein einheimisches Mädchen. Als Georgien unter sowjetische Herrschaft kam, entwickelten seine Einwohner ziemlich nationalistische, um nicht zu sagen chauvinistische Tendenzen; bis heute sind Russen als Zuwanderer nicht gern gesehen.

Doch Kriworotow ließ sich trotzdem dort nieder und eröffnete seine Praxis, in der er Menschen hilft, die von ihm und seinen Heilkräften auf die zuverlässigste Weise erfahren haben, die es gibt: durch Mundpropaganda. Aus der ganzen Sowjetunion reisen Menschen an, denen die Schulmedizin nicht helfen konnte, und meist kehren sie geheilt nach Hause zurück – nach Leningrad, Sewastopol, Moskau und in Hunderte von kleineren und größeren Städten.

Die Kriworotows verlangen niemals ein Honorar, das wäre ungesetzlich. Doch dankbare Patienten machen ihnen Geldgeschenke, die im Falle von Politikern, Schauspielerinnen oder Schriftstellern ganz erheblich sein können. Wer weniger wohlhabend ist, gibt in der Regel einen Rubel, also etwa fünf amerikanische Dollar. In Amerika könnten die Kriworotows Multimillionäre werden, aber sie scheinen ganz zufrieden mit ihrem Lebensstandard und weit mehr daran interessiert zu sein, Menschen zu helfen.

Kriworotow teilt die kleine Wohnung, die zugleich ihre Praxis ist, mit seinem Sohn Viktor. Heilerfolge haben sie vor allem bei Patienten zu verzeichnen, die unter partiellen Lähmungen leiden, wie sie nach bestimmten Operationen und in manchen Fällen von Kinderlähmung auftreten. Viktor und er können aber auch spektakuläre Heilerfolge bei Menschen verbuchen, die unter Funktionsstörungen des Nervensystems, unter psychologischen Schwierigkeiten sowie an einer Vielzahl innerer Krankheiten litten. Den Großteil ihrer Klienten machen im übrigen Kinder und Frauen aus.

Soll ihre Heilung erfolgreich sein, müssen sie zuerst dafür sorgen, daß der Patient bequem sitzt oder liegt. Die Umgebung sollte ruhig sein, so daß weder Patient noch Heiler abgelenkt werden. Der Patient verbringt dann einige Minuten damit, sich möglichst völlig zu entspannen.

Auch der Heiler nimmt eine bequeme Haltung neben dem Patienten ein, dabei kann er sitzen oder stehen. Der Kranke muß sich voll und ganz auf den Heilprozeß einstellen. Während er und der Heiler sich auf die Quelle der Beschwerden konzentrieren, läßt der Heiler Energie in den Körper des Patienten strömen, die ein Hitzeempfinden in den erkrankten Organen hervorruft. Eine Heilsitzung kann zwischen einer und zwanzig Minuten dauern; das hängt von der Art der Krankheit und der Konzentration des Heilers ab.

»Eine meiner erfolgreichsten Behandlungen«, berichtete Kriworotow stolz, »nahm ich an einer zweiundsiebzigjährigen Dame aus Krasnodar vor. Als man sie zu mir brachte, war ihr linker Arm stark angeschwollen, die Haut zeigte ein bösartiges Rot. Sie hatte schreckliche Schmerzen und konnte den Arm nicht ausstrecken. Die Ärzte hatten ihr gesagt, daß ihre Blutgefäße verstopft seien, das Blut nicht mehr richtig zirkulieren könne und sie daher befürchteten, der Arm sei völlig vergiftet. Sie wollten ihn amputieren, um zu verhindern, daß sich die Blutvergiftung weiter ausbreite. Zu allem Überfluß litt die Dame auch noch an Bronchialasthma.

Ich setzte mich zu ihr und führte meine rechte Hand über ihren

Arm – dabei berührte ich den Arm nicht, sondern bewegte die Hand parallel zu ihm. Sie blieb etwa einen halben bis zwei Zentimeter von der Haut entfernt. Praktisch im selben Augenblick begann die Schwellung zurückzugehen, die Rötung verblaßte. Nach zehn Tagen konnte die Frau den Arm normal bewegen. Jede der täglichen Behandlungen dauerte zehn bis fünfzehn Minuten, und nach einem Monat konnte ich sie hundertprozentig geheilt nach Hause fahren lassen. Sogar das Asthma war nach den dreißig Sitzungen verschwunden.

Als ich meine Ferien im Seebad Sotschi am Schwarzen Meer verbrachte«, fuhr er fort, »hörte eine Mutter von mir und brachte mir ihren Sohn, einen achtjährigen Jungen, der an den Folgen einer Kinderlähmung litt. Der Junge konnte weder Arme noch Beine bewegen. Er lag hilflos da, unfähig, auf irgend etwas zu reagieren.

Ich wendete auch hier jenes Verfahren an, das ich ›leichte Massage‹ nenne: Ich führte meine Hand dicht über der Haut entlang, ohne sie jedoch zu berühren. Zuerst konzentrierte ich mich auf den Kopf und die Wirbelsäule, dann wandte ich mich dem Rest des Körpers zu. Nach einem Monat täglicher Behandlungen begannen einige Muskeln zu reagieren. Und der Junge fing an, sich für das Geschehen um ihn herum zu interessieren. Die Mutter war begeistert. Ein Jahr später brachte sie den Jungen wieder zu mir. Immer noch waren seine Bewegungsmöglichkeiten sehr begrenzt. Abermals unterzog ich Kopf und Wirbelsäule dreißig solcher Massagebehandlungen. Danach konnte der Junge gehen. Es ist eine ungeheure Befriedigung für mich, Menschen auf diese Weise zu helfen.«

Als wir Sotschi später besuchten, stellten wir fest, daß Kriworotow in dieser Stadt wirklich sehr gut bekannt ist. Nach Auskunft eines dort ansässigen sowjetischen Journalisten, dessen Namen man uns in Moskau genannt hatte, sucht Kriworotow Sotschi regelmäßig auf und bietet all denen seine Hilfe an, die sie brauchen. »Er hat einen guten Namen hier«, sagte der Journalist. »Die Menschen schwören auf ihn, und selbst die Mediziner an unseren Sanatorien nehmen seine Dienste nicht selten in Anspruch – wenn auch inoffiziell.«

Ein anderer unglaublicher Fall aus den Akten Alexej Kriworotows betrifft ein fünfjähriges Mädchen. Es wurde mit einem Tumor hinter dem rechten Auge aus der Stadt Tambow in die Wohnung des Heilers nach Tiflis gebracht. Der Tumor war so groß geworden, daß er das Auge nach außen drückte. Die Mutter des Mädchens, eine Augenärztin, beschloß, den Tumor operativ entfernen zu lassen. Aber in der Narkose setzte der Herzschlag des Kindes aus. Dem Ärzteteam gelang es zwar, das Herz wieder zum Schlagen zu bringen, doch die Chirurgen weigerten sich, die Operation fortzusetzen, nachdem das Mädchen so knapp dem Tode entronnen war.

»Die Mutter suchte nach einer anderen Möglichkeit, ihrer Tochter zu helfen, und hörte von meiner Arbeit«, berichtete Alexej. »Die Kleine litt furchtbare Schmerzen und fand nachts nur Schlaf, wenn sie starke Tabletten eingenommen hatte. Die Mutter sagte zu mir: ›Ich glaube nicht an Geistheilung, aber versuchen Sie bitte alles, um mein Kind zu retten.‹ Nach sieben Behandlungen konnte das Mädchen nachts auch ohne Betäubungsmittel einschlafen. Gegen Ende des Monats hatte das Auge wieder seinen normalen Platz eingenommen, die Schmerzen waren verschwunden.«

Die Mutter glaubte nach wie vor nicht an Kriworotows Kräfte, denn alles, was er getan hatte, war, fünfzehn Minuten lang die eine Hand über das Auge des Kindes, die andere an seinen Hinterkopf zu halten. Trotzdem brachte sie während der nächsten drei Jahre das Kind zu weiteren Heilsitzungen zu ihm, obwohl der Tumor sich nicht noch einmal bemerkbar gemacht hatte.

Schließlich kapitulierte sie und gestand Kriworotow: »Ich glaube an Sie.« Daraufhin begann er, auch die Mutter zu behandeln, und befreite sie von einem Leberleiden.

Kriworotow entdeckte seine erstaunlichen Heilkräfte im Jahre 1929. Er litt unter einer starken Migräne, und die Ärzte konnten nichts für ihn tun. Doch Kriworotow, der sich bereits mit Hypnose-Experimenten beschäftigt hatte, war überzeugt, daß die Kräfte des Geistes grenzenlos seien. Er legte die rechte Hand oben auf seinen Kopf – und die Migräne verschwand ein für alle Male.

Obwohl er ein ausgezeichneter Hypnotiseur ist, macht er während der Behandlungen von dieser Fähigkeit keinen Gebrauch, da er überzeugt ist, Hypnose unterdrücke den freien Willen eines Menschen. Er möchte vielmehr, daß der Patient ihm beim Kampf gegen seine Krankheit hilft. Im Laufe der Jahre hat er außerdem herausgefunden, daß er sich selbst sehr gesund und kräftig fühlen muß, um heilen zu können. Wenn er aus irgendeinem Grunde nicht auf der Höhe ist, behandelt er niemanden.

Kriworotow erklärte: »Bei einem kranken Menschen ist der ganze Organismus geschwächt. Wissenschaftler, die meine Söhne und mich untersucht haben, meinen, daß von uns starke bioelektrische Ströme auf den von der Krankheit befallenen Körperteil übergehen. Die betreffenden Organe, wie zum Beispiel die Leber oder die Niere, können dann dank dieser Ströme die Krankheit besiegen.«

Wenn er heilt, darf er keinen Alkohol trinken. Schon ein Glas Wein kann ihn drei Tage lang seiner Heilkräfte berauben. Er sagte: »Ich habe festgestellt, daß schon nach einem Glas absolut nichts passiert, wenn ich meine Hand in die Nähe eines Patienten bringe! Wenn aber der Patient mir sagt, er empfinde nichts, ist das für mich wie ein Schlag ins Gesicht!«

Die Kriworotows versuchen nicht nur, den Schmerz selbst, sondern auch dessen Ursache zu beseitigen. Nur so können sie dem Kranken auf lange Sicht helfen. »Wir sind nicht daran interessiert, Krankheiten nur zu diagnostizieren oder die Diagnose eines Arztes zu bekommen, bevor wir mit der Heilung beginnen. Wenn ein Patient berichtet, ein bestimmter Teil seines Körpers tue ihm weh, kann ich die Ursache des Schmerzes herausfinden, indem ich einfach meine Hand über diesem Teil bewege. Unabhängig davon, worunter eine Person leidet, wenden wir unsere besondere Aufmerksamkeit stets zuerst der Wirbelsäule und dem Hinterkopf zu, dann gehen wir zum schmerzenden Körperteil über. Nie berührt meine Hand den Menschen, sie bleibt immer zumindest einige Millimeter von der Haut entfernt. Wenn ich die Wirbelsäule ›massiere‹, spürt der Patient den Schmerz stets in jedem kranken Teil seines Körpers. Er kann mir genau sagen, welche Organe betroffen sind – oft wußte er gar nicht, daß die Krankheit auch dorthin gedrungen war.«

Die behandelten Menschen berichten, sie hätten das Gefühl gehabt, es fließe ein »elektrischer Strom« durch ihren Körper. Menschen, die unter Schlaflosigkeit leiden, brauchen häufig nur eine kurze, fünfzehnminütige Behandlung von Kriworotow, um wieder schlafen zu können. Andere Patienten dagegen sagen, sie würden die Hände des Heilers so nahe nicht ertragen: Ihr Herz beginne zu rasen. Er kann sie jedesmal nur eine Minute lang behandeln.

Nicht jede Behandlung verlaufe erfolgreich, fuhr Kriworotow fort. »Wenn sich bei einem Menschen beispielsweise ein kleines Blutgerinnsel an der Oberfläche des Gehirns gebildet hat, können wir es fast immer auflösen. Wenn es sich jedoch um ein größeres Blutgerinnsel handelt, das womöglich innen im Gehirn liegt, haben wir Schwierigkeiten. Unser Beitrag besteht darin, dem Körper zusätzliche Energie zuzuführen, damit er sich selbst heilen kann. Manchmal ist es dafür eben zu spät.«

Kriworotows Heilkräfte sind von sowjetischen Wissenschaftlern wiederholt überprüft und bestätigt worden. 1956, als sich der Ruhm Kriworotows auszubreiten begann, ordnete das Gesundheitsministerium der Georgischen Republik an, den Behauptungen über seine Heilkräfte genauestens nachzugehen. Man berief einen siebenköpfigen medizinischen Sonderausschuß ein, an dessen Spitze Pjotr Kawtaradse, Mitglied der Akademie der Wissenschaften, stand. Man ließ Kriworotow in das Landeskrankenhaus in Tiflis kommen.

Zuerst stellte der Ausschuß bei dreißig Patienten mit verschiedenen Krankheiten eine genaue Diagnose – leichte Lähmungen an Armen und Händen im Anschluß an chirurgische Eingriffe, chronische Kopfschmerzen, schwere Rückenleiden, Erkrankungen des Nervensystems. Die Ärzte nahmen an, daß der Heiler seine Patienten wohl in Wirklichkeit gesund »spräche«, sie also durch Autosuggestion heile. Deshalb wählten sie absichtlich einige Leute aus, die weder Georgisch noch Russisch sprachen. Eine Woche lang wurden diese dreißig Kranken ganz der Pflege Kriworotows anvertraut. Sie erhielten keinerlei ärztliche Behandlung. »Wir stellten fest, daß die Ergebnisse in allen Fällen positiv waren, auch bei den Patienten, die nicht mit Kriworotow sprechen konnten«, berichtete der Ausschuß später. »Der Zustand aller hatte sich gebessert, und einige sind geheilt worden.«

Als Viktor achtzehn war, entdeckte er, daß er ähnliche Kräfte besaß wie sein Vater. Seine Freundin klagte über heftige Kopfschmerzen. Viktor meinte, er wisse zwar nicht, ob er ihr helfen könne, aber er habe seinen Vater bei der Arbeit beobachtet und wolle es zumindest versuchen. Er bat sie, sich zu entspannen, und gab sich überhaupt so sicher wie möglich. Dann legte er eine Hand auf ihre Stirn, die andere an ihren Hinterkopf. Er hatte das Gefühl, seine Hände würden brennen – nach zehn Minuten waren die Kopfschmerzen des Mädchens verschwunden.

Die Freundin erzählte es ihren Bekannten, und bald riefen mehrere junge Leute bei Viktor an, um seine Hilfe zu erbitten. Das berühmte Heilgespann von Vater und Sohn Kriworotow war ins Leben gerufen! Von nun an behandelte Alexej Kriworotow die älteren Patienten und Viktor die jüngeren. Wie sein Vater konzentriert auch Viktor sich auf das Gefühl von Kraft und Gesundheit, wenn er heilt, und versucht, die Energie in seine Handflächen zu leiten. Obwohl Viktor über starke unmittelbare Heilkräfte verfügt, behandelt er besonders gern psychische Störungen, Phobien und psychosomatische Leiden.

Viktor berichtete von einem typischen Fall, den er gerade zur Zeit unseres Besuches betreute. »Der Patient wohnt hier am Ort. Jedesmal, wenn er einen Leichenzug sieht, bekommt er einen ›Herzanfall‹. Er empfindet schreckliche Schmerzen in der Brust, erleidet einen Kollaps und muß sich in ärztliche Behandlung begeben. Doch obwohl er alle Symptome eines Herzanfalls aufweist, sagen die Ärzte, sein Herz sei völlig gesund.

Als er schließlich zu uns kam, sprachen mein Vater und ich über diesen Fall. Wir wußten, daß jeder von uns ihn für kurze Zeit von den Schmerzen in der Brust befreien könnte. Doch damit hätten wir das Übel nicht bei der Wurzel gepackt, die offensichtlich psychischer Natur war. So erklärte ich mich bereit, ihn einer längeren Behandlung zu unterziehen.«

Viktor stellte fest, daß der plötzliche Tod der Mutter vor acht Jahren eine schreckliche Erinnerung in dem Mann zurückgelassen hatte, und keinem der behandelnden Ärzte und Psychiater war es gelungen, ihn von diesem Trauma zu befreien. Jedesmal wenn er einen Leichenzug sah, überwältigte ihn die Vergangenheit – er erlitt einen Schock, der ganz das Erscheinungsbild einer Herzattacke aufwies.

Bei der Behandlung brachte Viktor seine Hände in die Nähe des Kopfes des Patienten, während dieser vom Tod seiner Mutter berichtete. Schon nach wenigen Wochen hatte sich sein Zustand deutlich gebessert. Durch die Kraft von Viktors Händen war der Mann zum ersten Mal in der Lage, über den Tod seiner Mutter zu sprechen, ohne in einen panikartigen Zustand zu geraten. In einem Brief, den wir sechs Monate später erhielten, berichtete Viktor, daß der Mann jetzt vollständig geheilt sei.

Beide Kriworotows sind nach jeder Behandlung müde und erschöpft – als würde tatsächlich Energie aus ihrem Körper in den des Patienten überfließen. »Wir glauben, daß unser Gefühl von Gesundheit und Kraft möglicherweise auf diesem Weg in die kranken Menschen gelangt«, sagte Viktor einfach.

Auch Semjon Davidowitsch Kirlian war überzeugt von der Heilkraft Alexej Kriworotows, deren Wirkung er 1965 am eigenen Leibe erfahren hatte. Bei unserem Gespräch in Tiflis kam Kriworotow mit großem Vergnügen auf die Behandlung Kirlians zu sprechen.

»Kirlian arbeitete zu hart, und als ich ihn kennenlernte, litt er unter einer schweren nervösen Erschöpfung. Er fühlte sich schwach und klagte über allerlei Beschwerden. Er hatte sich eine schlimme Infektion der rechten Niere zugezogen, und seine Verdauung war nicht in Ordnung.«

Die akute Nierenentzündung lag schon einige Zeit zurück, als Kirlian sich in Kriworotows Behandlung begab, und er dachte, sie sei längst wieder abgeklungen. Doch als Kriworotow seine Hand über Kirlians Nieren bewegte, wurde es Semjon Davidowitsch von innen her plötzlich ganz heiß, und sein Atem ging schwer. Das Wärmegefühl hielt vierundzwanzig Stunden an. »Nach fünfzehn weiteren Behandlungen, in denen ich die Bewegung meiner Hände vor allem auf seine Wirbelsäule konzentrierte, teilte Kirlian mir mit: ›Ich fühle mich um zwanzig Jahre jünger.‹ Die Niere war ausgeheilt, die Verdauung normal, und er hatte das Gefühl, seine ›Energiebatterien‹ seien wieder aufgeladen.«

Kirlian war fasziniert von den Händen des Heilers, besonders von den Handflächen, die, wie er meinte, ganz anders wirkten als die eines normalen Menschen. »Die Haut sieht aus wie die eines Kindes«, erinnerte er sich, »tatsächlich aber sind die Handflächen sehr kräftig, ja, unter der Haut sogar ausgesprochen hart.«

Als Kriworotows Hände im Kirlian-Verfahren fotografiert wurden, stellte man fest, daß sich um seine Hände und Finger im Moment des Heilens Energie-Auren bildeten, die um ein Vielfaches größer waren als Auren normalerweise. Viktor Adamenko lieferte eine anschauliche Beschreibung dieser Aura:

»Eine kalte blaue Flamme drang aus den Poren und Rillen von Kriworotows Händen. Protuberanzen schlängelten sich wie Amöbenscharen von einer Stelle zur anderen, bildeten manchmal einen lodernden Kegel oder zerbarsten in viele kleine Splitter.« Als Kriworotow angesichts dieser erstaunlichen Fotografie ganz aufgeregt wurde, ging seine Aura in orangefarben, violett und bläulich flimmernde Sterne über. Kirlian vertritt die Auffassung, die Stimmungsänderung Alexejs habe den elektrischen Zustand seines Körpers verändert und die Haut bilde die Veränderung dieser inneren, bioelektrischen Prozesse wie ein Spiegel ab. »Interessant war auch«, erinnerte sich Kriworotow, »daß Kirlian vor und nach der Behandlung seine eigenen Hände fotografiert hat. Am Ende der Behandlung strahlte die Aura ganz offensichtlich heller und größer!«

Viktor Adamenko, der Kriworotow bei der Arbeit beobachtet hat, schreibt darüber in einem unveröffentlichten wissenschaftlichen Bericht:

»Wenn Kriworotow seine Hände langsam in einer bestimmten Entfernung am Körper des Patienten vorbeiführt, entsteht im Bereich des erkrankten Organs beim Patienten ein intensives subjektives Hitzeempfinden ... Auch Kriworotow spürt an dieser Stelle eine Intensivierung der Hitze in seiner Hand. Er unterbricht die Bewegung und sagt: ›Hier haben Sie Schmerzen.‹ Kriworotows Hand bleibt über dem kranken Organ, bis die Hitzeempfindung lästig wird – ein Zeichen dafür, daß die Sitzung beendet werden muß.

In der Regel kennt Kriworotow die Diagnose nicht im voraus. Die ›Hitze‹ wird von den einzelnen unterschiedlich wahrgenommen, was offensichtlich davon abhängt, wie schwer die Krankheit ist. Im Falle einer schweren Krankheit ist die Sitzung kürzer. Bessert sich der Zustand des Patienten, dauert die Behandlung immer länger. Bisweilen hält die subjektive Hitzeempfindung im Bereich des erkrankten Organs bis zu zwei Tagen an. Manche Patienten spüren neben dieser subjektiven Hitzeempfindung noch Schwingungen, deren Frequenz von Person zu Person verschieden ist.

Nikolai Selinskij, Mitglied der Akademie der Wissenschaften, empfand die ›Hitze‹ so stark, daß er Kriworotow bat, seine Hände in größerer Entfernung zu halten, um das Gefühl abzuschwächen.

Gelegentlich kommt es zu leichten elektrischen Entladungen zwischen Kriworotows Fingern und dem Körper des Patienten.

Die Hitzeempfindung entspricht einer Temperatur von vierzig bis fünfzig Grad Celsius. Manche Menschen spüren ein leichtes Kribbeln, ein Unbehagen oder fühlen sich auch ganz im Gegenteil wie berauscht.«

Im Juli 1974 wurden an der Universität von Tiflis mit beiden Kriworotows Untersuchungen durchgeführt. Die Wissenschaftler wollten feststellen, welche Art von Energie da angeblich von ihren heilenden Händen ausstrahle. Gregor Komitiani, ein Mitglied der Georgischen Akademie der Wissenschaften, führte die Experimente durch, die einige Wochen dauerten.

Als wir uns die komplizierten Tabellen und Berichte ansahen, in denen die Ergebnisse der Experimente wiedergegeben wurden, erklärte Alexej Kriworotow, sowjetische Wissenschaftler in Nowosibirsk hätten allem Anschein nach bewiesen, daß ultraviolette Strahlen genauso wie Radiowellen als Informationsträger fungieren könnten. Diese Forscher hätten lebende Zellen in zwei hermetisch versiegelte Röhren verschlossen, zwischen denen ein »Quarzfeld« gelegen habe. Durch Quarz dringt nur ultraviolettes Licht. Als man die Zellen in der einen Röhre tötete, seien auch die Zellen in der anderen sofort gestorben. Daraus hätte man geschlossen, daß die zweite Zellengruppe die »Todesinformation« der ersten Gruppe über ultraviolettes Licht empfangen habe. Die Wissenschaftler fragten sich daraufhin, ob es irgendeine Verbindung zwischen solchen ultravioletten Strahlungen und den heilenden Händen der Kriworotows gäbe.

Die beiden Heiler wurden während der Behandlungen bei verschiedenen Temperaturen und in unterschiedlicher geistiger Verfassung beobachtet. Dabei versuchte man, die ultraviolette Strahlung ihrer Hände mit einer ganzen Reihe von Meßinstrumenten einzufangen. Schließlich gaben die Wissenschaftler die schier unglaublichen Ergebnisse bekannt: Wenn die Kriworotows sich in normaler Verfassung befinden, gehen von ihren Händen kaum ultraviolette Strahlungen aus. Aber wenn sie sich aufs Heilen konzentrieren, steigt die Intensität ihrer ultravioletten Ausstrahlung um das Tausendfache!

»Interessant«, fügte Vater Kriworotow hinzu, »daß gegen Abend, wenn wir sehr müde wurden, unsere ultraviolette Strahlung gering war. Hatten wir dagegen gut geschlafen und fühlten uns frisch, waren die Ergebnisse sehr positiv!«

Als Kriworotow mit seinen Berichten zu Ende war, schlugen wir vor, auf den Balkon zu gehen. Es sei heute so schön draußen, und ob er dort nicht vielleicht seine Kunst auch an uns erproben könnte?

Viktor brachte einen Stuhl für uns hinaus, in dem wir nacheinander als Patienten Platz nehmen sollten. Dick hatte keine Beschwerden, aber Kriworotow konnte zumindest mal eine Energieladung in seine Arme senden. Das tat er, indem er seine ausgestreckte Hand über Dicks Ärmel hin und her bewegte, ohne ihn zu berühren. Seine Hand, deren Fläche Dicks Arm zugekehrt war, bewegte sich langsam und behielt stets den gleichen Abstand von ungefähr zwei Zentimetern bei. Dick meldete sofort ein Wärmeempfinden, das den Ärmel seines Jacketts und des Hemdes darunter durchdringe. Er sah auf und suchte den Blick Kriworotows. Das Gesicht des Mannes zeigte weder Anstrengung noch Anspannung.

Kriworotow wiederholte das Experiment mit Gris. Er hatte bemerkt, daß dessen rechter Arm kürzer war, und fragte ihn nach dem Grund. Als er hörte, daß es sich um eine Verletzung aus der Kindheit handelte, die damals nicht sorgfältig behandelt worden sei, schüttelte er den Kopf.

»Ich wünschte, ich dürfte Sie eine Zeitlang behandeln. Ich würde Ihren Arm zwar auch nicht völlig heilen, aber ich weiß, daß ich Ihnen helfen könnte. Die Bewegungsfähigkeit der atrophierten

Muskeln und des möglicherweise geschwächten Nervensystems könnte ich zumindest um dreißig Prozent erhöhen. Ich will Ihnen das zeigen.«

Als er seine Hand über Gris' Ärmel auf und ab bewegte, wobei er auch hier etwa eine Entfernung von zwei Zentimetern einhielt, schien eine milde Wärme in Gris' Arm einzudringen. »Sie spüren es, nicht wahr?« fragte Kriworotow.

»Und wie«, lautete Gris' erstaunte Antwort. »Darf ich Ihre Hand berühren?«

Kriworotows Hand mußte einfach heiß sein, wenn sie durch den Ärmel hindurch soviel Wärme aussenden konnte. Doch als Gris sie mit seiner linken Hand berührte, war Kriworotows Hand kalt. Nicht nur kalt – *eiskalt.*

Es war ein erstaunliches Erlebnis – genauso, wie Adamenko gesagt hatte: »Die Kriworotows sind keine gewöhnlichen Menschen. Sie haben unglaubliche Heilkräfte. Wir als Wissenschaftler haben die Pflicht, mehr über diese Kräfte herauszufinden, damit sie und wir noch vielen anderen Menschen helfen können.«

Tatsächlich besagt auch die letzte Nachricht, die wir aus Georgien erhalten haben, daß die Untersuchungen über die berühmten heilenden Hände an der Universität von Tiflis fortgesetzt werden.

7 Warwara Iwanowa – Rebellin im Namen der Wissenschaft

»Warwara Iwanowa ist phantastisch – Sie müssen unbedingt versuchen, an sie ranzukommen«, hatte Viktor Adamenko uns zu Beginn unserer Reise gesagt. Und auch alle anderen Parapsychologen, die wir später nach ihr fragten, sprachen nur voller Hochachtung von ihren Leistungen.

Warwara Iwanowa, so hieß es immer wieder, verfüge über einen solchen Reichtum an paranormalen Fähigkeiten, daß niemand in der westlichen Welt es mit ihr aufnehmen könne. Ungeachtet der Tatsache, daß sie einen Grad an der Philosophischen Fakultät erworben hat, ist sie Heilerin, Hellseherin, Telepathin, psychokinetisches Medium, Hypnotiseurin und eine Autorität auf dem Gebiet der Reinkarnationsforschung. Besonders bekannt aber wurde die Iwanowa durch ihre Gabe, Krankheiten auf fast jede Entfernung per Telefon zu diagnostizieren und zu heilen.

Wegen ihres eigensinnigen, ja, geradezu rebellischen Wesens und ihrer unbestrittenen Führungsposition in der Psi-Forschung hat man ihr den Spitznamen »General Psi« verliehen. Sowjetische Journalisten teilten uns mit, daß die Iwanowa wahrscheinlich mehr »offene Briefe« an Redaktionen geschrieben habe, die die Parapsychologie in Zweifel gezogen hätten, als alle ihre Kollegen zusammen.

Wir wußten bereits, daß die Iwanowa kürzlich ihren Posten als Dolmetscherin im sowjetischen Außenministerium verloren hatte, weil man der Meinung war, sie äußere sich in Sachen Psi zu freimütig. Obwohl erst in den Fünfzigern, wurde sie aufgefordert, sich vorzeitig in den Ruhestand versetzen zu lassen, damit man sie nicht wegen ihrer überschwenglichen »Propaganda« für die Parapsychologie fristlos entlassen müsse. Sie hätte dann eine ausreichende Pension bekommen und ihre Wohnung behalten können. Doch die Iwanowa war nicht bereit, klein beizugeben. So flog sie – ohne Geld und Bleibe – aus ihrer Stellung.

Seitdem steht sie stolz und unabhängig auf eigenen Füßen. Sie wird aus Mitteln einer inoffiziellen Selbsthilfekasse unterstützt, die die russischen Parapsychologen für notleidende Kollegen eingerichtet haben. Ohne Einkünfte, ohne festen Wohnsitz zieht sie von Stadt zu Stadt und ist Ehrengast eines jeden Parapsychologen, bei dem sie unvermutet hereinschneit. Und wie durch Zauberei sind die Fahrkarten plötzlich da, ein bißchen Geld für unterwegs – und fort ist sie wieder, um in irgendeiner anderen Stadt Vorlesungen zu halten oder mit Rat und Tat zu helfen. Zu der Zeit, als wir sie trafen, wohnte sie bei einer anderen bekannten Parapsychologin, Larissa Wilenskaja, ebenfalls Junggesellin, aber stolze Mieterin einer winzigen Zwei-Zimmer-Wohnung.

Adamenko zeigte uns ein Exemplar von Iwanowas zweimonatlichen Berichten *Psychoenergetische Neuigkeiten* und *Psychoenergetik im Ausland.* Der eine umfaßte fünfzehn eng beschriebene Schreibmaschinenseiten, der andere acht Seiten mit sorgfältig ins Russische übersetzten Artikeln aus verschiedenen westlichen Zeitschriften, einschließlich des *National Enquirer* und des *New Scientist.* »Zusammengestellt von Larissa Wilenskaja« stand unten auf jeder Seite zu lesen. Das stimme jedoch nicht, wurde uns gesagt. Der Name der Wilenskaja diene nur als Aushängeschild, weil sie als Dozentin am Popow-Institut mit den Behörden auf besserem Fuß stehe als die Iwanowa.

»In Wirklichkeit macht die Iwanowa das«, sagte Adamenko bewundernd. »Alles! Ich mache mir Sorgen um sie, weil sie die geborene Rebellin ist, eine unbezähmbare, furchtlose Frau.«

Als wir ihr schließlich begegneten – oder besser, als sie plötzlich bei uns auftauchte –, wurde daraus ein kleines Versteckspiel mit der sowjetischen Geheimpolizei. Wir erhielten die Nachricht, in unserem Moskauer Hotelzimmer auf jemanden zu warten, und wußten nicht, auf was wir uns gefaßt machen sollten. Dann, genau zur verabredeten Zeit, stürzte sie ins Zimmer. Sie sah genau wie die typische sowjetische Hausfrau aus – kräftige Statur und watschelnder Gang.

»Ich bin die Iwanowa«, stellte sie sich mit einer sehr melodiösen Stimme vor, die ganz und gar nicht zu ihrer fülligen Figur auf den kurzen, stämmigen Beinen zu passen schien. Eine abgewetzte Handtasche hatte sie fest unter den Arm geklemmt.

»Ein schöner Tag«, meinte sie und nahm unsere Versuche, sie willkommen zu heißen, nicht zur Kenntnis. »Wir werden jetzt ein wenig an die frische Luft gehen«, fuhr sie im Kommandoton fort. »Ein kleiner Spaziergang wird Ihnen sicher guttun.«

Ihr Englisch, mit starkem Akzent, aber gut verständlich, ließ keinen Widerspruch zu. »Später werden wir im Hotel *Metropol* ein Glas Tee trinken.« Sie zwinkerte uns vielsagend zu, als wollte sie sagen: »Wir müssen den KGB loswerden. Wahrscheinlich hören sie uns jetzt zu. In Ordnung?«

Wir grinsten zustimmend, griffen unsere Mäntel und Fellmützen und folgten ihr auf die Straße hinaus, ohne ein weiteres Wort zu wechseln. Erst als wir in der Menschenmenge vor Moskaus belebtester U-Bahn-Station »untertauchten«, sagte sie lächelnd:

»Willkommen in Moskau. Sie müssen wissen, ich hasse ›Wanzen‹.« Wir nickten verständnisvoll. Die lärmende, geschäftige Menge würde es so gut wie unmöglich machen, unser Gespräch mitzuhören, und selbst ein über große Entfernungen arbeitendes Richtmikrofon nichts auffangen.

»Sie haben übrigens Glück«, fuhr sie fort, »morgen hätten Sie mich schon nicht mehr angetroffen.« Sie war im Begriff, nach Leningrad zu reisen, wo sie eine Zeitlang wohnen und Vorträge halten wollte, finanziell unterstützt von Leningrader Wissenschaftlern.

»Und das wäre schade gewesen. Denn ich vereinige in mir – und ich sage das ohne Aufschneiderei – mehr Gebiete der Parapsychologie als irgendeiner meiner Kollegen. Zum Beispiel praktiziere ich Psychokinese, bin aber auch Hellseherin und Telepathin, und kann außerdem über weite Entfernungen hinweg heilen. Ich bin ein Medium, verfüge über die Gabe der ASW, kann Menschen in frühere Leben zurückversetzen und spreche zu Tieren – ausgenommen Wanzen.«

Ein breites Lächeln erschien auf ihrem Gesicht. »Bevor Sie mir nun doch vorhalten, daß ich angebe, lassen Sie mich hinzufügen, daß meine Forschungsarbeiten über verschiedene parapsychologische Phänomene von internationalen Wissenschaftlern diskutiert worden sind und daß in den wissenschaftlichen Zeitschriften der ganzen Welt immer wieder auf meine Arbeit verwiesen wird.«

Wir erinnerten uns an die Worte von Alexander Kasanzew, dem bekannten russischen Schriftsteller und Historiker, der uns ebenfalls geraten hatte, sie aufzusuchen: »Warwara Iwanowa ist auch eine *wedma*, eine echte russische Hexe!«

Sie zuckte die Schultern. »Kasanzew ist ein netter Mann. Es macht mir nichts aus, eine Hexe genannt zu werden. Doch ich möchte nichts weiter dazu sagen ... Man kann es auch so ausdrükken: Ich bin froh, daß ich diesmal im zwanzigsten Jahrhundert lebe. In früheren Leben bin ich zweimal auf dem Scheiterhaufen verbrannt worden.«

In diesem Leben wuchs sie in Moskau auf und stellte als erstes fest, daß sie über eine außergewöhnliche Sprachbegabung verfügte – jedenfalls für bestimmte Sprachen. »Ich habe acht Fremdsprachen studiert«, sagte die Iwanowa, »aber nur mit sechs kann ich etwas anfangen. Englisch kommt mir ungeheuer schwer vor, und ich habe zwanzig Jahre gebraucht, um es zu beherrschen. Tschechisch habe ich drei Jahre gelernt und war auch dann noch nicht einmal imstande, die Zeitung zu lesen. Portugiesisch dagegen konnte ich fließend, nachdem ich mich nur vier Monate damit beschäftigt hatte. Sogar Übersetzungen gingen mir da schon gut von der Hand. Ich liebe diese Sprache. Zwei Jahre nachdem ich begonnen hatte, sie zu lernen, haben Leute aus Brasilien, wo man ja bekanntlich Portugiesisch spricht, angenommen, ich stamme von dort. Nie hatte ich das Gefühl, diese Sprache eigentlich zu lernen. Es war, als erinnerte ich mich an sie, nachdem ich sie zwanzig oder dreißig Jahre nicht mehr gesprochen hatte. Später begann ich, mich mit hypnotischer Rückversetzung zu befassen, und fand heraus, daß ich in einem früheren Leben in Brasilien gelebt habe.«

Fertigkeiten, die in früheren Leben erworben wurden, können nach Ansicht der Iwanowa auch erklären, warum manche Menschen schon von klein auf ungewöhnliche Talente an den Tag legen und sich auf bestimmten Gebieten als geradezu genial erweisen.

Als die Iwanowa selbst sich rückversetzen ließ, erfuhr sie, daß sie in früheren Leben nicht nur Brasilianerin, sondern auch Deutsche gewesen war.

»Ich beherrsche Deutsch seit meiner Kindheit«, sagte sie. »Spanisch und Italienisch kann ich auch, aber nicht gut. Ich habe im Laufe anderer Rückversetzungen festgestellt, daß ich in diesen Ländern vor sehr langer Zeit lebte. In einem englischsprachigen Land bin ich jedoch noch nie geboren worden, worauf ich die Schwierigkeiten zurückführe, die ich mit dieser Sprache habe.«

Nach ihrem Universitätsabschluß verdiente sie ihren Lebensunterhalt als Sprachlehrerin an einem Gymnasium, bis sie an die Sprachenschule des Außenministeriums kam. Das ist die Eliteschule, an der die flügge gewordenen russischen Diplomaten die Sprache jenes Landes lernen, auf das sie sich im Rahmen ihrer Karriere besonders zu konzentrieren gedenken. Sie unterrichtete Portugiesisch und arbeitete später als Übersetzerin, wodurch sie Gelegenheit hatte, Werke zu lesen, die der russischen Öffentlichkeit normalerweise nicht zugänglich sind. Es gelang ihr, Verbindungen zum Westen herzustellen, so daß sie erfuhr, welche Fortschritte die Psi-Forschung in anderen Teilen der Welt machte, und an die neuesten ausländischen Zeitschriften herankam, die in der Sowjetunion nicht erhältlich sind: *The Journal of Parapsychology, Parapsychology Review, Psychic, Nature* sowie viele andere Publikationen aus den USA und England, aus Italien, Brasilien und Japan. Wie stellte sie das an? Sie sagte es uns nicht, und wir drangen nicht weiter in sie.

Der neue Wirkungsbereich ließ ihr auch mehr Zeit für die aktive Mitarbeit am sogenannten Popow-Institut, genauer gesagt, bei jener parapsychologischen Vereinigung, die 1965 unter der offiziellen Bezeichnung »Bioinformationsabteilung der wissenschaftlichen und technischen Alexander-S.-Popow-Gesellschaft für Radiotechnik und elektrische Kommunikation« gegründet wurde.

Damals fanden jene kurzen Flitterwochen statt zwischen einer neuen Wissenschaft, die sich mit den geheimnisvollen Kräften des menschlichen Geistes beschäftigte, und den Behörden, die hofften, von deren Entdeckungen profitieren zu können. Die Wissenschaftler brauchten eine Bleibe und vor allem natürlich die offizielle

Billigung ihrer Arbeit. Als sich die Iwanowa 1972 der Popow-Gruppe anschloß, litt die Parapsychologie noch darunter, daß sie von der *Literaturnaja Gazeta* als bloßer Hokuspokus »entlarvt« worden war. »Es wurde uns ein Keller zugewiesen«, erinnerte sich die Iwanowa voller Bitterkeit, »der zu klein war, um all jene aufzunehmen, die sich für Parapsychologie interessierten. Aber man duldete uns wenigstens . . .«

Nach einer kurzen Pause fuhr sie fort:

»Lassen Sie mich etwas ausführlicher auf die Rückversetzung eingehen. Was immer die Menschen auch denken mögen, ihre früheren Leben sind keine ein für alle Male abgeschlossene Erfahrung. Die Eindrücke aus früheren Existenzen sind im Unterbewußtsein gespeichert und beeinflussen so das Hier und Jetzt. Deshalb tut man gut daran, auf unerklärlich erscheinende Verhaltensweisen bei sich selbst und bei anderen zu achten. Sie sind höchst aufschlußreich, wie Ihnen folgende Beispiele zeigen mögen.

Eine mir bekannte Frau stieg in Jalta eine Steintreppe vom Schwarzen Meer zu einem Sanatorium empor, das einst ein Palast gewesen war, und benahm sich plötzlich sehr merkwürdig: Sie hob ihr kurzes modernes Kleid, als sei es ein langes, schweres Gewand, das sie bei dem Aufstieg behindere. Sie konnte das überhaupt nicht verstehen – es war eine völlig unbewußte Geste. Doch als sie durch Hypnose in eines ihrer früheren Leben zurückgeführt wurde, sah sie sich selbst als vornehme Dame in einem Samtkleid, dessen Rock sie anheben mußte, um die Stufen zu ihrem Palast emporsteigen zu können.

Eine andere Frau, sie lebt in Leningrad, hatte manchmal, wenn sie nach Stunden der Arbeit von ihrem Schreibtisch aufstand, die seltsame Angewohnheit, eine Bewegung zu machen, als rücke sie die Krempe oder den Schirm einer unsichtbaren Mütze zurecht. Rückversetzt sah sie sich selbst als zaristischen Wachtposten, der einen Paradehelm trug. Der drohte ihm jedesmal herabzufallen, wenn er den Kopf nach vorn beugte.

Ich habe viele Berichte dieser Art gesammelt und halte es für sehr wichtig, die Reinkarnation, die Bedeutung der ›präkonzeptionellen Erinnerung‹, zu verstehen, um einschätzen zu können, wie sie unser Leben beeinflußt«, sagte die Iwanowa.

So kommt etwa Muttermalen angeblich eine besondere Bedeutung zu. Eine Sekretärin »sah«, daß sie in einem früheren Leben an einer Kugel gestorben war, die ihr ein Mann aus kurzer Entfernung in die Brust geschossen hatte. An der gleichen Stelle trug sie ein gezacktes Muttermal. Sie hatte aber noch nie von dem Zusammenhang zwischen Reinkarnation und Muttermalen gehört.

Ein junger Ingenieur »sah« bei der Rückversetzung, daß er in Asien durch einen Pfeilschuß ums Leben gekommen war. Er spürte einen scharfen Schmerz in der Brust, dort, wo der Pfeil ihn getroffen hatte. Er fühlte ihn auch noch, nachdem man ihn in die Gegenwart zurückgebracht hatte. Die Leute, die bei dem Experiment anwesend waren, wollten wissen, ob er an der Stelle der tödlichen Wunde ein Muttermal habe. Er verneinte das. Als man die Stelle aber genauer untersuchte, entdeckte man ein blasses, rundes Mal von etwa einem Zentimeter Durchmesser, das er nie zuvor bemerkt hatte.

»Es gibt zu viele Beispiele für diese Art von Muttermalen, als daß man darüber hinweggehen könnte«, meinte die Iwanowa voller Überzeugung. Sie berichtete uns auch von einem Lehrer, der geradezu in Panik geriet, wenn jemand auf der Straße dicht hinter ihm ging. Stets trat er dann beiseite, um den anderen vorbeizulassen. Als er in ein früheres Leben zurückversetzt wurde, sah er, daß er an einer Kugel gestorben war, die jemand dicht hinter ihm abgefeuert hatte.

Dann erzählte uns die Iwanowa, wie sie Heilerin wurde. »Ich wollte heilen – ich *mußte* es einfach tun. Ich bereitete mich auf die Aufgabe vor, indem ich Bücher über dieses Gebiet las, fastete, eine besondere Diät einhielt und meditierte. Doch selbst nachdem ich das einige Jahre getan hatte, fand ich noch immer nicht den Mut, irgend jemanden zu heilen. Manchmal fühlte ich den Schmerz anderer, die sich in meiner Nähe aufhielten. Heiler nennen das ein ›Echozeichen‹. Es hilft einem, dann eine Diagnose zu stellen, wenn der Kranke nicht in der Lage ist, die Fragen des Arztes zu beantworten.

Wie viele Heiler entdeckte ich die therapeutische Wirkung meiner Berührung durch Zufall. Ich hatte zur gleichen Zeit wie einer meiner Schüler Kopfweh. Ich fragte den Jungen, wo er Schmerzen spüre, und berührte seinen Kopf an der Stelle, wo auch mein Kopf wehtat. Er antwortete: ›Ja, genau dort.‹ Plötzlich rief er aus: ›Oh! Es tut nicht mehr weh. Ich habe überhaupt keine Kopfschmerzen mehr.‹ Dafür war mein Kopfweh schlimmer geworden. Ich hatte seine Schmerzen übernommen. Doch nach einigen Minuten waren auch sie verschwunden.

Danach begann ich, nach Menschen Ausschau zu halten, die ich heilen könnte. Anfangs ›übernahm‹ mein Körper die Schmerzen des kranken Menschen, und es ging mir oft elend schlecht. Doch heute habe ich kaum noch Beschwerden, wenn ich heile.«

Ihre Forschungsarbeiten haben ergeben, daß der Beruf, den ein Mensch in einem früheren Leben ausgeübt hat, und die Arbeit, die er in diesem Dasein bevorzugt, häufig in Beziehung zueinander stehen. Auch haben viele Leiden dieses Lebens ihren Ursprung in Ereignissen während früherer Existenzen.

»Ich konnte durch hypnotische Rückversetzung viele Heilerfolge erzielen«, sagte die Iwanowa. Viele Phobien zum Beispiel seien durch Erlebnisse in vergangenen Leben bedingt. Klaustrophobie etwa kann darauf zurückgeführt werden, daß man vor Hunderten von Jahren lange Zeit in einer winzigen Zelle hausen mußte. Höhenangst mag dadurch zustande kommen, daß man einst von einem hohen Felsen gestürzt oder herabgestoßen worden ist. Eine Freundin der Iwanowa verabscheute Katzen. Sie geriet schon in Panik, wenn sie nur ein kleines Kätzchen sah. Da hatte die Iwanowa eine Vision und sagte: »Du bist in einer früheren Inkarnation von einem schwarzen Panther getötet worden.«

»Woher weißt du das?« rief die Freundin ganz erstaunt. »Ich habe häufig einen schrecklichen Traum von einer riesigen schwarzen Katze, die mich angreift, tötet und verschlingt! Ich habe das noch nie irgend jemand erzählt!« Das sei kein Zufall, meinte die Iwanowa, sondern ihr »Ferngedächtnis«, das in ihren Träumen zum Ausdruck komme. Sie befreite die Freundin von ihrer Katzenphobie – und der Traum kehrte nicht wieder.

Die Rückversetzung in frühere Leben erfüllt auch einen »moralischen« Zweck, dem vielleicht die größte Bedeutung zukommt: Indem die Menschen in ihren Vergangenheiten die Ursachen ihrer Krankheiten und Schicksalsschläge erkennen, begreifen sie den

Sinn all ihrer Leiden und das eigentliche Ziel ihrer »Lebenskette«.

Eine Schülerin berichtete der Iwanowa von einem immer wiederkehrenden Traum, der sie sehr bedrückte und nervös machte. Sie sah sich selbst auf einem Gleis liegen, während sich der Zug näherte. Doch obwohl ihr das Herz vor Schreck fast stehenblieb, versuchte sie nicht, sich in Sicherheit zu bringen.

»Ich sagte dem Mädchen, daß dieses Traumgeschehen die Wiederholung eines Vorfalls aus einer früheren Existenz sei, in der sie Selbstmord begangen habe. Wenn sie nun in diesem Leben das Gefühl habe, mit ihren Schwierigkeiten nicht fertig zu werden, neige sie dazu, alles als unvermeidlich hinzunehmen. Ich sagte ihr, sie müsse einsehen, daß Selbstmord wie jeder andere Versuch, Entscheidungen aus dem Weg zu gehen, keine Lösung der Probleme darstelle.

Von da an änderte sich ihre psychische Verfassung von Grund auf. Sie wurde viel selbstsicherer und brachte Ordnung in ihr Leben. Der bis dahin immer wiederkehrende Traum verschwand.

Es ist nämlich so, daß man sich in der nächsten Inkarnation in derselben Situation wiederfinden wird, wenn es einem nicht gelingt, die Probleme in diesem Leben zu meistern.

Daß ich Menschen auch per Telefon helfen kann, entdeckte ich durch Zufall. Ich kann Ihnen gar nicht sagen, wie viele Menschen ich schon im sechshundert Kilometer entfernten Leningrad geheilt habe. Nur per Telefon. In zwanzig Prozent der Fälle habe ich keinen Erfolg – aber das auch nur, weil die Menschen sich mir nicht völlig anvertrauen, sich nicht entspannen können oder unwillkürlich sogar Widerstand leisten.«

Erst in der vorigen Woche hatte sie einen Mann in Nowosibirsk, das immerhin fast zweitausend Kilometer von Moskau entfernt liegt, von Herzkrämpfen geheilt. Sie brauchte dazu zwei Telefonsitzungen von je zwei Minuten Dauer.

»Da war diese Bauersfrau«, setzt die Iwanowa ihren Bericht fort, »die mit mir vom Gemeindehaus aus sprach, nachdem sie wahrscheinlich sechs Stunden dort gewartet hatte, um nach Moskau durchzukommen. Sie hatte meinen Namen von jemandem erhalten, dem ich früher mal geholfen hatte. Sie sagte, sie leide unter Schmerzen, Steifheit und Kälte am ganzen Körper, vor allem jedoch im Nacken, in den Schultern und Hüften. Und das schon seit Jahren. Niemand konnte ihr helfen.

Während wir sprachen, sah ich sie in einem früheren Leben – ein junges Mädchen mit feinen Zügen, das kniete und betete. In einer zweiten Szene meiner Vision war sie an die Mauer eines mittelalterlichen Kellers gekettet. Die Steinmauer war kalt und feucht. Sie spürte die Kälte überall.

Dann sah ich, wie sie losgebunden und auf eine Holzbank geworfen wurde. Ich konnte die beißende Kälte direkt spüren. Im Geiste wärmte ich das Mädchen meiner Vision mit einer Decke. Sofort fühlte sich die Frau am anderen Ende des Telefons besser.

Ich sagte ihr, sie solle mich in einer Woche wieder anrufen. Das tat sie, und abermals hatte ich die Vision. Wieder wärmte ich sie im Geiste mit einer Decke und wieder fühlte sie sich besser. Am Ende unseres dritten Gesprächs, eine Woche später, waren die Schmerzen der Frau weg und sind nie wiedergekommen.

Auch in diesem Fall bin ich davon überzeugt, daß ihre Leiden aus der Erfahrung eines früheren Lebens herrühren. Da ich kraft meines Geistes in dieses Leben zurückgelangen konnte, war es mir möglich, die Beschwerden von Grund auf zu beseitigen.

Ich vermute, Sie haben von meinem Versuch gehört, einer jungen Frau in Cleveland in Amerika über das Telefon zu helfen.« Wir hatten gehofft, daß sie uns von diesem Fall erzählen würde. Ein amerikanischer Parapsychologe, der die Sowjetunion besuchte, hatte die Iwanowa angerufen, und ihr – von ihren Leistungen beeindruckt – dieses Experiment vorgeschlagen.

»Sie baten mich, den Namen der Amerikanerin geheimzuhalten. Ich achte ihre Bitte, doch meine Kollegen hier sind über alle Einzelheiten unterrichtet. Die junge Frau war dreiundzwanzig Jahre alt und seit kurzem verheiratet. Das arme Mädchen hatte einen Autounfall, bei dem ihre Eltern ums Leben kamen. Sie war schwerverletzt aus dem Wrack geborgen und auf dem schnellsten Weg in ein Krankenhaus gebracht worden. Dort stellte man fest, daß sie bei dem Unfall eine Niere und den größten Teil der anderen verloren hatte. Sie wurde an eine künstliche Niere angeschlossen. Zu dem Zeitpunkt, als ich hinzugezogen wurde, war sie schon sechs Jahre lang im Krankenhaus.

Auf Bitten dieses amerikanischen Parapsychologen führte ich drei Telefongespräche mit der Patientin in Cleveland. Jedesmal versuchte ich, Bioenergie zu übermitteln, nachdem ich durch ASW genügend Bioinformation empfangen hatte, um zu wissen, was ich ›senden‹ mußte. Ich erkannte, daß sie sich in einem schlechten Zustand befand – ich fühlte kühle Wellen. Nach dem zweiten Anruf erfuhr ich, daß die Patientin zum ersten Mal seit Jahren in der Lage gewesen war zu urinieren. Doch war die Wirkung der Bioenergie in diesem Fall nicht von langer Dauer. Die Verletzungen des Mädchens waren zu schwerwiegend, ich konnte ihr leider nur eine vorübergehende Erleichterung verschaffen.«

Die Entfernung von Moskau nach Cleveland beträgt fast 8000 Kilometer. Die Iwanowa besitzt Tonbandaufzeichnungen der drei Sitzungen, die von Adamenko und anderen analysiert worden sind. Die Bänder würden uns bei einem erneuten Treffen zur Verfügung gestellt werden, sagte sie. Sie selbst sei bereit, auch weitere internationale Experimente per Telefon durchzuführen. Wir könnten sicherlich begreifen, was der Erfolg eines solchen internationalen Experiments für die Medizin bedeuten würde. Selbst wenn es nur einen begrenzten und vorübergehenden Erfolg zeitigte, müßte es genug Aufmerksamkeit erregen, um ungläubige Wissenschaftler diesseits und jenseits des Atlantiks aufzurütteln und zu bewegen, ihre Einstellung gegenüber der Parapsychologie zu überdenken. Das Telefon sei die Brücke, auf der sie den Patienten erreiche, aber sie könne diese Brücke auf unterschiedliche Weise überqueren. Auch in einem ihrer interessantesten Fälle habe sie die Heilenergie über eine große Entfernung hinweg übermittelt – allerdings ohne Telefon.

»Eine Mutter kam zu mir und bat mich, ihrem Sohn zu helfen. Er litt unter Halluzinationen, sein verstorbener Stiefvater, den er sehr geliebt hatte, versuche aus irgendeinem, ihm unbekannten Grund, ihn zu vernichten. Der arme Junge kam in eine Irrenanstalt hier in Moskau und wurde so gewalttätig, daß man ihn in eine Gummizelle stecken mußte. Ich sprach mit dem zuständigen Arzt und erfuhr, daß man eine akute Schizophrenie diagnostiziert hatte. Gegen einen Heilversuch meinerseits bestanden keine Einwände.«

Die Iwanowa versuchte zuerst, mit dem Geist des Stiefvaters in

Verbindung zu treten. Sie versetzte sich in Trance und sagte: »Ich vermute, du bist auf den Jungen aus irgendeinem Grund ärgerlich. Aber der Junge leidet sehr. Bitte, laß ihn in Frieden, er ist schon genug gestraft.« Zwei Tage später rief die Mutter des Jungen an und teilte ihr mit, daß die Halluzinationen in den letzten beiden Nächten nicht aufgetreten seien. Die Iwanowa erklärte der Mutter, daß damit dieser Teil der Geisteskrankheit des Jungen behoben sei. Doch er litt nach wie vor unter totaler geistiger Erschöpfung. Sie konzentrierte sich nun darauf, diesen Zustand mit Hilfe einer langfristigen bioenergetischen Ausstrahlung zu bessern.

»In diesem Fall erreichte ich den Jungen direkt. Das heißt, ich war zu Hause, etwa acht Kilometer von der Heilanstalt entfernt. Bei jeder Sitzung waren die Mutter und ein Krankenpfleger bei ihm. Die Mutter wußte natürlich jeweils, wann die Übertragung stattfinden sollte, und sorgte dafür, daß ihr Sohn die erforderliche Haltung einnahm: aufrecht sitzend, die Füße etwa dreißig Zentimeter auseinandergestellt, die Handflächen auf die Knie gelegt, den Körper entspannt. Sie nahm die gleiche Haltung ein. Genau dasselbe tat ich bei mir zu Hause. Ich saß kerzengerade auf einem harten Stuhl und konzentrierte mich auf den Jungen. Die Mutter berichtete mir, daß sie jedesmal ein Kribbeln in den Fingerspitzen gefühlt habe. Also auch sie empfing einen Teil der Bioenergie, die ich ihrem Sohn sandte.

Einmal rief sie mich an und teilte mir mit, daß der Junge und sie meine Übertragung eine halbe Stunde später empfangen hätten als abgemacht. Ich sagte ihr, das sei ganz in Ordnung so, da ich aufgehalten worden wäre, hätte die Übertragung erst eine halbe Stunde später beginnen können. Dieser absolut zufällige Vorfall ist ein weiterer Beweis dafür, daß sie mich tatsächlich empfingen. Schließlich wurde der Junge wieder gesund nach Hause entlassen.«

Während andere Heiler, die Kriworotows zum Beispiel, sich dem Patienten bis auf wenige Zentimeter nähern müssen, ist die Iwanowa von der physischen Gegenwart des Kranken im Hinblick auf den Heilerfolg unabhängig. Obwohl sich ihr Wirkungskreis im Laufe der Zeit und mit wachsender Erfahrung erweitert hat, behandelt sie nur bestimmte Krankheiten, von denen sie weiß, daß sie sie heilen kann: Herzkrämpfe, schwere Kopfschmerzen, nervöse Spannungen, Energieverlust infolge Krankheit, Angst, Herzschmerzen, Magen- und Zahnschmerzen.

»Ich möchte klarstellen, daß ich das Wort ›behandeln‹ nicht im medizinischen Sinne verwende«, fügte die Iwanowa mit Nachdruck hinzu. »Man kann die Bioenergie nicht als medizinisches Therapeutikum bezeichnen. Ich habe mein Heilverfahren ein paarmal in Gegenwart von Wissenschaftlern demonstriert, aber noch keiner hat eine überzeugende Erklärung für das Phänomen gefunden. Ich selber bin der Ansicht, daß wir es hier mit einer Bioenergiestrahlung zu tun haben. Sie wird direkt und sofort auf die Person übertragen, die sich am anderen Ende der Leitung befindet. Die Entfernung dazwischen ist für Sender und Empfänger ohne Bedeutung.

Ich bin überzeugt davon, daß es bei dem Achttausend-Kilometer-Experiment zu keiner auch noch so kurzen Verzögerung der Übertragung kam. Das heißt: Die Bioenergie ist schneller als das Licht! Um wieviel schneller aber? Ist sie um ein Vielfaches schneller, oder bedarf es, so unglaublich das auch klingen mag, für die Übertragung wirklich überhaupt keiner Zeit? Das müßte alles noch gemessen und untersucht werden. Sollte sich diese Vermutung jedoch bestätigen, wären die Folgen unabsehbar. Extraterrestrische Nachrichten könnten die Erde im Nu erreichen – ein Durchbruch, von dem die Wissenschaftler bisher nur träumen können.

Die Heilkraft der Bioenergie erklärt sich nach parapsychologischer Auffassung daraus, daß das Leben ein wechselseitiger Energieaustausch mit der Umwelt ist. Krankheit entsteht, wenn dieser Austausch unterbrochen wird. Führt man dem Körper von außen Bioenergie zu, kann der normale Austausch wieder aufgenommen werden.

Die Körperpunkte, an denen der Energieaustausch stattfindet, fallen zusammen mit den Akupunkturpunkten, außerdem sind es zugleich die Punkte mit der höchsten Leitfähigkeit. Wenn wir einem regenerationsbedürftigen System Bioenergie zuführen, unterstützen wir die Aufnahmefähigkeit für biologische Energie.

Ich möchte hinzufügen, daß man vielen Menschen beibringen

kann, Bioenergie auf andere zu übertragen. Ich habe selbst etwa hundert Geistheiler ausgebildet, die gegenwärtig überall in unserem Land unter strenger medizinischer Kontrolle in Krankenhäusern tätig sind. Auf ähnliche Weise habe ich meinen Schülern – insgesamt etwa dreihundert – ASW und Hellsehen beigebracht. Ich habe ein Jahr gebraucht, um es mir selbst mit Hilfe von Lehrbüchern anzueignen, und ein weiteres Jahr brauchte ich, um es meine Gruppen zu lehren.

Kommen Sie, trinken wir ein Glas Tee.«

Sie hängte sich ihre Tasche über den Arm und wandte sich der verschnörkelten Jugendstilfassade des alten *Metropol* zu.

»In der Abteilung für Bioinformation, deren Kollegium ich angehöre, leite ich eine ›spontane Vorhersage-Gruppe‹; Gegenstand dieser Gruppenarbeit ist das Hellsehen. Bald werde ich mit meinen Schülern die, wie ich sie nenne, ›Bilddiagnose‹ anwenden. Ich möchte Menschen beibringen, ›pseudovisuelle Vorstellungsbilder‹ der schmerzenden und kranken Körperteile zu entwickeln. Sie werden ›sehen‹ können, was dem Patienten fehlt und welche Fortschritte die Heilung macht.«

Die Teestunde mit der Iwanowa war nicht von langer Dauer. Sie hatte es eilig.

Bevor sie sich verabschiedete, fragten wir sie, wie es denn nun weitergehen würde. Sie wußte es nicht, und es kümmerte sie auch nicht. Sie hoffte, sich im Heilen vervollkommnen und vielen anderen Menschen helfen zu können, ihre Fähigkeiten optimal einzusetzen. Sie glaubte, daß einige ihrer Schüler schon jetzt bessere Heiler seien als sie selbst.

Beispielsweise schnitt sich einer ihrer Schüler absichtlich in den Finger, und die Wunde schloß sich dank seiner eigenen Heilkräfte sogleich wieder. Am nächsten Tag war keine Narbe mehr zu sehen. Die Iwanowa kann dagegen ihre eigenen Krankheiten nicht heilen und von den Wunden, die sie heilt, bleiben immer kleine Narben zurück. Ihre Schüler unterrichten wieder andere Lernwillige, und so weitet sich die Heilbewegung aus, obwohl sie »oben« nicht gern gesehen ist.

»Niemand wird mich aufhalten«, sagte sie bestimmt, ja drohend.

Daran zweifelten wir nicht. In der Erwartung, in absehbarer Zeit rehabilitiert zu werden und sich wieder offizieller Billigung zu erfreuen, wird sie auch weiterhin Kurse abhalten, wo und wann immer sich die Möglichkeit dazu bietet. »Schließlich bin ich eine Wissenschaftlerin«, empörte sie sich, »kein Scharlatan. Unsere hohen Regierungsstellen wissen das genau, wenn man dort auch nur sehr wenig Verständnis für die Parapsychologie aufbringt.«

Aber würde sie inzwischen nicht in ernste Schwierigkeiten geraten? Sie zuckte gleichgültig mit den Schultern. »Daran läßt sich nichts ändern. Man muß sehen, wie man zurechtkommt...«

Als wir Ende 1977 in Moskau versuchten, Verbindung zu ihr aufzunehmen, war nirgends eine Spur von ihr zu entdecken. Sie war verschwunden. Viktor Adamenko meinte: »Wir haben seit einigen Monaten nichts mehr von ihr gehört, aber ich mache mir keine Sorgen um sie. Zumindest jetzt noch nicht...«

Zweiter Teil

Geheimnisvolle Lebensformen auf der Erde und im All

8 Die Suche nach extraterrestrischen Zivilisationen

Jederzeit kann eine atemlose Sekretärin in Moskau an ihren Fernschreiber eilen und eine Meldung hinaussenden, die die Welt verändern würde. Sie würde ganz einfach lauten: »Sowjetische Wissenschaftler haben Signale von intelligenten Wesen aus dem Weltraum empfangen.«

Wir wären nicht überrascht. Denn wir haben festgestellt, daß die Sowjets enorme Anstrengungen machen, als erste Signale von anderen Zivilisationen im Weltraum zu empfangen. Sie sind überzeugt, daß die Erde von solchen Signalen geradezu bombardiert wird. Russische Forschergruppen sind rund um die Uhr damit beschäftigt, das Universum mit hochkomplizierten Apparaturen abzuhören und abzusuchen. Jeden Augenblick können sie Erfolg haben.

Wir brauchten drei Jahre, um Einzelheiten über das Unternehmen in Erfahrung zu bringen, das ein Wissenschaftler als »das phantastischste Abenteuer, das der Mensch jemals unternommen hat«, bezeichnete. Als wir das erste Mal baten, uns mit den führenden Raumfahrtexperten unterhalten zu dürfen, standen auf unserer Liste Wsewolod Troizkij, der Leiter des berühmten Radioastronomischen Observatoriums in Gorki; Professor Viktor Ambartsumjan, der Leiter des Observatoriums Bjurakan in der Armenischen Sowjetrepublik; Professor Joseph Schklowskij, Leiter des Fachbereichs Radioastronomie an der Universität Moskau; und Professor Nikolai Kardaschew, ein führendes Mitglied des Weltraum-Instituts an der Moskauer Universität.

Als wir Natascha von Los Angeles aus in Moskau anriefen, machte sie uns Hoffnung, daß wir vielleicht alle sehen könnten. Doch als wir dann in Moskau waren und Natascha beim Wort nehmen wollten, seufzte sie: »Leider gibt es ein kleines Problem. Die Leute, die Sie sehen möchten, sind bei einer Tagung in Gorki. Dort können Sie nicht hin. Die Stadt ist strengstes Sperrgebiet. Und die Tagung dauert sehr lange.«

»Und wie steht es mit dem Observatorium in Bjurakan?«

Natascha schüttelte den Kopf. »Das ist nicht so einfach. Sie haben für die Armenische Republik kein Visum.« Sie versprach zwar, alles mögliche zu versuchen, wir merkten ihr jedoch an, daß sie von vornherein keine Hoffnung hatte.

Es war an der Zeit, einen anderen Hebel in Bewegung zu setzen. Also riefen wir Valentin Sorin an, den einflußreichen sowjetischen Fernsehkommentator. Er hörte aufmerksam zu und sagte schließlich: »Lassen Sie sich nicht beirren. Beantragen Sie die Visa für die Armenische Sowjetrepublik, auch wenn man Ihnen sagt, daß es keinen Zweck habe.«

Wie erwartet, wurde uns mitgeteilt, daß an eine Sondergenehmigung für Armenien überhaupt nicht zu denken sei. Wir blieben hartnäckig.

»Hören Sie denn nicht, was ich sage? Es ist unmöglich!« Wir überschütteten die für unser Anliegen zuständige Genossin mit Komplimenten über ihr Aussehen, ihre Tüchtigkeit, die Schwierigkeit ihrer Aufgabe ... Endlich gab sie scheinbar nach. »Kommen Sie in ein paar Stunden wieder. Dann werden Sie die offizielle Nachricht vorfinden, daß es nicht möglich ist.«

Kurz vor sechs Uhr abends kamen wir zurück. Die Genossin holte einen Stapel Formulare hervor und sagte vorwurfsvoll: »Warum haben Sie mir nicht gesagt, daß Sie die richtigen Leute kennen?« Unserer Bitte war stattgegeben worden. Ein paar Anrufe von Freund Sorin hatten das Unmögliche möglich gemacht. Wir erhielten die Genehmigung, nach Eriwan, der Hauptstadt der Armenischen Sowjetrepublik, zu fliegen. Von dort, hieß es, sei das Bjurakan-Observatorium in etwa einer Stunde mit dem Auto zu erreichen.

Als sich unsere schon reichlich altersschwache Turboprop-Maschine vom Typ »Iljuschin 18« zu einer holprigen Landung vor den Toren des rötlichbraunen Eriwan hinabquälte, konnten wir vor dem Hintergrund des Berges Ararat bereits das berühmte Observatorium erkennen. Der fast stets wolkenlose Himmel über Bjurakan ist der Grund dafür, daß das Observatorium auf dem Gipfel eines Berges, 1400 Meter über dem Meeresspiegel, errichtet wurde. Die Sage berichtet, daß die Arche Noah auf dem kleineren der beiden schneebedeckten Zwillingsgipfel des Ararat landete. Und tatsächlich werden in dem nahe gelegenen Städtchen Etschmiadzin Holzstücke gezeigt, von denen behauptet wird, es seien Überreste der Arche.

Das durch seinen vorwitzigen Rundfunksender berühmt gewordene Eriwan liegt malerisch zwischen Weinbergen. Die zahlreichen grünen Alleen der Stadt sind breit und sauber. Allerorten sprüht aus Springbrunnen klares Trinkwasser hervor. Die gutgekleideten Menschen wirken recht glücklich und zufrieden.

Schon am Flughafen versicherte man uns, daß die Astronomen in Bjurakan hervorragende Arbeit leisten, aber nicht etwa, weil ihr riesiges, in Leningrad gebautes Teleskop das größte der Sowjetunion sei oder weil ihre ostdeutsche Schmidt-Kamera über die schärfsten prismatischen Linsen des Landes verfüge, nein, der Grund für den Erfolg Bjurakans liege einfach in der Tatsache begründet, daß es von Armeniern geleitet werde, die »sich auf eine dreitausendjährige Tradition der Himmelsbeobachtung in Armenien stützen können«.

Das Bjurakan-Observatorium liegt nahe der armenisch-türkischen Grenze. Das Gebiet wird streng bewacht. Der Zutritt ist ohne Passierschein nicht möglich. Als wir die schmale, gewundene Straße nach Bjurakan hinauffuhren, wurden wir immer wieder von militärischen Kontrollposten angehalten.

Nicht nur wir waren verdächtig, sondern auch unsere Passierscheine. Daß eine Nowosti-Mitarbeiterin uns begleitete, die dazu noch ausgestattet war mit mehreren Beglaubigungsschreiben, machte keinen Eindruck auf die Wachen. Jedes Papier, jeder Stempel wurde genau geprüft; Natascha mußte sich wahren Kreuzverhören stellen. Kein Wunder: Wir gehörten zu den ganz wenigen westlichen Besuchern, denen bisher Zugang zu diesem Heiligtum der Wissenschaft gewährt worden war.

Schließlich erreichten wir das Eingangstor des Observatoriums, nur um uns einem weiteren Wachtposten gegenüberzusehen, den es keinen Deut kümmerte, ob wir erwartet wurden oder nicht. Er behauptete, keine Anweisung zu haben, uns hineinzulassen. Nach langem Palaver erhielt Akop Ekajan, ein Fotograf, den wir aus Eriwan mitgenommen hatten und der den Wachen gut bekannt war, die Erlaubnis, Dr. Mirsojan, den stellvertretenden Direktor des Observatoriums, zu suchen. Etwa zwanzig Minuten später tauchte Akop strahlend wieder auf. Wir durften eintreten – und uns nun selbst auf die Suche nach unserem Gastgeber machen.

Der ausgedehnte Komplex von Institutsgebäuden und Wohnhäusern der etwa vierzig Wissenschaftler lag verlassen da. Astronomen sind gezwungenermaßen Nachtarbeiter ... Wir konnten uns in Ruhe ein wenig umschauen und dabei feststellen, daß zumindest der Direktor des Observatoriums gut lebte. Die zweistöckige rosarote Villa von Professor Ambartsumjan lag auf einem Abhang im Hintergrund des umzäunten Geländes – ein Landsitz, der jedem westlichen Industriemagnaten gut zu Gesicht gestanden hätte.

Vor dem Hauptgebäude war ein halbes Dutzend Frauen damit beschäftigt, in den Blumenbeeten Unkraut zu jäten. Die Tür stand offen, doch niemand war zu sehen. Schließlich fanden wir jemand, der uns zu einem Büro im zweiten Stock führte. Dort stießen wir auf Dr. Mirsojan, einen liebenswürdigen Mann Mitte Vierzig. »Da sind Sie ja«, sagte er mit leiser Stimme und bat uns zu einem niedrigen Tisch am Fenster, wo er Bücher und Karten ausgebreitet hatte. Ohne Umschweife ging er in medias res.

»Ich bin sicher, daß wir uns, was die interplanetarische Kommunikation betrifft, an der Schwelle eines entscheidenden Durchbruchs befinden. Die Frage lautet nicht mehr, *ob* da draußen möglicherweise irgend jemand existieren könnte, sondern *wie* der erste interplanetarische Dialog zustande kommen kann. Die Untersuchung des Lebens im Universum, bis vor kurzem nur das Thema von Science-fiction-Autoren, hat bereits begonnen. Und das, was wir uns zu entdecken vorgenommen haben, wird sich auf jeden Aspekt des Lebens auf der Erde auswirken. Signale aus dem Weltraum, von anderen Zivilisationen ausgestrahlt, werden uns mit zunehmender Intensität und Häufigkeit erreichen, sobald man auf den anderen Planeten erkannt hat, daß die Erde von intelligenten Wesen bewohnt wird.

Falls wir bislang noch nicht beobachtet wurden, so werden wir es jetzt. Unser Vorhandensein im Weltraum offenbart sich extraterrestrischen Wesen durch die Entwicklung von Radio und Fernsehen, die in den letzten dreißig Jahren die Radiowellenstrahlung der Erde um das Millionenfache gesteigert hat. Wir versuchen mit aller Macht, Antwortsignale zu empfangen – und das kann heute, morgen oder übermorgen geschehen.«

Das Team von Bjurakan wurde bekannt, nachdem es 1962 Sterne entdeckt hatte, die in bestimmten Intervallen aufflackerten. Von Anfang an war man der festen Überzeugung, daß eine ferne Zivilisation – neben Radiosignalen – auch Lichtsignale in regelmäßigen Abständen aussenden könnte, um die Aufmerksamkeit anderer Zivilisationen auf sich zu ziehen. Ein Jahr vor unserem Besuch registrierte das Observatorium ein Lichtzeichen am Himmel, das von ganz anderer Art als die normalerweise beobachteten Naturerscheinungen war. Zuerst nahmen die Astronomen an, sie hätten eine Botschaft außerirdischer Provenienz aufgefangen. Dann untersuchten sie das »Lichtbild« sorgfältig und kamen zu dem Schluß, daß es doch natürlichen Ursprungs sei. Sie hatten ihre Zeit indessen nicht vertan. Sie wußten jetzt mehr über die Kommunikationsbedingungen im Weltraum. Auch war ihre Hoffnung gewachsen, daß sie eines Tages ein Lichtzeichen auffangen würden, das tatsächlich ein künstliches Weltraumsignal war.

»Eine in ihrer Entwicklung weiter fortgeschrittene Zivilisation als die der Erde«, erläuterte uns Mirsojan, »würde sich absichtlich eines veralteten Mittels bedienen, um unsere Aufmerksamkeit zu erregen, auch wenn sie bereits über weit bessere Techniken verfügten. Mit ›veralteten Mitteln‹ meine ich Licht- und Radiowellen, die schrecklich langsam sind, in Anbetracht der Entfernungen von einem Sonnensystem zum anderen. Eine Kultur, die rund hundert Lichtjahre oder Billionen Kilometer von uns entfernt ist, mag unter Umständen in der Lage sein, uns sofort zu ›sehen‹. Das Signal aber, das heute von uns aus an einen solchen Planeten abgeschickt würde, könnte dort nach dem Stand unserer gegenwärtigen Möglichkeiten erst ein ganzes Jahrhundert später empfangen werden. Umgekehrt wäre ein Signal, das wir in diesem Jahr empfangen, auf jenem Planeten schon vor einem Jahrhundert abgegeben worden.

Vermutlich gibt es keinen belebten Planeten, der weniger als hundert Lichtjahre von uns entfernt ist. Alle uns näher liegenden Himmelskörper sind heute tot. Es ist bestenfalls an Planeten mit untergegangenen Kulturen zu denken, die der Mensch eines Tages besuchen wird, um dort architektonische und andere Überreste zu finden, aber keine Lebenszeichen. Es gibt in unserer Galaxis hundert Milliarden *bekannte* Sterne oder Sonnen. Eine ganze Reihe von ihnen haben offensichtlich ihre eigenen Satelliten und Planeten. Die Vorstellung, daß sich nicht wenigstens auf einigen von ihnen unsere Lebensbedingungen wiederholten, muß nach der Wahrscheinlichkeitsrechnung bejaht werden. Innerhalb einer Entfernung von tausend Lichtjahren dürfte es immerhin 10 000 ›Erden‹ geben.

Die Frage ist, wie viele von ihnen uns in ihrem Alter etwa entsprechen. Mit ›Alter‹ meine ich nicht nur das anthropologische Stadium des Menschen, sondern auch das Stadium seiner Technologie. Wir verdanken es der Wissenschaft, daß wir in den letzten hundert Jahren mehr technische Fortschritte zu verzeichnen hatten als in all den Tausenden von Jahren davor. In gewisser Hinsicht ist unsere Kultur hundert Jahre jung und nicht zehntausend Jahre alt. Die nächsten hundert Jahre werden uns eine technologische Entwicklung bescheren, die wiederum unser heutiges Begriffsvermögen überschreitet.

Es wäre sehr zu begrüßen, wenn wir mit einer Zivilisation Berührung hätten, deren Lebensauffassung und Technologie von uns verstanden werden könnte. Das hätte für beide Seiten große Vorteile. Man könnte nur dann ein interplanetarisches Bündnis schließen, wenn beide Partner etwa auf der gleichen Entwicklungsstufe stünden.

Ideal wäre es, eine Zivilisation zu entdecken, die der Erde nicht mehr als hundert Jahre voraus wäre. Andererseits ist nicht unbedingt davon auszugehen, daß sich unsere Technologie künftig immer im gleichen Tempo wie heute weiterentwickelt. Manche Astronomen sind der Auffassung, daß unsere Technologie in hundert Jahren einen Höhepunkt, besser gesagt, ein Hochplateau erreichen wird. Ein goldenes Zeitalter wird anbrechen. Einige tausend Jahre wird die Menschheit auf diesem Entwicklungsstand bleiben – und danach? Sind zehntausend Jahre vielleicht die Lebensspanne, die einer Zivilisation vergönnt sind, bevor sie in die Phase ihres Niedergangs eintritt? Das ist unter Wissenschaftlern verschiedener Disziplinen eine verbreitete Ansicht. Insofern könnte eine im Weltraum vorhandene fremde Kultur zehntausend Jahre älter als unsere sein und trotzdem eine Kommunikationsbasis für uns bieten. Ich meine, daß es innerhalb einer gerade noch akzeptablen Entfernung von unserem Sonnensystem zahlreiche solcher Planeten gibt.

Die Impulse, die wir innerhalb der nächsten Jahre zu registrieren hoffen, werden höchstwahrscheinlich keine speziell für die Erde bestimmten Signale sein, da sie vor ungefähr einem Jahrhundert ausgesandt wurden, zu einer Zeit also, als man von der Erde her noch keine Radiofrequenzstrahlen empfangen konnte.

Es ist durchaus möglich, daß diese anderen Wesen im Kosmos ihre Signale dadurch vervielfältigen und verstärken, daß sie sie von »toten« Körpern wie zum Beispiel dem Mond reflektieren lassen. Deshalb sollten wir auch solche Objekte sorgfältig beobachten. Dringend brauchen wir ein Observatorium auf dem Mond. Ich hoffe, man wird mich eines Tages dazu ausersehen, es zu bauen und zu leiten. Das wird allerdings wohl noch zwanzig Jahre dauern, leider. Es brauchte nicht einmal mit den größten Teleskopen der Welt ausgestattet zu sein. Selbst ein Teleskop mittlerer Größe würde auf dem Mond interplanetarische Signale auffangen, an die wir auf der Erde noch nicht herankommen.«

Zum Abschied gab uns Mirsojan noch eine Prognose mit auf den Weg: »Unser Leben ist zu kurz, als daß wir mehr als den ersten Kontakt erwarten können. Doch es ist sehr gut möglich, daß unsere Kinder einen interplanetarischen Dialog beginnen. Ich rechne nicht damit, daß es in ihren Lebzeiten oder innerhalb der nächsten Generation zu physischer interplanetarischer Fühlungnahme kommt. Aber später – wer kann es wissen? Wir stehen an der Schwelle aufregender Entdeckungen, die sich unserer Vorstellungskraft heute noch entziehen. Ich hoffe und glaube, daß Sie eines schönen Tages in naher Zukunft im Westen lesen können, daß wir in Bjurakan die ersten Erdbewohner waren, die die Nachricht einer anderen Kultur im Weltraum empfangen und bestätigt haben!«

Ein Jahr später erhielten wir auf die Frage nach den sowjetischen Anstrengungen um Kontakte im Weltraum eine neue Antwort. Wir hatten noch immer keine Nachricht von Professor Troizkij aus der verbotenen Stadt Gorki. Doch Schklowskij und Kardaschew, die beiden Raumfahrtexperten an der Moskauer Universität, schienen in greifbare Nähe gerückt zu sein. »Hätten Sie Lust, sie zu interviewen?« fragte Natascha mit scheinbar unschuldigem Lächeln. Natürlich kannte sie unsere Antwort im voraus.

Zwei Tage später sollte das Interview stattfinden. Wir waren auf dem weitläufigen Gelände der Universität bis zur Pforte des Weltrauminstituts gekommen, als ein Militärposten uns den Weg versperrte. »Passierschein?« fragte er.

Wir hatten keinen. Er zuckte die Achseln. Keine Passierscheine, kein Zutritt. Wir standen ratlos da und betrachteten sehnsüchtig das Weltraumsymbol über dem Portal. Inzwischen hatte der Posten telefoniert und meldete: »Professor Schklowskij kommt in einer Minute herunter, um sein Bedauern persönlich zum Ausdruck zu bringen.«

Ein Hoffnungsschimmer. Vielleicht konnten wir unser Interview außerhalb des Instituts durchführen.

Schklowskij, ein rundgesichtiger Mann mit dem Brustkorb eines Berufsringkämpfers, nickte, als er unseren Vorschlag hörte, ob Kardaschew und er, da uns der Einlaß verwehrt war, nicht herauskommen könnten? Wir sollten fünf Minuten warten.

Zehn Minuten später saßen wir alle auf einem kleinen Fleck Rasen, der vom Gebäude des Raumfahrtinstituts durch eine Gruppe von Büschen und Bäumen abgetrennt war. Schklowskij streckte sich behaglich im Gras aus. »Das gefällt mir – die ideale Umgebung für ein Interview!«

Kardaschew kaute zufrieden an einem Halm. Mit seinem jungenhaften Gesicht, dem schwarzgelockten Haar und dem offenen weißen Hemd sah der Vierzigjährige eher wie ein russischer Dichter der Romantik aus als wie eine internationale Autorität auf dem Gebiet der Radioastronomie.

Schklowskij, Mitglied der Sowjetischen Akademie der Wissenschaften, der American Astronomical Society und der Royal Astronomical Society of Great Britain, kam, wie nahezu alle sowjetischen Forscher, mit denen wir sprachen, sofort zum Kern der Sache: »Obgleich höheres Leben im Universum wahrscheinlich eine Ausnahme ist, bin ich mit meinen Kollegen der Meinung, daß wir nicht die einzigen intelligenten Wesen sind, die es gibt. Aus zumindest zwei Gründen muß man auf das Vorkommen anderer Zivilisationen schließen.« Die Gründe, die er dafür nannte, hatten wir schon von Dr. Mirsojan gehört: »Erstens gibt es eine riesige Zahl von Sternsystemen im Raum. Zweitens müssen wir davon ausgehen, daß dort die chemischen Bausteine des Lebens ebenso vorkommen können wie bei uns.«

Schklowskij fuhr fort: »Ich würde die nächste Zivilisation in einer Entfernung von einigen hundert Lichtjahren von der Erde ansetzen, wenn ich auch die Möglichkeit nicht ausschließen kann, daß sie möglicherweise nur hundert Lichtjahre entfernt ist. Für eine fortgeschrittene Technologie spielen hundert Jahre mehr oder weniger keine so große Rolle. Entscheidend ist, daß der technologische Stand dem unseren weitgehend entspricht. Die Lebewesen und ihre Lebensspanne müssen nicht unbedingt den Gegebenheiten auf der Erde gleichen. Wenn sie uns gegenüber einen nicht allzu großen Entwicklungsvorsprung haben, können sie uns einen ungeheuren Erkenntnisreichtum vermitteln.«

»Ich habe mich ebenfalls mit diesem Thema befaßt«, warf Karaschew ein. »Zwar schließe ich die Möglichkeit nicht aus, daß solche Planeten vorhanden sind, doch glaube ich, daß nur noch wenige Einzelzivilisationen übrig sind, soweit es unsere eigene Galaxis betrifft. Die am weitesten entwickelten werden sich bereits jener Superzivilisation angeschlossen haben, die ich im eigentlichen Kerngebiet unserer Galaxis vermute, vierzigtausend Lichtjahre entfernt. Diese Superzivilisation ist Millionen, möglicherweise Milliarden Jahre älter als wir. Solche Hypothesen überfordern natürlich unsere Phantasie. Wir müßten uns von allem, was wir ›normales Denken‹ nennen, freimachen und versuchen, uns vorzustellen, wie das Leben von seinen natürlichen Bedingungen zu künstlichen Körpern fortschreitet und weiter zu einem ganz und gar künstlichen Leben, das von künstlichen Gehirnen kontrolliert wird und sich schließlich ganz von der Materie löst. So gespenstisch das auch klingen mag, ist die moderne Wissenschaft doch sehr geneigt, der Menschheit genau diese Entwicklung vorherzusagen und davon auszugehen, daß die Erde schließlich von automatischen, computerähnlichen Maschinen bewohnt wird. Die Menschheit würde ungefähr fünfhundert bis tausend Jahre brauchen, um diese Evolution durchzumachen, und würde dann wahrscheinlich den Zustand der Unsterblichkeit erreichen, das heißt, die Maschinen wären unsterblich, aber so programmiert, daß sie Gefühle hätten, und würden sich deshalb in ihren Funktionen von menschlichen Wesen nicht unterscheiden. Diese Maschinen würden schließlich unser Sonnensystem verlassen und sich der Superzivilisation im Kern unserer Galaxis anschließen.

Das Kerngebiet jenes Gebildes, das wir Milchstraße nennen, kommt als Zentrum einer solchen Superzivilisation, die sich im Laufe der Zeit aus all den Zuwanderungen von sterbenden Planeten her gebildet hat, am ehesten in Frage. Ein idealer Ort! Denn vom Zentrum der Galaxis aus könnte eine hochentwickelte Population leicht in Verbindung mit vielen anderen Galaxien treten. In diesem Gebiet findet sich auch ein außerordentliches Maß an Energiestrahlung, deren sich diese Zivilisation mit großem Nutzen bedienen könnte.«

Dann kam Kardaschew auf die sogenannten Schwarzen Löcher zu sprechen, die die Astronomen im Weltraum entdeckt, jedoch noch nicht vollständig erklärt haben. »Ich glaube, daß diese Schwarzen Löcher von einer Superzivilisation im großen Umfange dazu benutzt werden können, durch die Zeit zu reisen. Wenn sich die Grundgesetze der modernen Physik bewahrheiten, müßte ein Mensch in einem Raumschiff, das in ein Schwarzes Loch hineinfliegt, die Zeit überholen. Es kann nicht in der Zeit zurückfahren, doch es kann sich in die Zukunft bewegen. Diese Schwarzen Löcher bieten gewissermaßen Zugang zum nächsten Zeit-Raum. Die Theorie besagt, daß das Universum aus vielen voneinander abgeteilten Räumen besteht und daß die Schwarzen Löcher die ›Korridore‹ zwischen ihnen sind.

Die Wesen dieser Superzivilisation, die über ein so viel höheres Intelligenzniveau als wir verfügt, sind höchstwahrscheinlich unsterbliche Maschinen, die eine künstliche Intelligenz besitzen. Es ist unmöglich, ihre Körperform erraten zu wollen, wenn sie überhaupt noch eine materielle Gestalt haben, was ich bezweifle.«

Schklowskij, der zustimmend genickt hatte, als Kardaschew seine ungewöhnliche Theorie darlegte, fügte hinzu: »Die Hypothese, daß unser Planet einmal von Maschinen bewohnt werden wird, teile ich voll und ganz. Diese Maschinenwesen der Superzivilisation können klein oder groß sein. Vielleicht besitzen sie auch überhaupt keine körperhafte Gestalt mehr, sondern sind gasförmig geworden und haben Wolkenform angenommen.

Solch eine Superzivilisation bewohnt nicht nur *einen* Planeten – *ein* Planet wäre viel zu klein. Wahrscheinlich verfügt sie über ein künstliches Planetensystem. Ganz offensichtlich reichen unsere geistigen Fähigkeiten nicht aus, um mit dieser Endstufe einer Zivilisation in Verbindung zu treten. Für ihre Begriffe haben wir den Verstand von Insekten oder noch geringerer Lebewesen. Wir sind ohne jedes Interesse für sie, und es gibt keine gemeinsame Verständigungsbasis.

Andererseits kann ich mir vorstellen, daß wir in Tausenden von Jahren unter einem Mangel an Energie und Raum leiden und den Wunsch verspüren, uns der Superzivilisation anzuschließen, von der mein Kollege Kardaschew spricht. Dann werden wir natürlich auch Superwesen sein. Wohlüberlegt und geordnet werden wir an jenen idealen Ort in unserer Galaxis ziehen, der uns eine weitere Existenz ermöglicht, welche Gestalt wir zu diesem Zeitpunkt auch immer angenommen haben mögen. Jedenfalls dürfte unsere Zivilisation dann schon lange jenes Stadium hinter sich haben, von dem unsere Astrophysiker meinen, daß wir es in hundert Jahren erreichen werden. Ich bin davon überzeugt, daß die phantastische Entwicklung unserer Technologie, die sich jetzt förmlich überstürzt, noch vor dem Ende des 21. Jahrhunderts fast zum Stillstand gekommen sein wird. Wie immer die Menschheit dann beschaffen sein wird, ihr Interesse an mehr Technologie wird erstorben sein. Es wird auch mehrere tausend Jahre lang nicht mehr aufleben.«

Es war Kardaschew, der uns in die Wirklichkeit unserer Gegenwart zurückbrachte. Er wies darauf hin, daß überall in der Sowjetunion Wissenschaftler miteinander darum wetteifern, das erste Signal aus dem Universum zu empfangen. Diese Signale können kurze Impulse sein, die in genau bemessenen Intervallen von vielleicht einem Monat oder sogar einem Jahr abgegeben würden. Kurz müssen sie deshalb sein, weil ein riesiger Aufwand an Energie erforderlich ist, damit sie in einer Entfernung von vielen Lichtjahren aufgefangen werden können. Ihre Genauigkeit und Regelmäßigkeit wäre der Beweis dafür, daß sie künstlich sind und intelligentes Leben im Weltraum sie hervorgebracht hat.

»Wir nehmen an, daß zwischen den kurzen Impulsen schwächere, aber komplexere Übermittlungen liegen werden, die die eigentliche Information enthalten«, fuhr er fort. »Sobald es uns gelungen ist, einfache Impulse zu empfangen, wissen wir, an welchem Punkt des Himmels wir nach mehr Information zu suchen haben. Ein besonderes Problem liegt darin, daß uns der Schlüssel zu den Zeiteinheiten der Signalaussender fehlt. Bedeutet ein Jahr ebenfalls ein Jahr für sie, ist es nur eine Minute in ihrem Leben oder eine Ewigkeit?« Er sah Schklowskij an. Sie waren in diesem Punkt der gleichen Meinung.

Schklowskij fügte noch hinzu: »Wir sind der Meinung, daß das Signal wie eine Art Fernseh-Testbild von uns aufgenommen werden wird. Die Wissenschaftler stimmen darin überein, daß ein solches Bild am leichtesten zu entschlüsseln wäre. Doch selbst wenn das Signal eine andere Form hätte, würde seine Entschlüsselung, wie unsere Dechiffrierexperten versichern, kein Problem darstellen. Eine Zivilisation, die in der Lage ist, solche Signale auszusenden, würde ihnen auch eine Form geben können, die auch von einer weniger entwickelten Zivilisation verstanden wird.«

Das Interview neigte sich seinem Ende zu. Kardaschew hatte das letzte Wort: »Wir müssen uns darauf gefaßt machen, daß unsere Anstrengungen so lange ohne Erfolg bleiben, so lange wir an die Erde gebunden sind. Experimente mit den mächtigsten Radioteleskopen, über die wir verfügen, haben gezeigt, daß die in unserer Atmosphäre vorhandenen Radiogeräusche jeden Empfang von Nachrichten aus dem Weltraum verstümmeln. Ich glaube, wir werden erst dann in der Lage sein, dechiffrierbare Botschaften zu empfangen, wenn wir unser erstes Weltraumobservatorium eingerichtet haben. Nachdem die Geräuschprobleme beseitigt sind, können wir uns darauf gefaßt machen, daß uns aus dem Kosmos eine Vielfalt computergesteuerter Informationen erreicht.«

»Geräuschprobleme« störten ein paar Tage später auch das geplante Telefon-Interview mit dem Nestor der sowjetischen Weltraumforschung, Professor Wsewolod Sergejewitsch Troizkij, in Gorki. Wie sich sogleich herausstellte, war es nicht nur verboten, diese Stadt zu besuchen, sie war auch akustisch unerreichbar für uns. Die atmosphärischen – oder anderen – Störungen in der Leitung waren so stark, daß wir das Gespräch abbrachen.

»Lassen Sie uns das nächste Mal persönlich mit dem Professor zusammenkommen«, baten wir Natascha.

Und bei unserem letzten Moskau-Aufenthalt klappte es tatsächlich. Natascha machte uns mit den drei Herren bekannt, die in einem der Konferenzräume von Nowosti in bequemen Klubsesseln Platz genommen hatten. Es waren Professor Troizkij, Professor Nikolai Petrowitsch, der Direktor der Technischen Fakultät an der Moskauer Universität, und Professor Vadim W. Kasitinskij vom Philosophischen Institut der Akademie der Wissenschaften in Moskau.

Troizkij, eine würdevolle Erscheinung mit ernstem Gesicht, streng nach hinten gekämmtem Haar und ebenso breiter wie hoher Denkerstirn, übernahm die Regie.

»Ich verstehe, daß Sie viele Fragen haben. Ich hoffe, meine Kollegen und ich werden in der Lage sein, sie zu beantworten.«

Er lehnte sich zurück und faltete seine Hände im Schoß. Wir informierten ihn kurz über das, was wir von Mirsojan, Schklowskij und Kardaschew erfahren hatten. »Was halten Sie davon, Professor Troizkij?«

Seine Äußerungen waren knapp und entschieden. »Natürlich gibt es andere Zivilisationen im Weltraum. Natürlich unterscheiden sie sich hinsichtlich ihres Alters und der Bedingungen, unter denen sie sich entwickeln konnten, aber unter ihnen gibt es Planeten, die ebenso beschaffen sind wie die Erde. Auf diesen Planeten hat das Leben die gleiche Evolution durchlaufen wie auf der Erde. Ich bin davon überzeugt, daß sie von Lebewesen bewohnt werden, die den unseren ähnliche Gehirne besitzen. Es könnte durchaus sein, daß sie uns auch äußerlich ähnlich sind, da der Mensch das vollendetste Wesen der irdischen Natur ist und eine solche Vollendung auf Planeten mit erdähnlichen Verhältnissen eine vergleichbare Form angenommen haben dürfte. Aus diesem Grund neige ich zu der Annahme, daß die Bewohner dieser Planeten keine riesigen Insekten, keine kleinen grünen Männchen oder andere Geschöpfe der Art sind, wie sie von Science-fiction-Autoren erdacht werden. Ihre Funktionsmerkmale müßten die gleichen sein. Dasselbe dürfte für die Flora und Fauna dieser Planeten gelten.«

Die sowjetischen Astrophysiker seien bei ihrer Suche nach Leben im Weltraum durch zahlreiche neue und wichtige Entdeckungen ermutigt worden. Vor kurzem hätten sie zum Beispiel festgestellt, daß im Universum eine Menge komplizierter organischer Moleküle vorkommen, wodurch frühere Theorien widerlegt worden seien, denen zufolge solche Vorkommen im Weltraum auszuschließen sind. Offensichtlich enthalte der Kosmos viele unerwartete Elemente. Sein Reichtum an Stoffen, an Materie, übersteige alle Erwartungen. Aus diesem Grunde sei das Vorhandensein anderer bevölkerter Planeten wahrscheinlich und logisch. Es müsse diese »Anderen« einfach geben – und die Sowjetunion setze alles dran, als erste Nation der Erde Kontakt zu ihnen aufzunehmen.

Ein schwaches Lächeln erhellte Troizkijs hoheitsvolle Miene, bevor er unsere nächste Frage beantwortete. Nein, er sehe keinen Anlaß, zu befürchten, daß der Kontakt zu einer anderen Zivilisation sich für die Erde nachteilig auswirken könnte.

»Die Frage, ob wir nicht lieber für uns bleiben sollten, statt die Aufmerksamkeit Außerirdischer auf uns zu lenken, wird häufig gestellt, selbst von einigen sowjetischen Wissenschaftlern. Sie meinen, die Erde könnte in tödliche Gefahr geraten. Mächte aus dem Weltraum könnten uns erobern, unbekannte Krankheiten mitbringen oder uns mit Hilfe unbezwingbarer Waffen ausrotten. Ich bin der festen Überzeugung, daß das Unsinn ist.

Die Entfernung zwischen irgendeinem von höheren Wesen bewohnten Planeten und unserem eigenen wird sich als so riesig erweisen, daß auf Äonen hinaus jeder physische Kontakt unmöglich sein wird. Ein Raumschiff oder eine Flotte von Raumschiffen könnte über solch eine Entfernung niemals eine wirkliche Bedrohung darstellen. Nach meiner Auffassung wird die einzige Form des Kontaktes über sehr lange Zeit in beiderseitiger Entsendung unbemannter Raumsonden bestehen. Sie werden zwar Beobachtungen sozusagen aus nächster Nähe machen, aber die Entfernungen sind dennoch viel zu groß, als daß lebende Wesen sich wirklich auf interplanetarische Reisen begeben könnten. Mit Hilfe von Raumschiffen werden die Zivilisationen im Weltraum höchstens Meßapparate austauschen können. Solche Sonden können uns sogar schon ›besucht‹ haben, denn sie brauchten nicht unbedingt die Gestalt zu haben, in der wir sie uns vorstellen, und sie brauchten auch nicht unbedingt in unsere Atmosphäre einzudringen.

Es ist meine feste Überzeugung, daß die Erde aus der Berührung mit einer anderen Welt nur Nutzen ziehen kann, denn jede Form von neuem Wissen ist für die Menschheit von Vorteil. Ich mache mir nicht viel Gedanken um Superzivilisationen, obwohl sie natürlich möglich sind. Ich interessiere mich mehr für das Vorhandensein von Zivilisationen, deren Entwicklungsstand dem unseren ähnlich ist. Wir sollten größtmögliche Anstrengungen unternehmen, solche Welten zu suchen. Da sie innerhalb der Reichweite unseres Verständnisses liegen, werden wir begreifen, was sie tun und sagen.«

Troizkij glaubt, daß diese Kulturen uns einst helfen werden zu überleben, wenn unsere Sonne erlöscht und die Erde unbewohnbar wird. »Das Erlöschen der Sonne ist unvermeidlich. Wenn es so weit ist, wird die Erde ein todgeweihter Planet sein. Wir werden uns dann darauf gefaßt machen müssen, zu erfrieren. Deshalb sollten wir uns darüber klarwerden, daß es eine Riesenverschwendung ist, wenn man den lebenspendenden Energiefluß der Sonne in das bodenlose Loch des Weltraums versickern läßt. Es gibt nur eine Alternative: eine Massenwanderung in den Weltraum. Man wird eine riesige Kugel um die Sonne herum bauen und auf diese Weise jedes Photon ihrer dahinschwindenden Energie auffangen. Diese riesige Kugel wird Inseln menschlicher Ansiedlungen enthalten, die unter vollkommen kontrollierten künstlichen Verhältnissen leben. Wir werden wie Menschen sein, die sich um ein Feuer drängen und dafür sorgen, daß kein Quentchen seiner Wärme verlorengeht.«

Die sowjetischen Astrophysiker haben bereits überlegt, wie solch eine Riesenkugel gebaut werden müßte. Achtflächige Bausteine aus Stahlstäben von 1 Meter Länge und 1 Zentimeter Stärke werden so zusammengefügt, daß sie die Sonne wie ein riesiges Spinnengewebe umgeben. Dann werden die Löcher zwischen den Bausteinen ausgefüllt. Sobald die Erdbevölkerung in die teilweise fertiggestellte Kugel umgesiedelt ist, wird man den ungeheuren Erdkern aus geschmolzenem Eisen anzapfen – er hat einen Durchmesser von ungefähr 6000 Kilometern – und ihn dazu verwenden, die Raumkolonie zu vervollständigen. Irgendwann wird diese Maßnahme den Planeten auseinanderbrechen lassen. Riesige Klumpen geschmolzenen Eisens werden in den Weltraum fließen, wo sie erhärten werden und man sich ihrer wieder bemächtigen wird. Die innere Fläche der Kugel, die der Sonnenwärme zugekehrt ist, wird als Lebensraum verwendet werden.

Troizkij zeigte keinerlei Gefühlsregungen, während er sprach, nicht einmal, als er den Tod der Erde beschrieb. »Ich bin davon überzeugt«, fuhr er fort, »daß solche Kolonien in anderen Sonnensystemen bereits vorhanden sind. Wir werden von den Erfahrungen solcher Weltraumkulturen profitieren, die einst gezwungen waren, ihre erkalteten Planeten zu verlassen. Wenn die Zeit gekommen ist, werden sie uns informieren, wie man sich in eine Weltraumkolonie retten kann, die rund um einen erlöschenden Stern gebaut ist, um seine Energie zu bewahren. Sie werden die Menschheit in ihre Geheimnisse einweihen und dieser so ermöglichen, ihre Lebenserwartung um Millionen von Jahren zu verlängern.«

Und so wird das Leben fortdauern ... Der Professor glaubt, daß die nächste »Kugelzivilisation« Zehntausende von Lichtjahren entfernt liegt, daß wir aber längst mit ihr Verbindung aufgenommen haben werden, bevor es notwendig sein wird, die Menschheit zu evakuieren. Wissenschaftler schätzen, daß die Sonne noch fünf Milliarden Jahre Lebens vor sich hat ...

Die Professoren Petrowitsch und Kasitinskij hatten es Troizkij gern überlassen, uns die ersten Antworten auf unsere Fragen zu geben. Nun schalteten sie sich in das Gespräch ein. Petrowitsch erklärte die technischen Aspekte der Suche nach Leben im Weltraum. Kasitinski berichtete uns, wie die Philosophen den Weltraumwissenschaftlern helfen, eine Vorstellung davon zu gewinnen, welche Art intelligenten Lebens im Weltraum Signale aussenden könnte.

»Könnten sich fortgeschrittene Superzivilisationen der Telepathie bedienen, um Verbindung zu uns aufzunehmen?« fragten wir.

»Natürlich«, erwiderte Kasitinskij spontan. »Das haben wir ernsthaft in Betracht gezogen.« Doch aus was für einem Grund auch immer schien die Telepathie kein Thema, das Troizkij, der Diskussionsleiter, zu erörtern wünschte. Ein mißbilligender Blick in Richtung seiner Kollegen genügte.

Das bekümmerte uns nicht weiter – wir hatten uns über dieses Thema bereits aus anderen Quellen informiert. Immer wieder hatte man uns versichert, die sowjetischen Forscher rechneten fest damit, daß fortgeschrittene Zivilisationen auf anderen Planeten die Kunst der Gedankenübertragung völlig beherrschten, durch die alle anderen Kommunikationsweisen überflüssig wurden.

»Telepathie ist ein ideales Verfahren, eine Botschaft aus dem Weltraum zu übermitteln«, sagte Dr. Genadij Sergejew voller Überzeugung, als wir ihn in Leningrad interviewten. »Sie ist schnell und umgeht die Sprach- und Kulturschranken dadurch, daß sie sich unmittelbar an den Geist des Empfängers wendet.« Er wies darauf hin, daß der amerikanische Astronaut Edgar Mitchell bei der Umkreisung des Mondes bereits mit telepathischen Übertragungen aus dem Kosmos experimentiert hat.

Immer wieder hatten wir Andeutungen gehört, daß die russischen Kosmonauten mit ähnlichen Experimenten beschäftigt waren. Den Wissenschaftlern, die wir danach fragten, widerstrebte es entschieden, diese Möglichkeit mit uns zu erörtern, da wir vermutlich an militärische Geheimnisse rührten ...

»Wir haben Anhaltspunkte dafür, daß von den Wesen oder Maschinen, die die Ufos steuern, telepathische Nachrichten ausgesandt worden sind«, berichtete uns Jurij Fomin, der Moskauer Ufo-Forscher. »Viele Zeugen, die solche unbekannten Flugobjekte aus der Nähe gesehen haben, berichten, daß sie im Innern ganz deutlich eine Stimme ›gehört‹ hätten, die sagte: ›Fürchtet euch nicht, wir kommen in Frieden.‹ Die Zeugen sind vernünftige, über jeden Zweifel erhabene Bürger, und wir können daraus nur schließen, daß sie von dem Ufo eine telepathische Nachricht empfangen haben.«

Wenn telepathische Botschaften deutlich und zuverlässig über relativ kurze Entfernungen gesendet werden können, dann – so schließen die sowjetischen Wissenschaftler – ist es nur logisch, daß eine fortgeschrittene Zivilisation sie auch zur Sendung von Nachrichten über große Entfernungen verwendet. »Betrachten Sie die Geschichte«, sagte man uns immer wieder. »Im Laufe der Jahrhunderte hat jede Kulturnation der Welt ihren Seher gehabt, der seiner Zeit in Gedanken und Vorstellungen voraus war. Männer wie zum Beispiel Leonardo da Vinci waren in der Lage, Maschinen zu entwerfen, die erst Jahrhunderte später gebaut werden konnten. Wie vermochten sie solche Ideen zu entwickeln? Ist es nicht denkbar, daß sie unbewußt telepathische Signale von irgendeiner fortgeschrittenen Kultur empfingen?

Wir gehen davon aus, daß solche Zivilisationen existieren und daß sie der irdischen Entwicklung möglicherweise um Hunderte von Jahren voraus sind. Die fortgeschrittenen Nationen auf der Erde teilen ja ihren technischen und wissenschaftlichen Vorsprung auch mit weniger glücklichen Nationen. Darf man da nicht mit gutem Grund annehmen, daß eine uns weit überlegene Rasse im Weltraum ein gleiches mit den primitiven Lebewesen auf unserem Planeten zu tun wünscht? Das ist gut vorstellbar, und die Telepathie wäre eine verläßliche Methode, dieses Wissen zu übermitteln.«

Da es offenbar sinnlos war, den Professoren Troizkij, Petrowitsch und Kasitinskij weitere Fragen zur telepathischen Verbindung mit Wesen im Weltraum zu stellen, hatten wir das Thema gewechselt. Warum sie denn der Meinung wären, daß jede Form intelligenten Lebens im Kosmos sich in so großer Entfernung von der Erde befinde? Warum nicht näher? Weil – so lautete die Antwort – Troizkijs Radioteleskope die Umgebung der Erde in einer Entfernung bis zu sechzehn Lichtjahren bereits vollständig erforscht hätten. Dabei sei kein Zeichen intelligenten Lebens, das in der Lage wäre, Signale auszusenden, entdeckt worden. Nun habe sein Team mit der Suche jenseits dieses Bereichs begonnen. Dabei bediene man sich der »konstanten Beobachtungsweise«: Ein Monitor »klebt« monatelang an einem Stern.

»Wir dringen langsam, aber sicher und systematisch immer weiter in den Weltraum vor«, sagte Troizkij. »Wenn Sie sich eine

Vorstellung von unserer Aufgabe machen wollen, müssen Sie bedenken, daß es etwa zehntausend Sterne gibt, die innerhalb einer Entfernung von hundert Lichtjahren von der Erde liegen, und zehn Millionen Sterne in einer Distanz von zehntausend Lichtjahren. Glücklicherweise kann man aber nur bei tausend davon ausgehen, daß sie Planeten mit intelligentem Leben besitzen. Wir glauben nämlich, mit Sicherheit alle Doppelsterne ausschließen zu können, also Planetensysteme, die um Zwillingssonnen kreisen. Dort ist kein Leben möglich. Das gleiche gilt für Sterne der Spektralklasse, die nicht heiß genug sind, um das Leben auf Planeten zu ermöglichen, die um sie kreisen. In ähnlicher Weise können wir Sterne ausschließen, die zu jung und zu alt sind, außerdem all jene, deren Masse für höheres Leben auf ihren Planeten zu gering ist.«

Nachdem das Observatorium in Gorki all diese Sterne ausgeschieden hat, beobachtet es die »verdächtigen« Sterne innerhalb des Radius von hundert Lichtjahren. Die gesamte Horchvorrichtung ist auf die sogenannte »Lebensfrequenz« im Weltraum, das heißt, auf 21 Zentimeter Länge, eingestellt.

»Es gibt zwei Gründe dafür, daß wir Nachrichten aus dem Weltraum auf dieser Frequenz erwarten«, erklärte Troizkij. »Einer ist, daß dies die Wellenlänge des Wasserstoffs ist und Wasserstoff das im ganzen Universum häufigste Element. Der zweite Grund: daß auf dieser Frequenz die Störgeräusche im Universum wie auch in der irdischen Atmosphäre und Ionosphäre geringer als auf jeder anderen sind.

Wir müssen davon ausgehen, daß diese Tatsache auch sehr viel klügeren Zivilisationen vertraut sein muß. Sie werden also diese Frequenz für die Weltraumkommunikation verwenden. Der sicherste Weg, Nachrichten aus dem Weltraum aufzufangen, besteht darin, auf der Lauer zu liegen und sie aufzufangen, wenn sie kommen.«

Die Sowjets, die ihren Bedarf an Computern durch ihre eigene Produktion noch nicht decken können, verwenden neueste amerikanische EDV-Geräte, um die Ergebnisse zu speichern und zu analysieren. Man sagte uns, daß die Weltraumforscher die Erlaubnis hätten, jede nur denkbare Methode zur Lokalisierung von Raumsignalen zu erproben. Die jeweils neuesten Ausrüstungen werden ihnen bewilligt. Es handelt sich um eine bedingungslose Anstrengung, ähnlich jener, die darin gipfelte, daß die Sowjetunion mit ihrem »Sputnik« den ersten künstlichen Satelliten in eine Umlaufbahn um die Erde schickte.

»Wir stehen noch vor einer schwierigen technischen Hürde«, sagte Troizkij und richtete damit wohl auch eine Bitte an das Ausland. »Wir brauchen Apparate mit einem sehr breiten Frequenzband, um die Signale aufzufangen, die wahrscheinlich mit Höchstgeschwindigkeit in den Intervallen zwischen den langsameren Funkstrahlen gesendet werden. Noch verfügt kein Land über solche Geräte. Doch sobald wir das erste Signal empfangen haben, das aufgrund internationaler Übereinstimmung als ein Zeichen künstlichen Ursprungs identifiziert worden ist, wird die Weltöffentlichkeit, so hoffe ich, mit den Wissenschaftlern darin übereinstimmen, daß wir wissen müssen, was für Nachrichten diese Zivilisationen in das Universum entsenden. Dann ist der Zeitpunkt gekommen, daß wir uns sehr rasch zusammenschließen. Wir werden uns als Erdbewohner mit einem gemeinsamen Ziel fühlen und nicht als Angehörige verschiedener Nationen.

Eines der ersten Dinge, die wir von den Außerirdischen wissen wollen, wird das Alter der Zivilisation sein, mit der wir Kontakt haben. Es würde für eine Zivilisation wie die unsere äußerst beruhigend sein zu erfahren, daß andere schon Zehntausende, vielleicht sogar schon Hunderttausende von Jahren länger existieren, ohne daß sie sich selbst zerstört haben oder daß sie nach Erreichen eines hohen Wissensstandes wieder auf primitivere Entwicklungsstufen zurückgefallen sind. Die Antwort ist wahrscheinlich in ihren Erkennungssignalen enthalten, die vermutlich auch in diesem Augenblick an unseren Aufzeichnungsgeräten vorbeistreichen, ohne von ihnen registriert zu werden.«

Wie viele Wissenschaftler hat auch Troizkij seinen Traum. Seine Augen leuchten und seine Stimme nimmt einen unerwartet herzlichen Klang an, wenn er auf die Notwendigkeit weltweiter Zusammenarbeit zu sprechen kommt. Sein Wunschtraum ist, daß alle Nationen gemeinsame Anstrengungen unternehmen, um ein gigantisches Netz von riesigen Teleskopen auf der Erde, im Weltraum und auf dem Mond zu errichten. Durch Computer verbunden, würde dieses Projekt nicht nur von den führenden Astronomen der Welt überwacht werden, sondern auch von angesehenen Anthropologen, Biologen und anderen Fachwissenschaftlern, die sich mit den Ursprüngen und der Evolution des Lebens beschäftigen. Einziges Ziel dieses Netzes wäre es, nach Leben im Weltraum zu suchen.

Wir stellten die naheliegende Frage, wann er denn einen solchen Durchbruch erwarte? Troizkij straffte seine eckige Gestalt und sah uns mit großem Ernst an. »Meine Antwort darauf lautet, daß es reine Glückssache ist. Wenn wir Glück haben, können wir möglicherweise schon in Jahresfrist bekanntgeben, ein Signal aus dem Weltraum empfangen zu haben. Wenn wir Pech haben, müssen wir noch weitere hundert Jahre warten. Sicher ist nur, daß es diese Signale gibt und daß sie darauf warten, empfangen und verstanden zu werden.

Sie dürfen nicht vergessen, daß wir Wissenschaftler sind, keine Science-fiction-Autoren. Selbst unsere Theorien müssen unbedingt auf exakten Beobachtungen und ihrer exakten Auswertung basieren. Manche Ergebnisse mögen falsch sein oder sich in Zukunft als falsch erweisen. Wir können nur unermüdlich mit unseren Anstrengungen fortfahren, den ersten Kontakt herzustellen. Ich bin gewiß, daß wir es schaffen werden.«

9 Der verschollene Planet Phaeton

Auf einem Inspektionsgang durch die Karakum-Wüste nordöstlich der turkmenischen Hauptstadt Aschchabad fielen einem jungen Geologiestudenten im Januar 1975 im gelben Sand einige Brocken auf, die wie kleine glitzernde Glassplitter aussahen. Diese dunkelgrünen, walnußgroßen Stücke vor langer Zeit geschmolzenen Glases konnten Überreste einer alten Kultur sein. Schließlich war im Sand dieser Wüste östlich des Kaspischen Meeres vor kurzem eine viertausend Jahre alte Stadt entdeckt worden.

Der Student nahm sechs Stücke des seltsamen Glases mit sich und gab sie, ins Lager zurückgekehrt, dem Expeditionsleiter, dem hervorragenden sowjetischen Geologen Pawel Florenskij.

»Nach einem Blick auf die kleinen ›Glaseier‹ begann mein Herz zu klopfen«, erinnerte sich Florenskij später. »Ich erkannte sie sofort als Tektiten, kleine Meteoriten aus dem Weltraum, die noch nie zuvor in der Sowjetunion entdeckt worden waren.« Florenskij schickte die Glasstücke sofort zur Analyse nach Moskau, und innerhalb weniger Tage sah er seine Vermutung bestätigt. Es waren Tektiten, die einige bekannte Metallarten enthielten, darunter Beryllium, das bei einer Temperatur von Millionen Grad Celsius mit Kieselsäure verschmolzen war. Die ungeheure Hitze hatte das Metall in eine glasartige Masse verwandelt.

Von den sowjetischen Wissenschaftlern, die damit beschäftigt waren, das sogenannte »Geheimnis des fehlenden Planeten« zu lösen, wurde der Fund als Entdeckung von unschätzbarem Wert begrüßt. Seit Jahren vertraten sie die Theorie, daß ein Planet – fast ein Ebenbild der Erde – einst die Sonne unmittelbar hinter dem Mars umkreiste, bis ihn eine schwere Explosion aus seiner Bahn warf. Sergej Orlow von der Sowjetischen Akademie der Wissen-

Semjon Kirlian bei der Untersuchung einer kranken Pflanze mit Hilfe der Kirlian-Fotografie.

Dr. Genadij Sergejew zeigt Henry Gris sein Modell einer »Zeitmaschine«. Mit einem künftigen, vervollkommneten Apparat dieser Art hofft er die Empfindungen und Gedanken von Menschen vergangener Zeiten »wiedererwecken« zu können.

Die Autoren mit den Professoren Joseph Schklowskij und Nikolai Kardaschew auf den Stufen zum Weltrauminstitut der Universität Moskau.

Zu Besuch bei Alexander Kasanzew. Die Autoren betrachten eine 8500 Jahre alte japanische Tonfigur, die, nach Meinung Kasanzews, einen Kosmonauten vom Phaeton darstellt. Er nimmt an, daß dieser Planet einst zwischen Mars und Jupiter die Sonne umkreiste.

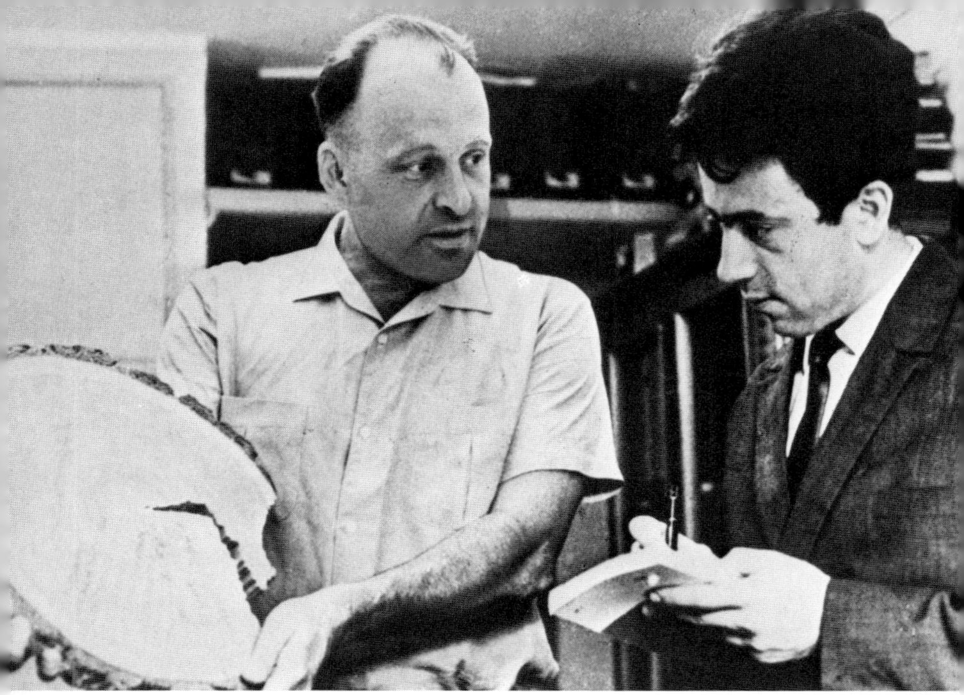

Professor Felix Zigel zeigt die Querschnittscheibe aus einem Baum, der 3 km vom Herd der Explosion im Tunguska-Gebiet stand und zu diesem Zeitpunkt (1908) knapp hundert Jahre alt war. In nur fünfzig Jahren hat er dann seinen Umfang vervierfacht.

Professor Igor Burzew, Oberstleutnant Karapetjan und Viktor Adamenko vergleichen die Fußabdrücke des amerikanischen »Big Foot« mit den Maßen des kaukasischen Schneemenschen.

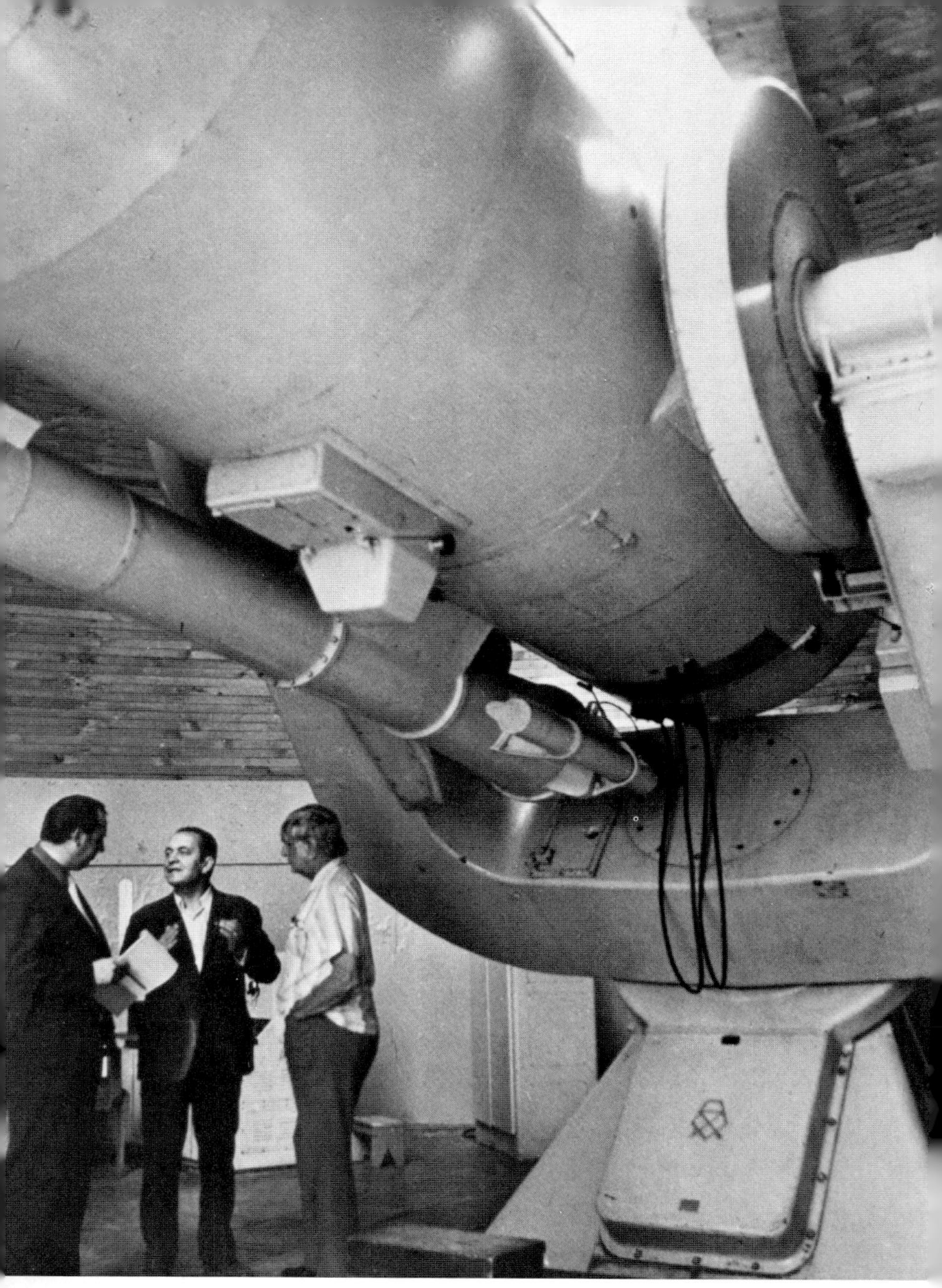

Die Autoren und Dr. Mirsojan (Mitte) vor dem Bjurakan-Riesenteleskop, das den Weltraum nach optischen Signalen von anderen bewohnten Sternen absucht.

Alle Fotos von National Enquirer, Inc.

schaften gab ihm den Namen *Phaeton.*

Großenteils gründete sich die Theorie von dem explodierten Planeten auf Tektitenfunde in Australien, auf den Philippinen und in der Tschechoslowakei. Die Wissenschaftler meinten, daß nur eine ungeheure Explosion im Weltraum die Hitze habe schaffen können, die erforderlich war, um diese glasähnlichen Objekte entstehen zu lassen. Dieselbe Explosion habe sie auch in den Weltraum geschleudert, wobei einige die Erde trafen. Doch wenn die Tektiten in einem einzigen kosmischen Hagelsturm auf die Erde aufgeprallt wären, hätten sie auch im südlichen Teil Rußlands gefunden werden müssen. Das war bis zu der Entdeckung in der Karakum-Wüste nicht geschehen. Deshalb vertraten andere Wissenschaftler die Auffassung, daß die Tektiten in Australien, auf den Philippinen und in der Tschechoslowakei auf mehrere Schauer zurückgingen, die durch verschiedene kosmische Explosionen hervorgerufen worden seien. In Moskau hatten wir erfahren, daß die sowjetischen Wissenschaftler, durch die Tektiten von Aschchabad bestärkt, ihre Beschäftigung mit dem fehlenden Planeten Phaeton und seinem Schicksal wieder aufgenommen hatten. Wir wollten den Grund dafür herausfinden.

Überraschenderweise erhielten wir sofort die Erlaubnis, mit Professor Jewgenij Krinow, dem Leiter des sowjetischen Meteoritenkomitees, zu sprechen. Das Komitee gehört der Sowjetischen Akademie der Wissenschaften an und hat die Aufgabe, sich mit dem Geheimnis jener Himmelskörper zu beschäftigen, die gelegentlich auf der Erde aufschlagen. Normalerweise gebe Professor Krinow keine Interviews, erfuhren wir, doch sei er bereit, eine Ausnahme zu machen, weil die Tektitenfunde so große Aufregung ausgelöst hätten.

Außerdem interviewten wir noch Krinows engsten Mitarbeiter, Dr. Genadij Wdowikin, einen jungen russischen Geophysiker; Dr. Felix Zigel, Professor für Kosmologie am Moskauer Raumfahrtinstitut, dessen Arbeit von Wissenschaftlern in der ganzen Welt hochgeschätzt wird; und Alexander Kasanzew, einen bekannten Historiker, Weltraumforscher und Schriftsteller. Von ihnen hörten wir eine faszinierende Geschichte über den Untergang eines bewohnten Planeten in den Schrecken eines Nuklearkrieges.

»Der Grund dafür, daß Florenskijs Entdeckung so viel Aufregung verursachte«, erklärte Krinow, »ist in der Tatsache zu sehen, daß solche Tektiten von dem Planetoidengürtel zu uns gelangen – einem Trümmerring, der die Sonne in einem Abstand von etwa vierhundert Millionen Kilometern umkreist. Der Planetoidengürtel liegt zwischen den Umlaufbahnen des Mars und des Jupiters. Er ist von der Sonne etwa 2,8 mal so weit entfernt wie die Erde. Nach einer Theorie, die niemals ganz bestätigt, aber auch nie überzeugend widerlegt worden ist, umkreisen die Planetoiden die Sonne auf der Umlaufbahn eines Planeten, der sich nach der Auffassung einiger Astronomen an dieser Stelle befinden sollte, und zwar nach jener Theorie, die als das Bode-Titiussche Gesetz bekannt ist.«

Johann Elert Bode war ein deutscher Astronom, der im Jahre 1772 eine Theorie veröffentlichte*, derzufolge die Entfernungen der Planeten von der Sonne durch eine bestimmte Zahlenbeziehung festgelegt sind. Das System, das dieser Beziehung zugrunde liege, sei eine mathematische Reihe, die man dadurch erhalte, daß man sie, unter Auslassung der beiden ersten Zahlen, jeweils verdopple. Das ergibt: 0, 3, 6, 12, 24, 48, 96, 192, 384. Zu jeder Zahl fügte Bode 4 hinzu und erhielt so die Reihe: 4, 7, 10, 16, 28, 52, 100, 196, 388.

Sehr zur Überraschung der Astronomen seiner Zeit traf Bodes Progression weitgehend zu. Wie sich herausstellte, entsprachen die Zahlen den relativen Entfernungen der bekannten Planeten von der Sonne: Merkur 4, Venus 7, Erde 10, Mars 16, Jupiter 52, Saturn 100. Doch blieben drei Stellen leer: 28, 196 und 388.

Die Astronomen stritten sich noch über diese Theorie, als 1781 der Planet Uranus entdeckt wurde. Seine relative Entfernung von der Sonne – 191,8 – lag zu nahe an 196, um als Zufall abgetan werden zu können. Sicherlich, Bodes Gesetz büßte 1847 an Überzeugungskraft ein, als Neptun in einer Entfernung von 300,7 entdeckt wurde, für die es auf seiner Skala keine korrespondierende Zahl gab.

* Sie war 1766 bereits von dem Wittenberger Astronom Johann Daniel Titius vorgeschlagen worden.

Doch als 1930 Pluto hinzukam, erfuhr das Bodesche Gesetz abermals eine Bestätigung. Die Entfernung betrug 394 und lag damit frappierend nahe an 388. Diese Entdeckung stärkte nicht nur die Glaubwürdigkeit des Bodeschen Gesetzes, sie bekräftigte auch die Überzeugung, daß der Planetoidengürtel, der die Sonne in der Entfernung von 28 umkreiste, einst ein kompletter Planet war.

»Wir haben Grund zu der Annahme«, fuhr Krinow fort, »daß dieser Planet an einem bestimmten Punkt seiner Geschichte explodierte. Einen Teil der Trümmer schleuderte die Explosion aus dem Sonnensystem heraus. Der Rest – nach gegenwärtiger Zählung etwa 4500 Fragmente von einer Größe zwischen 1,4 und 700 Kilometern Durchmesser – blieb in der Umlaufbahn des Planeten.

Infolge der Kräfte, die die Planeten auf die Planetoiden in diesem Ring aus Materietrümmern ausüben, brechen immer noch Stücke auseinander. Von den Fragmenten, die in den Weltraum geschleudert werden, geraten manche in den Anziehungsbereich der Erde, bersten bei der Berührung mit der Stratosphäre und zerspringen noch einmal, wenn sie auf die Erdoberfläche prallen. Größtenteils bestehen diese Partikel aus Eisen und Gestein, doch manche setzen sich aus komplexeren Stoffen zusammen, die die Wissenschaftler in Verwirrung gestürzt haben. So hat man behauptet, Versteinerungen von Pflanzen entdeckt zu haben, zum Beispiel einzellige Hydrophyten: Meerespflanzen. Wissenschaftler außerhalb der Sowjetunion wollen sogar Spuren tierischen Lebens von der Art der Trilobiten entdeckt haben.«

Zu den bemerkenswertesten Forschungsarbeiten auf diesem Gebiet gehören die von Professor Alexander Sawarizkij, einem Mitglied des Meteoritenkomitees. Bis zu seinem Tod im Jahre 1963 arbeitete er mit Krinow zusammen und galt als einer der führenden Fachleute für Meteoriten.

Sawarizkij gelangte aufgrund der in der Sowjetunion gefundenen Meteoriten zu der Annahme, daß der fehlende Planet größer als der Mars gewesen sei und sowohl eine Hydrosphäre als auch eine Biosphäre besessen habe. In der Überzeugung, daß viele der Meteoritenfragmente, die auf der Erde gefunden wurden, von eben diesem Planeten stammen, rekonstruierte er ihn Schicht um Schicht. Schließlich sah er ihn in folgender Gestalt: Ein Eisenkern wurde von einer dünnen Schicht Eisensilikat umhüllt, die ihrerseits von einer dicken Schicht Peridotit umgeben war. Das Ganze lag unter einer Subkruste von Basaltlava, die wiederum von einer dünnen Außenkruste umschlossen wurde.

Der fehlende Planet habe alle äußeren Merkmale der Erde aufgewiesen: Ozeane, Berge und eine atmosphärische Hülle. Nach der festen Überzeugung Sawarizkijs muß es auf dem Planeten Leben gegeben haben. Da er sich in einem etwas größeren Umlaufkreis als der Mars um die Sonne bewegt hat, an der äußeren Grenze dessen, was wir den Lebensgürtel nennen, besteht tatsächlich die Möglichkeit, daß sich dort Leben entwickelt hat.

»Wenn wir die Phaeton-Theorie akzeptieren«, sagte Krinow, »und es Leben auf diesem Planeten gegeben hat, so ist es dort erheblich früher aufgetreten als das Leben auf der Erde. Wir wissen, daß im Laufe der Zeit der Lebensgürtel, die Temperaturzone, innerhalb der Leben möglich ist, immer näher an die Sonne heranrückt. Phaeton ist einst näher am Mittelabschnitt dieses Gürtels gewesen als die Erde heute, bot also sehr gute Lebensbedingungen.«

Offensichtlich wollte Krinow damit sagen, daß Sawarizkij nicht nur meinte, auf dem fehlenden Planeten habe es einst Leben gegeben, sondern es hätten dort auch menschenähnliche Wesen existiert und vielleicht Millionen Jahre vor uns eine Kultur begründet.

»Leider starb Professor Sawarizkij sehr plötzlich und nahm seine Erkenntnisse mit ins Grab, bevor er unwiderlegbare Beweise für das Vorhandensein des Planeten – und für dessen Zerstörung – hätte vorlegen können. Nach seinem Tode suchten wir nach Unterlagen, fanden aber keine. Und so wissen wir immer noch nichts Genaues ... Wodurch wurde der Untergang des Planeten verursacht? Wann war das? Wir sind der Meinung, daß das nicht länger als eine Million Jahre zurückliegen kann. Wir stimmen auch darin überein, daß, falls wir eine Antwort finden sollten, dies nur mit Hilfe der Meteoriten geschehen wird und uns der jüngste Tektitenfund der Lösung dieser vielen Rätsel näherbringt.«

Am folgenden Nachmittag trafen wir in der Wohnung des Kosmologen Alexander Kasanzew mit Professor Felix Zigel zusammen. Die beiden Männer waren enge Freunde und mit einander ergänzenden Forschungsprojekten beschäftigt. Während Krinow noch zweifelte, waren Professor Zigel und Kasanzew schon über jeden Zweifel hinaus. Nach ihrer Auffassung *hat* Phaeton existiert, und er *hat* sich plötzlich aufgelöst – und was Phaeton zugestoßen ist, sollte uns Erdbewohnern eine nachdrückliche und ernst zu nehmende Warnung sein.

»Das Leben und Sterben von Phaeton erklärt vieles von dem, was in diesen Bänden steht«, sagte Kasanzew und deutete auf den großen Bücherstoß vor sich. Zumeist waren es Übersetzungen ins Russische, darunter antike Literatur, alte Sagen, Bücher über Mythologie, Paläontologie und verwandte Gebiete.

»Doch wir wollen unsere Zeit nicht damit verschwenden. Autoren wie Erich von Däniken haben sich bereits eingehend mit der Frage beschäftigt, ob es auf unserem Planeten früher einmal Besucher aus dem Weltraum gegeben hat und was sie zukünftigen Menschengenerationen angeblich an Stoff zum Nachdenken zurückgelassen haben. Was diese Autoren allerdings nicht in Betracht gezogen haben, ist die Tatsache, daß einige Besucher aus dem Weltraum vom Phaeton kamen. Ich bin mir dessen sicher. Und sie sind nicht aus freien Stücken gekommen, sondern weil sie einen anderen Planeten kolonisieren mußten. Von früheren Erkundungen her wußten sie, daß unsere Erde ein primitiver und unwirtlicher Ort war, der sich noch in einem sehr frühen Entwicklungsstadium befand. Sie kamen, weil sie nirgendwo sonst hinkonnten.«

Zigel wollte nicht, daß wir seine Ausführungen auf Tonband aufnahmen, es behagte ihm auch nicht, daß wir Notizen machten. Auf seinem asketischen Gesicht zeigte sich Unmut. »Können Sie es nicht so behalten?« fragte er fast vorwurfsvoll. »Doch, das geht«, versicherten wir ihm. Im folgenden ist also nach bestem Wissen und Gewissen wiedergegeben, was er sagte.

»Phaeton zerfiel infolge einer Kettenexplosion, die an seiner Oberfläche begann. Denn wäre die Zerstörung vulkanischen Ursprungs gewesen, so wäre der Planet von innen her aufgebrochen. Die Trümmer wären in alle Richtungen geschleudert worden und schließlich in einer elliptischen Umlaufbahn um die Sonne zur Ruhe gekommen.

Eine andere Möglichkeit: eine Kollision im Weltraum. Kollisionen, die die Zerstörung von Planeten in der Größe der Erde verursachen, sind zwar höchst unwahrscheinlich, doch dürfen sie nicht ausgeschlossen werden. Entscheidend ist, daß eine Kollision, ob nun frontal oder seitlich, die Trümmer ebenfalls in eine längliche Umlaufbahn geworfen hätte; sie wäre sogar noch länger gewesen als diejenige, die eine vulkanische Explosion von innen heraus verursacht hätte. Wäre der Planet dagegen von außen, von der Kruste her, aufgebrochen, wären die Trümmer in einer fast kreisförmigen Bahn geblieben.

Jeder Astronom wird Ihnen sagen, daß der Planetoidengürtel eine nahezu kreisförmige Umlaufbahn besitzt. In dieser Hinsicht ist er dem unserer Erde und auch dem der anderen Planeten in unserem Sonnensystem bemerkenswert ähnlich. Mit anderen Worten: Wir haben es hier mit der Umlaufbahn des fehlenden Planeten zu tun, und es muß eine seitwärts wirkende Oberflächenkraft gewesen sein, die zur Zerstörung von Phaeton geführt hat.«

Die in der Karakum-Wüste gefundenen Tektiten, so erklärte Zigel, hätten insofern einen wertvollen Hinweis geliefert, als sie an die glasähnlichen Klumpen erinnern, die man nach experimentellen Atombombenexplosionen an der Oberfläche der Erde in dem Testgebiet fand. Tektiten sind auch schon im Labor produziert worden. Ferner wurden Tektiten nach der Zündung des sowjetischen »Tokomak 10« gefunden, eines thermonuklearen Hochofens, der zwar noch im Versuchsstadium, dessenungeachtet aber der größte der Welt ist. Die Temperaturen, bei der die auf der Erde entstandenen Tektiten erzeugt wurden, lagen weit über hundert Millionen Grad. Der Vergleich mit den Tektiten aus dem Weltraum läßt keinen Zweifel darüber aufkommen, daß auch sie thermonuklearen Ursprungs sind.

»Dies zu beweisen, war für uns insofern wichtig, als unsere Gegner eine andere Theorie vertraten: nämlich, daß die Tektiten ein Nebenprodukt der Meteoriten seien, die beim Eintritt in unsere Atmosphäre und durch ihre Aufprallgeschwindigkeit die erforderlichen Temperaturen hervorrufen konnten. Wir wissen heute, daß die Aufpralltemperatur eines Meteoriten niemals 200 000 Grad überschreitet. Wir haben versucht, bei dieser Temperatur Tektiten künstlich zu erzeugen. Die dabei entstandenen Gebilde unterschieden sich grundsätzlich von den natürlich vorkommenden. Danach ist es wahrscheinlich, daß eine thermonukleare Explosion stattgefunden hat, weil nur sie von so exorbitanter Wirkung gewesen sein kann. Wenn wir von dieser Annahme ausgehen, können wir logisch auf den ganzen Ablauf der Ereignisse schließen. Erstens: Die Ursache der Phaeton-Zerstörung ist eine thermonukleare Explosion gewesen. Zweitens: Die thermonukleare Kettenreaktion setzt andere thermonukleare Kraftquellen voraus. Drittens: Die Ozeane explodieren, und damit bricht auch die Kruste des Planeten weit auf.«

Die Möglichkeit, daß Ozeane explodieren, besteht schon lange nicht mehr allein in der Phantasie von Science-fiction-Autoren. Atomwissenschaftler geben bereitwillig zu, daß sich das Wasser bei einer Temperatur von Hunderten von Millionen Grad in einen thermonuklearen Brennstoff verwandelt, wie er zum Beispiel die Wasserstoffbombe speist.

Zigel fuhr fort: »Wir können folglich annehmen, daß der Planet, sobald seine Hülle zerstört war, immer weiter zerfiel, bis nichts als Trümmer übrigblieben. Daraus folgt: Die Kettenreaktion auf Phaeton wurde von außen ausgelöst. Einmal ausgelöst, konnte sie nicht mehr gestoppt werden. Die auslösende Kraft war der Mensch – genauer gesagt, ein intelligentes menschenähnliches Wesen. Es gibt keine andere Erklärung. Die Bewohner des Phaeton, Angehörige einer fortgeschrittenen Zivilisation, haben also ihre eigene Vernichtung heraufbeschworen, möglicherweise im Verlauf eines thermonuklearen Krieges. Wenn sich auch ein Mißgeschick nicht völlig ausschließen läßt, glaube ich für mein Teil doch nicht daran, daß es sich um einen technologischen Unfall gehandelt hat.«

Professor Zigel sprach klar und präzise, jedes Wort war genau überlegt. Er beugte sich zu uns herüber, als käme nun die geheime Schlußfolgerung, und sagte:

»Eines Tages, wenn unsere Kosmonauten weiter in den Weltraum vordringen und bis zum Mars und darüber hinausgelangen, werden sie den Planetoidengürtel aus der Nähe untersuchen und feststellen können, ob sich Spuren intelligenten Lebens auf den

Überbleibseln des Phaeton entdecken lassen. Die größeren davon, die Planetoiden Pallas und Vesta zum Beispiel, die einen Durchmesser zwischen 380 und 700 Kilometern haben, könnten ausgezeichnete Stützpunkte für weitere Nachforschungen abgeben, während sich in astro-archäologischer Hinsicht die noch kleineren Planetoiden als besonders aufschlußreich erweisen werden. Auf jeden Fall aber müssen unsere Kosmonauten – und Ihre Astronauten – wissen, wonach sie zu suchen haben. Eines Tages werden sie mit den ersten astro-archäologischen Funden wiederkommen, die uns von einer untergegangenen Zivilisation berichten. Dann wird die Untersuchung des Phaeton erst richtig beginnen.

Bis dahin werden wir uns damit zufriedengeben müssen, die Fragmente zu untersuchen, die auf der Erde gelandet sind: Eisenmeteoriten, die Professor Sawarizkij als Bruchstücke des inneren Kerns von Phaeton ansieht; Steinmeteoriten aus seiner felsigen Kruste; Eisen-Stein-Meteoriten von seiner Hülle und Meteoriten aus Kalkstein, Bimsstein und anderen Substanzen, darunter Legierungen von Kupfer, Blei und Zink, die von der Oberfläche des Planeten stammen müssen. Das reicht vielleicht nicht aus, um auf das Vorkommen und den Untergang einer fortgeschrittenen Zivilisation zu schließen, sicherlich ist es aber genug, um das Vorhandensein von Leben überhaupt zu beweisen.«

Der phantasievolle Kasanzew begnügte sich nicht mit der lapidaren Feststellung, daß es auf Phaeton Leben gegeben haben könne. Wir trafen den Verfasser mehrerer kosmologischer Bücher dreimal, und jedesmal wußte er die Geschichte des Phaeton und seiner Bewohner noch plastischer auszumalen. Vor allem faszinierten uns die Zusammenhänge, die er zwischen Vorgängen auf dem verschollenen Planeten und bisher ungeklärten Erscheinungen auf der Erde herstellte. Dazu gehören Fundstätten und Objekte, die unsere Archäologen entdeckt haben, sowie Passagen in alten Schriften des Orients und des Abendlandes, bei denen es sich vermutlich um die Beschreibung von Atomkriegen handelt. Kasanzew glaubt, daß Phaeton völlig zerstört worden ist und mit ihm eine hochentwikkelte Zivilisation unterging. Doch könnten einige ihrer Vertreter, die sich gerade im Weltraum befanden, überlebt haben.

»Da wir es mit einer Zivilisation im thermonuklearen Stadium zu tun haben, ein Stadium, das wir vermutlich erst in fünfzig Jahren erreichen werden, müssen wir davon ausgehen, daß sie in der Erforschung des Weltraums bereits weiter vorangekommen waren als wir heute«, meinte Kasanzew. »Ihre Raumschiffe haben möglicherweise unser Sonnensystem durchforscht, wobei sie sich auf den Lebensgürtel oder die Temperaturzone unseres Systems beschränkt haben werden. Zu dieser Zone gehören Venus, Erde und Mars. Sicherlich haben diese Wesen gewußt, daß die biologischen Bedingungen auf den drei inneren Planeten mit denen auf Phaeton noch am ehesten übereinstimmten.

Ich bin sicher, daß sie ihren Heimatplaneten vor ihren Augen zerfallen sahen: ein Ball im Weltraum, der in Tausende von Stücken zersprang. Sein geschmolzener Kern lief aus und verwandelte sich in feste Materie, die abermals in einer unkontrollierbaren Kettenreaktion zerbarst. Eines war gewiß: Sie hatten keine Heimat mehr, in die sie zurückkehren konnten. Ohne eine Möglichkeit der Rückkehr erreichten zumindest einige von ihnen die Erde, während die übrigen umkamen. Daraus erklärt sich der Ursprung der alten Sagen, in denen Götter in Feuerwagen auf der Erde landeten. Diese Sagen wurden von den Historikern des Altertums, darunter auch Plutarch, bewahrt und überliefert.«

Kasanzew glaubt, daß die bemerkenswerte Sammlung von 716 mit Schriftzeichen bedeckten Steinplatten, die von Chinesen an der Grenze nach Tibet gefunden wurde, auf einen Stamm zurückgeht, dessen Vorväter aus dem Weltraum gekommen sind. Den chinesischen Archäologen zufolge, die einen Teil der Botschaft auf den Steinplatten angeblich entziffert haben, ist der Stamm ausgestorben. Es habe sich um menschenähnliche Wesen gehandelt, deren Versuch, sich zu assimilieren, fehlgeschlagen sei.

»Wie phantastisch diese Behauptung auch immer klingen mag, wir wollen sie nicht einfach mit einem Achselzucken abtun«, sagte Kasanzew ernst. »Ich glaube, es ist durchaus möglich, daß Raumschiffe von Phaeton in diesem Gebiet gelandet sind. Sie brachten Werkzeuge und Waffen mit, und wir können sogar annehmen, daß es zahlreichen Flugkörpern gelang, in einem bestimmten Gebiet der primitiven Erde gemeinsam zu landen. Nach der Landung hat sich dann dieser Stamm gebildet. Die Hauptfrage ist: Wie gut waren sie gerüstet, um auf einem Planeten zu siedeln, der von jenen riesenhaften Untieren bewohnt wurde, die die Erde beherrschten, bevor der *Homo sapiens* auf der Bildfläche erschien? Wenn Sawarizkij recht hat, waren die Bedingungen auf der Oberfläche des Phaeton – seine Luft, sein Wasser, seine Schwerkraft – den Zuständen auf der Erde sehr ähnlich, so daß dort humanoide Wesen entstanden. Sie waren weder dreiäugige grüne Männchen noch Riesen. Sie können nicht mehr als doppelt so groß wie wir gewesen sein. Bekanntlich hat im Laufe der Menschheitsgeschichte auch unsere Körpergröße zugenommen. Zumindest sind wir um ein Drittel größer als der Mensch vor zweitausend Jahren. Konnten die Phaeton-Flüchtlinge überleben? Wir können nur vermuten, daß es ihnen wenigstens eine Zeitlang gelang. Doch schließlich – Generationen später – gingen sie unter.«

Kasanzew sagte das mit einer Selbstverständlichkeit, die zum Ausdruck brachte, daß es sich bei seinen Äußerungen nicht um müßige Spekulationen handelte. Er hatte seine Theorie in jahrelanger Forschungsarbeit untermauert. »Wir haben immer noch keinen zuverlässigen Anhaltspunkt dafür, wann Phaeton zerstört wurde«, gestand er. »Ich neige zu der Annahme, daß dieser Zeitpunkt eher vor fünfhunderttausend als vor einer Million Jahren anzusetzen ist. In diesem Zeitraum entwickelte sich auch der Neandertaler, und bald danach tritt der bereits bemerkenswert kreative Cro-Magnon-Mensch auf. Wenn wir annehmen, daß die Menschen von Phaeton mindestens fünfhundert bis eintausend Jahre auf der Erde lebten, so überbrücken sie die Lücke vom primitiven zum denkenden Menschen. Vielleicht haben sie ihm geholfen, ihm ihr Wissen mitgeteilt und ihm sowohl jene Sagen hinterlassen, in denen die Götter auf Feuerwagen vom Himmel herabkommen, als auch die Sagen von Atomkriegen – die jedoch nicht auf der Erde, sondern auf Phaeton stattgefunden hatten.

Wenn dem so war – und ich glaube daran –, dann fügen sich alle Stücke des Puzzles zusammen. Funde wie die primitiven Felsenmalereien in der Nähe von Fergana in der Usbekischen Sowjetrepublik, wo eine Gestalt in einer typischen Raumfahrtausrüstung zu sehen ist, erscheinen dann plötzlich völlig erklärlich. Ebenso die

Tonfiguren der ›Kosmonautengötter‹ auf Hondo. Sie stammen aus der Zeit, als Japan von den Ainu, einem steinzeitlichen Volk, bewohnt wurde. Die Figuren, in Gräbern gefunden, zeigen menschenähnliche Wesen, die jedoch unzweifelhaft Weltraumkleidung tragen: Helm, Raumanzug, Raumschuhe. Bei genauer Betrachtung stellt man fest, daß der mit einem Sichtschlitz versehene Helm genauso an dem Raumanzug befestigt zu sein scheint wie bei unseren Kosmonauten heute. Auf den Ärmeln, unterhalb der Schulter und an der Hinterseite des Helms sind ›Steckdosen‹ angebracht, außerdem gibt es einen Apparat mit weiteren Anschlüssen – vermutlich handelt es sich hierbei um Versorgungs- und Nachrichtenaggregate. Die überlangen Ärmel enden in Stümpfen, die nicht wie Handschuhe, sondern wie unsere mechanischen Greifzangen aussehen, die vom Inneren des Ärmels aus bedient werden.

Diese Geschöpfe müssen Kosmonauten gewesen sein. Es gibt keine andere Erklärung. Doch ist auch offensichtlich, daß Raumanzüge wie diese kaum eine Reise über viele Lichtjahre vom Planeten eines anderen Sonnensystems zu uns herüber ausgehalten haben könnten. Das ist eine Ausrüstung, derer wir uns bedienen könnten, wenn wir den Mars erforschen wollen. Folglich müssen sie vom Phaeton gekommen sein.«

Vor etwa fünfzehn Jahren schrieb Kasanzew seinen ersten Artikel über die Hondo-Figuren. Damals dachte er allerdings noch an Kosmonauten, die von irgendwoher aus dem Universum gekommen sind. Nachdem der Aufsatz auch in Japan erschienen war, erhielt Kasanzew eines Tages ein großes Paket. Es enthielt eine solche Figur. Absender war ein japanischer Archäologe, der im Begleitschreiben erklärte, niemand sei würdiger, sie zu besitzen, als Kasanzew. In der Folgezeit erhielt Kasanzew noch vier weitere Figuren dieser Art. Bevor wir Moskau verließen, besuchten wir Kasanzew noch einmal, und er führte uns in ein Zimmer, das er uns bislang noch nicht gezeigt hatte. Dort standen auf einem Regal fünf einander sehr ähnliche Hondo-Figuren, alle zwischen 12 und 40 Zentimeter hoch. Er sagte, ein Radiokarbontest habe ergeben, daß ihr Alter etwa 8500 Jahre betrage. Sie waren echt, daran bestand kein Zweifel.

Wir fragten Professor Zigel, ob er mit Kasanzew einer Meinung sei und glaube, daß dies Abbilder von Kosmonauten vom Phaeton seien. Ob er es für möglich halte, daß ihre Geschichte von Generation zu Generation überliefert worden sei, bis der Mensch in seiner künstlerischen Entwicklung ein Stadium erreicht hätte, in dem er diese Sagen in Bildern festhalten konnte: in Ton, in Stein und in Bronze ...

»Ja«, sagte Zigel, ohne zu zögern. Dann fügte er hinzu, als sei es die selbstverständlichste Sache der Welt: »Diese Statuen bestätigen Sawarizkijs Theorie, derzufolge das Leben auf Phaeton tatsächlich sehr ähnlichen Bedingungen wie auf der Erde unterworfen gewesen ist. Deshalb können in der Entwicklung der Lebensformen dort menschenähnliche Wesen entstanden sein. Allerdings müßte es richtiger heißen, daß der Mensch in seiner Entwicklung die Gestalt der Phaeton-Bewohner angenommen hat, da diese zuerst da waren. Natürlich möchten wir nicht so enden wie sie. Doch das liegt ganz allein an uns.«

»So ist es«, sagte Kasanzew, »und jetzt wissen Sie ebensoviel wie wir.«

Wir nickten. Er hatte uns davon überzeugt, daß es den Planeten Phaeton wirklich gegeben hat und er ein schreckliches Ende nahm.

Als wir uns von den beiden Männern verabschiedeten, fingen wir ein Augenzwinkern von Kasanzew auf, und wir verstanden das Zeichen. Jetzt war der Moment gekommen, unsere heikle Frage zu stellen. Wir hatten ihm erzählt, daß wir uns auch für die Ufo-Forschung in der Sowjetunion interessierten. Darauf hatte er geantwortet, das sei nicht sein Gebiet, aber er würde uns einen Wink geben, wenn sich die Gelegenheit ergeben würde, unsere Neugier zu befriedigen.

Offensichtlich war es soweit. Und so sagten wir, als wir Professor Zigel zum Abschied in aufrichtiger Dankbarkeit die Hand schüttelten: »Ihre Freundlichkeit gibt uns den Mut, Sie um ein Interview über Ihre Forschungsarbeit auf dem Gebiet der unbekannten Flugobjekte zu bitten.«

Wir wußten, daß Zigel *der* russische Experte für Ufo-Fragen war. Doch bisher hatte er es schroff abgelehnt, sich zu diesem Thema zu äußern. Nun hielt er inne, als hole er wieder Luft zu einem schroffen: *»Njet!«* Doch er sprach es nicht aus. Bei den Gesprächen über das Geheimnis des fehlenden Planeten hatte sich so etwas wie Freundschaft zwischen uns angebahnt.

»Fragen Sie micht nicht jetzt«, sagte er. »Fragen Sie mich, wenn Sie das nächste Mal im Lande sind. Wir wollen sehen, wie die Dinge dann stehen . . . Davon hängt es ab.«

Er hatte uns zumindest eine Chance gelassen. Bei unserem nächsten Moskau-Aufenthalt nutzten wir sie.

10 Professor Zigel und die sowjetische Ufo-Kontroverse

»Unbekannte Flugobjekte sind ein sehr ernstes Thema, mit dem wir uns eingehend befassen müssen. Wir bitten deshalb unsere Zuschauer, uns alle Beobachtungen von fremdartigen Flugkörpern mitzuteilen, die sie über dem Gebiet der Sowjetunion gesehen haben. Bitte schreiben Sie an die folgende Adresse in Moskau . . .«

Diese Aufforderung verbreiteten am 10. November 1967 in der Hauptsendezeit alle sowjetischen Fernsehstationen. Sie ging von zwei Männern aus, die offensichtlich die Billigung höchster Regierungsstellen besaßen: von Generalmajor P. A. Stoljarow und Professor Felix Zigel, der die russischen Kosmonauten in den Geheimnissen des Universums unterwies. Die Herren saßen in der spartanischen Kulisse eines Moskauer Fernsehstudios, sahen gelassen in die Kamera und erklärten, welche Einzelheiten sie besonders interessierten: Wann und wo wurde der unbekannte Flugkörper gesichtet, wie groß war er, wie schnell und in welche Richtung verschwand er wieder. Und sie ließen ihre sowjetischen Mitbürger nicht im Zweifel darüber, daß es sich bei ihrem Appell an die Zuschauer quasi um eine Verfügung des Kremls handelte. Über Ufos zu berichten war ab sofort eine Pflicht mehr, die man dem Staat gegenüber hatte.

Innerhalb weniger Tage gingen bei der angegebenen Adresse Hunderte von Briefen ein. Die Reaktion war überwältigend, selbst in einem Land, das sich – unabhängig vom Thema – der Schreibfreudigkeit seiner Bürger rühmt. Eine sorgfältige Überprüfung erbrachte mehr als zweihundert dokumentierte Fälle von Ufos am russischen Himmel. In den Zeitungen wimmelte es von Meldungen über Ufos und die Arbeit der Forschungsgruppe unter Leitung von Professor Zigel.

Dann schlug die offizielle Billigung von einem zum anderen Tag – wie das in der Sowjetunion häufig geschieht – in Mißbilligung um. Die gleichen Zeitungen, die gestern noch voll Anerkennung Leserbriefe abgedruckt hatten, in denen von Ufo-Beobachtungen die Rede war, gaben solche Berichte jetzt als »bloße Hirngespinste« und »das Ergebnis von Massenhysterie« der Lächerlichkeit preis. Zugleich erklärte die Sowjetische Akademie der Wissenschaften, es gäbe keinen vernünftigen Grund, an die Existenz von Ufos zu glauben. Damit war das Thema erledigt und fortan tabu. Das Volk, an Kurswechsel gewöhnt, schickte sich darein.

Zigel wurde angewiesen, seine Forschungsarbeiten abzubrechen, und zumindest offiziell tat er das auch. Inoffiziell setzte er sie jedoch fort, wobei er sich streng an das Gesetz hielt, das heißt, er ließ nichts mehr über neue Ergebnisse verlauten, schrieb keine Artikel mehr über Ufos und verhielt sich unauffällig. Alle diesbezüglichen Studien trieb er als privates Hobby in seiner Freizeit. Wenn er auch keine Radio- oder Fernsehzeit mehr in Anspruch nehmen konnte, um seine Landsleute um Mithilfe zu bitten, kannte man ihn nun doch als den führenden Ufo-Forscher, und viele Menschen sandten ihm auch weiterhin Berichte über ihre Beobachtungen.

Unter diesen Umständen war an ein Interview mit Zigel über Ufos nicht zu denken. Alle entsprechenden Gesuche westlicher Zeitungsleute hatte Nowosti bisher ablehnen müssen. Ein Moskauer Wissenschaftler erklärte uns: »Professor Zigel ist von offizieller Seite ein ›gefährlicher Träumer‹ genannt worden. Seine Arbeit gilt als – sagen wir – delikat, wenn nicht sogar als gefährlich. Er vollführt ständig wissenschaftliche Drahtseilakte. Dabei beschäftigt er sich ohnehin nur mit den Fällen von Ufo-Sichtungen, die strengster Überprüfung standhalten. Er spricht nicht mit der Presse, weil er befürchtet, daß seine Äußerungen falsch verstanden werden und die Behörden sich dadurch gezwungen sehen könnten, seine Handlungsfreiheit noch weiter einzuschränken.«

Von seiten der zuständigen Regierungsstellen in Moskau wurde die Situation freilich ganz anders dargestellt. Da hieß es, man würde herzlich gern ein Interview mit Zigel für uns arrangieren, »sofern er erreichbar ist und sofern er mit Ihnen sprechen will«.

Wann immer aber wir darum baten, lautete die Antwort stets, daß er nicht erreichbar sei oder daß er keine Zeit für uns habe. Wir waren indessen ziemlich sicher, daß uns die Behörden und nicht Zigel die Steine in den Weg legten.

Erst nachdem wir durch Vermittlung Alexander Kasanzews endlich mit Zigel zusammenkamen, wurde uns klar, daß dieser tatsächlich keine Lust hatte, Interviews zu geben. Eine Fehldeutung oder die falsche Wiedergabe eines Sachverhalts durch einen Journalisten konnte er einfach nicht riskieren.

1942 hatte Felix Zigel sein Studium an der Universität Moskau beendet. 1948 war er in seiner Eigenschaft als Astronom bereits Anwärter auf einen Platz in der Sowjetischen Akademie der Wissenschaften. Seit 1963 ist er Professor am Luftfahrtinstitut in Moskau, einer militärischen Einrichtung. Den dort Wirkenden ist strengstens vorgeschrieben, was sie zu tun und zu sagen haben.

Felix Zigel ist Verfasser von 28 Büchern und mehr als 250 Artikeln über Astronomie und Kosmonautik. 1975 veröffentlichte er zusammen mit Professor W. P. Burdakow das erste sowjetische Lehrbuch der Kosmonautik. Außerdem schrieb er ein vielgelesenes Buch mit dem Titel *Leben im Kosmos*, in dem es um die Frage des möglichen Kontakts mit außerirdischen Zivilisationen geht. Viele seiner Artikel und Bücher beschäftigen sich mit den Ufos, einem Forschungsgegenstand, dem er sich im Jahre 1955 zuzuwenden begann.

Wir waren entschlossen, uns trotz aller Widerstände die Gelegenheit zu verschaffen, ihn zu diesem Thema zu interviewen. Ermutigt durch den Umstand, daß seine Antwort nach unseren Gesprächen über den Planeten Phaeton so viel besagt hatte wie »Rufen Sie mich an, und ich werde sehen, was ich tun kann«, baten wir, nach Moskau zurückgekehrt, Kasanzew, ein Treffen zu arrangieren. Wir erklärten uns bereit, Zigel jede Garantie zu geben, die er für notwendig hielt.

Seine erste Reaktion war eine glatte Ablehnung. Er habe keine Zeit, mit uns zusammenzukommen. Wir beschworen Kasanzew: »Erinnern Sie ihn an unsere frühere Begegnung. Versichern Sie ihm, daß er von uns nichts zu befürchten hat.« Er versprach, es noch einmal zu versuchen.

Zwei Tage lang hörten wir nichts von ihm. Dann ein kurzer Anruf in unserem Hotel. »Kommen Sie heute um sechs Uhr nachmittags in meine Wohnung«, sagte Kasanzew. Wir schlossen daraus, daß es ihm tatsächlich gelungen war, ein Zusammentreffen mit Zigel zu arrangieren.

Als Kasanzew uns ein paar Stunden später allein empfing, sank unsere Stimmung auf den Nullpunkt. »Professor Zigel gibt niemals Interviews«, wiederholte Kasanzew überflüssigerweise. »Sie kennen die Gründe. Die Risiken sind einfach zu groß. Doch ich habe ein langes Gespräch mit ihm gehabt, und ich glaube, daß es mir gelungen ist, ihn zu überreden. Das heißt, Sie können sich beglückwünschen. Professor Zigel ist bereit, mit Ihnen zusammenzukommen – allerdings unter einer Bedingung. Sie müssen sich damit einverstanden erklären, ihm die schriftliche Version seiner Äußerungen zur Genehmigung vorzulegen.«

Unser erleichtertes Lächeln war Antwort genug. Natürlich würden wir ihm dieses Recht einräumen! Wann würden wir ihn sehen?

»Sofort!«

Die Tür zum Nebenzimmer tat sich auf, und Zigel, der offensichtlich nebenan gewartet und unserem Gespräch zugehört hatte, kam herein. Als wir uns begrüßt hatten, schüttelte er den Kopf und meinte: »Ich weiß immer noch nicht, ob es richtig ist. Aber Sie haben viele Freunde in Moskau. Versuchen wir es also.«

Während der nächsten Stunde hörte er sich unsere Fragen an und beantwortete sie nach sorgfältiger Überlegung. Zum Schluß entsprachen wir Zigels Wunsch, das Interview in seinem genauen Wortlaut wiederzugeben. Im folgenden also zunächst jeweils unsere Frage und darauf die Antwort des Professors:

Was ist Ihrer Meinung nach ein Ufo?

»In über zwanzig Jahren, die ich mich nun mit dem Ufo-Phänomen beschäftige, bin ich zu der Überzeugung gelangt, daß von allen vorgebrachten Hypothesen die wahrscheinlichste ist, daß wir es bei Ufos mit außerirdischen Sonden zu tun haben. Wenn man die vorliegenden Berichte über Ufos gesichtet hat und sich auf die konzentriert, die sich nicht als das Ergebnis einer allzu lebhaften Einbildungskraft oder als optische Effekte in der Atmosphäre erklären lassen, sieht man sich der Tatsache gegenüber, daß der erfahrene Ufo-Forscher eher ein Stachelschwein für ein Krokodil halten könnte als einen Kugelblitz oder eine optische Täuschung für ein Ufo.

Im übrigen ist das Ufo-Problem selbst für den hervorragendsten Wissenschaftler ziemlich schwer definierbar. Denn wir sind immer noch weit davon entfernt, eine klare Vorstellung von diesen Objekten zu besitzen. Sicher scheint mir nur, daß es sich um außerirdische Sonden handelt.«

Haben Sie irgendeine Vermutung, woher die Ufos kommen und welchem Zweck ihre Besuche dienen?

»Dazu möchte ich mich gegenwärtig nicht äußern. Wir dürfen nicht vergessen, daß wir den vielen Brüdern des ungläubigen Thomas in der Welt erst noch beweisen müssen, daß die Ufos tatsächlich Raketen aus dem Weltraum sind. Das ist unsere dringlichste Aufgabe und unser nächstes Ziel. Ich schließe natürlich nicht aus, daß wir uns Klarheit über die Herkunft der Ufos verschaffen sollten. Es wäre jedoch nicht sehr klug, sich schon jetzt auf bestimmte Schlüsse festzulegen.«

Wie erklären Sie die Tatsache, daß man Ufos verschiedener Größe beobachtet hat? Warum gehören sie nicht alle dem gleichen Typus an?

»Es gibt zwei sehr einfache Erklärungen: Erstens müssen wir vom Vorhandensein einer weiteren Dimension ausgehen. Wenn Augenzeugen beobachteten, daß Ufos von einem Augenblick zum anderen verschiedene Gestalt annahmen, so deshalb, weil wir Erdbewohner sie nur aus dem Bezugssystem dreier Dimensionen erblikken. Die vierte Dimension – und vermutlich noch weitere Dimensionen – wird von unseren Physikern ernsthaft in Betracht gezogen. Nach meiner Auffassung würde die Annahme weiterer Dimensionen auch erklären, wodurch die Raumschiffe in der Lage sind, innerhalb kurzer Zeitspannen riesige Entfernungen zurückzulegen, für die sie, selbst wenn sie sich mit Lichtgeschwindigkeit vorwärtsbewegen würden, Hunderte und Tausende von Jahren brauchen würden.

Zweitens haben Ufos, wie viele andere Dinge auch, die Besonderheit, von verschiedenen Blickpunkten aus unterschiedlich auszusehen. Schließlich muß man noch in Betracht ziehen, daß die Ufos durchaus von verschiedener Gestalt sein können, wie ja auch unsere Flugapparate unterschiedliche Formen aufweisen, vom Düsenflugzeug bis zum Hubschrauber.«

Welche Vorstellung haben Sie hinsichtlich der Größe der Ufos?

»Ich möchte dazu auf eine besonders wichtige Beobachtung verweisen. Ein Augenzeuge, ein sehr angesehener Astronom, schätzte die Entfernung zwischen den Spitzen eines halbmondförmigen Ufos auf 600 Meter. Dabei ist allerdings zu bedenken, daß dies die Ausmaße des Plasmas sind, das den Kern des fliegenden Objekts umhüllt.«

Schließt das die Möglichkeit aus, daß außerirdische Raumsonden auch viel kleiner sein können?

»Nein! Ich lasse das Ausmaß von 600 Meter nur für das von der Rakete erzeugte und transportierte Plasma eines bestimmten Typs gelten. In anderen Fällen können die Dimensionen in der Tat sehr viel kleiner sein. Wie schon gesagt, haben wir es mit unterschiedlichen Formen außerirdischer Raketen zu tun. Wir müssen auch die Möglichkeit in Betracht ziehen, daß es sich in einigen Fällen um Raketen von Raketen handelt, quasi um Aufklärungsfahrzeuge, die das Mutterschiff innerhalb eines bestimmten Radius ausschickt.«

Glauben Sie, daß Wesen aus dem Weltraum früher bereits einmal auf der Erde gelandet sind?

»Ich glaube nicht, daß das Wort ›glauben‹ irgendeine Bedeutung hat. Nur der wissenschaftliche Beweis zählt. Und der steht noch aus. Bis jetzt müssen wir uns mit Hypothesen behelfen. Nun lautet meine Hypothese in der Tat, daß menschenähnliche Wesen schon vor sehr langer Zeit auf der Erde gelandet sind, und zwar zu Zeiten, da das Leben auf der Erde noch eine sehr primitive Form aufwies. Ich meine aber – und in diesem Punkt bin ich anderer Meinung als der angesehene Historiker Wjatscheslaw Saizew –, daß seit der Menschheitsdämmerung keine Wesen aus dem Weltraum mehr die Erde besucht haben.

Warum versuchen so viel höher Entwickelte nicht, mit uns in Kommunikation zu treten? Meine eigene Auffassung unterscheidet sich von der jener Forscher, die meinen, diese Wesen seien einfach nicht daran interessiert; denn wir beobachten ja auch das Leben der Ameisen, versuchen aber nicht, mit ihnen in Kommunikation zu treten. Meine Theorie lautet dagegen: Die Extraterrestrischen sind durch ihre Beobachtungen zu der Auffassung gelangt, daß sich ein direkter Kontakt mit uns nur nachteilig auswirken könnte. Deshalb warten sie, daß die irdische Zivilisation in ein anderes Entwicklungsstadium eintritt.«

Was halten Sie von der Substanz, die als »Engelshaar« bezeichnet und manchmal in der Atmosphäre beobachtet wird, nachdem Ufos gesichtet worden sind?

»Die als ›Engelshaar‹ bezeichnete Substanz ist ein leicht radioaktives Spinnengewebe – eine gallertartige Masse. Sie strömt einen unangenehmen Geruch aus, verflüchtigt sich aber ziemlich rasch. In manchen Fällen wurde berichtet, daß die Substanz glasartiger Baumwolle geähnelt habe. N. W. Schebalin, der Sekretär des Komitees für das Internationale Geophysikalische Jahr, erhielt kürzlich Berichte, in denen die Rede davon war, daß eine geheimnisvolle Substanz durch die Atmosphäre in der Gegend von Woronesch und über einigen anderen Gebieten getrieben sei. Leider haben diejenigen, die diese Substanz bemerkten, nicht versucht, eine Verbindung zu Ufo-Beobachtungen herzustellen.

Jüngst haben wir eine kleine Probe Engelshaar aus Neuseeland bekommen. Sie wurde von dem bekannten russischen Physiker L. W. Kiritschenko und anderen erstklassigen Fachleuten untersucht. Sie kamen zu dem Schluß, daß die Substanz aus Elementen besteht, deren Atomgewicht unter 12 liegt, und daß sie wider Erwarten keinerlei Radioaktivität aufweist. Die Wissenschaftler konnten den mineralischen Aufbau der Substanz in keine Beziehung zu irgendeinem uns bekannten Material aus der Familie der Faserstoffe setzen. Das Mitglied der Akademie I. W. Petrjanow-Sokolow schloß daraus, der dünne Faserstoff sei nicht natürlichen Ursprungs. Augenblicklich bemühen wir uns eifrig um neue Proben von Engelshaar, wobei wir weiterhin davon ausgehen, daß die Substanz offenbar unmittelbar nach Ufo-Beobachtungen auf die Erde herabsinkt.«

Besteht die Annahme zu Recht, daß der berühmte Tunguska-Meteorit ein Ufo war?

»Ich bin ohne jeden Vorbehalt dieser Auffassung. Es liegen wissenschaftliche Daten darüber vor, daß der Tunguska-Körper am 30. Juni 1908 einige hundert Kilometer in unserer Atmosphäre zurücklegte und dann in einer Höhe von 5000 bis 7000 Metern über der Erde explodierte. Dabei entwickelte er die Kraft einer Atombombe von vierzig Megatonnen. In allen Einzelheiten wies die Explosion die typischen Begleiterscheinungen einer thermonuklearen Explosion auf. Es gab geomagnetische Effekte, das Aufleuchten der Atmosphäre, ein gesteigertes Wachstum der Vegetation, Mutationen der Flora und zahlreiche andere Auswirkungen, zu denen auch eine erhöhte Radioaktivität in den Jahresringen der Tunguska-Bäume nach 1908 gehört. Ungewöhnlich hohe Kohlenstoff-14-Werte, die 1966 von den amerikanischen Wissenschaftlern Libby und Cohen in den entsprechenden Ringen kalifornischer Bäume entdeckt wurden, sind eines der – wie weit auch immer entfernten – Folgeerscheinungen der Explosion in Sibirien.

Ich bin bei Durchsicht der Augenzeugenberichte ganz eindeutig zu dem Ergebnis gekommen, daß der angebliche Meteorit innerhalb der Erdatmosphäre ein bestimmtes Flugmanöver ausgeführt hat, das Zickzackform aufwies, und zwar über eine Strecke von 800 Kilometern. Die Einzelheiten dieses Manövers werden im Moment noch genauer bestimmt, doch schon jetzt besteht kaum Zweifel daran, daß die Flugbahn des Tunguska-Körpers in der Atmosphäre nicht ballistischen Gesetzen entsprach. Die Summe der vorliegenden Anhaltspunkte läßt nur den Schluß zu, daß der Körper eine Rakete aus dem Weltraum war, die aus noch ungeklärten

Gründen in der Erdatmosphäre zerbarst.

Es ist für unsere Gegenwart wie für unsere Zukunft von größter Wichtigkeit, die Rätsel um diesen Flugkörper vollständig zu erforschen. Denn wir wissen nicht, ob sich eine solche Explosion nicht in nächster Zeit wiederholt. Würde das in unserer so schwierigen politischen Weltsituation der Fall sein, könnte sich ein irritierter Machthaber möglicherweise veranlaßt sehen, auf den berüchtigten Atomknopf zu drücken. Um eine solche Panikreaktion auszuschließen, müssen wir alles daransetzen, um den Vorfall im Tunguska-Gebiet in allen Einzelheiten aufzuklären, damit die Welt weiß, was es damit auf sich hatte, und sich beim nächsten Mal niemand zu irgendwelchen verhängnisvollen Schlußfolgerungen veranlaßt sieht. Nur auf diese Weise können wir uns dagegen sichern, daß eine ähnliche Explosion in der Zukunft als der Abwurf einer auf der Erde entwickelten Wasserstoffbombe mißverstanden wird.«

Wie steht man in der UdSSR seit 1968 zu der Frage der Ufos?

»Die Mehrheit der sowjetischen Wissenschaftler steht der Frage der Ufos immer noch skeptisch gegenüber. Diejenigen hingegen, die von der Ernsthaftigkeit und wissenschaftlichen Bedeutung des Phänomens überzeugt sind, führen ihre Untersuchungen aus eigener Initiative auf privater Ebene fort.

Im März 1968 stellte unsere Gruppe für Ufo-Forschung ihre Arbeit ein. Seither werden die Augenzeugenberichte nicht mehr systematisch gesammelt. Ich muß mich mit Berichten zufriedengeben, die mich unaufgefordert erreichen. Aus Angst, sich lächerlich zu machen, und noch aus anderen Gründen ziehen die Augenzeugen von Ufo-Beobachtungen es heute meist vor, die Sache für sich zu behalten. Auch wissen viele nicht, an wen sie ihre Berichte schicken sollen. Obendrein behauptet unsere Presse immer wieder, daß es das Ufo-Problem gar nicht gibt und nur unverbesserliche Scharlatane sich weiterhin mit ›fliegenden Untertassen‹ beschäftigen. So ist die Zahl der Beobachtungsberichte, die ich bekomme, relativ klein. Doch die Tatsache, daß mir auch weiterhin solche Erscheinungen gemeldet werden, beweist ihr Vorkommen.«

Gibt es Berichte von Ufo-Landungen in der UdSSR oder darüber, daß man ihre Mannschaften beobachtet habe?

»Es gibt zwei Fälle – sie wurden 1961 und 1967 berichtet –, in denen von derartigen Vorfällen die Rede ist. Sie konnten jedoch bislang noch nicht eindeutig geklärt werden.«

Was steht Ihrer Meinung nach einer systematischen und offiziellen wissenschaftlichen Erforschung der Ufos im Wege?

»Vor allem das Vorurteil unter der Mehrheit der Wissenschaftler. Wenn man außerirdische Erklärungen für bestimmte Phänomene zur Diskussion stellt, wird einem leicht Unwissenschaftlichkeit vorgeworfen. Interessanterweise haben sich die Skeptiker niemals selbst mit dem Thema ›Ufos‹ befaßt. Immer wieder habe ich gesehen, wie sich der Gesichtsausdruck hervorragender Wissenschaftler im Laufe eines Gesprächs, in dem ich ihnen konkrete Beweise vorlegte, veränderte. Sie haben zunächst ein ironisches Lächeln auf den Lippen und zeigen schließlich nachdenkliches Erstaunen. Im Grunde fürchten sie nur, es könne ihrem Ruf schaden, sich mit der Ufo-Theorie abzugeben.

Ein zweites schweres Handikap ist die Sensationsgier unverantwortlicher Gerüchteköche. Auch die allzu lebhafte Phantasie vieler meiner Landsleute hat das Thema in Verruf gebracht. Das ist für uns Wissenschaftler überhaupt am schwierigsten: die wenigen wissenschaftlich stichhaltigen Fakten aus den zahllosen Phantasieberichten herauszufiltern. Ich bin, ehrlich gesagt, der Meinung, daß man sich angesichts einer so wichtigen Frage wie der Existenz von Ufos dazu entschließen sollte, die vorsätzliche Täuschung nicht nur moralisch, sondern auch strafrechtlich zu verurteilen. Für den Erfolg unserer Forschung ist die ernsthafte und sachliche Behandlung des Gegenstands eine unabdingbare Voraussetzung.«

Wie wäre die wissenschaftliche Erforschung der Ufos am besten zu organisieren?

»Nehmen wir einmal an, wir könnten mit der Unterstützung der Regierung rechnen, so müßten in der nächsten Phase der Forschung aufgrund der vorliegenden wissenschaftlichen Daten die ersten theoretischen Modelle von Ufos erstellt werden. Bislang ist in dieser Richtung sehr wenig geschehen. Leider hat man viel zuviel Zeit und Energie damit verschwendet, sich über die Diskutierbarkeit des Ufo-Phänomens und die Beweisbarkeit der Ufo-Existenz zu streiten. Es ist längst der Augenblick gekommen, da die Kerntruppe der Ufo-Forscher, zu der zu gehören ich die Ehre habe, sich auf die theoretische Erklärung der Ufos als tatsächlich vorhandene Objekte konzentrieren sollte.

Ich meine, wir sollten jetzt versuchen, die Ufos im Modell nachzubauen und uns dabei an die verschiedenen Möglichkeiten von Flugmaschinen der Zukunft halten, die bereits auf den Reißbrettern kühner Planer in aller Welt entworfen wurden. Ich habe Grund zu der Annahme, daß sich das Rätsel der Ufos teilweise durch Experimente auf der Erde lösen läßt. Das erste Labormodell könnte sehr wohl auf dem von mir so benannten Ähnlichkeitskoeffizienten beruhen. Sicherlich sollten wir mit der Möglichkeit rechnen, daß wir uns dabei vielleicht in der Situation eines Menschen befinden, der das Prinzip des Düsenantriebs mit Hilfe eines Teekessels zu erklären versucht. Es ist durchaus denkbar, daß wir die Ufo-Technik ebensowenig verstehen können wie der Mensch aus der Zeit der Heißluftballons das Düsenflugzeug. Trotzdem muß irgend jemand einen Anfang machen – und zwar jetzt.

Ein zweiter Ansatz würde nach meinem Dafürhalten darin bestehen, einige der eher peripheren Probleme der zeitgenössischen Physik in Angriff zu nehmen, die bei der Erklärung der physikalischen Aspekte der Ufos helfen könnten; zum Beispiel: die Energie, die sich aus einem Vakuum gewinnen läßt, Antriebssysteme, die nicht auf dem Prinzip des Düsenantriebs beruhen, die Erkundung einer vierten Dimension, welche die Bewegung der Ufos erklären könnte. Dafür ist, wie ich meine, eine vielversprechende Vorarbeit bereits von dem sowjetischen Physiker I. L. Gerlowin geleistet worden, der die Theorie des Fundamentalfeldes entwickelt hat. Ferner sollte man, trotz aller Schwierigkeiten, konkrete Experimente mit Ufo-Modellen unter Verwendung von Laserstrahlen nicht ausschließen. Dadurch könnte man Proben ihres Materials erhalten. Auf den ungeheuren Wert solcher Experimente brauche ich nicht weiter einzugehen.«

Was halten Sie von der Untersuchung der Ufos in den Vereinigten Staaten?

»Ich verfolge die Arbeit amerikanischer Wissenschaftler mit großem Interesse. Der Bericht von Dr. Edward Condon im Auftrag der US-Luftwaffe hat einen ungünstigen Eindruck auf mich gemacht. Er war oberflächlich. Bei eingehender Beschäftigung scheint es so, als habe der Autor versucht, ein Problem ad acta zu legen, statt es zu lösen.«

Halten Sie es für möglich und wünschenswert, daß amerikanische und sowjetische Wissenschaftler sich der Ufo-Forschung mit vereinten Kräften widmen?

»Ich halte eine solche Zusammenarbeit sowohl für möglich als auch für wünschenswert, insbesondere im Rahmen der neuen wissenschaftlichen Zusammenarbeit, die gegenwärtig zwischen den USA und der UdSSR entwickelt wird.

Die Akademie der Wissenschaften der UdSSR hat vor kurzem einen sehr wesentlichen Schritt getan, den wir, das heißt, die Wissenschaftler, die sich mit dem Ufo-Problem beschäftigen, mit großer Befriedigung zur Kenntnis genommen haben. In ihrem Programm zur Erforschung möglicher Kommunikationen mit außerirdischen Zivilisationen, das 1974 niedergelegt und ein Jahr später veröffentlicht wurde, findet sich auf Seite 19 eine sehr aufschlußreiche Bemerkung. Hinsichtlich außerirdischer Raumfahrzeuge heißt es dort:

›Besondere Anstrengungen sollten gemacht werden, um Raumsonden zu entdecken, die von außerirdischen Zivilisationen ausgeschickt worden sind und sich innerhalb unseres Sonnensystems oder sogar in einer Umlaufbahn um die Erde befinden. Um solche sich rasch bewegenden Objekte auszumachen, sollte ein ständiges Beobachtungssystem, das den gesamten Himmel erfaßt, durch das neu entwickelte Verbundsystem von Radioobservatorien ergänzt werden (dabei werden die Objekte von verschiedenen Orten aus mit Hilfe von Radio-Radarantennen erfaßt). Es sollte in der ersten Phase auch möglich sein, zu diesem Zweck die vorhandenen Radio-Radareinrichtungen zu benutzen, die für kosmische Kommunikation und Radioortung entwickelt worden sind.‹

So ist die Suche nach außerirdischen Sonden in Umlaufbahnen um die Erde also doch wieder zu einem wichtigen Punkt im offiziellen Programm unserer Akademie der Wissenschaften geworden. Da unsere beiden Nationen sich zu engen Kontakten auf diesem Gebiet entschlossen haben, wäre die gemeinsame Suche im Rahmen der Zusammenarbeit zwischen der Akademie der Wissenschaften der UdSSR und der Nationalen Akademie der Wissenschaften der USA eine wichtige Aufgabe.

Von der Annahme außerirdischer Raumsonden, die sich in passiven Umlaufbahnen um die Erde befinden, zu außerirdischen Raumschiffen, die aktiv in die Erdatmosphäre eindringen können, ist es nur noch ein Schritt. Ich bin mir allerdings völlig darüber im klaren, daß dieser Schritt Wissenschaftlern besonders schwerfällt, da er verlangt, daß psychische Barrieren überwunden werden. Dessenungeachtet werden sie diesen Schritt tun müssen.«

Können wir erwarten, daß es auch weiterhin zu Ufo-Beobachtungen kommen wird?

»Es wird nicht nur weiterhin dazu kommen, sondern sie werden noch zunehmen. Je mehr Information diese außerirdischen Wesen von uns erhalten, um so neugieriger müssen sie werden. Das heißt, sie werden mehr Sonden ausschicken, um noch genauere Informationen zu erlangen, und wir werden entsprechend mehr unbekannte Flugobjekte wahrnehmen. Sie sind eine Realität, auch wenn das manchen Wissenschaftlern nicht paßt. Ufos sind möglicherweise das wichtigste Forschungsgebiet, das es heute gibt, da die Aufdeckung ihres Geheimnisses zahllose Probleme unserer Welt lösen könnte.«

Im Anschluß an unser Interview fragten wir Professor Zigel, ob er uns nicht wenigstens einen Teil seiner Unterlagen über die im Luftraum der Sowjetunion gesichteten Ufos zugänglich machen könnte. Er schüttelte den Kopf. »Ich habe genug gesagt.«

In unser Hotel zurückgekehrt, streckten wir sofort unsere Fühler aus, um in Erfahrung zu bringen, wie sich weitere Informationen über die russische Ufo-Forschung beschaffen ließen.

11 Der Klub der Phantasten

»Der Klub der Phantasten?« wiederholte der alte Mann an der Garderobe unsere Frage. »Nie gehört. Vielleicht meinen Sie das Schriftstellertreffen. Da schließen Sie sich am besten diesen Genossen hier an.«

Wir nickten den drei Herren zu und folgten ihnen in ein Konferenzzimmer, das tagsüber von der Redaktion der Zeitschrift *Technika Molodeschi* benutzt wurde.

Wir wußten selbst nicht genau, wer uns zu dem Treffen eingeladen hatte. Eines Abends erhielten wir per Telefon den Rat, die nächste Tagung des »Klubs der Phantasten« zu besuchen und uns den Vortrag des Gastredners anzuhören – unseres Freundes Alexander Kasanzew.

In dem Konferenzraum saßen schon etwa vierzig Leute, die Männer feierlich in dunklen Anzügen und Schlipsen, die Frauen in dicken Wollkleidern. Offiziell war dies eine Zusammenkunft von Science-fiction-Autoren, in Wirklichkeit traf sich eine Gruppe von jungen Wissenschaftlern, die sich für ein ganz spezielles und sehr heikles Thema interessierten: für NLO – die russische Abkürzung für unbekannte Flugobjekte. In Amerika hätten sie der APRO, also der Aerial Phenomena Research Organization (Forschungsgesellschaft für Flugkörpererscheinungen) angehört, oder dem NICAP, dem National Investigating Committee on Aerial Phenomena (Nationaler Forschungsausschuß für Flugkörpererscheinungen) oder vielleicht sogar dem MUFON, dem Mutual Unidentified Flying Object Network (Vereinigte Ufo-Gesellschaft). Als der Begriff »Ufo« von den sowjetischen Behörden 1968 geächtet wurde, mußten die einheimischen Enthusiasten sich vorsehen. Die Russen haben eine Schwäche für technische Zukunftsromane, und man nimmt höheren Orts keinen Anstoß daran, wenn Science-fiction-Fragen erörtert werden. Deshalb war der »Klub der Phantasten« ein idealer Deckmantel für die privaten Ufo-Forscher.

Wir wurden von dem Treffen nicht enttäuscht. Es war ausschließlich dem Thema »Ufos über Rußland« gewidmet. Zuerst äußerte sich Kasanzew ganz allgemein zu dem Thema. Dann beantwortete er Fragen, und schließlich standen einzelne Teilnehmer auf und berichteten von neuen und alten Ufo-Erscheinungen, die sie selbst erlebt oder erforscht hatten.

Typisch war der Fall, den ein schmächtiger junger Wissenschaftler schilderte, der sich zuvor als Jurij Michailowitsch Medwedjew vorgestellt hatte. »Im Mai 1969 fuhr ich in das Dorf Peruschkowo, das etwa fünfzig Kilometer westlich von Moskau liegt. Man hatte mir mitgeteilt, daß einige Dorfbewohner ein Ufo gesehen hatten. Wie ich feststellte, war das Dorf ziemlich isoliert. Seine Einwohner waren zu sehr mit ihren landwirtschaftlichen Problemen beschäftigt, als daß sie irgendein Interesse für die Möglichkeiten modernster oder gar außerirdischer Technologie aufbrachten. Anfangs zögerten die Landleute, über das geheimnisvolle Ereignis zu reden, doch allmählich brachte ich sie dazu, mir zu erzählen, was passiert war. Ich ging von Haus zu Haus und befragte jeden einzelnen. Ich hatte sie natürlich nicht vorgewarnt, so daß sie keine Möglichkeit hatten, sich untereinander abzusprechen, was sie mir erzählen wollten. Trotzdem haben mir alle dasselbe berichtet.

In einer Nacht ungefähr zwei Wochen vor meinem Besuch hatten einige Dorfbewohner eine silberfarbene Scheibe von der Größe eines Flugzeugs beobachtet, die hinter einer Gruppe von Bäumen gelandet war. Zum Teil brannte das Gras in der Umgebung des Objekts noch, ebenso eine Tanne, die offensichtlich mit dem Rand des Objekts in Berührung gekommen war. Die Leute sagten, das ›runde Flugzeug‹ sei Sekunden, nachdem sie es bemerkt hatten, senkrecht gestartet und sei verschwunden. Übereinstimmend meinten sie, das Objekt könne nicht länger als eine halbe Stunde auf dem Boden gewesen sein.

Ich bat die Augenzeugen, mir den Platz zu zeigen, und sie führten mich in den Wald vor dem Ort und an den Rand einer Lichtung. Das Gras auf der freien Fläche war verbrannt, der Boden auffällig geschwärzt. Auch einige Bäume am Rande der Lichtung zeigten Brandspuren, vor allem eine Tanne, deren Zweige an der einen Seite völlig verbrannt waren, während die andere unversehrt schien.

Damals zögerte ich, die Untersuchung vor den Augen der Dorfbewohner fortzusetzen, und fuhr wieder weg. Zwei Monate später aber kehrte ich zurück, um den ›Ufo-Landeplatz‹ genauer zu untersuchen. Ich fand allein zur Lichtung. Sie sah etwas anders aus als das letzte Mal: Das Gras war nachgewachsen und die beschädigte Tanne abgestorben; sie war umgestürzt. Die Lichtung mochte einen Durchmesser von vierzig Metern haben.«

Wir fragten Kasanzew, was er von dem Bericht halte. »Ich habe keinen Anlaß, dem Mann keinen Glauben zu schenken«, erwiderte er, »obgleich ich zum ersten Mal höre, daß ein Ufo tatsächlich dabei gesehen worden sein soll, wie es auf sowjetischem Boden gelandet ist.« Ob die Dorfbewohner die Geschichte vielleicht erfunden oder sich eingebildet haben könnten, nachdem die Tanne vor ihren Augen von einem Blitz getroffen wurde? Kasanzew schüttelte den Kopf. »Ich glaube nicht, daß diese Waldleute viel über Ufos wissen. Sie haben auch keinen Grund, eine Geschichte zu erfinden, die ihnen höchstens Ärger einbringen könnte. Die Möglichkeit, daß ein Blitz den Baum getroffen haben könnte, hat Genosse Medwedjew sehr sorgfältig überprüft. Es hat zur Zeit der beobachteten Landung kein Gewitter über diesem Gebiet gegeben.«

Leider darf die sowjetische Presse nicht mehr über Ufos berichten, doch sind offensichtlich überall im Lande »Ufo-Fans« damit beschäftigt, entsprechende Beobachtungen nicht nur zu verzeichnen, sondern solche Fälle auch gründlich nachzuprüfen. Sie interviewen Augenzeugen und bedienen sich hochkomplizierter Apparate, um Strahlungsmessungen durchzuführen. Da man der Auffassung ist, daß »Scharlatane« in der ernsthaften Forschung fehl am Platz sind, werden in zweifelhaften Fällen Psychiater beigezogen, die rasch in der Lage sind, die geistige Verfassung und Glaubwürdigkeit eines Zeugen zu beurteilen.

Einige Tage nach dem Klubtreffen erhielten wir einen Anruf von Jurij Alexandrowitsch Fomin, von dem es hieß, daß er als erster in der Sowjetunion systematisch Berichte über inländische Ufo-Beobachtungen gesammelt habe. Nur zu gern nahmen wir seine Einladung an, mit ihm und zwei anderen Forschern in seiner Wohnung zu einem Gespräch über Ufos zusammenzukommen. Wir mußten ihm allerdings versprechen, daß wir die Namen der beiden Gesprächspartner in unserem Bericht nicht nennen würden.

1956 hatte Jurij Fomin, damals Dozent im Fachbereich Automation am Moskauer Technologischen Institut, nach der Lektüre über Beobachtungen im Ausland sein Interesse für Ufos entdeckt. Als Ingenieur, der Patente für viele in der Industrie verwendete automatische Systeme besitzt, unterstellte er, daß außerirdische Zivilisationen automatische Apparate verwenden müßten, um die Umgebung unseres Planeten zu sondieren. Er meinte, in der Lage zu sein, eine den Ufos ähnliche vollautomatische Sonde zu entwikkeln. Viele Jahre lang analysierte er jede ihm zugängliche Fallgeschichte, sprach mit Zeugen und versuchte, die Kraftquelle der unbekannten Flugobjekte zu ergründen.

»Ich habe es jetzt aufgegeben, weitere Belege zu archivieren. Denn ich habe die notwendigen Beweise dafür, daß es Ufos wirklich gibt und daß sie den Luftraum über der Sowjetunion durchqueren«, stellte er sachlich fest. »Natürlich erhalte ich immer noch viele solcher Berichte, doch bemühe ich mich nicht aktiv um sie. Ich habe mich dem nächsten Komplex des Problems zugewandt: Warum und wie kommen sie her?

Es liegt auf der Hand, daß Zivilisationen, die Raumsonden in unsere Atmosphäre entsenden, über höhere Intelligenz und größeres Wissen verfügen als wir. Die Aufgabe, die ich mir gestellt habe, ist mit dem Versuch zu vergleichen, das Geheimnis der Funktionsweise eines Fernsehapparats zu ergründen, wenn man über Elektrizität nicht mehr weiß als die Menschen des achtzehnten Jahrhunderts.

Inzwischen habe ich die Theorie aufgegeben, daß die Ufos über eine Kraftquelle verfügen, dank derer sie sich schneller als das Licht fortbewegen können. Ich bin heute davon überzeugt, daß wir es mit einer Kraft der vierten und fünften Dimension zu tun haben.

Ich bemühe mich folglich nicht mehr, dieses Geheimnis unter Anwendung der Begriffe aus der dreidimensionalen Technologie zu lösen. Eine gerade Linie beispielsweise, die in unserem dreidimensionalen Denken eine Strecke darstellt, würde in einer vierten Dimension zu einer Schleife werden. Man könnte dadurch praktisch von einem Ende einer Strecke zum anderen gelangen, indem man in dieser vierten Dimension nur einen kleinen Schritt täte.«

Uns erschien das ein bißchen arg spekulativ, und das sagten wir auch. Jurij Fomin wurde keineswegs ärgerlich. »Das muß dem Laien so erscheinen«, meinte er. »Doch ist dies eine ganz exakte Antwort auf die Fragen, die die Wissenschaftler überall in der Welt beschäftigen. Ich habe mich jedenfalls ganz und gar auf die Untersuchung der vierten Dimension und auf ihre technologische Erschließung konzentriert. Dabei beschäftige ich mich nicht nur mit der Theorie, sondern auch mit ihrer praktischen Anwendung. In beiden Richtungen bin ich weit vorgedrungen und habe, wie ich denke, in meinen Experimenten schon einiges erreicht. Augenblicklich bereite ich eine Reihe neuer Experimente vor. Ich bin sehr optimistisch. Ich hoffe, daß einige meiner Ergebnisse in absehbarer Zukunft die Technologie in der UdSSR revolutionieren werden.«

Als der Gastgeber versuchte, uns seine Theorie in Formeln darzustellen, mußten wir ihn bremsen. »Sehr interessant, Jurij Alexandrowitsch«, sagten wir, »aber wir sind Reporter, keine Astrophysiker. Sprechen wir jetzt lieber über etwas, was wir verstehen: über Ihre Dokumentation von Ufo-Beobachtungen.« Glücklicherweise stimmten uns seine Begleiter zu, die offensichtlich ebenfalls Schwierigkeiten hatten, die vierte und fünfte Dimension zu begreifen, und Jurij Fomin begann seine Aktenstöße mit Fallgeschichten zu durchforschen . . .

1. In der Nacht zum 9. August 1957 wurde eine Forschungsgruppe des Moskauer Instituts für die Physik der Atmosphäre, die Untersuchungen in der Nähe von Zimljansk durchführte, durch laute Rufe aus dem Schlaf aufgeschreckt. Als die Männer aus ihren Zelten schauten, bemerkten sie ein flaches, rotes Objekt, das den Himmel von West nach Ost überquerte. Es ließ eine Feuerspur hinter sich. »Wir wußten, daß es sich nicht um einen Kometen

handelte«, resümierte L. N. Babin später den Eindruck der Naturwissenschaftler. »Die Scheibe schien aus einem harten Material zu bestehen und glänzte silbern. Oben hatte sie zwei Vorsprünge. Es könnten Antennen gewesen sein.«

2. Dr. B. Muratow und sein Sohn, Maschinenbaustudent an der Moskauer Universität, befanden sich am 4. Juni 1958 in der Nähe von Tschimbai. Sie kehrten um 21 Uhr vom Fischen auf dem Aralsee zurück. Plötzlich sahen beide ein seltsames Objekt in geringer Höhe aus Nordosten heranschweben. Zuerst dachten sie, es sei ein Flugzeug.

»Als es uns dann in etwa hundert Meter Höhe überflog«, berichtete Dr. Muratow, »wurde mir klar, daß es kein Flugzeug war. Es war ein scheibenförmiges Objekt, das einen melodiösen Summton von sich gab: Ich schätze die Größe der Scheibe auf 25 Meter im Durchmesser. Vorn hatte sie einen Vorsprung, der wie eine kurze Antenne aussah. Die Scheibe bewegte sich höchstens mit 300 km/h vorwärts. Ihre Oberfläche glänzte. An der einen Seite säumte den Rand ein roter Schimmer. Innerhalb von Sekunden verschwand das Objekt.« Als Dr. Muratow den einheimischen Fischern von seinem Erlebnis erzählte, teilte man ihm mit, daß man in der Nähe schon vor zwei Jahren ähnliche Flugkörper gesehen habe.

3. Eines der geheimnisvollsten Geschehnisse nennen die Russen den Onegasee-Vorfall. Die Menschen, die an diesem von dichten Wäldern umgebenen See leben, sind mutige, genügsame Jäger und Holzfäller. Doch das, was sie am 27. April 1961 sahen, beunruhigte selbst sie. Sie alarmierten den Förster Valentin Borskij.

In einem Rapport, von dem wir eine Kopie erhielten, schreibt er: »Ich traf am Morgen des 28. April in dem Gebiet am Nordufer des Onegasees ein. Ich bemerkte eine erhebliche Beschädigung der nördlichen Küstenlinie einer Bucht, die keinen eigenen Namen hat. Sie bedeckt eine Fläche von 0,75 Quadratkilometern. Irgendein Objekt hatte die Küstenlinie getroffen und die Böschung oberhalb der Wasserfläche zerstört. Es hinterließ dort eine lange, 3 Meter tiefe Narbe. Durch die Wucht des Aufpralls war auch die Eisdecke des Sees weithin aufgebrochen. Einige Eisstücke waren an Land geschleudert worden. Sie hatten eine merkwürdige, tiefgrüne Färbung angenommen. Doch was immer an dieser Stelle aufgeschlagen war – andere Überreste oder Spuren hatte es nicht hinterlassen. Mit Hilfe der Dorfbewohner untersuchte ich den Grund des Sees in der Nähe des Ufers. Nach Berichten der Einheimischen war das Gebiet in niedriger Höhe von einem unbekannten Objekt überflogen worden. In einem Winkel von etwa 10 Grad hatte der Flugkörper dann den Uferhang getroffen. Nach dem Aufprall habe er aber seinen Weg, dem Boden weiterhin sehr nahe, fortgesetzt und sei verschwunden. Die Einheimischen, die den Vorfall aus einer Entfernung von mindestens drei Kilometern beobachteten, hörten mit Ausnahme des Aufschlags keine Detonation.«

Borskij schickte seinen Bericht an die Stadtverwaltung von Powenez, einem Ort am Nordufer des Onegasees. Eine zivile und eine militärische Untersuchungskommission wurden in das Gebiet geschickt. Beide Gruppen unterzogen es einer sehr sorgfältigen Untersuchung.

Später schrieb Major Kopeikin, der Leiter des militärischen Teams: »Am 27. 4. 1961 kam zwischen 20 und 22 Uhr ein Objekt mit dem Ufer der schmalen Bucht am nördlichen Ende des Sees in Berührung. Die Stelle liegt 40 Meter von den Häusern des verlassenen Dorfes Entino entfernt. Der Uferhang weist dort eine Neigung von 60 Grad auf. Das Objekt hinterließ einen 15 Meter breiten Graben, der an seiner tiefsten Stelle 3 Meter tief ist. Ein zweiter, kleinerer Graben fand sich am westlichen Ende der Aufschlagsstelle. Die Entfernung zwischen den beiden Gräben beträgt 5,5 Meter. Eine Furche von 40 Zentimeter Breite führt zum See hinunter. Das Eis des Sees war auf einer größeren Fläche aufgebrochen. Die Unterseite der Eisschollen schimmerte hellgrün wie Chromoxyd. Beim Schmelzen hinterließen Probestücke dieses Eises einen faserigen Rückstand. Die Analyse dieser Fasern im Technologischen Institut in Leningrad erbrachte den Nachweis winziger Mengen von Magnesium, Aluminium, Kalzium, Barium, Silicium, Natrium und Titan. Eine Untersuchung des Seebodens, dort wo er durch den kleineren, furchenartigen Graben aufgewühlt worden war, förderte ein dünnes Plättchen zutage, 1 mm dick, 2 cm lang und 1,5 cm breit. Es war von hellbrauner Farbe. Die chemische und die Spektralanalyse am Technologischen Institut ergaben dann, daß es aus Eisen und Silicium bestand, mit Spuren von Natrium,

Lithium, Titan und Aluminium. Außerdem fanden sich am Boden winzige schwarze Körner von exakter geometrischer Form, die dieselbe chemische Zusammensetzung wie das dünne Plättchen zeigten. Die Körner hatten einen Durchmesser von ca. 0,5 mm und erwiesen sich als säurefest und hitzebeständig. Sie waren nicht radioaktiv.«

Denisow, der Leiter der zivilen Forschungsgruppe, befragte fünfundzwanzig Menschen. Alle schilderten die gleiche Beobachtung: Ein Objekt von ovaler Form sei mit enormer Geschwindigkeit in westlicher Richtung vorbeigeflogen und habe sich völlig lautlos bewegt. »Die Größe wurde mit der eines großen Passagierflugzeuges verglichen. Seine Farbe war blaugrün. Nach Augenzeugenberichten schrammte das niedrig fliegende Objekt den Boden, setzte seinen Weg aber, ohne seine Geschwindigkeit zu verringern, in derselben Richtung fort. Einige der Augenzeugen berichteten von einem kurzen Schwanken des Flugkörpers«, stellte Denisow in seinem Bericht an die vorgesetzte Behörde fest.

Major Kopeikins Rapport erregte die Aufmerksamkeit des bekannten sowjetischen Geophysikers Professor Wladimir Scharonow vom Technologischen Institut Leningrad. Er begab sich an den Onegasee, um an Ort und Stelle festzustellen, ob das Objekt ein Meteorit gewesen sein könnte. In einem abschließenden Gutachten stellte er fest:

»Die typischen Zerstörungen und Spuren, die Meteoriten im Aufschlagbereich hervorrufen, fehlten in diesem Fall. Insbesondere hinterläßt ein aufschlagender Meteorit einen Krater, der zwei- bis fünfmal so groß ist. In diesem Fall ließ sich überhaupt kein Krater entdecken. Außerdem wird der Sturz eines Meteoriten von unverkennbaren optischen und akustischen Erscheinungen begleitet. Auch sie fehlten. Schließlich ließen sich hier jene chemischen Substanzen nicht entdecken, die Meteoriten auf dem Boden hinterlassen. Die Körner, die auf dem Seeboden gefunden wurden, sind offensichtlich künstlichen Ursprungs, wenn sie auch gegenwärtig noch nicht identifiziert werden können. Ich bin überzeugt, daß es sich bei dem Objekt nicht um einen Meteoriten gehandelt hat.«

Die Wissenschaftler am Leningrader Institut erörterten die Möglichkeit, daß es sich bei dem Objekt um ein amerikanisches

Spionageflugzeug gehandelt haben könnte, das seine Beobachtungen in sehr geringer Höhe vorgenommen habe. Doch auch diese Möglichkeit schlossen die Experten aus, weil kein Flugzeug der Welt den hartgefrorenen Boden mehrere Meter tief aufgerissen haben könnte, ohne dabei irgendwelche Teile zu verlieren. Es waren indessen keine gefunden worden.

Professor Zigel, der die Berichte ebenfalls studiert hatte, sagte dazu: »Ich neige zu der Auffassung, daß eine Raumsonde, die von einem anderen Planeten kam, den Boden gestreift hat, ihren Flug dann aber trotz vermutlich oberflächlicher Beschädigungen fortzusetzen vermochte. Meines Wissens ist dies der einzige derartige Fall, der auf dem Gebiet der UdSSR beobachtet wurde.«

Uns wurde mitgeteilt, daß der Onegasee-Vorfall niemals abgeschlossen worden ist. Es wurden aber auch keine neuen Anhaltspunkte gefunden, die das Rätsel hätten lösen können. Wissenschaftler und Ufologen haben sich mehr oder minder Zigels Vermutung zu eigen gemacht, daß es sich um ein außerirdisches Raumfahrzeug gehandelt habe.

Zu einer regelrechten »Ufo-Invasion« kam es 1968. Dies illustriert der dramatische Bericht des Ingenieurs W. P. Michailow aus Newjanska, einer Stadt in der Nähe von Swerdlowsk. Als er am Abend des 21. Juni um 22.30 Uhr nach Hause kam, bemerkte er im Nordwesten des Himmels eine dunkle Wolke. Sie wies eine vollkommen ovale Form auf und war weit dichter als normale Wolken. Das ovale Gebilde blieb am gleichen Ort, während die anderen Wolken langsam über den Himmel zogen.

»Plötzlich zerriß sie ein Lichtstrahl in drei Teile. Zwei Teile, die jetzt aussahen wie Spindeln, blieben in ihrer Position, während der dritte zur Seite davonschoß. Im Verlaufe seiner Bewegung nahm er eine exakte Kreisform an. An seinem Rand erschien eine rote Linie, die den Kreis wie mit einem Feuerstrahl zu umgeben schien. Dann erschien ein weiterer Blitz in der Mitte des Kreises, und ein roter Lichtstrahl durchzog den Himmel parallel zur Erde wie ein Wetterleuchten. All dies dauerte nur wenige Sekunden. Der Kreis wurde dunkler und verschwand allmählich. Die beiden anderen Teile, die bis dahin bewegungslos in der Nähe verharrt hatten, entfernten sich daraufhin in westliche Richtung.

Um 0.05 Uhr wurden von anderen Zeugen drei weitere spindelförmige Objekte gesichtet, wie sie sich langsam über den Himmel bewegten. Ein viertes Objekt war bis 1 Uhr nachts an der gleichen Stelle zu sehen und verschwand dann ebenfalls in westliche Richtung. Ich hatte den Eindruck, daß es sich um Raumfahrzeuge handelte, die mittels eines am Himmel deutlich zu erkennenden Strahls Informationen miteinander austauschten. Er erinnerte mich an einen Laserstrahl«, schloß Michailow.

Einen Monat später, am 20. August 1968, bemerkte die Besatzung eines in Swerdlowsk stationierten Militärflugzeuges, das um 20.22 Uhr in 5000 Meter Höhe den Ort Adler in der Nähe von Sotschi überflog, ein leuchtendes Objekt am Himmel. Es war von roter Farbe und flog 8 bis 10 Kilometer entfernt in der gleichen Höhe. Von Zeit zu Zeit schienen sich dem größeren Objekt kleinere leuchtende Objekte derselben Farbe zu nähern, umkreisten es und verschwanden dann wieder in Richtung auf das Schwarze Meer. Insgesamt beobachteten sie vier solcher »Satelliten«, die alle genau das gleiche Manöver ausführten. Das Schauspiel dauerte fünf Minuten, dann verschwanden die Flugkörper, »als habe man sie vom Himmel gelöscht«, schrieb der Pilot, Flugkapitän Boltschakow, in seiner Meldung. »Dabei war der Himmel klar, die Sicht betrug 500 Kilometer. Der Vorfall wurde von der gesamten Besatzung unseres Flugzeugs beobachtet.«

Wiederum vier Wochen danach hatte L. S. Zechanowitsch, Astronom und Dozent am Moskauer Planetarium, ein Ufo-Erlebnis, und zwar am 19. September 1968, als er sich im Urlaub in Gagri, einem Badeort am Schwarzen Meer, befand. Sein Bericht interessierte uns ganz besonders, weil man von ihm als Fachmann erwarten durfte, daß er natürliche Himmelserscheinungen eindeutig identifizieren und von künstlichen sicher unterscheiden konnte.

»Um 19.55 Uhr erschien plötzlich ein hell leuchtender, orangefarbener Ball am Himmel und begann sich rasch zu senken. Er ließ einen dünnen Kondensstreifen hinter sich. An einer Stelle, die etwa 25 Grad über dem Horizont und genau im Süden lag, blieb er bewegungslos stehen. Das Objekt war etwa viermal so hell wie die Venus während ihrer hellsten Phase. Das Licht, das das Objekt ausstrahlte, nahm zu und ab, wobei Intervalle von einer Sekunde zwischen den einzelnen Phasen lagen.

Etwa eine halbe Minute nachdem der Ball seinen Abstieg abgestoppt hatte, tauchte links von ihm in einer Entfernung von ungefähr 4 Grad ein strahlender kleiner Stern von tief orangeroter Färbung auf. Der winzige Stern beschrieb einen vollständigen Kreis um den Ball und setzte dann seinen Weg in süd-südwestlicher Richtung fort. Rasch näherte er sich dem Horizont. In einer Höhe von ungefähr 2 Grad verlöschte er. Eine halbe Minute später entstand an der linken Seite des schwebenden Balls ein ähnlicher winziger Stern, der dieselbe Bahn wie sein Vorgänger beschrieb. Noch zwei weitere Sterne folgten, die die gleichen Manöver ausführten.

Während der ganzen Zeit schwebte das leuchtende Objekt regungslos am Himmel. Allmählich nahm es eine ovale Form an. Es wurde immer schmaler und verwandelte sich schließlich in eine Linie, als habe das Objekt eine halbe Drehung um eine horizontale Achse gemacht. Plötzlich war es verschwunden. Eine halbe Minute später blitzte am selben Ort ein Licht auf, das wiederum eine halbe Minute später verschwand. Der gesamte Vorfall dauerte fünf bis sechs Minuten.«

Zwei Tage später, am 21. September, ging Zechanowitsch am frühen Morgen auf einer Straße in Richtung des Meeres spazieren, als seine Aufmerksamkeit plötzlich von einem leuchtenden Objekt in Anspruch genommen wurde, das etwa 45 Grad über dem Horizont am nördlichen Himmel hing. Es war sichelförmig, und seine Größe in geographischen Maßen betrug 5 bis 6 Minuten. Sein Rand war stark konturiert. »Im Mittelpunkt der Sichel bemerkte ich eine kuppelförmige Ausbuchtung. Die Wölbung der Sichel war der Erde zugekehrt. Das Objekt bewegte sich um eine vertikale Achse. Die Sonne ging inzwischen auf; trotzdem blieb das Objekt sehr hell, bis es sich nach einer Weile langsam in nord-nordwestliche Richtung bewegte«, berichtete Zechanowitsch.

»Etwa fünfundvierzig Minuten nach Beginn meiner Beobachtung drehte sich das Objekt mit seiner Wölbung nach oben. Das dauerte etwa zehn Minuten lang. Zu diesem Zeitpunkt stand die Sonne so hoch, daß das Objekt seine Färbung zu verändern begann. Es hatte den Anschein, als reflektiere es jetzt das Sonnenlicht, statt sein eigenes Licht auszusenden. Die Sichelform blieb jedoch deutlich erkennbar. Während der anderthalbstündigen Beobachtung hatte das sich langsam bewegende Objekt nicht mehr als 15 Grad zurückgelegt. Dann verschwand es hinter einer Bergspitze. Beide Vorfälle wurden von zahlreichen anderen Menschen beobachtet.«

Als der Astronom Zechanowitsch weitere Nachforschungen anstellte, fand er heraus, daß ähnliche Phänomene schon früher in diesem Sommer beobachtet worden waren. Er sammelte Augenzeugenberichte Einheimischer, die einander nicht kannten, so daß sie keine Absprache untereinander getroffen haben konnten.

Wie in Amerika und anderen Ländern berichten auch in Rußland Ufo-Zeugen immer wieder, daß der Motor ihres Autos auf unerklärliche Weise versagte, solange das Objekt sich in der Nähe oder direkt über ihnen befand, und erst wieder ansprang, nachdem das Objekt verschwunden war. Zu denen, die diese Erfahrung gemacht haben, gehört auch L. I. Kuprinow, ein promovierter Ingenieur und Mitarbeiter der Akademie der Wissenschaften. Am 31. Juli 1969 fuhr er mit einigen Freunden westlich von Moskau auf einer Hauptverkehrsstraße. Das Wetter war schön, der Himmel nahezu wolkenlos. Hinter dem Städtchen Usowo mußten sie an einem Bahnübergang halten und einen Zug vorbeilassen. Die Gruppe stieg aus dem Auto und ging zur Schranke. Sechs andere Autos hielten hinter ihnen, auch ihre Insassen stiegen aus.

»Plötzlich sahen wir alle«, berichtete Kuprinow später offiziellen Stellen, »zwei silberfarbene, scheibenförmige Objekte südlich von uns am Himmel auftauchen. Ihre Ränder waren scharf umrissen. Sie schossen mit hoher Geschwindigkeit über unsere Köpfe hinweg. Obgleich es ein unglaublicher Anblick war, hatte niemand von uns Angst. Während die Objekte verschwanden, kam der Zug vorbei, und wir kehrten zu unseren Fahrzeugen zurück.

Als ich den Zündschlüssel betätigte, um den Motor anzulassen, rührte der sich nicht. Ich versuchte es noch einmal. Der Motor wollte nicht anspringen. Ich stieg aus und sah mich nach den anderen sechs Autos um. Jeder der Fahrer stand vor dem gleichen

Problem – nicht ein einziger Motor sprang an. Daraufhin ließ ich dem Motor eine Ruhepause und versuchte es ungefähr nach zwei Minuten noch einmal. Zu meiner Überraschung sprang der Motor nun an. Durch das Fenster hörte ich zur gleichen Zeit das Geräusch der anderen Motoren. Die Kolonne konnte ihre Fahrt fortsetzen. Was das für Objekte gewesen waren und warum unsere Motoren gestreikt hatten, bleibt völlig rätselhaft.«

Ein ähnlicher Vorfall ereignete sich im Mai 1972 auf einer Straße nahe Wolgograd. Er wurde von Frau Dr. N. S. Wolkowa untersucht, die zufällig durch einen Ortsansässigen davon erfuhr. Sie suchte die Augenzeugen auf. Da diese befürchteten, sie hätten es hier mit militärischen Geheimnissen zu tun, mußte sich die Naturwissenschaftlerin mit sehr ungenauen Angaben begnügen.

Die beteiligten Personen waren mit dem Wagen auf einer Straße etwa 12 Meilen westlich von Wolgograd unterwegs, als ihr Motor plötzlich ausfiel. Sie stiegen aus und sahen fast unmittelbar über ihren Köpfen einen riesigen, metallischen Körper. Merkwürdigerweise hatten sie keine Angst. In ihren Köpfen schien eine Stimme zu sagen: »Wir kommen in Frieden. Habt keine Furcht vor uns.« Das Metallobjekt flog sehr niedrig, und einen Augenblick lang glaubten sie, es werde sie erfassen. Instinktiv duckten sie sich alle. Doch der Flugkörper glitt über ihre Köpfe hinweg und raste in den Himmel davon. Sobald sie ihn aus den Augen verloren hatten, sprang der Automotor wieder an.

»Diese Leute wußten genau, was sie gesehen hatten«, stellte Frau Dr. Wolkowa fest, »doch sie hatten Angst, Einzelheiten anzugeben, weil sie befürchteten, gegen irgendeine Geheimhaltungsvorschrift zu verstoßen. Das Objekt war so ungewöhnlich, daß es eine natürliche Reaktion gewesen wäre, Angst zu empfinden. Doch alle fühlten sich aufgrund der ›inneren Stimme‹ ganz sicher. Es dürfte kaum Zweifel daran geben, daß sie irgendeine Art telepathischer Nachricht erhalten haben, die ihnen ihre Angst nahm. Alle fünf schilderten dieselbe Empfindung.«

Die meisten Berichte, die Fomin uns zeigte, fielen in die Zeit vor 1968, als das Thema »Ufo« noch nicht offiziell tabu war. Nachdem die sowjetische Regierung dann gegen die öffentliche Ufo-Forschung einschritt, wurden zwar auch weiterhin wichtige Beobachtungen aufgezeichnet, doch nur heimlich.

Der interessanteste Bericht aus der Zeit vor der »Frostperiode« stammt von W. D. Mischlakow, einem Vorarbeiter der Bohranlage von Tscherdin in den Ölfeldern von Perm. Die Nacht zum 19. Dezember 1966 war klar und mondlos. Die drei vorangegangenen Tage hatte ein heftiger Nordwind geweht, und die Temperatur betrug 35 Grad unter Null.

»Unsere Bohranlage lag am Rande eines Wäldchens. Ich hatte Nachtwache und sah über die Bäume hinweg zum Himmel, als ich plötzlich einen merkwürdigen Mond bemerkte, der rasch hinter den Baumspitzen aufstieg. Plötzlich wurde mir klar, daß das nicht der Mond war, sondern irgendein seltsamer, leuchtender Körper, der aus zwei elliptischen Formen bestand, die mit der Spitze aufeinander ruhten – wie zwei eingedrückte Eier. Es kam mir so vor, als hielte das Objekt direkt auf unseren Bohrturm zu. Dann hielt es auf einmal an, als sei es auf ein unsichtbares Hindernis gestoßen. Es stand nicht mehr als einen halben Baum hoch über dem Wald. Jetzt begann es seine Form zu verändern. Die beiden elliptischen Gebilde wurden zu einem einzigen Ball. Dann erschienen an den Seiten des Balles zwei dünne Ausbuchtungen, die bald darauf selber die Form zweier kleiner Bälle annahmen. Sie waren zu beiden Seiten des großen Balls befestigt. In dessen Mitte blitzte ein Licht auf. Danach begann das Objekt sich abermals in Bewegung zu setzen. Mittlerweile hatten die drei Bälle sich in der Größe einander angeglichen und schienen durch eine Achse verbunden zu sein, die alle drei durchquerte. Zu diesem Zeitpunkt schätzte ich die Höhe des Objekts auf 30 bis 40 Meter, die Entfernung von unserem Bohrturm auf etwa 100 Meter. Die Länge des dreifachen Balles schätzte ich auf 10 bis 15 Meter.«

Mischlakow kam sofort der Gedanke, er müsse Zeugen holen. Er stürzte in die Baracke, um die anderen herbeizurufen. Die Männer schliefen, doch sie brauchten nur ein paar Sekunden, um hellwach in die Nacht hinauszuschauen. Mischlakow vermutete, daß er die Augen insgesamt etwa 15 Sekunden von dem dreifachen Ball abgewandt hatte, während er die Männer weckte. In dieser Zeit hatte das Objekt weitere 70 Meter zurückgelegt. Er schätzte seine Durchschnittsgeschwindigkeit auf nicht mehr als 15 bis 20 km/h.

»Meine Kollegen können seine dreifache Form bezeugen«, berichtete er. »Doch nun verwandelte sich das Objekt abermals. Die drei Bälle wurden zu einem einzigen, der weniger fest zu sein schien. Es war, als ob er um einen harten Kern herum aufweichte und zu einer Scheibe wurde. Innerhalb der nächsten Minute verschwand die Scheibe völlig. Alles, was wir noch sehen konnten, war eine formlose Masse, ein riesiger Schneeball, der langsam hinter den Baumspitzen verschwand. Später erfuhr ich, daß das gleiche Objekt um 7 Uhr morgens über dem Dorf Lisowo und um 9 Uhr morgens über dem Dorf Lekmartowo beobachtet worden war. Die Entfernung von unserer Bohranlage nach Lisowo beträgt etwa 3 Kilometer, die nach Lekmartowo 45 Kilometer.

In Lisowo verursachte das Objekt unter den Dorfbewohnern eine regelrechte Panik. Einige liefen in den Wald und versteckten sich dort. In Lekmartowo dachten die Dorfbewohner, es handle sich um ein Flugzeug, das mit eingeschalteten Lichtern seitwärts fliege. Bei allen drei Beobachtungen war kein Laut zu hören und blieb keine Spur von dem Objekt zurück, als es verschwunden war.«

Vier Monate später sahen zwei Vorarbeiter eines anderen Bohrturms zusammen mit ihren Arbeitskameraden einen ähnlichen Vorfall auf den Ölfeldern vor den Toren der Stadt Oktjabrskij in der Region von Baschkir. Hier hinterließ das Ufo merkwürdige Löcher im Boden.

Am 19. April 1967 gegen 23 Uhr bemerkten die beiden Vorarbeiter während der Nachtschicht ungefähr gleichzeitig einige schwebende Objekte am Nachthimmel. Sie setzten einen Beobachtungsbericht auf, den alle Mitglieder der Brigade – sechs im ersten und acht im zweiten Fall – als Augenzeugen der Erscheinung unterzeichneten. Die erste Brigade wollte deutlich gesehen haben, daß das weiße Objekt sich auf einen Durchmesser von 400 Metern ausdehnte und dabei die Form eines an seinen Polen zusammengepreßten Globus annahm. Die Männer schätzten die Entfernung zwischen sich und dem Phänomen auf etwa einen Kilometer. Es sah furchterregend und abweisend aus. Am nächsten Morgen suchten sie beim ersten Tageslicht das Gebiet ab und entdeckten die Löcher.

Genau dasselbe erlebte der zweite Trupp, der ein etwas anderes Objekt ungefähr 3 Kilometer von der Stelle entfernt sah, an der der erste Trupp seine Beobachtung machte. Dieser Gegenstand war dunkelrot und hatte flackernde Ränder. Abgesehen von der Farbe erinnerte er an einen Vollmond. Beide Kugeln berührten den Beobachtern zufolge praktisch den Boden.

Als die Berichte der beiden Vorarbeiter bei der zuständigen Verwaltungszentrale eintrafen, war in der Presse gerade von Professor Alexej Solotows Untersuchungen des »Tunguska-Diwo« berichtet worden. Deshalb rief der Direktor der Ölgesellschaft den Geophysiker in seinem Institut in Kalinin an. Solotow bat um einen schriftlichen Bericht. Nachdem er ihn gelesen hatte, entschied er, der Fall sei interessant genug, um eine Expedition zu den Ölfeldern von Oktjabrskij zu unternehmen. Er verbrachte dort mit einem Ausgrabungsteam den ganzen August.

Wir trafen Solotow später im Moskauer Nowosti-Büro. »Ich habe die beiden Löcher eingehend untersucht«, erzählte er uns. »Der Boden dieses Gebietes besteht aus sandigem Lehm. Die Sand-Lehm-Mischung reicht 5 Meter tief, darunter ist dann reiner Lehm.« Mit speziellen Geräten konnte Solotow den Boden so ausheben, daß die Umrisse der beiden Löcher erhalten blieben. »Ich kam zu dem Schluß, daß die Löcher künstlich waren. Das gilt vor allem für das Loch von einem Meter Durchmesser. Es bildete einen vertikalen Tunnel, der mit außerordentlich exakten technischen Gerätschaften gegraben worden sein mußte.

»Am Boden des 10 Meter tiefen Lochs stießen wir auf eine runde, kugelförmige Kammer. Ihr Durchmesser betrug 2,5 Meter. Ihre Grundfläche und ihre Wände waren mit einer 0,2 Millimeter dicken Ascheschicht bedeckt, die reinen Kohlenstoff enthielt. Diese Asche war zwei- bis dreimal so radioaktiv wie das Erdreich in der Umgebung.«

Als er die seltsamen Löcher ausgrub, entdeckte er den Knochen eines Mastodons. Auch er war hochradioaktiv, der Wert lag um das Zehnfache über dem normalen. Der Knochen wird jetzt einem Labortest unterzogen. Solotow fügte hinzu: »Unter keinen Umständen kann irgendeines dieser Löcher von Ölbohrern geschaffen worden sein. Es gibt viele mögliche Erklärungen, darunter auch die, daß eine außerirdische Raumsonde eine Probe von der Oberfläche der Erde genommen hat. Wir vermuten auch, daß die Ufos bei der Landung einen nach unten gerichteten Energieschub verwenden«, sagte er.

»Demnach könnte ein Ufo die Löcher verursacht haben?«

»Das ist eine mögliche Hypothese«, antwortete Solotow.

»Ist es möglich, daß eine der rotglühenden Bodenstützen eines Ufos die Löcher dadurch hervorgerufen hat, daß sie in den Boden eingesunken ist?«

»Ja. Ich nehme an, daß die Asche der Rückstand eines unterirdischen Feuers ist. Wie es aber zustande kam, muß noch geklärt werden.«

Ob er durch eine Untersuchung der Kammerwände feststellen könne, wie sie gegraben worden sei, fragten wir.

»Nein. Das ist noch ein Rätsel für mich. Ich neige zu der Annahme, daß sie zwar mit Hilfe irgendeines mechanischen Gerätes geschaffen worden ist, daß es sich aber um kein uns bekanntes Gerät gehandelt hat.«

Solotow wies nachdrücklich darauf hin, daß die Wände der Kammer eine geometrisch exakte Kugelform aufwiesen. »Wir haben keine Instrumente, die ein Loch von einem Meter Durchmesser bohren könnten und sich dann in einer Tiefe von 10 Metern ausweiten, um dort unten eine Kammer von 2,5 Metern Durchmesser anzulegen«, wiederholte er. »Zu allem Überfluß fand sich auch keine Spur von der ausgehobenen Erde in dem umliegenden Gebiet.«

»Könnte das in irgendeiner Weise mit dem sogenannten Tunguska-Geheimnis in Verbindung stehen?« fragten wir Solotow.

»Nur insofern, als beide Vorfälle höchstwahrscheinlich mit Raumschiffen aus dem Weltraum zu tun haben«, antwortete er. »Doch im Tunguska-Gebiet handelte es sich um einen ganz anderen Fall. An diesem Geschehnis war eigentlich nichts Schwerverständliches oder Geheimnisvolles. Ich glaube, daß es sich damals um eine nuklear ausgerüstete Sonde gehandelt hat, die absichtlich unmittelbar über der Erdoberfläche zur Explosion gebracht wurde, um unsere Aufmerksamkeit zu erregen.«

Wir hatten vorgesehen, daß unser Treffen mit Solotow unsere Recherchen über Ufo-Beobachtungen in der Sowjetunion abschließen sollte, und waren von den Ergebnissen sehr angetan: 250 Berichte, die allesamt wissenschaftlich untersucht waren. Viele Fälle brachten wichtige neue Hinweise, die der Ufo-Forschung überall in der Welt von Nutzen sein könnten. Beispielsweise ließ sich durch manche Beobachtungen auf den genauen Weg eines Ufos über eine Reihe von Städten schließen, die Hunderte von Kilometern voneinander entfernt lagen. Daraus können Wissenschaftler eine Menge über die Geschwindigkeit und das Verhalten dieser Objekte entnehmen.

Doch in gewisser Weise war das doch noch nicht das Ende. Den Nachtrag lieferte der Science-fiction-Film *Unheimliche Begegnungen der Dritten Art*, der überall ein Kinohit wurde. Dadurch wurden Millionen, die sich über Ufos nie den Kopf zerbrochen haben, zu »Experten«. Als wir den Film im November 1977 sahen, waren wir amüsiert und erstaunt darüber, wie nahe hier die Fiktion der Wirklichkeit kam:

Pfeilschnelle Erkundungs-Ufos am Himmel; blockierte Automotoren auf den Straßen; Stromausfall in Städten; telepathisch übermittelte Informationen aus dem Weltraum (»Fürchtet euch nicht!«); wiederkehrende Summtöne oder musikalische Motive als Verständigungsmittel der Ufos untereinander. Den Höhepunkt bildete die Ankunft des riesigen außerirdischen Mutterschiffes, das beim Publikum ein ehrfurchtsvolles Schweigen hervorrief. Wir waren die einzigen unter den Zuschauern, die wußten, daß die Russen Beweise hatten für die Realität der meisten dieser scheinbar fiktiven Vorgänge, möglicherweise sogar für die Landung eines Mutterschiffes. Der Astronom Z. Kadikow hatte beispielsweise ein Ufo beschrieben, das er im Oktober 1967 über Pjatigorsk im Kaukasus gesehen hatte, mit einer Breite von 600 Metern – also mehrmals so groß wie das Raumschiff im Film. Ein paar Wochen früher war ein anderes Ufo von 150 Metern Durchmesser über der Stadt Jewpatorija auf der Krim gesehen worden. Ein anderes von 100 Metern Durchmesser hatte man über dem litauischen Dorf Sensawa beobachtet.

Ironischerweise setzte der Film etwas durch, worum Wissenschaftler wie Zigel und Fomin sich bis dahin vergebens bemüht hatten. Skeptische Gelehrte erklärten die Ufo-Forschung jetzt für ein Gebiet, mit dem zu beschäftigen es sich lohne. Die Ufo-Forschung war in eine neue Phase getreten, und das nicht dank der Beharrlichkeit und der Überzeugungskraft jener Forscher, die sich als Pioniere auf diesem Gebiet betätigt haben, sondern weil die Phantasie der Filmemacher an eine empfindliche Saite gerührt hat.

Natürlich wußten wir davon noch nichts, als wir in Moskau mit Solotow sprachen. Er dachte an ganz anderes Beweismaterial als an Filme, während er uns über die »unheimliche Kollision« berichtete, die er immer noch untersuchte – den Absturz einer außerirdischen Raumsonde in Sibirien.

12 Der Tunguska-Diwo – eine Atombombe aus dem All?

Eine Explosion, die ganz Sibirien erschüttert und doch niemanden getötet hat, weil dies von einer außerirdischen Macht ganz offensichtlich so geplant war, würde heutzutage überall in der Welt die Schlagzeilen der Tagespresse bestimmen. Unzählige Fernsehteams würden in das Explosionsgebiet entsendet werden, um Millionen Menschen einen Eindruck davon zu vermitteln, was sich ereignet hat. »Doch vor siebzig Jahren«, sagte Professor Alexej Solotow nachdenklich, »waren wir für ein Signal aus dem Weltraum einfach noch nicht reif.«

Das Tunguska-Gebiet liegt auf demselben Breitengrad wie Leningrad, Stockholm und Oslo und ist der geometrische Mittelpunkt Sibiriens – eigentlich die Mitte eines Nichts. Es liegt auf dem halben Weg zwischen dem Ural und dem Pazifik, der Arktis und der Wüste Gobi. Irkutsk, die größte Stadt Sibiriens, liegt etwa 650 Kilometer südlich des Tunguska-Gebiets.

Die sibirische Tundra ist zum größten Teil Sumpfland, in dessen trügerischem Morast sich nur hin und wieder Waldinseln finden. Im Sommer brüten die Moore bei Temperaturen bis zu 70 Grad die größten und bösartigsten Moskitos aus, die es gibt.

Die vielen großen und kleinen Flüsse sind die einzigen Verkehrswege. Die Tunguska fließt von Osten nach Westen und mündet in den breiten Jenissej, der nach Norden ins Polarmeer fließt. Der Boden an den Ufern der Flüsse bringt genügend Vegetation hervor, um einen gewissen Wildbestand am Leben zu erhalten, der wiederum die Menschen in diese Einöde zieht, vor allem Jäger. Entlang den Wasserwegen haben genügsame Siedler Dörfer erbaut, die als Ausgangspunkte für Hochwildjagden dienen. Außerdem hat sich dort ein wenig Industrie niedergelassen, in erster

Linie Gerbereibetriebe. Der Winter kommt früh, dauert sechs Monate und ist so kalt, daß die Moore metertief einfrieren. Nur dann können sie mit Fahrzeugen durchquert werden.

»Wenn eine außerirdische Zivilisation die Absicht hätte, eine Kernexplosion auszulösen und dadurch dem Leben auf unserem Planeten möglichst wenig Schaden zuzufügen«, meinte Solotow, als er uns im Konferenzzimmer von Nowosti gegenübersaß, »könnte sie kaum ein geeigneteres Gebiet finden, so fern liegt es unseren Städten und so wenig Leben findet sich dort. Besonders wenn man bedenkt, daß der kosmische Körper, der die Ruhe jenes Morgens störte, mit einer Kraft explodierte, die wir selbst mit Hilfe unserer modernen Technologie kaum zu erzeugen vermögen.«

In wissenschaftlichen Kreisen ist dieser kosmische Körper als der »Tunguska-Meteorit« bekannt. Doch im russischen Volk hat er eine andere, romantischere Bezeichnung, dort heißt er *Tunguskij Diwo* – was soviel bedeutet wie das Mirakel oder das Wunder der Tunguska.

»Das war kein Meteorit oder irgendein anderes Naturphänomen«, fuhr Solotow fort. »Es entstand kein Einschlagskrater, wie bei Meteoriten sonst üblich. Nein, das war eine sehr wirksame Kernwaffe, die mit großer Präzision gelenkt und mit voller Absicht hoch über einem relativ unbewohnten Gebiet zur Explosion gebracht wurde, nur um uns wissen zu lassen, daß wir nicht allein im Weltraum sind.«

Mit seinem buschigen schwarzen Bart, der ihm fast bis zum Bauch reichte, sah Solotow so aus, als sei er direkt aus den Seiten eines Geschichtsbuches des neunzehnten Jahrhunderts gestiegen. Dagegen war sein Kopf fast kahl. Es machte Schwierigkeiten, ihm in die Augen zu sehen, weil unser Blick unwillkürlich immer wieder auf das herabwallende Barthaar fiel. Doch der Anblick täuschte. Professor Alexej Wassiljewitsch Solotow, der fest daran glaubt, daß am 30. Juni 1908 eine Atombombe aus dem Weltraum über Sibirien explodierte, ist ein moderner Wissenschaftler, der die neuesten Errungenschaften unserer Technik dazu benutzt, in der Vergangenheit zu lesen – und der als Leiter einer fünfköpfigen Forschungsgruppe einen bedeutsamen Präzedenzfall dafür entdeckte, was uns möglicherweise noch bevorsteht.

Solotow unternahm die dreistündige Reise mit dem »Inter-City« von Kalinin nach Moskau auf eigene Kosten, so viel war ihm daran gelegen, ohne irgendwelche Auflagen mit Vertretern der westlichen Presse über sein Lieblingsthema sprechen zu können. Trotz seiner ungewöhnlichen und kontroversen Ergebnisse hatten ihm die Behörden gestattet, sich frei zu äußern.

Wir trafen uns in den Räumen der Nowosti-Agentur, und Solotow kam sofort zur Sache. »Wollen Sie wissen, was damals passiert ist?« fragte er mit einem Lächeln und wartete unsere Antwort gar nicht erst ab.

Es schien ein Tag wie jeder andere zu sein, als die Dämmerung über der Tundra im Gebiet der Steinigen Tunguska heraufzog. In dem kleinen Dorf, das um die Gerberei von Wanowara herum entstanden war, saß S. B. Semjonow auf den Stufen seines Häuschens und fertigte eine Tonne an. Er holte gerade mit seiner Axt aus, um ein Holzbrett zu glätten, als sich der ganze nördliche Himmel in ein Feuermeer zu verwandeln schien. Die Hitze traf ihn wie der Strahl eines Flammenwerfers, und er hatte das Gefühl, sein ganzer Körper sei in Brand geraten. Er versuchte sich sein Hemd herunterzureißen, weil er glaubte, es habe Feuer gefangen. Später überzeugte er sich davon, daß es noch nicht einmal angesengt war.

Dann hörte er eine schreckliche Detonation. Das war zuviel für Semjonow. Er verlor das Bewußtsein. Seine Frau kam aus dem Haus gestürzt und versuchte ihn hineinzuziehen, doch er war zu schwer. Als er wieder zu sich kam – so erzählte er später den Wissenschaftlern –, habe er immer noch geglaubt, Artillerie feure rund um ihn her und riesige Geschosse oder Felsbrocken fallen vom Himmel. Stundenlang lag Semjonow völlig benommen da, unfähig sich zu bewegen. Sein Nachbar Porsolopow berichtete, es sei ihm gewesen, als hätten seine Ohren Feuer gefangen. Er schützte sie mit seinen Händen und sank zu Boden.

Riesige Verwüstungen waren im Tunguska-Gebiet angerichtet worden, Millionen jahrhundertealter Bäume zerstört, Bodenerschütterungen in einer Entfernung von tausend Kilometern registriert worden. Im Umkreis von dreihundert Kilometern waren Glasfenster zerbrochen, Lampen und andere aufgehängte Gegenstände aus ihrer Halterung gerissen. Durch den Waldbrand, den die Explosion entfacht hatte, waren zahllose Tiere umgekommen. Viele Haustiere liefen aus den Dörfern fort und wurden nicht wiedergefunden. Doch abgesehen von der vernichteten Vegetation waren sie die einzigen Opfer der Katastrophe. Nicht ein einziger Mensch wurde ernsthaft verletzt.

Alle meteorologischen Stationen der Welt konnten die Stärke der Luftdruckwelle von ihren Instrumenten ablesen. Die magnetische Meßstation in Irkutsk stellte auch Störungen im magnetischen Feld der Erde fest. Am folgenden Tag zeigte sich von Sibirien bis Irland, also über eine Entfernung von mehr als sechstausend Kilometern, eine gleißende Lichterscheinung in der Atmosphäre. Sie wurde in nahezu ganz Europa beobachtet und war so intensiv, daß die Menschen um Mitternacht fotografieren und Zeitung lesen konnten. Die Astronomen konnten keine Sternbeobachtungen durchführen, so ungewöhnlich hell war die Nacht.

Kurze Berichte über das merkwürdige Naturphänomen erschienen in allen Zeitungen. Das in Irkutsk erscheinende Blatt *Sibiria* brachte am 2. Juli 1908 die ausführlichste Beschreibung. Der Redakteur S. Kulesch schrieb, daß im Gebiet von Kirensk ein »seltsames Naturereignis« stattgefunden habe. Im nordwestlichen Abschnitt des Himmels hätten Landbewohner über dem Horizont gesehen, wie ein unbekannter Körper, der einen bläulich-weißen Lichtschein ausgesandt habe, allmählich und langsam zur Erde gesunken sei.

»Er sah aus wie ein Schornstein, der auf der Seite lag und durch die Luft flog«, erzählten die Bauern. »Der Himmel war klar, bis auf eine kleine dunkle Wolke, nicht weit von dem fliegenden Ding entfernt. Es wurde immer größer, während es allmählich zur Erde heruntersank. Plötzlich war der Himmel von einer riesigen schwarzen Rauchwolke verdeckt. Ein ungeheurer Donnerschlag ertönte. Es hörte sich an, als wenn Felsen herabpolterten oder die Artillerie feuerte. Die Häuser erzitterten.«

Kulesch stellte fest: »Kurz zuvor war eine Flamme unbestimmter Form aus der kleinen schwarzen Wolke hervorgezischt, die das fliegende Objekt begleitete. Die Dorfbewohner flohen in alle Richtungen. Sie glaubten, das Ende der Welt sei gekommen. Frauen und Kinder warfen sich weinend zu Boden!« Er fügte hinzu, daß er zur Zeit der Explosion selbst Geräusche vernommen habe, die er für Geschützfeuer hielt – zehn Detonationen in einem Zeitraum von zehn oder fünfzehn Minuten.

Trotz dieser Berichte schenkten die Wissenschaftler dem Ereignis aus unerfindlichen Gründen wenig Beachtung. Bis Lenin 1921 – noch während des Bürgerkriegs – befahl, Anstrengungen zu unternehmen, um »den sibirischen Meteoriten« zu finden.

Der Mann, der ausgewählt wurde, die erste Expedition in das Tunguska-Gebiet zu leiten, war der Moskauer Physiker Professor Leonid Alexejewitsch Kulik. Deutlich schwang Verehrung in Solotows Stimme mit, als er von Kulik sprach, der fortan sein Leben der Erforschung des Tunguska-Geheimnisses gewidmet hatte. Er sammelte alles über das Ereignis bekannte Material und war von der großen Bedeutung des beispiellosen Geschehens überzeugt. Er meinte, eine vollständige Erforschung könnte sich für die Wissenschaft als außerordentlich wichtig erweisen.

Darin hatte ihn ein Bericht von A. W. Wosnessenskij, dem Direktor des Observatoriums von Irkutsk, bestärkt, in dem es hieß: »Ich bin zu dem Schluß gekommen, daß die erste Explosion dieses Körpers nicht auf der Erdoberfläche, sondern zwanzig Kilometer über dem Boden stattgefunden hat, was höchst ungewöhnlich ist.«

»Man muß sich vorstellen«, erklärte Solotow, »daß Professor Kulik eine zweimonatige anstrengende Reise antreten mußte, allein um von Moskau zum Ort des Geschehens zu gelangen. Seine Expedition begann mit dem Zug, dann mußte er sie per Boot und zu Fuß fortsetzen. Er und seine Begleiter versanken immer wieder bis zum Bauch im Morast, sie verloren dabei die Hälfte ihrer Ausrüstung. Die gleiche Reise dauert heute mit dem Flugzeug und dem Hubschrauber neun Stunden – und zwar ohne die Risiken und Strapazen, die Kulik auf sich nehmen mußte.«

Als die Expedition das Tunguska-Becken erreicht hatte, stellte Kulik mit Erstaunen fest, daß die Bäume in einem Umkreis von mehr als zwanzig Kilometern um den Explosionsherd in radialer Ausrichtung umgestürzt, während sie in einem Gebiet von fünf Kilometern um den Mittelpunkt herum stehengeblieben waren. Kulik nannte diese Zone den »Telegrafenstangenwald«, weil die

Bäume so kahl wie Telegrafenmasten aussahen. Entweder hatte die Gewalt der Explosion oder das Feuer die Bäume ihrer Äste beraubt. Nur die Stämme waren übriggeblieben.

Kulik sandte seine Expeditionsmitglieder aus, um Augenzeugenberichte zu sammeln. Fast jeder, den sie in einem Umkreis von etwa achthundert Kilometern befragten, hatte kurz vor der großen Explosion »irgend etwas« am Himmel gesehen. Obwohl die Befragung neunzehn Jahre später stattfand, war das Ereignis vom 30. Juni 1908 vielen noch frisch im Gedächtnis. So außergewöhnlich war es gewesen.

»Sie müssen sich einige dieser Augenzeugenberichte anhören«, sagte Solotow. Er machte eine effektvolle Pause und blätterte einige Aktendeckel durch, doch wir merkten, daß er genau wußte, wonach er suchte. Schließlich deutete er mit dem Finger auf ein Blatt und rief aus: »Hören Sie sich das an! Der Bericht von jemandem, der es unmittelbar miterlebt hat, Wassilij Ochtschen.«

Ochtschen hatte sich mit einer Gruppe von Rentierjägern nur vierzig Kilometer süd-südöstlich vom Explosionsherd in der Nähe des Flusses Awarkit aufgehalten. Sie übernachteten dort in zwei großen Hütten und wurden von einem ungeheuren Donnerschlag aus dem Schlaf geweckt. Eine Hütte flog mit sechs Leuten ein Stück in die Luft. Als sie gleich darauf zu Boden krachte, erlitten einige Männer leichte Verletzungen. »Der Lärm drang von überall her auf uns ein«, erinnerte sich Ochtschen. »Bäume wurden entwurzelt und von einer Orkanbö durch die Luft geschleudert. Bevor sie niederstürzten, fingen ihre Kronen Feuer. Wir konnten eine riesige pilzähnliche Wolke im Norden erkennen, die dort den gesamten Horizont bedeckte.« Eine Frau, Akulina Petrowa, wurde mit ihrem Mann Iwan bewußtlos aufgefunden. Doch wie sich später herausstellte, war dies mehr auf den Schrecken als auf äußere Einwirkung zurückzuführen. Den Jägern, die nur Schnittwunden und Prellungen davongetragen hatten, gelang es, sich ohne weiteren Schaden vor dem anschließenden Waldbrand in Sicherheit zu bringen.

Spöttisch hob Solotow seine buschigen Augenbrauen: »Wenn Sie heute einen solchen Rauchpilz sehen würden, gäbe es für Sie überhaupt keinen Zweifel: Er ist das berüchtigte Zeichen einer

Atomexplosion! Der Feuersturm war die typische Folge einer in der Höhe gezündeten Kernwaffe.«

Es gab noch viele andere Augenzeugenberichte. Im Dorf Kamenskij, am Jenissej, ungefähr sechshundert Kilometer vom Tunguska-Becken entfernt, war A. Goloschtschekin früh aufgestanden, um seine Tiere zu versorgen. Er berichtete den Forschern: »Ich sah einen seltsamen Flugkörper in der Luft. Er war lang und vorn breiter als am Heck. Das Vorderteil schien sehr hell zu sein, der Rest des Körpers war dunkler, man erkannte ihn nicht so deutlich. Er flog waagerecht in nordwestliche Richtung, und schien dann nach Nordosten abzufallen. Dann hörten alle Einwohner des Dorfes in rascher Folge hintereinander drei gewaltige Detonationen.« Kamenskij bildet die äußerste westliche Grenze des Gebiets, in dem das Objekt beobachtet worden war.

E. E. Saritschew aus der Stadt Kansk arbeitete in einer Gerberei am Ufer des Flusses Kama. Mit einigen Kollegen war er beim Reinigen der Felle, als sie plötzlich eine riesige Welle den Fluß heraufkommen sahen. Fast zur selben Zeit hörten sie aus der Ferne einen mächtigen Donnerschlag. »Als wir zum Himmel aufsahen, konnten wir einen schimmernden Ring von bläulicher Färbung erkennen, in dessen Mittelpunkt sich ein halbmondförmiger Körper zu befinden schien. Er flog in Richtung Irkutsk, bevor er hinter den Bergen verschwand.«

Der Ingenieur W. P. Gundobin befand sich an diesem Morgen in einem Boot auf dem Fluß Angara, als er ein blaues Licht am nördlichen Himmel bemerkte. »Dann sah ich von Süden kommend einen flammenden Körper, der größer als die Sonne war und eine Lichtspur hinter sich ließ. Dieser Erscheinung folgte eine Kettenreaktion sehr lauter Geräusche, als wenn Artilleriebatterien das Feuer eröffneten.«

Ein Einwohner des Dorfes Kowa, S. I. Priwalichin, erinnerte sich, daß er gerade ein Pferd angeschirrt hatte, als »ich einen lauten Kanonenschuß zu meiner Rechten hörte. Ich sah in der Luft ein langes Flugobjekt, dessen Vorderteil ziemlich breit war, während der Schwanz sich verengte. Ein helles Licht glänzte an dem Vorderteil, der Körper selbst erschien erst rot, dann schwarz. Er war viele Male größer als die Sonne, doch war sein Licht nicht so hell, denn ich konnte ihn direkt anschauen. Hinter dem Schwanz wirbelte etwas in der Luft, das einer Staubwolke glich. Auch blaue Lichtstreifen schienen hinter dem Objekt zurückzubleiben. Es flog sehr schnell und waagerecht.«

Solotow sah uns an. »Hört sich das nach einer *Natur*erscheinung an? All diese ehrlichen, in den wesentlichen Punkten übereinstimmenden Berichte über ein keilförmiges Objekt, das einem Schornstein ähnelte, der waagerecht dahinflog und in der Luft explodierte? Sämtliche Berichte stammen von ganz einfachen Menschen, die noch nie etwas über Flugkörper aus dem Weltraum gehört hatten. Unbekannte Flugobjekte, also Ufos, waren ja überhaupt noch kein Gesprächsthema. Doch wenn Sie die Beschreibungen dieser Leute lesen, können Sie gar nicht anders als zu der Auffassung gelangen, daß es sich hier um keinen Meteoriten, sondern um ein riesiges Ufo handelte. Die Explosion, die sie miterlebten, entsprach dem optischen und akustischen Eindruck von einer Atomexplosion – als ob sie die Bilder gesehen hätten, die uns heute aus dem Fernsehen bekannt sind.«

Kulik kam 1942 im Krieg um. Sechzehn Jahre später, 1958, trat Alexej Solotow vom Geophysikalischen Allunions-Institut die Nachfolge als Leiter der Tunguska-Forschung an. Von 1958 bis heute führte er vier Expeditionen in das Gebiet durch. Jede bestand aus Physikern und Biologen und verbrachte mehrere Wochen in dem winzigen »Wissenschaftsdorf«, das man im eigentlichen Explosionszentrum errichtet hatte.

»Jedesmal wurden mit Hubschraubern modernste Geräte zur Untersuchung der Boden-, Gesteins- und Pflanzenproben eingeflogen. Anschließend mußten sie wieder fortgeschafft werden, da man sie nicht zurücklassen konnte. Die extreme Kälte des nächsten Winters hätte die empfindlichen Instrumente zerstört. Und jedesmal konnten wir neue Beweise für die Hypothese einer Nuklearexplosion erbringen«, sagte Solotow. »Ich glaube heute die ganze Antwort zu kennen, wenn ich auch noch nicht alle Beweise zusammen habe. Einige Stücke des Puzzles fehlen nach wie vor.

Welche Erklärung gibt es für ein Flugobjekt, das sich horizontal vorwärtsbewegt und explodiert, bevor es den Erdboden berührt? Es kann jedenfalls kein Meteorit sein. Die verhalten sich völlig anders. Kleine Meteorite verglühen in unserer Atmosphäre. Große schlagen auf dem Boden auf und hinterlassen einen Krater. Das Explosionsgebiet an der Steinigen Tunguska weist keinen Krater auf«, betonte Solotow. »Nicht den geringsten.«

Die Kulik-Expedition hatte ohne Erfolg versucht, einen Meteoritenkrater oder Bruchstücke eines Meteoriten zu finden. Kulik meinte in seinem Rapport, es sei höchst merkwürdig, daß all diese Spuren fehlten, die doch sonst in jedem Fall eines Meteoraufpralls belegt seien. Auch die Lichterscheinung in der Atmosphäre deute darauf hin, daß der Tunguska-Körper über sehr viel Masse verfügt habe. Man könne ihn nicht, wie manche Wissenschaftler es versucht haben, als eine Wolke kosmischen Staubs abtun.

»Die Hauptfrage, der wir uns folglich gegenübersehen«, fuhr Solotow fort, »ist die Explosionsursache. Wurde sie durch die kinetische Energie eines Meteoriten verursacht, der unsere Atmosphäre durchquerte, oder war es eine – chemische oder nukleare – Energie, die dem Körper selbst innewohnte? Wie diese Frage zu beantworten ist, hängt von der Geschwindigkeit ab, mit der das Objekt durch die Luft flog. War die Geschwindigkeit größer als zwanzig Kilometer pro Sekunde, kann die Explosion des Körpers durchaus auf kinetische Energie zurückgeführt werden. Doch nach allen verfügbaren Daten, einschließlich der Augenzeugenberichte, betrug die Geschwindigkeit weniger als fünf Kilometer pro Sekunde. Trifft das tatsächlich zu, so ist die Möglichkeit einer Explosion aufgrund kinetischer Energieentladung auszuschließen. In diesem Falle hätte der Meteorit auf dem Erdboden aufschlagen und einen Krater hinterlassen müssen. Daher sind wir zu dem Schluß gekommen, daß die Explosion durch eine dem Körper innewohnende Energie ausgelöst worden ist.

Damit kommen wir zu der zweiten grundlegenden Frage: War die Explosion chemischer oder nuklearer Natur? Die Beschreibungen – darunter die Beobachtung eines Rauchpilzes, die hellen Flammen, die erhöhte Radioaktivität, die magnetischen Veränderungen, die Druckwellen – weisen auf nuklearen Ursprung hin.

Der Schaden des Feuersturms, ausgelöst durch den Blitz zum Zeitpunkt der Explosion, reichte achtzehn Kilometer weit. Es gibt wissenschaftliche Messungen hinsichtlich des Verhältnisses der

Lichtenergie zur Gesamtenergie. Im Falle von Atomexplosionen beträgt die Lichtenergie dreißig Prozent der Gesamtenergie. Das gleiche Verhältnis treffen wir bei der Tunguska-Explosion an. Dieser hohe Anteil der Lichtenergie an der Explosion führt uns zu dem Schluß, daß sie durch eine außerordentliche Energiekonzentration auf sehr engem Raum verursacht worden ist, wodurch es zu einer Hitzewirkung kam, die der einer Nuklearreaktion entspricht. Die außerordentliche Lichtenergie und die starke Energiekonzentration lassen darauf schließen, daß die Temperatur im Augenblick der Tunguska-Explosion dreißig Millionen Grad oder mehr betragen haben muß. Keine chemische Explosion kann eine solche Hitze hervorrufen.

Wir werden noch einige Jahre lang mit unseren Forschungsarbeiten fortfahren müssen, bevor wir zu einer abschließenden Erklärung kommen. Aufgrund der sibirischen Atomexplosionen in den beiden letzten Jahrzehnten ist es heute schwer, nachträglich die Radioaktivität dieses Gebietes im Jahre 1908 zu ermitteln. Doch selbst in Kalifornien zeigen Querschnitte von Bäumen an, daß der Kohlenstoff aus den Jahren 1908 und 1909 ein erhöhtes Maß an Radioaktivität aufweist. Ursache dafür kann sehr wohl eine radioaktive Staubwolke gewesen sein, die vom Ort der Tunguska-Explosion aus den Erdball umkreist hat.

Radioaktivitätsmessungen an Bäumen, die die Explosion überstanden haben, haben erbracht, daß die Ringe an den meisten von ihnen für das Jahr 1908 einen unmittelbaren Anstieg der Radioaktivität anzeigen. Die folgenden zehn bis fünfzehn Ringe zeigen einen zweiten Sprung der Radioaktivität, der sich durch radioaktive Sedimente erklären läßt. Die erhöhte Radioaktivität in den Schichten unmittelbar nach 1908 geht auf die Tatsache zurück, daß viele Elemente radioaktive Isotope aufweisen.

Außerdem wuchsen die Bäume in der Tunguska-Region nach der Explosion offensichtlich rascher. Solotow vermutet, daß dabei irgendein geheimnisvolles Stimulans im Spiel ist, dem man noch nicht auf die Spur gekommen ist: »Deutlich erkennbar ist, daß das Stimulans sich vor allem im Zentrum des Explosionsgebietes auswirkte und mit der Entfernung von diesem Bezirk allmählich an Kraft verlor. Diese Kraft ist übrigens kein Teil der Radioaktivität;

sie muß beim Zerfall des kosmischen Körpers freigesetzt worden sein oder durch den Zerfall der Gase, die den Flugkörper begleitet und umhüllt haben. Man hat alle Bodenproben sehr sorgfältig untersucht, ohne jedoch etwas Ungewöhnliches dabei zu entdekken. Dennoch glauben wir, daß die Proben, die wir aus dem Gebiet immer wieder mitbringen, den Schlüssel zum Tunguska-Geheimnis enthalten.«

In den oberen Torfschichten sind im Durchschnitt doppelt so viele kreis- oder kugelförmige Teilchen wie normal gefunden worden. Es gibt keinen Beweis dafür, daß sie kosmischen Ursprungs sind. Sicher ist dagegen, daß der Staub während der Explosion vom Erdboden aufgewirbelt wurde und in die hohen Temperaturen der höheren Luftschichten geriet, wo er zu kleinen Kugeln verschmolz, die dann auf die Erde zurückfielen.

Es ist typisch für das methodische Vorgehen der sowjetischen Wissenschaft, daß die Akademie der Wissenschaften nicht nur die Forschungsarbeit von Solotow unterstützt, sondern auch die einer anderen Gruppe, die zu beweisen versucht, daß die Explosion doch eine Naturerscheinung gewesen ist. Diese Gegengruppe hat die Auffassung vertreten, bei dem beobachteten Objekt habe es sich um eine riesige Masse von Schnee und Eis gehandelt. Solotow widersprach dem mit Nachdruck:

»Ein monolithischer Körper, der sich mit Schallgeschwindigkeit vorwärtsbewegte, hätte auf dem Erdboden aufschlagen und einen Krater verursachen müssen. Wenn es eine gasförmige Substanz gewesen wäre, hätte sie sich nach dem Eintritt in unsere Atmosphäre verteilt. Wäre es irgendein Gebilde aus sehr weitverteilten Teilchen gewesen, wäre das gleiche passiert. Es hätte vor allem keine Druckwelle gegeben. Alle diese Möglichkeiten – eine feste Masse aus Eis, Eisen oder Stein, beziehungsweise ein Gebilde aus kosmischem Staub oder Wolken kleiner Teilchen – können ausgeschlossen werden.

Es gibt noch eine andere Theorie. Derzufolge wäre die Explosion durch Antimaterie verursacht worden. Es ist experimentell nachgewiesen worden, daß Antisubstanzen in der Natur vorkommen und daß die Berührung zwischen Materie und Antimaterie zu einer gewaltigen Explosion führen kann. Doch das würde nicht zu den Augenzeugenberichten passen.«

Solotow lehnte sich zurück und wischte sich den Schweiß von der Stirn. Der seltsame Mann mit seinem wallenden schwarzen Bart unterschied sich sehr von den anderen Wissenschaftlern, die wir in der Sowjetunion kennengelernt hatten. Das lag an seiner fast kindlichen Begeisterung. Er identifizierte sich scheinbar schrankenlos mit seinem Projekt und wollte unbedingt, daß wir ihn und seine Motive, seine Ziele verstanden. Die anderen Wissenschaftler hatten sich meist betont kühl und gelassen gegeben.

»Alexej Wassiljewitsch, würden Sie meinen, daß der Körper, der über dem Tunguska-Gebiet explodierte, die riesige ›Visitenkarte‹ einer anderen Zivilisation gewesen sein könnte?« fragten wir.

Er strich über seinen herrlichen Bart. Uns drängte sich der Gedanke auf, daß er viel Zeit darauf verwenden mußte, ihm seinen Glanz zu erhalten. »Ja«, antwortete er, ohne zu zögern. »Ich zweifle nicht daran, daß uns der Körper von Bewohnern des Weltraums geschickt wurde, um unsere Aufmerksamkeit zu erregen. Selbst unsere ernsthaftesten Wissenschaftler geben unumwunden zu, daß es andere Zivilisationen im Weltraum geben muß. Es ist bislang eine müßige Spekulation, weil sich noch keine dieser Zivilisationen direkt mit uns in Verbindung gesetzt hat und wir selbst noch keinen Kontakt zu einer anderen aufgenommen haben. Doch das Tunguska-Objekt könnte der erste Kontakt gewesen sein.«

Aus den Augenzeugenberichten kam Solotow unter Berücksichtigung der Entfernung zu der Schätzung, daß das Objekt »ein Zylinder von fünfzig bis sechzig Meter Breite war – beeindruckend selbst angesichts der riesenhaften Raketen unserer Tage. Ich weiß, daß man vermutet hat, es sei ein mit Kernkraft betriebenes Raumschiff gewesen, das außer Kontrolle geraten und in der Luft explodiert sei«, sagte Solotow nachdenklich. »Die Möglichkeit besteht natürlich, doch ich kann nicht glauben, daß eine Zivilisation, die in der Lage ist, solch ein Schiff zu bauen und es durch den Weltraum zur Erde zu lenken, nicht genügend Sicherheitsfaktoren eingebaut haben würde, die eine so katastrophale Panne verhindert hätten. Selbst wenn all diese Systeme ausgefallen sein sollten und eine Explosion unvermeidlich geworden wäre, neige ich zu der Annahme, daß man für diesen Fall irgendeinen ›Notausstieg‹ aus dem

Schiff vorgesehen hätte und die außerirdischen Wesen in ihrem Raumfahrzeug nicht allesamt vernichtet worden wären.

Denken Sie doch aber daran, was in unserer eigenen Geschichte geschehen ist. Fortgeschrittene Zivilisationen auf der Erde haben schon vorzeiten ähnliche Techniken angewendet, um unzivilisierte Eingeborene zu beeindrucken: beispielsweise ein Kanonenschuß, der den Wilden, die kein Schießpulver kannten, klarmachte, daß sie es mit einer überlegenen Rasse zu tun hatten. Die Tunguska-Explosion war eine erstaunliche Darbietung außerordentlicher Präzision und ›Humanität‹. Man muß einfach zu dem Schluß kommen, daß die Gegend absichtlich ausgewählt wurde, damit die – zweifellos nukleare – Ladung über der Erdoberfläche explodieren konnte, ohne allzu schweren Schaden anzurichten.«

Wir dachten an unser Gespräch mit Professor Zigel. Im Zusammenhang mit dem Tunguska-Diwo hatte er warnend darauf hingewiesen, daß ein dritter Weltkrieg dadurch ausbrechen könnte, daß eine der Großmächte eine solche geheimnisvolle Kernwaffenexplosion auf ihrem Hoheitsgebiet falsch verstehen würde. Stimmte Solotow dem zu?

»Ja!« sagte er nachdrücklich. »Es ist nur logisch anzunehmen, daß es irgendwann zu einer zweiten Demonstration des Ausmaßes und der Präzision kommen wird wie 1908 in Sibirien. Hundert Jahre unserer Zeitrechnung könnten für eine Zivilisation aus dem Weltraum vielleicht nur Tage bedeuten. Doch wir brauchen nichts zu fürchten. Sie wollen uns nicht töten. Wenn sie Böses im Schilde geführt hätten, dann hätten sie eine unserer großen Städte ausgelöscht. Aber das haben sie nicht getan. Trotzdem müssen wir aufpassen. Die nächste große Explosion, die aus dem Weltraum ausgelöst wird, könnte die betroffene Nation als das Werk eines anderen Staates verstehen und entsprechend reagieren. Es wäre unbeschreiblich tragisch, wenn eine friedliebende, fortgeschrittene Zivilisation des Kosmos dadurch, daß sie auf diese Weise unsere Aufmerksamkeit zu erregen sucht, das Ende unseres Planeten durch nukleare Selbstvernichtung herbeiführt! Furcht müssen wir nur vor uns selbst haben. Es ist zu hoffen, daß wir, statt einander auszulöschen, alles dransetzen, den Ursprung dieser Atomexplosion herauszufinden.«

Offensichtlich hatte Solotow große Freude daran, mit Menschen aus der »Außenwelt« zusammenzukommen. Jedenfalls bestand er nach unserem langen Gespräch darauf, daß wir beim Abendessen seine Gäste waren. Er hatte es durch einen offenbar guten Draht zur Geschäftsleitung des *Intourist*-Hotels erreicht, daß man uns eine gemütliche Nische im Restaurant reservierte. Als wir mit Speisen, Trinken und Reden fertig waren, erhielt Solotow eine Rechnung über 70 Rubel – das sind mehr als 100 Dollar – sehr viel Geld für russische Verhältnisse!

Wir gingen mit ihm durch die Gorki-Straße, die jetzt ausgestorben dalag. Plötzlich platzte er heraus: »Wißt ihr, Freunde, an dem Tag, an dem ich endlich das Tunguska-Geheimnis gelöst habe, wird dieser Bart herunterkommen.« *Das* hatte es also mit dem Bart auf sich, den er sich seit 1950 stehenließ, als er zum Leiter der geophysikalischen Tunguska-Expedition ernannt und beauftragt wurde, dort weiterzumachen, wo Kulik aufgehört hatte. Mit dem Ungestüm des jungen Wissenschaftlers, der von seinem Auftrag besessen ist, legte er das Gelübde ab, er werde sich nicht rasieren, bis seine Aufgabe gelöst sei. Wenn er das nächste Mal die Reise zur Steinigen Tunguska antritt, wird das ständige Lager dort um mehrere Blockhäuser erweitert sein. Es ist schon seit geraumer Zeit so ausgerüstet, daß die dort arbeitenden Wissenschaftler ohne Hilfe von außen in der sibirischen Wildnis leben können.

Seine Augen blitzten, als er uns ein letztes Mal seinen Standpunkt darlegte: »Ich wiege mich nicht in der nutzlosen Hoffnung, daß wir sehr bald meine Theorie beweisen können, es habe sich um eine unbemannte Sonde, ein extraterrestrisches ferngesteuertes Raumschiff gehandelt, das absichtlich in einem unbewohnten Gebiet zur Explosion gebracht worden ist. Man muß geduldig und beharrlich sein. Ich bin neunundvierzig. Ich hoffe, mein Bart wird nicht bis zu meinen Knien gewachsen oder weiß geworden sein, wenn das Rätsel endlich gelöst ist.« Er stieß ein gutmütiges Lachen aus. »Er stört meine Frau schon jetzt erheblich.«

Trotzdem werde er ihn vielleicht für immer behalten müssen, fügte er ironisch hinzu. Wenn nämlich seine Kollegen von ihm verlangen würden, die genaue Herkunft des außerirdischen Fahrzeugs zu benennen.

Woher könnte es gekommen sein?

»Das wird der nächste Schritt sein, nachdem ich bewiesen habe, daß es sich um eine Kernexplosion gehandelt hat. Wir sind heute ziemlich sicher, daß es, abgesehen von der Erde, kein intelligentes Leben in unserem eigenen Sonnensystem gibt. Demnach müßte die Sonde aus einem anderen Planetensystem gekommen sein. Doch wir wissen nicht, von wie weit her... Gute Nacht, meine Freunde!«

Wir wünschten ihm zum Abschied, daß er sich seinen Bart bald abnehmen lassen könne. Dann blickten wir der gedrungenen Gestalt des eigenwilligen Mannes aus Kalinin nach, der dem Eingang der Moskauer U-Bahn zustrebte.

Für den nächsten Tag hatten wir ein Gespräch mit Forschern vereinbart, die die Auffassung vertraten, der Neandertaler sei noch am Leben und habe sich in 50 000 Jahren praktisch nicht verändert. Er verberge sich hinter den Geschichten vom Schneemenschen, alias Yeti, alias Big Foot, alias Sasquatch... Die Russen haben ihre eigene Spielart beizusteuern: den *Almasti*.

13 Auf den Spuren des kaukasischen Schneemenschen

Oberstleutnant Wargen Karapetjan, der auf eine lange und ehrenvolle Karriere im Sanitätskorps der Roten Armee zurückblicken kann, ist der einzige Mediziner der Welt, der je einen *Almasti*, so wird der »Schneemensch« in den unwegsamen Bergwäldern Südrußlands genannt, untersucht hat. Einige Tage später wurde das seltsame Wesen von einem Kriegsgericht wegen Fahnenflucht zum Tode verurteilt und hingerichtet!

Der absonderliche Vorfall trug sich im Dezember 1941 zu, als die Kämpfe um die schneebedeckten Berge des Kaukasus auf ihrem Höhepunkt angelangt waren. Später wurden auch die anderen Akteure des Dramas von ihrem Schicksal ereilt, so daß Karapetjan, ein Armenier von den Ausläufern des Berges Ararat, als einziger Zeuge übrigblieb, um die ominöse Geschichte zu erzählen.

Der Armeearzt behielt sie indessen für sich, bis er im November des Jahres 1958 bei einem Moskau-Besuch in der Zeitung *Moskauer Abend* auf einen Artikel von einem Professor Boris Porschnew stieß. Der Aufsatz schloß mit der Bitte, jeder, der Informationen über »Begegnung mit wilden, primitiven Menschen« besitze, möge sich mit ihm in Verbindung setzen.

Karapetjan hatte sein Wissen schon allzu lange für sich behalten. Jetzt wollte er das Geheimnis mit irgend jemandem teilen, und der Artikel zeigte ihm, an wen er sich zu wenden hatte. Er erfuhr, daß Porschnew der führende Anthropologe des Landes sei und die Erforschung des Schneemenschen-Phänomens zu seiner Lebensaufgabe gemacht habe. Am 20. November rief Karapetjan bei ihm an und wurde gebeten vorbeizukommen. In Porschnews Büro sah er sich drei Männern gegenüber, die sich ihm als die Professoren Porschnew, S. E. Kleinberg und A. A. Schmakow vorstellten und seinen Bericht zunächst schweigend anhörten. Dann nahmen sie ihn eine Stunde lang ins Kreuzverhör. Karapetjan merkte, daß sie nicht bereit waren, ihm zu glauben. Ob er am folgenden Tag wiederkommen könne, fragten sie ihn zum Schluß.

Er kam. Die zweite Befragung dauerte drei Stunden. Er wurde gebeten, seine Geschichte zu wiederholen, und er erzählte sie noch einmal, in allen Einzelheiten. Die beiden Berichte deckten sich. Schließlich baten sie ihn, das Zimmer zu verlassen. Nach einer langen Diskussion riefen sie ihn wieder herein und fragten ihn: »Was für ein Geschöpf war das, Ihrer Meinung nach?«

Karapetjan erklärte, daß es sich um einen Menschen gehandelt haben müsse, der, als Kind in den Bergen ausgesetzt, in der Wildnis aufgewachsen sei, beschützt von wilden Tieren, die ihn sozusagen adoptiert hatten. »Sehr romantisch, aber falsch«, meinte Porschnew. »Sie sind einem lebendigen Almasti begegnet. Wissen Sie, was ein Almasti ist?«

Porschnew gab ihm ein Buch, das er geschrieben hatte und das von der Evolution der höheren Primaten handelte. Wohlwollend sagte er: »Sie werden Ihren Mann darin finden.« Karapetjan fand ihn in der Abbildung eines haarigen Wesens, das genauso aussah wie der »Wilde«, den er untersucht hatte. Die Zeichnung stammte von Goppius, einem Entdeckungsreisenden des achtzehnten Jahrhunderts. Weitere Illustrationen zeigten den Almasti so, wie er in Augenzeugenberichten zu Anfang unseres Jahrhunderts beschrieben worden war. Auch diese Bilder erinnerten ihn an seinen seltsamen »Patienten«.

Zwei Monate später berichtete Porschnew unter der Überschrift »Ich glaube an den Schneemenschen« in einer angesehenen sowjetischen Wissenschaftszeitung von seinen Gesprächen mit Karapetjan, die ihn in seiner Überzeugung noch bestärkt hatten.

Ironischerweise war Oberstleutnant Karapetjan fast genauso scheu wie das seltsame Individuum, das er untersucht hatte. Zum ersten Mal hörten wir seinen Namen im Büro von Wassilij Sachartschenko, dem Chefredakteur der Monatszeitschrift *Technika Molodeschi.* Er war gerade aus Schottland zurückgekehrt, wo er Material über das Ungeheuer von Loch Ness gesammelt hatte. Wir sprachen über verschiedene ungelöste Rätsel der Welt, zum Beispiel über das Bermuda-Dreieck und den Schneemenschen. Der drahtige lebhafte Mann hatte eine ausgesprochen offene, westliche Einstellung zu all jenen Themen, über die in unseren Zeitungen gewöhnlich unter »Vermischtes« berichtet wird. Und so erzählte er uns von Karapetjans Begegnung mit dem Almasti.

Ob wir Karapetjan ausfindig machen könnten, fragten wir. Er schüttelte den Kopf. Wir bohrten weiter: »Warum ist das so unmöglich?«

Sachartschenko sah uns einige Augenblicke schweigend an, dann grinste er freundlich und sagte: »Nichts ist unmöglich« – und tat genauso großartig wie der *New York Herald*-Verleger James Gordon Bennett, als er beschloß, seinen Reporter Stanley loszuschikken, damit er im afrikanischen Busch den verschollenen Dr. Livingstone suche. »Geben Sie mir etwas Zeit. Wo immer Oberstleutnant Karapetjan auch sein mag, meine Leute werden ihn finden und ihn herbringen. Sie hören wieder von mir.«

Nichts hörten wir von ihm. Und wir folgten einem gutgemeinten Rat und versuchten nicht, Karapetjan auf eigene Faust aufzuspüren. Auch die harmlosesten Erkundigungen nach dem Aufenthalt eines Offiziers der Roten Armee können beim militärischen Nachrichtendienst einen verdächtigen Eindruck erwecken. Es war einer jener Fälle, in denen man hofft, es würde vielleicht etwas nützen, das Gewünschte einfach beharrlich herbeizusehnen, während man sich zugleich bewußt ist, daß die Chancen 1 : 100 000 stehen.

Statt mit Karapetjan zu sprechen, fuhren wir nach Hause.

Ein Jahr verging, und wir kehrten nach Moskau zurück. Zwei Wochen später rief uns Alexander Kasanzew, der Chronist des verschollenen Planeten Phaeton, an und sagte: »Ich habe interessante Neuigkeiten für Sie. Sachartschenko läßt Ihnen mitteilen, daß er Oberstleutnant Karapetjan ausfindig gemacht hat. Er ist in Moskau eingetroffen und wird morgen um drei Uhr in Sachartschenkos Büro erwartet. Ich war so frei und habe ihm versichert, daß auch Sie dort sein werden.«

Am folgenden Tag, genau zur festgesetzten Stunde, betraten wir das Büro von Sachartschenko. Einige Herren hatten sich um einen Couchtisch versammelt, auf dem schon der obligate Imbiß bereitstand. Sachartschenko machte uns miteinander bekannt: seine Redakteure Jurij Filatow und Grigorij Resnitschenko, Kasanzew, Professor Igor Burzew, Kurator des Moskauer Darwin-Museums, und der Ehrengast Oberstleutnant Karapetjan.

Da stand er also, in eben dem Büro, in dem wir vor fast einem Jahr das erste Mal von ihm gehört hatten. Er drückte uns die Hand, jeder Zoll ein Offizier der Roten Armee: untersetzt, stiernackig, starker Brustkasten, gutgenährt, rund und rot das Gesicht. Seine tadellos gebügelte Uniform trug auf der Herzseite eine eindrucksvolle Sammlung militärischer Auszeichnungen und auf der anderen eine einsame Verdienstmedaille.

Es klopfte, und Viktor Adamenko schlüpfte herein. »Viktor kennen Sie natürlich«, sagte Sachartschenko. »Ich habe ihn dazugebeten, weil die Parapsychologie an dem Almasti besonderes Interesse hat. Nicht wahr, Viktor?«

Adamenko lächelte verlegen: »Wir glauben, daß die genaue Untersuchung eines lebenden Schneemenschen mit Hilfe der Kirlian-Fotografie und der Akupunktur eine einzigartige Möglichkeit darstellen würde, unsere Kenntnisse über die Evolution zu erweitern. Wir Parapsychologen würden tatsächlich alles für eine solche Begegnung geben, wie sie Oberstleutnant Karapetjan erlebt hat.«

»Ich verstehe, was Sie meinen«, sagte Sachartschenko und winkte ungeduldig mit der Hand ab. »In Ordnung, meine Herren. Wir sind nun vollzählig. Nehmen Sie bitte Platz. Oberstleutnant Karapetjan, Sie haben das Wort. Wir stellen Ihnen unsere Fragen erst, wenn Sie fertig sind.«

Es war Anfang Dezember 1942, so erinnerte sich der Truppenarzt. Seine Einheit, ein motorisiertes Infanteriebataillon, hatte gerade Stellung entlang eines Bergrückens bezogen, von dem aus die Zufahrtsstraßen zu der Stadt Buinaksk unten im Tal kontrolliert werden konnten. Dem Gebiet an der Ostseite des Kaukasus kam besondere strategische Bedeutung zu. Ein deutscher Durchbruch an dieser Stelle hätte den Weg zu den Ölfeldern von Baku freigelegt. Die russische Verteidigungslinie war dünn, die Bewaffnung unzulänglich. Man hatte jeden Dagestaner und Inguschen, jeden Kabardiner und Balkaren aus den Bergen und dem Flachland einberufen. Die Einheiten hatten sich über die tief verschneiten Bergkämme verteilt und hielten jede Felsspalte besetzt, von der aus man das Tal einsehen konnte, durch das der Feind hindurchmußte. Partisanentrupps aus anderen Gegenden, zum Beispiel Osseten und Tschetschen, durchstreiften das Gebiet unter der kundigen Führung einheimischer Bergführer, die aus ihren *Aouls*, ihren Gebirgsdörfern, zu ihnen gestoßen waren.

»Eines Tages erhielt ich über das Feldtelefon die Nachricht, daß eine Gruppe von Partisanen einen seltsamen Menschen gefangengenommen hatte. Ob es sich um einen Saboteur handelte, um einen deutschen Spion, einen Deserteur der Roten Armee oder schlicht um einen Verbrecher, hatte man bisher nicht herausbekommen können.«

Als Karapetjan fragte, warum er, ein Militärarzt, das Verhör eines Gefangenen übernehmen sollte, lautete die Antwort, daß Aussehen und Verhalten des Mannes sehr seltsam seien. Er sei von wilder Erscheinung, ganz mit langem Haar bedeckt. Die Partisanen glaubten, er benutze diese Verkleidung, um sie zu täuschen. Deshalb verlangten sie nach dem Doktor.

»In Ordnung«, sagte Karapetjan. »Ich guck ihn mir an. Können Sie ihn zum Bataillonsgefechtsstand bringen?«

Die Antwort lautete: »Nein, er muß aus verschiedenen Gründen hierbleiben.« Karapetjan mußte sich also zu dem Gefangenen begeben.

In dem Bergdorf angekommen, wurde er in das Haus geführt, in dem der Gruppenchef seinen Befehlsstand eingerichtet hatte. Drinnen zog der Arzt seinen Pelzmantel aus und sagte: »Bringen Sie den Gefangenen herein!«

Die Partisanen sahen sich an, dann sagte ihr Führer: »Tut mir leid, Doktor, Sie müssen Ihren Pelz wieder anziehen und mit uns kommen. Wir können ihn nicht hereinbringen.«

»Warum nicht?«

»Wenn er in einen geheizten Raum kommt, schwitzt er. Der Schweiß läuft ihm nur so herunter. Er stinkt entsetzlich und ist voller Läuse. Wir bewachen ihn in einem Stall in der Nähe.«

Der Stall war alt und baufällig, er schien kaum dem heulenden Wind und dem schweren Schneetreiben standhalten zu können, das gerade eingesetzt hatte. Die Temperatur im Innern entsprach der Außentemperatur: weit unterhalb des Gefrierpunkts. Der

Wachhabende stieß die Holztür auf, und Karapetjan trat in den dunklen Raum. Eine Sturmlaterne wurde hereingebracht. In ihrem flackernden Licht erblickte Karapetjan das Wesen, das reglos in der Mitte des Stalles stand.

Die erste Frage, die dem Arzt durch den Kopf ging, war: Mensch oder Tier? Ein Bär, der auf seinen Hinterbeinen stand oder ein menschliches Wesen? Der Posten hielt die Laterne hoch. Sieht aus wie ein Mensch, sagte Karapetjan zu sich selbst. Nackt, barfüßig, mit einem natürlichen Fell bedeckt, aber ein Mensch.

»Er hielt sich aufrecht. Seine Beine waren gespreizt, die Arme hingen schlaff an den Seiten herunter, der Kopf war starr nach vorn gereckt. Er war mit dunklem braunem Haar bedeckt, doch wies er ausgesprochen menschliche Proportionen auf. Die Größe des Mannes lag etwas über dem Mittelmaß – ich würde sagen etwa 175 Zentimeter. Er war stämmig gebaut, mit breiter Brust und kräftigen Schultern. Ich schätzte sein Alter nach menschlichem Maßstab auf fünfundvierzig bis fünfzig Jahre. Das Haar, das den Rücken, die Brust und den größten Teil des Bauches bedeckte, war dicht und lang. Andere Teile seines Körpers waren mit dünnerem Haar bedeckt. Auf dem Handrücken zeigte sich langes Haar, seine Finger waren weniger behaart, seine Handflächen überhaupt nicht. Im Durchschnitt war das Haar ungefähr zwei Zentimeter lang.

In gewisser Hinsicht ähnelte er einem Bär, keineswegs aber einem Affen. Ich bemerkte, daß seine Hände sehr groß und seine Finger ungewöhnlich stark waren. Anfangs verwirrte mich sein Gesicht, und zwar, weil es im Gegensatz zu dem Körper darunter nahezu unbehaart und glatt war. Die Nase wirkte nicht breit, gequetscht oder vorstehend. Sie sah eigentlich normal-menschlich aus. Das Gesicht war von ovaler Form, das Kopfhaar lockig und nicht lang. Die Wangen waren leicht mit Flaum bedeckt, wie bei einem Kalb. Seine Geschlechtsorgane schienen die eines Menschen zu sein. Sein Blick war stumpf und leer. Gelegentlich zwinkerten die Augen krampfhaft.

Seine Häscher hatten die Wahrheit gesagt: Er wimmelte von Läusen. Sie liefen selbst in der Nähe seines Mundes herum, durch seine buschigen Augenbrauen und über seinen Nacken. Sie waren größer als die uns bekannten Läuse. Er schenkte ihnen jedoch keine Beachtung.

Ich war von dem Anblick so erschüttert, daß ich mich zu den drei Wachen umwandte, die mit mir in den Stall gekommen waren, und sagte: ›Verdammt noch mal, Genossen, ihr hättet ihn zumindest desinfizieren können, bevor ihr ihn zu einer medizinischen Untersuchung vorführt.‹ Eine der Wachen erwiderte: ›Wir wußten nicht, ob er es überleben würde.‹ Ich sagte: ›Sie haben vielleicht recht. Ich werde ihn mir jetzt genauer ansehen.‹

Ich ging auf den Menschen zu – für mich war es ein Mensch – und streckte ihm die Hand entgegen. Seine Arme bewegten sich nicht. Ich stieß einen Kommandoruf aus: ›Achtung!‹ Nichts. Er zuckte noch nicht einmal zusammen.

Auf einem Hocker an der Stallwand stand ein Eimer Wasser. Auf einer Zeitung lag ein Stück Brot. Das Wasser war mit einer Eisschicht bedeckt, auch das Brot schien unberührt zu sein. ›Wie lange halten Sie ihn hier schon fest?‹ fragte ich. Sie sagten: ›Seit er vor zwei Tagen gefangengenommen worden ist. Eine Patrouille hat ihn mitgebracht.‹ Ob er seitdem etwas gegessen habe. Die Antwort lautete: ›Nein.‹«

Hier erinnerte sich Karapetjan mit einem leichten Schauder daran, daß er eine Pinzette aus seiner Tasche holte und begann, dem Gefangenen an verschiedenen Stellen des Körpers Haare auszuzupfen. Das Geschöpf zuckte zusammen, gab aber keinen Ton von sich. Daran erkannte Karapetjan immerhin, daß er sich wirklich an der Haut des Menschen zu schaffen machte und nicht an einem Tierpelz, den sich ein feindlicher Saboteur möglicherweise zur Tarnung übergestülpt hatte. Die Haut war straff und dick.

Noch nicht zufrieden, zog Karapetjan an dem Haar in den Nüstern des Menschen. Der stieß einen brummenden Laut des Schmerzes aus, hob jedoch keine Hand zu seiner Verteidigung. Er blinzelte nur, und Karapetjan las »die Bitte um Schonung in seinen Augen. Er begann mir leid zu tun, aber ich mußte ihn weiter untersuchen. Die Wachen standen an meiner Seite und hielten ihre Pistolen im Anschlag für den Fall, daß das seltsame Wesen mich angreifen sollte. Es hatte indessen den Anschein, als unterwerfe es sich mir instinktiv angesichts einer Situation, die es nicht begriff.

Ich trat zurück und sagte laut: ›Komm her!‹ Ich winkte es mit der Hand herbei. Keine Reaktion. Offensichtlich verstand es mich nicht. Daraufhin stießen die Wachleute ihren Gefangenen in meine Richtung. Er hob ein Bein, machte einen Schritt in meine Richtung – halb die Bewegung eines Menschen, halb die eines Bären. Dabei grunzte er unmutig. Der Laut kam ganz tief aus seiner Kehle. Daran merkte ich, daß er nicht sprechen konnte.

Ich sah auf meine Uhr. Genau acht Minuten waren verstrichen, seit ich den Stall betreten hatte. Mein Urteil stand fest. ›Er ist kein Spion, Saboteur oder Deserteur‹, teilte ich den Männern mit. ›Ich meine, daß es sich um ein harmloses Geschöpf handelt, um einen Menschen, der sich dafür entschieden hat, in der Wildnis zu leben.‹ Als ich das Mißfallen auf ihren Gesichtern sah, fügte ich hinzu: ›Natürlich ist er Ihr Gefangener, nicht meiner. Die Entscheidung, was mit ihm zu tun ist, liegt bei Ihnen.‹

Damit wandte ich mich um und ging hinaus. Zwei der Wachen folgten mir. Sie führten mich zum Befehlsstand, wo ich mein Urteil wiederholte. Ich las an ihren Gesichtern ab, daß sie es vorgezogen hätten, wenn ich erklärt hätte, der Kerl sei ein Spion oder Deserteur. Als ich beim Fortgehen fragte: ›Was haben Sie mit ihm vor?‹, antwortete der Chef: ›Was sollen wir tun? Wir müssen ihn irgendwie loswerden.‹ Das konnte beides heißen: daß sie ihn freilassen oder daß sie ihn erschießen wollten. Ich hatte den Eindruck, daß sie ihn freilassen würden. Ich weiß nicht, warum ich das glaubte. Vielleicht hoffte ich es.

Ich kehrte zu meiner Einheit zurück. Einige Tage später teilte mir ein Soldat mit, daß das Geschöpf, das die Partisanen gefangen hatten, entflohen sei. Ich stieß einen Seufzer der Erleichterung aus. Wir waren in diesen Tagen ständig in verlustreiche Nachhutgefechte verstrickt und von den anderen Einheiten abgeschnitten. Für mich als Arzt blieb keine Zeit, mir Sorgen um den merkwürdigen Wilden zu machen. Wenn ich vielleicht auch kurz daran gedacht hatte, ihn mir noch einmal genauer anzusehen und ihn zu fotografieren, ja, ihn aus den Händen der Partisanen zu befreien und ihn der Wissenschaft zu erhalten, waren meine Gedanken doch auf das tägliche Kampfgeschehen gerichtet.«

Karapetjans Stimme war zuletzt leiser geworden. Offensichtlich fühlte er sich unbehaglich. Sachartschenko ergriff nun das Wort, und in seiner Stimme schwangen Mitleid und Verständnis mit: »Genosse Oberstleutnant, Sie waren Soldat und im Fronteinsatz. Sie haben richtig gehandelt. Und Sie haben der Wissenschaft einen unschätzbaren Dienst dadurch erwiesen, daß Sie die Einzelheiten dieser Begegnung im Gedächtnis bewahrt haben. Lassen Sie mich im Namen aller hier Anwesenden für diesen bemerkenswerten Bericht danken. Ich weiß, daß Professor Burzew noch einige Erläuterungen geben möchte.«

Igor Burzew saß eingekeilt zwischen Kasanzew und Adamenko. Tadellos gekleidet, schlank und gutaussehend, war er das genaue Gegenteil dessen, was Hollywood aus dem Kurator des Anthropologischen Museums in Moskau gemacht hätte. Am Bein des Couchtisches vor ihm lehnte der Gipsabguß eines riesigen Fußes. Es ließ sich erraten, daß es die Nachbildung eines Almasti-Fußes war. Burzew zog einen Aktenordner aus seiner Mappe und sagte: »Ich möchte Ihnen zunächst etwas vorlesen:

›Bericht über eine Anfrage beim Innenministerium der Autonomen Sozialistischen Sowjetrepublik Dagestan in Machatschkala. In Beantwortung einer offiziellen Anfrage bezüglich des Schicksals einer namentlich nicht bekannten Person, die angeblich Mitte Dezember 1941 aufgrund des Kriegsgerichtsurteils einer Partisaneneinheit in der Nähe der Stadt Buinaksk hingerichtet worden ist, wurde bestätigt, daß ein Gefangener, auf den die angegebene Beschreibung zutrifft, gemäß der Gesetze, die gegenüber Deserteuren Anwendung finden, abgeurteilt worden ist. Unterschrift: Alijew, Innenminister.‹«

Burzew schloß den Aktendeckel wieder, schlug sich damit unwillig auf die Hand und sah Sachartschenko an. »Das bedeutet, daß der Gefangene durch ein Exekutionskommando hingerichtet worden ist. Ich sollte dazu sagen, daß dies erst viele Jahre später bekannt wurde, nämlich nachdem Oberstleutnant Karapetjan uns von seinem Erlebnis berichtet hatte. Daraufhin machten wir uns sofort ans Werk. Es war im Jahre 1960, und Alijew lebte im Ruhestand. Er erkannte die Wichtigkeit unserer Nachforschungen und gab uns jede mögliche Information. Anders die Bewohner der Gegend, in der sich die Sache zugetragen hatte. Ein Team, das wir dorthin entsandten, um die Einheimischen zu befragen und nach dem irgendwo vergrabenen Leichnam des Hingerichteten zu suchen, kehrte unverrichteterdinge zurück. Die Befragten wollten sich an nichts erinnern. Das ließ uns an der ganzen Geschichte wieder einmal zweifeln, bis es unserer hochgeschätzten Kollegin Frau Dr. Kofman gelang, das Rätsel zu lösen. Doch das ist eine Geschichte für sich.«

Wir hatten gehofft, Dr. Jeanna Kofman begegnen zu können. Sie ist eine geradezu legendäre Gestalt unter den russischen Anthropologen. In Frankreich geboren, hat sie sich dafür entschieden, in der Sowjetunion zu leben – und ihr Leben ganz der Aufgabe verschrieben, den kaukasischen Schneemenschen zu suchen. Sachartschenko kam unserer Frage zuvor: »Jeanna Kofman«, erklärte er, »ist auf der Fahrt von Leningrad nach Moskau irgendwo steckengeblieben. Sie hat angerufen und sich entschuldigt. Sie werden sie morgen kennenlernen. Eine faszinierende Frau.« Sachartschenko stand hinter seinem Schreibtisch auf und kam zu uns herüber, groß, mager, lebhaft, das leibhaftige Perpetuum mobile sowjetischer Bauart.

»Ich schlage vor, daß wir etwas zu uns nehmen, bevor wir den Obersten mit Fragen bestürmen, ich für meinen Teil habe jedenfalls noch welche. Doch zuerst wollen wir ihm zu Ehren das Glas erheben – auf Oberstleutnant Wargen Karapetjan!«

Erst am Abend verließen wir das Gebäude der *Technika Molodeschi* in der Suschtschewskja-Straße. Burzew hatte vorgeschlagen, uns zum Hotel zu begleiten, und er nutzte den langen Weg durch die spärlich erleuchteten, windigen und menschenleeren Seitenstraßen, um uns ein sehr persönliches Plädoyer für die Existenz des Almasti zu halten. Wir merkten, wie vollständig er sich dem Schneemenschen verschrieben hatte. Gleich den russischen Parapsychologen hatte er gegen Skepsis und Ungläubigkeit anzukämpfen und dabei nur Hypothesen anzubieten, da es an schlüssigen Beweisen fehlte.

»Die Menschen wollen einfach nicht glauben«, sagte er, »daß der Neandertaler, der vor etwa 40 000 bis 70 000 Jahren lebte, die Evolution des Homo sapiens überlebt haben kann. Aus diesem

Grunde ist das Zeugnis Karapetjans für uns Anthropologen so wertvoll. Heute bin ich mit diesem Mann zum vierten Mal im Laufe von fünfzehn Jahren zusammengekommen und habe mir zum vierten Mal seine Geschichte angehört. Jedesmal, wenn er sie erzählt, fasziniert sie mich von neuem. Die Tatsache, daß er dem Schneemenschen von Angesicht zu Angesicht gegenübergestanden hat, ist ein verläßlicher Hinweis darauf, daß noch viel mehr von ihnen die unberührten Gebiete der Erde durchstreifen.

Das Darwin-Museum in Moskau ist heute ein Ausgangspunkt für Expeditionen in all die Gebiete, aus denen Berichte über den Almasti vorliegen. Außerdem besitzt das Museum als einziges der Welt eine Sammlung von Beweisen für die Existenz des Schneemenschen. Einige aufregende Augenzeugenberichte aus dem Kaukasus befinden sich in unserem Archiv, doch gibt es genauso wichtige Berichte aus anderen, weit voneinander entfernten Gebieten der Sowjetunion, zum Beispiel aus der Jakutischen Volksrepublik in Ostsibirien, aus den Tadschikischen und Kirgisischen Republiken, beide an der Grenze nach Afghanistan und dem chinesischen Sinkiang.

Natürlich ist der Almasti auch in anderen Ländern beobachtet worden und dort unter verschiedenen Namen bekannt: Als Yeti im Himalaya, als Big Foot in Nordkalifornien, als Sasquatch in Britisch-Kolumbien, als Schen-Su in China. Sie sind Teil der Legende vom Schneemenschen, die im Laufe der Zeit immer weiter ausgesponnen wurde.

Die konkretesten Beweise, über die wir verfügen, sind in Gips ausgegossene Fußabdrücke und die Kopie eines Films, der 1967 am Bluff Creek in Nordkalifornien aufgenommen wurde. Er zeigt ein Geschöpf, von dem Karapetjan meint, es ähnele dem von ihm untersuchten Wesen. Wir sind zahlreichen Meldungen nachgegangen, besonders aus der Tadschikischen Republik, in denen es hieß, daß Jäger auf den Almasti geschossen und ihn verwundet hätten. Gefangen wurde er jedoch nie. Der Almasti ist so bemüht, uns aus dem Wege zu gehen, daß er sich sogar zum Sterben verbirgt – ähnlich den Affen von Ceylon. Doch ist er im Kaukasus relativ sicher. Und er weiß das auch. Deshalb konzentrieren wir uns auf diese Berge. Frau Dr. Kofman dringt allmählich immer weiter vor.

Sie weiß genau, wo sie zu suchen hat.«

Am nächsten Tag lernten wir sie kennen. Eine kräftige Frau mit kurzem Haar und durchdringendem Blick.

»Nennen Sie mich bitte einfach Jeanna«, sagte sie, als sie uns die Hände schüttelte. Sie sei auf dem Weg in den Kaukasus und mache in Moskau nur für einen Tag halt.

»Es tut mir so leid, daß ich gestern Oberstleutnant Karapetjan verpaßt habe. Ich versäume sonst nie eine Gelegenheit, mit ihm zusammenzukommen. Jedesmal schöpfe ich daraus den Mut weiterzumachen.« Sie hielt inne und meinte dann mit einem scherzhaften Seufzer: »Wissen Sie, daß ich bereit wäre, zehn Jahre meines Lebens für solch ein Erlebnis zu geben, wie er es hatte? Leider ist bis jetzt niemand auf mein Angebot eingegangen.«

Ohne unsere Reaktion abzuwarten, fuhr sie mit atemberaubender Geschwindigkeit fort, zu fragen und zu erzählen. Ob es zuträfe, daß wir in Moskau Parapsychologen interviewten? »Gut, sehr gut ... ASW! Sehr nützlich in Situationen wie der meinen, wenn auf der Außenstation kein Telefon vorhanden ist und man mit jemandem Verbindung aufnehmen muß.« Sie hatte sich mit Telepathie befaßt und war der Meinung, praktischen Gebrauch von ihr machen zu können. Auch für das Ufo-Phänomen interessierte sie sich. »Wir haben Professor Zigel zahlreiche Beobachtungen gemeldet. Mit Viktor Adamenko habe ich abgemacht, daß wir ihm, sobald wir einen Almasti gefangen haben, ein Telegramm schikken. Dann kommt er mit seiner Kirlian-Ausrüstung und seinem Akupunkturgerät.«

Ihr Akzent war so unmerklich, daß er einem nicht auffiel, wenn man nicht wußte, daß sie keine Russin war. Daß eine waschechte Pariserin sich ganz der Aufgabe verschrieben hatte, in der Wildnis des Kaukasus den Schneemenschen zu fangen, ist sicherlich ein besonderes Kuriosum. 1930 kam die zwölfjährige Jeanne mit ihren Eltern nach Rußland und blieb. Während des Zweiten Weltkrieges leitete sie eine Ski-Einheit der Roten Armee, die an den Nordhängen des Kaukasus gegen die Deutschen kämpfte. Später studierte sie Medizin und wurde Chirurgin, wechselte dann aber zur Anthropologie über.

»Mit dem Schneemenschen beschäftige ich mich seit 1955. Ich

war auf dem Gebiet also kein Neuling mehr, als ich Porschnews Bericht über Karapetjan las. Ich nahm mit dem Oberstleutnant Kontakt auf und gelangte zu der Überzeugung, daß er die Wahrheit sagte. Ich kam fast um vor Neid.«

Zwei Wochen später war sie unterwegs nach Buinaksk. Von dort aus fuhr sie mit dem Lastwagen, so weit es ging. Dann stieg sie auf Ski um.

»Ich erreichte den Aoul, in dem sich das Geschehen abgespielt hatte. Doch die Einheimischen schüttelten den Kopf. Sie könnten sich nicht erinnern, sagten sie. Eine Woche blieb ich dort und suchte nach Fußabdrücken im Schnee und anderen Spuren des Almasti. Nichts. Ich ließ mich nicht entmutigen. Im Frühling durchstreifte ich die Berge wieder. Dann trommelte ich in Moskau eine anthropologische Forschungsgruppe zusammen, die sich im Kaukasus fest einquartieren sollte. Einen Monat danach fuhr ich mit einem Dutzend junger Studenten, die sich nur zu gern an der Suche beteiligten, nach Buinaksk zurück . . .«

Nach all den Jahren wartet sie noch immer darauf, eines Almasti ansichtig zu werden. Doch sie hat den Mut nicht sinken lassen. »Ich kann warten«, winkte sie ab. »Ich bin damit zufrieden, daß ich viele Augenzeugenberichte habe. Schriftlich. Nachgeprüft. Wollen Sie ein paar Geschichten hören?«

Muhamed Tomakow, der neununddreißigjährige Verwalter eines Staatsgutes in Kabardin, sah 1946 einen Almasti in Getmisch, einer Schlucht zwischen Sajukowo und Kurkusin. »Ich sah, daß sich im hohen Gras etwas bewegte. Als ich hinüberritt, um mir das Etwas genauer anzusehen, stand da so eine Art Tier, das ich noch nie in meinem Leben gesehen hatte. Ich trieb es vor mir her in eine Berghütte und schloß es ein. Dort konnte ich es mir in Ruhe ansehen. Sein Körper war menschenähnlich, aber mit einem Pelz bedeckt. Auch sein Gesicht ähnelte dem eines Menschen, nur daß es flacher war. Seine Stirn war hoch und gewölbt, seine Augenbrauen wirkten wie vorgestülpt, die Augen zusammengekniffen. Die Nase war klein und flach, das Kinn rund. Seine Eckzähne ähnelten Fangzähnen, sie waren scharf und gelb. Seine Hände waren klein, die Handflächen flach und schmal. Die Finger wiesen lange Nägel auf, die allerdings nicht scharf waren, und schwarze Schwielen.

Seine Ohren waren flach und setzten höher am Kopf an als die des Menschen. Das Geschöpf hatte keinen Schwanz. Als ich es gejagt hatte, war es auf allen vieren gelaufen. Doch jedesmal, wenn es stehenblieb, stellte es sich auf seine Hinterbeine. Es sprach oder schrie nicht. Es bewegte nur die Lippen und fauchte wie eine Katze.

Ich verriegelte die Tür von außen und ging fort, um einen Strick zu holen. Ich wäre nie auf den Gedanken gekommen, daß das Geschöpf den Riegel öffnen könnte. Das war falsch. Als ich zurückkam, stand die Tür weit offen. Das Geschöpf war fort.«

Die interessantesten und vielsagendsten Aufzeichnungen Dr. Kofmans stammten von Schagir Bojew, einem Schüler des landwirtschaftlich-technischen Gymnasiums in Kabardin. Der intelligente, weitgereiste junge Mann war mehrfach mit einem Almasti zusammengetroffen. Bojew berichtete:

»Das erste Mal sah ich ihn im September 1956. Es war um elf Uhr abends bei Vollmond. Ich ritt auf meinem Pferd die Hauptstraße entlang. Plötzlich fiel das Tier, durch irgend etwas erschreckt, aus dem Trab in Galopp. Dann wieherte es und verhielt. Seine Ohren waren aufgerichtet ... Ein Mann stand am Zaun und stützte sich mit dem linken Arm darauf. Plötzlich sprang er über den Zaun, es sah aus, als ob er flog, so mühelos kam er darüber hinweg. Nachdem er dann in beide Richtungen gesehen hatte, überquerte er die Straße – höchstens acht Meter von mir entfernt. Jetzt konnte ich ihn deutlicher sehen. Er war ziemlich groß, lief vornübergebeugt, mit leicht eingeknickten Knien. Seine Arme, die für einen Menschen ungewöhnlich lang waren, baumelten an den Seiten herunter. Er trug keine Kleidung, doch ich konnte sehen, daß sein ganzer Körper von dichtem Fell bedeckt war.

Ich wendete, gab dem Pferd die Sporen und galoppierte nach Hause. Mein Vater schimpfte mit mir und meinte, ich sei dumm und ein Angsthase. Es gäbe keinen Almasti.«

Doch im November 1959 sah Bojew wieder einen. Zwei Tage später suchte er Frau Dr. Kofman auf, um sein Erlebnis zu Protokoll zu geben. Was die Forscherin ärgerte, war die Tatsache, daß der junge Mann den Schneemenschen praktisch vor ihrer Haustür gesehen hatte!

»Bojew kam spät am Abend die Straße herunter, als er den Schatten einer Gestalt neben sich bemerkte. Er ging an ihr vorbei. Sie folgte ihm. Bojew kam zu dem Schluß, daß es sich um einen Betrunkenen handeln müsse. ›Wer sind Sie?‹ fragte er. Keine Antwort. Bojew wandte sich um, hielt etwa zwei Meter vor dem Schatten an, holte Streichhölzer aus der Tasche und entzündete eines. Da sah er, daß es ein Almasti war. Er erkannte die gebeugten, fellbedeckten Knie und die riesigen bloßen Füße. Er machte kehrt und rannte weg. Ich fragte ihn, warum er denn nicht sofort gekommen sei. Wir hätten gemeinsam nach dem Geschöpf suchen und zumindest seine Fußabdrücke sichern können. Bojew entschuldigte sich und sagte mit typisch kaukasischer Ritterlichkeit, daß Männer nun mal nicht an die Tür einer Dame klopfen, die sie nicht kennen. Er hatte von mir und meiner Arbeit erst erfahren, als er seiner Mutter von der Begegnung erzählte. Sie überredete ihn, zu mir zu kommen und mit mir zu sprechen. Aber da war es bereits zu spät.«

Chaschisuw Chutow, ein dreiunddreißigjähriger Elektromechaniker aus Kabardin, hatte zwei Begegnungen mit dem Almasti, beide Male im Jahre 1964. »Das erste Mal war es am 25. Mai. Mein Vater hatte mich mit einem jüngeren Bruder zum Fluß Tschegem geschickt, um Holz zu schlagen. Plötzlich rief mein Bruder aus: ›Guck mal da!‹ Es hörte sich sehr ängstlich an. Kaum zwanzig Meter von uns entfernt stand das Wesen. Etwa so groß wie ein Mensch und überall mit dunklem Fell bedeckt. Es hatte lange Haare auf dem Kopf, seine Schultern waren schwer, doch die Arme dünn, besonders an den Handgelenken; die Hände wirkten sehr lang, mit langen Fingern und langen Nägeln. Die Handflächen waren unbehaart. Die Haut war braun. Es hatte kräftige Hüften, doch sehr dünne Knöchel. Die Stirn überragte seine Augen wie eine Schirmmütze. Die Augen standen schräg, die Nase war hakenförmig. Ich konnte seine Handflächen so deutlich sehen, weil es beide Hände in die Luft hob, die Handflächen mir zugekehrt. So stand es einen Augenblick lang, dann drehte es sich um und lief fort. All das geschah bei hellem Tageslicht ... Auch das zweite Mal sah ich den Almasti an diesem Ort. Diesmal geschah es an einem Septembertag gegen Mittag. Er war nicht weiter als zehn Meter entfernt und lag auf der rechten Seite im Gras. Ich erkannte seinen Rücken. Er war ganz und gar mit Haar bedeckt, nur die Hinterbacken waren unbehaart. Die Haut war braun. Als ich auf ihn zuging, setzte er sich auf, wandte sich um und rannte fort.«

Im Frühjahr 1979 wird Jeanna Kofman sagen können, daß sie seit zwanzig Jahren den Kaukasus durchsucht. In all diesen Jahren ist sie nur ein einziges Mal auf die Fußspuren eines Almasti gestoßen, und zwar an den Hängen des Elbrus. »Er war in gerader Richtung durch den Schnee gegangen. Als er an eine beinahe drei Meter hohe Felswand kam, die ihm den Weg versperrte, sprang er, ohne Anlauf zu nehmen, hinauf. Unglaublich! Wir folgten der Spur nicht weiter. Es war spät, und wir suchten nach einem Platz zum Übernachten. Am Morgen kehrten wir zurück. Doch zu diesem Zeitpunkt hatte der Schnee die Spuren bereits zugedeckt. Wir verfluchten unser Pech und kehrten um.« Jedesmal, wenn die Forscherin den Mut zu verlieren schien, richtete sie sich an ihrem Wahlspruch wieder auf: »Denk an Karapetjan!«

Professor Jurij Efremow, der bekannte russische Völkerkundler, hat Igor Burzew erzählt, wie er im Jahre 1966 bei einer Veranstaltung des Geographischen Instituts der Sowjetischen Akademie der Wissenschaften auf einen Vortrag von Frau Dr. Kofman reagierte. Sie berichtete, was sie von dem primitiven Menschen des Kaukasus hatte in Erfahrung bringen können. Sie war, so erinnerte sich Efremow, bestens eingedeckt mit Augenzeugenberichten, die sie in der Kabardino-Balkarischen Sowjetrepublik, in Dagestan und im südlichen Aserbeidschan gesammelt hatte – wirklich an sehr entlegenen Orten. Efremows Zweifel galten zuerst der Frage, wie sich ein so ungewöhnlich großes Lebewesen so unauffindbar verstecken könne. Es wurde angeblich in den Tälern Kabardi, Malka, Gundelen, Baksan gesichtet. Doch die Orte lagen nur einige Dutzend Kilometer von der Stadt Kislowodsk entfernt, die immerhin eine Bevölkerung von achtzigtausend Einwohnern aufwies. Wovon konnte sich so ein Geschöpf ernähren? Wo überwinterte es? Wie konnte es bisher der Entdeckung durch Spürhunde und dem Abschuß durch Jäger entgehen, und wie blieb es schließlich vor Krankheit und vor dem Aussterben bewahrt?

Dr. Kofman wußte auf jede Frage eine Antwort. In dem Gebiet wimmelt es von tiefen Höhlen und Felsrissen, die die Natur in den

Kalkstein gegraben hat. Obgleich die wichtigsten Täler heute von Autostraßen durchzogen sind, gibt es noch viele enge Schluchten, in die nur geübte Bergsteiger hinabgelangen können.

Ein »wilder Mensch« kann sich frei bewegen, kann sich von Früchten und Tieren des Waldes ernähren und wird – was noch wichtiger ist – von den einfachen Dorfbewohnern der Gegend unterstützt, die sich dem Almasti, dem Schneemenschen, gegenüber in grenzenloser Treue verpflichtet fühlen, zumal er niemandem etwas zuleide tut. Seit altersher geistert er durch die einheimischen Sagen: Er war der Mensch, in dem der gute Geist Schaitan lebte. Die Moslems hielten ihn für heilig und unantastbar. Jeder, der einen Almasti tötete, wurde schwer bestraft. Wie es heißt, lebte der Almasti nämlich noch vor einem Jahrhundert in unmittelbarer Nähe mancher Dörfer, half bei der Hausarbeit und auf dem Feld. Doch als die Dörfer der Bergbewohner, die Aouls, immer häufiger von Fremden aufgesucht wurden, schickten sie den Almasti fort. Nachts stellten sie ihm Futter hin: Sauermilch, Käse, Kohlköpfe. Es galt als gutes Omen, wenn die Almastis im Schutz der Dunkelheit kamen und das Futter holten.

So konnten sie ohne Schwierigkeiten von dem leben, was ihnen die Dorfbewohner zukommen ließen, während sie doch vor Fremden in Sicherheit waren. Ihr Fell hielt sie im Winter warm. Ihre tierische Unempfindlichkeit schützte sie vor Krankheiten, mit ihren kräftigen Armen wehrten sie sich gegen Wölfe, Bären und Berglöwen. Sie hatten sich der Nacht angepaßt und vermochten in der Finsternis ebensogut zu sehen wie viele andere Tiere ...

Allem Anschein nach hatte uns Frau Dr. Kofman jetzt alles erzählt, was sie wußte, mit einer Ausnahme: wie sie das Rätsel von Karapetjans Almasti gelöst hatte. Es widerstrebte ihr zu Anfang, darüber zu sprechen, doch schließlich gab sie nach. Es sei ihr weiblicher Instinkt gewesen, so meinte sie, der ihr gesagt habe, daß mit den Partisanen in Karapetjans Geschichte irgend etwas nicht stimmte. Karapetjans Geschichte hatte kein Ende. Das stammte vielmehr von anderen, die versicherten, der Almasti sei hingerichtet worden. Doch warum sollten diese gutmütigen, ehrlichen Bergbewohner einen Freund hingerichtet haben? Und die Partisanen waren ja Männer aus den Bergdörfern der Umgebung. Sie wußten doch Bescheid: Ein Almasti war kein Spion, Saboteur oder Deserteur.

»Ich mußte die Wahrheit herausfinden. Das sollte mein bescheidener Beitrag zur Geschichte sein, wenn Sie so wollen.« Im Sommer 1959 war sie wieder kreuz und quer durch den Kaukasus unterwegs und kam zu dem Schluß, daß die Einheimischen ganz entschieden etwas vor ihr verbargen. Sie beschloß, andernorts nach der Antwort zu suchen, nicht in den Bergen, sondern im Flachland, genauer gesagt, in dem schmalen Streifen flachen Landes, der sich längs des Kaspischen Meeres erstreckt. Sie zog dort von Dorf zu Dorf und stieß endlich durch Zufall auf Leute, die von einem Almasti gehört hatten, der im Zweiten Weltkrieg als Deserteur erschossen worden war. Die seltsame Geschichte war aus den Bergen zu ihnen gedrungen.

Jemand, der dabei gewesen sei, hätte sie ihnen erzählt. Jeanna Kofman richtete einen anklagenden Finger auf einen alten Dorfbewohner, den seine Narben als Kriegsveteran auswiesen, und sagte ihm auf den Kopf zu, er hätte zum Erschießungskommando gehört, das den Almasti exekutieren mußte. Er fiel auf ihren Bluff herein, gab es zu und erzählte, was wirklich geschehen war.

Der Mann, dessen Identität sie nicht preisgeben wollte, war Mitglied einer aus einheimischen Osseten gebildeten Patrouille gewesen, die eine Eisenbahnlinie bewachte. Eines Morgens im Dezember 1942 stieß der Trupp im Neuschnee auf Fußabdrücke. Sie führten in die Berge. Wer, so fragten sich die Männer, läuft denn mitten im Winter barfuß durch den Schnee? Es mußte jemand sein, der zu fliehen versuchte – vielleicht ein Deserteur, der ein Versteck in den Bergen kannte.

»Die Männer machten sich an die Verfolgung«, berichtete Frau Dr. Kofman. »Bei Einbruch der Nacht erreichten sie ein verlassenes Aoul und rasteten dort. Am nächsten Morgen setzten sie ihre Verfolgung fort, der Spur jener Fußabdrücke nach, die noch frisch waren und deutlich zu sehen.

Die Partisanen hatten genug Verpflegung mit, um sich immer weiter und höher in die Berge wagen zu können. Die zweite Nacht verbrachten sie in einer Höhle. Am Abend des dritten Tages erwischten sie ihr Wild. Beim ersten Anblick des Wesens dachten sie, es trüge einen Fellanzug. Unter einem Arm hielt es einen großen Kohlkopf. Sie forderten den ›Deserteur‹ auf, seine Ausweispapiere zu zeigen. Keine Antwort. Nach Aussagen des alten Veteranen versuchte der Mann noch nicht einmal, Widerstand zu leisten. Ich nehme an, daß sich der arme ausgehungerte Almasti, der sich in die Ebene hinabbegeben hatte, um sich dort nach Nahrung umzusehen, weil seine Wohltäter, die Bergleute, ihm seit einiger Zeit nichts mehr zu essen hinstellten, in einem Schockzustand befand.

Sie fesselten seine Hände, legten ihm ein Seil um den Hals und machten sich mit ihrem Gefangenen im Schlepptau auf den Weg nach dem nächsten Aoul, um dort die Nacht zu verbringen. Sie stießen auf das Quartier eines anderen Partisanentrupps und sagten, daß sie einen Gefangenen, einen Deserteur mit sich führten.

Das übrige kombiniere ich nur. Der alte Veteran erinnert sich nicht mehr an die Einzelheiten und die Reihenfolge der Ereignisse. Die Osseten übernahmen es selbst, ihren Gefangenen zu bewachen, weil sie die Absicht hatten, ihn zu ihrer Einheit mitzunehmen. Vermutlich als Alibi dafür, daß sie sich so lange Zeit und so weit von ihrem Posten entfernt hatten. Ein schwerer Schneesturm, an den sich übrigens auch Karapetjan deutlich erinnert, durchkreuzte ihre Pläne. Es war einfacher, sich des Mannes dadurch zu entledigen, daß man ihn auf der Stelle erschoß. Schließlich war er ihr Gefangener, er gehörte ihnen. Als Leute aus der Ebene hatten die Osseten nie mit Almastis zu tun gehabt, und als Angehörige eines ursprünglich heidnischen Stammes, der erst vor hundert Jahren christlich geworden war, mochten ihnen auch die Moslemlegenden über den Bergmenschen unbekannt geblieben sein. Jedenfalls waren sie offensichtlich zu dem Entschluß gekommen, sich des Wilden kurzerhand zu entledigen. Sie erschossen ihn und setzten dann einen Bericht über eine Kriegsgerichtsverhandlung und die Exekution auf.

Ich glaube, daß es sich so abgespielt hat. Das würde viele Unstimmigkeiten erklären, vor allen Dingen die Tatsache, warum die später von mir und Burzew befragten Leute so hartnäckig geschwiegen haben. Ich glaube, die Bergbevölkerung schämte sich, daß es ihren Leuten nicht gelungen war, einen Freund zu schützen. Ich glaube auch, daß sie ihn begraben und dabei alle Vorkehrungen dafür getroffen haben, daß das Grab unauffindbar bleibt. Ich habe auch eine Vermutung, warum die Patrouille der Osseten anschließend verschwand, als habe es sie nie gegeben, mit Ausnahme eben dieses einen schwerverwundeten Mannes. Ich glaube, das Bergvolk hat mit ihnen abgerechnet und den Tod ihres Almasti auf die einzige ihnen bekannte Weise gerächt: Auge um Auge, Zahn um Zahn. Ob es wirklich so war, das werden wir niemals erfahren, denn auch der letzte Überlebende ist inzwischen tot. Er nahm das Geheimnis um den Ausgang der Geschichte mit ins Grab.«

Jeanna Kofman hatte keine Eile. Sie wollte die Nacht bei Freunden verbringen und erst am anderen Morgen mit ihrem klapprigen »Wolga« die Reise in Richtung Kaukasus fortsetzen. So ließ sie sich dazu überreden, mit uns im *Metropol*-Restaurant für ausländische Währung zu Abend zu essen.

Der Abend erwies sich für sie als ein ungewöhnliches Erlebnis. Keine Schlange, kein Warten an der Tür zum Bojaren-Teeraum, der im ländlichen Stil des 16. Jahrhunderts eingerichtet war.

»Fehlt Ihnen nicht manchmal Paris?« fragten wir, nachdem wir uns mit den Weingläsern zugeprostet hatten.

»Wenn mir danach zumute ist, werde ich hinfahren«, antwortete sie stolz. »Aber ich vermisse noch nicht einmal Moskau. Meine Welt ist unten im Kaukasus, beim Schneemenschen. Ich habe die Absicht, den Rest meiner Tage dort zu verbringen und an meinem Buch zu arbeiten. Es ist nur deshalb noch nicht veröffentlicht, weil das Schlüsselkapitel noch fehlt.« Sie meinte zu wissen, wo die bevorzugten Aufenthaltsorte des Almasti liegen, doch die wollte sie uns natürlich nicht bekanntgeben, weil sie nach all diesen Jahren auf keinen Fall erleben möchte, daß jemand vor ihr den wilden Bergmenschen aufspürt.

Wir sagten ihr, daß Burzew die Gesamtzahl der Almasti im Kaukasus auf weniger als zweihundert schätze. »Er hat recht«, bestätigte sie. »Leider macht ihnen die Zivilisation den Garaus. Sie sterben aus. Es hat einmal Zeiten gegeben, da sie in Gruppen herumgezogen sind. Zehn oder zwölf von ihnen. Sie sind Nomaden, sie bleiben nicht an einem Ort. Doch in letzter Zeit waren drei von ihnen die größte Ansammlung, die irgend jemand gesehen hat. Es waren eine Mutter und zwei Junge. Die Männer leben einsam und kommen mit den Weibern nur zur Paarung zusammen ...

Wissen Sie, was ich noch tun möchte, bevor ich sterbe? Den Almasti und unsere Parapsychologen zusammenbringen! Ein überlebendes Exemplar aus einer weit zurückliegenden Entwicklungsphase des Homo sapiens und die Forscher, die sich mit den künftigen Möglichkeiten des menschlichen Geistes befassen. Es wäre ein krönendes Ereignis für die Vertreter dieser jungen Disziplin, die einen solchen Durchbruch dringend braucht. Wahrscheinlich würden sie in der primitiven Seele des Schneemenschen Instinkte und Kräfte wiederentdecken, die uns weitgehend verlorengegangen sind. Was für eine Aufgabe wäre das!« sagte sie, und ihr Gesicht hellte sich auf bei dem Gedanken an all die – möglicherweise erfolgreichen – Expeditionen, die noch vor ihr lagen.

Dritter Teil

Die medizinische und die strategische Nutzung der Psi-Kräfte

14 Dr. Kassatkin, ein Sammler von Träumen

Der 27. Januar 1942 war der hundertsiebzigste Tag der Belagerung von Leningrad. »Ich bezweifle, daß ich das alles überleben werde«, schrieb der dreiundzwanzigjährige Jungmediziner Wassilij Kassatkin mit vor Kälte starren Fingern in sein Tagebuch.

In einer halben Stunde ging seine Ruhepause zu Ende, und er mußte sich wieder um die Verwundeten, Halberfrorenen und Kranken kümmern, die in Betten, auf Matten oder auf dem Boden lagen – wo immer sich ein Platz fand. Er hatte den ganzen Tag nichts gegessen, obwohl ihm als Arzt eine Sonderration zustand: zweimal täglich Linsensuppe und ein Stück Schwarzbrot. Den Menschen in der belagerten Stadt ging es nicht so gut. Ihre Rationen bestanden vor allem aus einem Teller dünner Kleiesuppe und in Schmieröl gekochten, fleischlosen zerkleinerten Knochen. »Sollte ich jedoch überleben«, schrieb der junge Kassatkin weiter, »werde ich fortfahren, mich zu Diagnosezwecken mit dem Inhalt von Träumen zu beschäftigen. Durch Zufall bin ich auf etwas Neues und sehr Merkwürdiges gestoßen. Obwohl in Leningrad jeder Mensch vom Essen träumt, haben manche meiner Patienten doch auch noch andere Träume, Träume, die auf Symptome einer Krankheit hindeuten, die erst einige Tage später ausbricht. Ich habe das Gefühl, vor einer wichtigen Entdeckung zu stehen.«

Ein Jahr später hatte sich die verzweifelte Lage der eingeschlossenen Stadt kaum geändert. »Sie sterben jetzt wie die Fliegen«, heißt es in Kassatkins Tagebuch. »Ich habe 485 Hungerträume aufgeschrieben, die mir von 102 Menschen erzählt wurden. Man hat mir noch viel mehr erzählt, aber ich habe weder die Zeit noch die Kraft, sie alle zu notieren. Aber soviel steht fest: Ich kann jetzt aufgrund der Intensität des Traumes vorhersagen, ob der Betreffende noch eine Überlebenschance hat oder nicht.

Gestern starb ein zweiunddreißigjähriger Munitionsarbeiter auf meiner Station – wie ich erwartet hatte. So oft er Schlaf fand, träumte er vom Essen – immer denselben Traum. Er war zu Hause in Kasachstan zu Besuch bei seiner Familie. Zur Feier seiner Rückkehr veranstaltete sie ein Festessen – gedünstetes Lamm, unglaublich weißes Brot, eine fette Kohlsuppe, in der Fleischstücke schwammen, und Brathühner.

Er schaufelte gierig das Essen in sich hinein, ja er spürte geradezu, wie es seine Speiseröhre hinunterglitt. Doch soviel er auch aß, er vermochte seinen Hunger nicht zu stillen. Plötzlich tauchten aus heiterem Himmel deutsche Bomber auf, und alle gingen in Deckung. Er aber sagte, sie sollten sich keine Sorgen machen: ›Das ist halb so schlimm, essen wir doch weiter.‹ Dann waren die Flugzeuge verschwunden. Er saß allein am Tisch und fuhr fort, sich vollzustopfen, aber es gelang ihm immer noch nicht, seinen Hunger zu stillen. Müde versuchte er, sich vom Tisch zu erheben, aber er war zu schwach und seine Beine waren schwer. Mit einem Gefühl schrecklicher Schwäche und Kälte und hungriger denn je, wachte er auf . . .

Gestern starb er an den Folgen seiner Unterernährung. Ich kenne jetzt die Todesanzeichen. Die Träume sagen mir mehr und mehr.«

Ein weiteres Jahr verging, und das Kriegsglück wendete sich endlich. Kassatkin blieb in Leningrad. Als wir ihn kennenlernten, lagen die Schrecken dieser neunhundert Tage mehr als dreißig Jahre hinter ihm. Der agile, leicht ergraute Mann mit den intensiven blauen Augen und dem freundlichen Lächeln ist heute ein renommierter sowjetischer Wissenschaftler und Autor eines berühmten Buches, *Theorie der Träume*, das in Rußland seit seiner Erstveröffentlichung Ende der sechziger Jahre mehrere Auflagen erlebte. Es wurde in sowjetischen medizinischen Instituten, die sich mit Psychiatrie und Neuropathologie befassen, zu einem vielbenutzten Lehrbuch.

Wir waren auf Umwegen an Dr. Kassatkin geraten, nachdem wir uns zunächst gefragt hatten, ob wir im Rahmen unserer Untersuchung parapsychologischer Phänomene überhaupt Kontakt mit ihm aufnehmen sollten. Was uns schließlich bewog, ihn um eine Begegnung zu bitten, war die Vermutung, daß eine international anerkannte Kapazität auf dem Gebiet der Traumforschung wie Kassatkin auch jenen Problembereich seines Forschungsgebietes erhellen könnte, der sich mit außersinnlichen Phänomenen befaßt: den Vorahnungen.

Wer hat nicht schon einmal eine Vorahnung von diesem oder jenem Ereignis gehabt? Der Besuch eines nahestehenden Menschen, völlig unerwartet und ohne die geringste Ankündigung – nur jenes traumähnliche, aber deshalb nicht weniger bestimmte Gefühl. Und tatsächlich trifft der Besucher an dem im Traum vorhergesehenen Tag ein. Und hat Ihnen nicht zumindest einer aus Ihrem Bekanntenkreis schon mal von einem »schrecklichen Traum« über den Tod eines Menschen erzählt, der dann wirklich in Erfüllung ging? Vorahnungen sind nun einmal unabdingbarer Bestandteil menschlicher Geschichte und Geschichten. Wenn etwas Wahres daran ist, worin besteht es und welchen Platz nehmen die Vorahnungen unter den außersinnlichen Phänomenen ein?

Wir waren noch in Moskau, als wir darum ersuchten, ein Zusammentreffen mit Kassatkin in Leningrad in unser offizielles Reiseprogramm aufzunehmen. Wir erzählten der Nowosti-Presseagentur, daß wir zu Hause von diesem Mann gehört hätten, der Träume sammle wie andere vielleicht Briefmarken, Münzen oder Aschenbecher und Menschenleben rette, indem er diese Träume deute.

»Dr. Kassatkin leitet eine Art von Traumlabor«, bestätigte Jurij, unser Reisebegleiter. »Bei seinen Forschungen geht er von der Annahme aus, daß Menschen, die bestimmte Träume haben, auch für bestimmte Krankheiten anfällig sind. Ich werde mein Bestes tun, um das Treffen zu arrangieren.«

Wir hielten uns bereits seit mehreren Tagen in Leningrad auf, als Jurij eines Tages an die Tür klopfte. »Gute Nachrichten«, sagte er mit seinem zurückhaltenden Lächeln. »Dr. Kassatkin wird heute zu Ihnen kommen. Kann ich ihn mit Ihrem Wagen abholen?«

Er lieh sich unser Auto mit Chauffeur – das uns dank *Intourist* an jedem Tag unseres Aufenthalts in der Sowjetunion zur Verfügung stand – nie aus, ohne uns vorher ausdrücklich um Erlaubnis zu bitten.

Einige Stunden später trafen wir in der uns bereits vertrauten Umgebung der riesigen Büroräume von Nowosti, die in einem ehemaligen Palast am Ufer der breiten, majestätisch dahinfließenden Newa untergebracht sind, mit Kassatkin zusammen.

»Machen wir es uns bequem«, meinte er und ließ sich in einen Lehnstuhl nieder, der aus dem frühen neunzehnten Jahrhundert zu stammen schien. Kassatkin war ein gedrungener Mann mit athletischen breiten Schultern. Seine hellblauen Augen und das sandfarbene Haar über einer niedrigen, gefurchten Stirn ließen eine nordrussische Abstammung vermuten.

»Sie wollen mit mir über Träume sprechen, nicht war?« meinte er, seine dicke Aktentasche auf einen Sessel neben sich stellend. »Sie müssen wissen«, seine Stimme klang fast entschuldigend, »daß ich mein ganzes Leben der Erforschung von Träumen gewidmet habe. Schon als Medizinstudent an der Universität begann ich, mich für das Gebiet zu interessieren, und während der Belagerung Leningrads wurde ich dann für immer davon gefesselt. Ich denke Träume, esse Träume, schlafe Träume, lebe Träume. Vor allem aber deute ich Träume. Ich bin heute absolut davon überzeugt, daß diese neue Methode der Diagnose, die Traumdeutung, die Medizin revolutionieren wird.

Ich habe bis heute 17 300 Träume aufgezeichnet und analysiert und insgesamt 1360 Menschen interviewt. Diese Gesamtzahl setzt sich zusammen aus 1150 Kranken, 148 Gesunden, 49 Blinden und 13 Taubstummen. Von den Kranken litten 391 an verschiedenen Psychosen, 365 an Tumoren oder sonstigen Hirnschäden, 80 an Neurosen und 314 an Krankheiten somatischen und anderen Ursprungs. Ich habe darüber hinaus eine Studie von 260 immer wiederkehrenden Grundmustern erarbeitet, wobei der Inhalt jedes einzelnen Traumes graphisch dargestellt wurde.

Wir haben entdeckt, daß Patienten, die außerstande sind, ihre Träume zu beschreiben, sich mit den Darstellungen identifizieren und diejenige heraussuchen können, die ihren eigenen Traum ausdrückt. Der nach dem Aufwachen vergessene Traum kehrt wieder ins Bewußtsein zurück und liefert uns wertvolle Hinweise. Es ist fast wie bei den Fotos von Straftätern in den Fahndungsbüchern der Polizei. Ein Traum, vor allem ein Alptraum, hat tatsächlich große Ähnlichkeit mit einem in flagranti ertappten Verbrecher. Rückblickend kann ich also sagen, daß ich verwirklicht habe, was ich mir in den schlimmen Tagen der Blockade vornahm. Ich gelobte damals, weiter nach der Antwort zu suchen, falls ich überleben sollte. Ich habe Wort gehalten.«

Kassatkin, heute Leiter eines Teams von Wissenschaftlern, das am Neuro-Chirurgischen Institut in Leningrad Träume und Traumdeutung erforscht, besucht noch immer regelmäßig Kliniken und medizinische Institute in der ganzen Sowjetunion, um die Träume von Kranken zu analysieren. »Es steht außer Zweifel«, meinte er, »daß Träume Wachtposten sind, die nachts, während wir schlafen, unsere Gesundheit behüten. Sie spielen eine sehr wichtige Abwehrrolle. Verschiedene Krankheiten sind durch ausgeprägte zerebrale Prozesse gekennzeichnet.«

Er begann, die Verschnürungen der Mappen zu lösen, die er mitgebracht hatte. »Gehirntumore, Geisteskrankheiten, Erkrankungen des Herzens, der Lunge und des Magens zeichnen sich häufig in Träumen ab, und zwar zwischen zwei Wochen bis zu einem Jahr bevor der Betreffende *weiß*, daß er krank ist!

In unserem Land haben wir durch die Methode der Traumdeutung viele Menschenleben gerettet. Sie trägt zur Früherkennung und Behandlung schwerer Krankheiten bei, lange bevor diese auf irgendeine andere Art diagnostiziert werden könnten.

Einzelne Träume mögen uns kurzfristig vor leichteren Erkrankungen wie Magenverstimmung oder Kopfschmerzen warnen, die jeder selbst feststellen kann.« Doch Kassatkin appellierte eindringlich an uns: »Suchen Sie Ihren Arzt auf und berichten Sie ihm in allen Einzelheiten von jedem Traum, der immer wiederkehrt. Wiederkehrende Träume sind die ersten Warnsignale schwerer Krankheiten. Obwohl Ihr Arzt in der Deutung von Träumen nicht geschult sein mag, wird durch die Schilderung eines sich häufig wiederholenden Traumes seine Aufmerksamkeit auf einen bestimmten Teil des Körpers gelenkt, der medizinisch untersucht werden sollte.«

Träume über Atembeschwerden zum Beispiel sind ein Anzeichen von Tuberkulose oder Lungenkrebs. Zum Beweis zeigte uns Kassatkin einen Aktenordner nach dem anderen mit entsprechenden Fallgeschichten von Patienten, die er persönlich untersucht hatte. Da war die Medizinstudentin, die ihm von einem stets wiederkehrenden Traum erzählte, in dem sie sich nackt auf der Erde liegen sah. Plötzlich sackte der Boden unter ihr weg, und eine breite Spalte tat sich auf. Die Frau beschrieb weiter, wie sie im Zeitlupentempo, das wir alle aus unseren eigenen Träumen kennen, in diese Spalte sank. Dann begann sich die Erde um ihren Körper zu schließen und ihren Brustkasten zusammenzudrücken, so daß sie kaum mehr atmen konnte. Nacht für Nacht hatte sie diesen Traum, aus dem sie jedesmal schweißgebadet erwachte, und Tag für Tag wurde sie schwächer und kränker. Schließlich begab sie sich in ein Diagnosezentrum.

Zwei Monate nach Beginn ihrer Angstträume erkannten die Ärzte bei ihr auf Tuberkulose. Die Träume von den Erdmassen, die ihr den Brustkasten zusammendrückten und sie am Atmen hinderten, waren eine Warnung vor der Krankheit gewesen, die ihre Lunge zu zerstören drohte.

Eine andere Tb-Patientin erhielt die gleiche Warnung in etwas anderer Form. Sie träumte wiederholt, daß sie durch einen engen Stollen krieche. Die Öffnung wurde immer schmaler, bis die Frau völlig eingezwängt war und ein unerträglicher Druck auf ihrem Brustkorb lastete. In diesem Augenblick erwachte sie stets schweißgebadet und mit einem Gefühl ungeheurer Beklemmung.

Solche »Frühwarnsignale« im Traum können auch bis zu zwei Wochen vor einem Herzinfarkt auftreten und eine Geisteskrankheit ein Jahr vorher oder noch eher ankündigen. Kassatkin hat festgestellt, daß die meisten »Wiederholungsträume« einen Monat oder noch früher einsetzen, bevor die Symptome der Krankheit vom Patienten bewußt wahrgenommen werden.

Auf der ganzen Welt wird zu hoher Blutdruck als ernstzunehmendes Leiden bezeichnet, dessen Ursache im Frühstadium sehr schwer zu diagnostizieren ist. Kassatkin entdeckte jedoch, daß unsere Träume Frühwarnsignale enthalten, wobei sich eine künftige schwere Hypertonie durch Bilder des Schreckens und der Angst ankündigt: »Einer meiner Patienten war Bauingenieur, ein bekannter Mann, der den Bau vieler Gebäude in Leningrad geleitet hatte. Durch starke Hypertonie arbeitsunfähig geworden, erzählte er mir im Krankenhaus folgende erstaunliche Geschichte:

Drei Monate bevor er in die Klinik eingewiesen wurde, hatte er erstmals sehr unangenehme Träume, die mit dem Bau zusammenhingen. In einem immer wiederkehrenden Traum befand er sich auf der Baustelle eines hohen Gebäudes, das nach seinen Plänen errichtet wurde. Als er das Haus in seinem Traum inspizierte, begann es plötzlich vor seinen Augen zu schwanken. Die Mauern zeigten Risse. Noch im Schlaf überkam ihn ein schreckliches Angstgefühl. Man würde ihn für diese Mängel verantwortlich machen! In dem Augenblick stürzte das Gebäude zusammen und begrub ihn unter sich, sein Kopf und seine Schultern waren von Schutt und Mörtel bedeckt. Es gab kein Entkommen.

An diesem Punkt wachte er gewöhnlich auf, wobei er das Gefühl hatte, es laste immer noch ein furchtbares Gewicht auf seinem Herzen. Nacht für Nacht störte der gleiche Traum seinen Schlaf, obwohl er sich keines Versäumnisses bei seiner Arbeit bewußt war. Keines seiner Häuser brach je zusammen, wohl aber er selbst! Wir mußten ihn mit hochgradiger Hypertonie ins Krankenhaus schikken. Drei Monate vor seinem Zusammenbruch wurde dieser Mann gewarnt, daß er schwer erkranken würde! Um wieviel besser wäre es für ihn gewesen, wenn er die Symptome schon damals erkannt hätte.«

Kein Zweifel, Dr. Kassatkin glaubte fest an seine Forschungsergebnisse. Er war davon überzeugt, Menschen durch Traum-Diagnosen helfen zu können – wie dem neunzehnjährigen Studenten, der plötzlich träumte, daß er bei seinen Universitätsexamina durchfallen würde.

Alle seine Kommilitonen bestanden die Prüfungen, nur er nicht. Er war verzweifelt und glaubte, die einfachsten Aufgaben nicht mehr lösen zu können, obwohl er sich bisher durch überdurchschnittliche Leistungen ausgezeichnet hatte. Beunruhigt über die vor ihm liegende Arbeit des nächsten Tages wachte er stets mitten in der Nacht auf. Allmählich wurde dieser Traum von einem anderen abgelöst: Nie war er zur See gefahren, doch jetzt begann er zu träumen, daß er sich auf stürmischer See an Bord eines Schiffes befand. Als das Schiff auf ein Felsenriff lief, wurde er in die Wogen geschleudert – und spürte, wie er ertrank. Im gleichen Augenblick pflegte er aufzuwachen.

Diese Traumsequenz setzte im Dezember ein. Im April des folgenden Jahres mußte er sich wegen schwerer neurotischer Störungen in psychiatrische Behandlung begeben. Wären gleich Traumspezialisten zu Rate gezogen worden, hätten dem Patienten viele schwere Wochen erspart werden können.

Aufgrund von Träumen läßt sich sogar vorhersagen, daß ein Mensch einen Mord begehen wird. Kassatkins Anamnesen enthalten zwei lückenlos dokumentierte Fälle rechtskräftig verurteilter Mörder.

Ein Leningrader Chauffeur begann zu träumen, daß ihn eine Freundin seiner Frau zu vergiften suche. Nacht für Nacht sah er sich an dem Gift fast sterben – und dann das Haus verlassen, ein Metallrohr ergreifen und die Frau damit erschlagen.

Ein Jahr nachdem dieser Traum zum ersten Mal aufgetreten war, ging er, ohne recht zu wissen, weshalb, daran, ihn in die Tat umzusetzen. Als sich die Bekannte seinem Hause näherte, um seine Frau zu besuchen, ging er auf die Straße hinaus und schlug ihr mit einem Metallrohr mehrmals über den Kopf. Sie starb, bevor jemand eingreifen konnte.

»Der Traum veranlaßte ihn nicht zu der Tat«, erklärte Kassatkin, »er warnte ihn nur vor dem, was bevorstand. Es hat auch niemand versucht, ihn zu vergiften. Der Mann war ein Paranoiker und lebt heute in einer psychiatrischen Anstalt, wo er wahrscheinlich für den Rest seines Lebens bleiben wird. Dieser Mord hätte jedoch verhindert werden können, wenn er seinen Traum einem entsprechend geschulten Arzt mitgeteilt hätte.«

Zwei Jahre bevor Andrej Krylow drei Einbrüche verübte und zwei Menschen tötete, begann er vom Zweiten Weltkrieg zu träumen. Er wurde gefangengenommen, und sein Leben war in Gefahr. Im Traum sagten ihm Stimmen, daß er töten müsse, um sich selbst zu retten. Er befolgte diese Befehle. Er träumte, daß er einen Menschen umbrachte und dann auf der Flucht in einen Sumpf geriet, in dem sich noch mehr Menschen befanden. Er fürchtete, im Morast zu versinken, und in seiner Panik schlug er nach allen Seiten um sich. Er lief und lief, aber hinter ihm jagte stets ein großer Hund her, der ihn schnappen und töten wollte. Er erwachte jedesmal, bevor ihn der Hund eingeholt hatte.

Krylow fing an zu trinken, um nachts nicht mehr diesen immer gleichen Traum ertragen zu müssen. Um sich das Geld zu verschaffen, das er für den Alkohol brauchte, beging er zwei Einbrüche. Bei seinem dritten Einbruch, zwei Jahre nachdem er zum ersten Mal geträumt hatte, daß er jemanden umbrachte, um zu entkommen, wurde er auf frischer Tat ertappt. Bei der Flucht aus dem Haus tötete er ein junges Mädchen und dessen Vater. Genau wie in seinem Traum verfolgten ihn die Hunde der Nachbarn über die Felder, und ein riesiger Wolfshund stellte ihn schließlich vor einer hohen Steinmauer. Der Hund rührte ihn nicht an, aber da ihm der schreckliche Traum noch so frisch in Erinnerung war, brach er hilflos weinend zusammen. Die Dorfbewohner nahmen ihn fest. Heute befindet sich Krylow in einer Anstalt für Geisteskranke.

Der Sturz in einen Abgrund ist gewöhnlich ein Anzeichen für Arteriosklerose. Ein dreiundvierzigjähriger Patient Kassatkins träumte, daß er in die Tiefe stürze und dann auf einen Operationstisch schwebe. Innerhalb von Sekunden war er von Chirurgen in Kitteln umgeben, die seinen Kopf aufzuschneiden begannen. Zwei Monate nachdem er diesen Traum zum ersten Mal gehabt hatte, lag er tatsächlich auf einem Operationstisch – und Chirurgen rangen um sein Leben, das durch ein Blutgerinnsel im Gehirn gefährdet war. Der Patient kam durch, aber wenn er sich sofort nach dem ersten Auftreten seines Traums in Behandlung begeben hätte, wäre sein Leben vielleicht nie in Gefahr geraten.

Kassatkins Archive enthalten buchstäblich Tausende von frappierenden Fällen, darunter auch die beiden folgenden: Ein blonder Mann begann zu träumen, er habe fünf schwarzhaarige Köpfe. Im Traum sah er, daß sich die fünf Köpfe wie aus Gram über ihn schüttelten. Fünf Monate später mußte er wegen eines Gehirnschadens behandelt werden, den er sich bei einem geringfügigen Sportunfall zugezogen hatte, dem er zunächst keine besondere Beachtung geschenkt hatte.

Ein Student träumte lange Zeit hindurch, daß sich eine Pythonschlange um seinen Körper winde. Er konnte weder seine Brust noch seine Arme oder Beine bewegen. Der Student fühlte sich krank und suchte seinen Arzt auf. Aber er erzählte dem Arzt nichts von seinen Träumen, und dieser konnte keinen organischen Schaden feststellen. Ein Jahr nach Beginn seiner Träume lag er im Krankenhaus. Chirurgen entdeckten einen Tumor an seiner Wirbelsäule, der ihn zu lähmen drohte und ihn fast das Leben gekostet hätte.

Aus bestimmten wiederkehrenden Träumen läßt sich schließen, welche schwere Krankheit auszubrechen droht. Eine Verwundung der Brust signalisiert einen drohenden Herzinfarkt. Eine Verletzung des Magens deutet auf Magenkrebs oder einen beginnenden Nierenschaden hin. Fortbewegungschwierigkeiten warnen vor einem Wirbelsäulentumor. Sprachstörungen kündigen die Parkinsonsche Krankheit an. Die *Unfähigkeit* zu sprechen jedoch ist das Zeichen für einen wachsenden Gehirntumor – ebenso wie Träume von Gesichtdeformationen oder engen bzw. ungewöhnlichen Kopfbedeckungen. So träumte zum Beispiel ein Mann immer wieder, daß seine Frau ein enges Stirnband trage. Obwohl seine Frau nie Stirnbänder trug und er den Gedanken zu ignorieren suchte, träumte er Nacht für Nacht dasselbe. Die Warnung galt ihm, nicht ihr. Wenige Monate später mußte er sich wegen eines schweren Gehirnschadens in psychiatrische Behandlung begeben.

Auch wenn man von einem anderen Menschen träumt, bezieht sich der Traum ausnahmslos auf die *eigene* Gesundheit. So träumte etwa ein Augenarzt von einem Patienten, der bei ihm in Behandlung war. In dem Traum waren die Augenlider und Augäpfel des Patienten gerötet und die Augen quollen hervor. Schließlich schloß sich das linke Auge des Patienten völlig und begann heftig zu tränen. Aber es war der Arzt selbst, dessen Sehkraft, wie er Wochen später feststellte, von Tag zu Tag mehr nachließ, bis er am Auge operiert werden mußte.

Kassatkin zeigte uns auch die Unterlagen über den Fall eines sechsundfünfzigjährigen Arztes, der fortwährend träumte, daß er vom Klinikfenster aus beobachtet, wie einer seiner jungen Patienten von Räubern überfallen wird. Er läuft auf die Straße, um ihm zu helfen, kommt aber zu spät. Der Patient liegt auf der Straße, den Kopf voller Blut. Er hat eine lange Wunde quer über dem Magen und neben ihm, von seinem Körper abgetrennt, liegt seine rechte Niere.

Durch seine Träume beunruhigt, begann der Arzt den Patienten nachzuschauen, die abends die Klinik verließen. Er machte sich Sorgen um ihre Sicherheit. Trotz seines wiederkehrenden Traumes wurde jedoch keiner seiner Patienten überfallen. Statt dessen brach er selbst eines Tages in seinem Arbeitszimmer zusammen. Sein Leben war nur durch die operative Entfernung der stark infizierten rechten Niere zu retten!

Kassatkin wird heute auch von den Leningrader Gerichten bei Fällen hinzugezogen, in denen Angeklagte Geisteskrankheiten simulieren bzw. behaupten, durch Stimmen oder Visionen im Traum zu ihren Verbrechen verleitet worden zu sein. Durch Befragung über das angeblich Gesehene oder Gehörte kann Kassatkin leicht feststellen, ob sie lügen oder nicht – und seine Beweisführung wird von den Gerichten anerkannt.

Seine Forschungen haben auch noch andere interessante Erkenntnisse zutage gefördert: Nur in drei Prozent aller Träume sind Stimmen zu hören. Frauen haben um zwei Prozent mehr Träume als Männer. Blindgeborene Menschen träumen nicht, später Erblindete »sehen« hingegen immer noch ihre Träume. Mit zunehmendem Alter verlieren die Träume an Farbigkeit. Menschen mit geringer Intelligenz schlafen besser und träumen seltener. Obwohl die Forschungsarbeit Kassatkins offenkundig ein weiterer Versuch ist, in die unergründlichen Tiefen der menschlichen Seele vorzustoßen, sieht er selbst nichts Geheimnisvolles dabei. »Man muß sich vor Augen halten, daß die Sensibilität der äußersten Hirnschicht sehr hoch ist, viel höher als die aller anderen Teile des Gehirns«, bemerkte er. »Ich nenne es das ›Traumband‹. Es ist eine dicke Hautschicht, die das Gehirn umgibt und etwa sechzehn Millionen Nervenzellen enthält.

Wir haben festgestellt, daß die Schmerzzentren im Inneren des Gehirns Anomalien nicht so schnell registrieren wie die Zellen der äußeren Schicht. Während des Schlafs, wenn andere störende Elemente ausgeschaltet sind – enge Schuhe keine schmerzenden Füße, grelles Sonnenlicht nicht Kopf- oder Augenschmerzen verursachen –, tritt diese äußere Schicht in Aktion. Ihre sensibleren Zellen nehmen wahr, was in unserem Körper und unserem Geist vor sich geht, und reagieren auf die geringste Abweichung vom Normalzustand. Gefahren schlagen also Alarm in diesen äußeren Schichten. Sie werden zu lebhaften Träumen, während man schläft, und warnen so frühzeitig vor einer drohenden Krankheit, wobei verschiedene Zonen des ›Traumbandes‹ für bestimmte Krankheiten zuständig sind.«

Manchmal können auch angenehme Träume auf Krankheiten hinweisen. Beispielsweise träumen Alkoholiker oft von Trinkgelagen und feuchtfröhlichem Zusammensein mit Freunden. Nach der Heilung hören diese Träume auf. Aber meist sind erfreuliche Träume, die wiederholt auftreten, ein Zeichen körperlicher und seelischer Gesundheit. Kassatkin, der sich selber bester Gesundheit erfreut, erzählte uns, daß er eigentlich immer angenehme Träume habe, außer, wenn er übermüdet sei, ein paar Gläschen getrunken oder sich vor dem Schlafengehen irgendwie aufgeregt habe.

»Am alarmierendsten sind Träume von körperlichen Wunden, denn sie sind ausnahmslos Vorboten schwerer Krankheiten wie Krebs, Leber- und Nierenstörungen und Herzerkrankungen. Der wiederkehrende Traum, man werde gezwungen, schlechte Nahrung zu sich zu nehmen, kann ebenfalls auf ein schweres inneres Leiden wie etwa Darmkrebs hinweisen.«

Häufig hängen Form und Art der Traumwarnung eng mit dem Beruf oder der Erziehung des Träumers zusammen. Ein Angehöriger der Streitkräfte träumt vielleicht von einen Kopfschuß, eine modebewußte Frau von einem zu engen Hut und ein Sportler davon, einen Ball an den Kopf zu bekommen. Aber allen dreien wurde dieselbe Warnung zuteil – in diesem Fall, daß sich ein Gehirntumor entwickelt.

»Der häufig vorkommende Traum von einer Verletzung im Brustbereich, der auf ein Herzleiden bzw. einen in naher Zukunft bevorstehenden Herzinfarkt hindeutet, wird von Armeeangehörigen oft als Schwert- oder Geschoßwunde beschrieben«, erläuterte Kassatkin, »während eine Frau gewöhnlich berichtet, die Wunde rühre von einem Küchenmesser her.« Nicht zuletzt aus diesem Grund hält Kassatkin es für wenig ratsam, »daß der Durchschnittsbürger versucht, seine Krankheiten anhand seiner Träume zunächst einmal selbst zu deuten. Aber dann ist es Sache des Arztes, den Patienten mit allen ihm zur Verfügung stehenden Mitteln zu untersuchen und eine Diagnose zu stellen.«

Die Wiederholungsträume setzen sich auch während der Krankheit fort, verschwinden indes oder wenden sich ins Positive, sobald der Patient behandelt und geheilt wird. So berichten beispielsweise Personen, die durch Einnahme von Medikamenten unwissentlich drogensüchtig wurden, häufig von Träumen, in denen sie in der ganzen Stadt vergeblich nach etwas suchen – meist ohne genau zu wissen, wonach. Sobald sie von ihrer Sucht geheilt sind, verschwinden diese Träume. Kassatkin arbeitet gegenwärtig zusammen mit anderen Ärzten aus den verschiedensten Gebieten der Sowjetunion an einer systematischen Einteilung der Träume, die letztlich zur Entwicklung eines »Traumwarnsystems« führen soll, das von allen Ärzten genutzt werden kann. Zur Zeit sind sie dabei, Informationen über Träume, die sie von anderen Ärzten erhalten, zu präzisieren und zu koordinieren. Es gibt viele Spielarten von Träumen, und die Forscher möchten sie alle registrieren und klassifizieren, bevor das System für den allgemeinen Gebrauch freigegeben wird.

Das erfordert viel Arbeit, da jeder berichtete Traum sorgfältig mit der Krankengeschichte des Patienten verglichen werden muß. Kassatkin selbst arbeitet bei seinen Besuchen in Kliniken und Anstalten sowie bei Privatbehandlungen bereits mit seiner Deutungsmethode zur Prognose und Diagnose von Krankheiten. Wenn ihm ein Arzt mitteilt, ein Patient habe einen immer wiederkehrenden Traum, dann verschafft Kassatkin sich detaillierte Informationen über den Fall und stellt seine Diagnose allein auf der Grundlage dieser Fakten. Nach Vorträgen haben ihm viele Menschen ihre Wiederholungsträume erzählt, und er hat dann Krankheiten diagnostiziert, für die noch keine physiologischen Symptome vorhanden waren.

»Wir haben durch unsere Traumdeutungen viele Menschenleben gerettet«, erklärte er abschließend, packte seine Mappen mit den Dokumentationen wieder zusammen und hatte sich bereits erhoben, als wir uns plötzlich an etwas erinnerten. »Dr. Kassatkin, Sie haben gar nichts über Vorahnungen gesagt – ein Phänomen, das uns sehr interessiert.«

»Auch ich bin an diesem Thema sehr interessiert.« Er setzte sich wieder hin. »Sie meinen Träume, die wahr werden? Die russische Mythologie, Geschichte und Literatur sind reich an solchen Vorfällen. Unser berühmter Iwan Pawlow erzählte seinen Studenten einmal einen solchen Traum. Er sah seinen Sohn aus dem Krieg zurückkehren, von dem er seit Monaten nichts mehr gehört hatte. Als er aufwachte, sagte er zu seiner Frau: ›Meine Liebe, mach den Samowar heiß, denn unser Wolodja kommt nach Hause.‹ Und tatsächlich kehrte sein Sohn heim, wie er es geträumt hatte.

›Was schließt ihr daraus, Studenten?‹ fragte er uns. Im Hörsaal herrschte Schweigen. ›Nun, ich glaube, das müssen wir erst noch erforschen‹, sagte er mit einem breiten Lächeln. ›Und nachdem uns Wahrträume schon jahrtausendelang geleitet haben, werden auch ein paar weitere Jahre nicht schaden.‹

Ich möchte mich den Worten Dr. Pawlows anschließen. Ich habe mich mit dem Thema beschäftigt. Es fasziniert mich. Ich habe die – nicht allzu große – Wahrscheinlichkeit in Betracht gezogen, daß es sich dabei um Zufälle handelt, und mich gefragt, ob es ein außersinnliches Phänomen sein könnte. Vielleicht wird im Schlaf unser Unterbewußtsein, nicht unser Bewußtsein von telepathischen Kommunikationen erreicht.

Ich halte unterbewußte Telepathie durchaus für möglich, aber wir verfügen noch nicht über Material, um das beweisen zu können. Im übrigen geht es mir im Augenblick mehr um Träume, die Menschenleben retten, als um Träume, die allgemeine Mitteilungen über die Zukunft enthalten. Vergessen Sie aber nicht, mich bei Ihrem nächsten Besuch in der Sowjetunion danach zu fragen.«

15 Hypnotherapie für Kinder

Wir waren schon eine Woche in Leningrad und mit unserer bisherigen »Ausbeute« ziemlich zufrieden. Die geplanten Gespräche hatten tatsächlich meist zu den anberaumten Terminen stattgefunden, was an sich schon als Erfolg verbucht werden konnte.

Es war am frühen Morgen, als wir die Newa überquerten, um die Poliklinik Nr. 26, das berühmte russische Hypnosezentrum für Kinder, zu besuchen. Auf unseren früheren Rußlandreisen hatten wir bereits verschiedene Krankenhäuser besucht, vor allem Krebszentren. Einige davon, etwa das riesige Blochin-Institut bei Moskau, waren modern eingerichtet und auch sonst in fast jeder Hinsicht vorbildlich. Aber viele andere machten einen eher deprimierenden Eindruck mit ihren überfüllten Korridoren, dem abblätternden Putz und den ramponierten Linoleumfußböden. Von außen hob sich die Poliklinik Nr. 26 nicht von der Monotonie der farblosen Fassaden in der Engelsstraße ab. Doch im Innern des grauen Gebäudes herrschte eine freundliche, ja, heitere Atmosphäre.

Der hochgewachsene Mann, der uns am Eingang begrüßte, hatte sichtlich schon längere Zeit auf uns gewartet. Er streckte uns die Hand entgegen und forderte uns dann ohne Umschweife auf, ihm zu folgen. Es war Dr. Vilen Garbusow, Leiter der Abteilung für Neurosentherapie bei Kindern. Als er uns einen Gang entlangführte, an dessen hellblauen Wänden bunte Illustrationen russischer Märchen hingen, sagte er stolz: »Wir sind etwas ungewöhnlich, wissen Sie.« Er meinte damit die an der Poliklinik geleistete Arbeit, aber sichtlich auch die gerahmten Bilder an den Wänden.

Garbusow öffnete schwungvoll eine der typischen breiten Krankenhaustüren. Dahinter befand sich sein Büro. Eine Gruppe von weißgekleideten Männern und Frauen erhob sich von ihren Sitzen. »Darf ich Sie meinen Mitarbeitern vorstellen«, sagte der Chefarzt aufgeräumt. »Wir sind sieben Ärzte.« Garbusow erklärte uns die Funktionen der einzelnen Mitarbeiter. Jeder betreue jeweils vierzig bis fünfzig Kinder. Dies sei die übliche Zahl, die nicht überschritten werde. Jeder Arzt behandle bis zu zwanzig Kinder pro Tag. Die nach der Erstuntersuchung verschriebene Therapie erfordere, daß die Kinder je nach Art des Falles einmal, zweimal oder dreimal wöchentlich zur Behandlung kämen. Hypnosefälle – zu denen die Mehrheit zählte – wurden in Trance behandelt, die zwischen fünfzehn und dreißig Minuten dauerte. Die Kinder kamen hauptsächlich von Schulen in allen Stadtteilen Leningrads, einige stammten jedoch auch aus anderen Gegenden der Sowjetunion. Nur die von auswärts kommenden blieben über Nacht da, in einer speziellen Abteilung. Die anderen wurden ambulant behandelt – daher die Bezeichnung Poliklinik.

Wir hatten inzwischen Zeit gehabt, die Zahl der Ärzte zu überprüfen, die er uns vorgestellt hatte – sechs! Wie wir auch zählten, wir brachten es nicht auf sieben. »Sie werden sich fragen, wer fehlt«, meinte Garbusow, das Rätselraten beendend. »Ich werde Sie jetzt zu unserer ›Wunderheilerin‹ und ihrem Meisterschüler führen.«

In einem fast unmöblierten Raum saß hinter einem Schreibtisch eine weißgekleidete Frau, deren anziehendes, nachdenkliches Gesicht von schwarzem Haar umrahmt wurde. Sie zwinkerte uns zu, als wolle sie sagen: »Kommen Sie ruhig herein, und sehen Sie sich das an!« An der Schmalseite des Schreibtisches saß ein kleiner Junge, der einen dunklen Pullover und eine ebensolche Hose trug und dessen sauber geschnittenes Haar sorgfältig in die Stirn gekämmt war. Seine großen, runden Augen leuchteten vor Aufregung. Sie hatten uns erwartet, das war deutlich zu merken. Die Frau nickte, und der Junge sprang auf und stand stramm. Dann deklamierte er mit sichtlicher Mühe, aber auch mit ebenso offenkundigem Stolz auf seine Leistung: »Ich heiße Wassja Wassiljewitsch.«

Für andere elfjährige Jungen wäre dies ein höchst einfacher Satz gewesen, aber für Wassja bedeutete er einen großen Schritt vorwärts. Einen Augenblick lang wurde sein Gesicht danach von einem scheuen kleinen Lächeln erhellt. Seine Belohnung bestand in einer mütterlichen Umarmung durch die neben ihm sitzende Frau, Dr. Alexandra Tschernopolskaja. Wassja hatte soeben einen wichtigen Test bestanden. Vor seiner Behandlung durch die Ärztin hatte er fünf Jahre lang kein Wort gesprochen – nicht einmal mit seinen zwei Brüdern oder seinen besorgten Eltern zu Hause in Alma-Ata. Bis zu seinem sechsten Lebensjahr hatte er, wenn auch mit leichtem Stottern, geredet, aber eines Tages schien er plötzlich die Sprache verloren zu haben.

Seine Eltern suchten mit ihm verschiedene Ärzte auf: Es gab keinen ersichtlichen Grund, weshalb der Junge nicht reden können sollte. Seine Stimmbänder waren völlig in Ordnung. Mehrere Psychiater untersuchten ihn, konnten aber keinen psychischen Defekt feststellen, und da er sich weigerte zu sprechen, konnten sie auch die Ursache seines Schweigens nicht ergründen.

Seine Mutter, eine Lehrerin, versuchte alles, einschließlich Drohungen und Versprechungen, um ihn zum Reden zu bewegen – vergebens. Sein Vater, ein Mediziner, wandte sich telefonisch und brieflich an Kollegen in der ganzen Sowjetunion um Rat. Aber ihre gutgemeinten Vorschläge erwiesen sich als wertlos. Wassja, körperlich kräftig und gesund, zog sich immer mehr in sich selbst zurück, mied andere Menschen soweit wie möglich, weigerte sich, mit anderen Kindern zu spielen, und quittierte die Zuwendung seiner Eltern nur mit einem leichten Kopfnicken. In der Schule fiel er weit hinter die Leistungen seiner Altersgenossen zurück, weil er weder mit diesen noch mit seinem Lehrer sprach. Seine Zukunft sah düster aus.

Eines Tages erhielt sein Vater einen Brief von einem Freund aus Moskau. »Ich höre Großartiges über eine Poliklinik in Leningrad, wo Kindern durch Hypnose geholfen wird, solche Schwierigkeiten zu überwinden. Du solltest das ausprobieren.« Boris Wassiljewitsch meldete ein Ferngespräch nach Leningrad an, sprach mit Dr. Garbusow und schilderte ihm sein Problem. Er wurde aufgefordert, der Klinik alle medizinischen Unterlagen und Informationen über seinen Sohn zu schicken. Innerhalb von drei Monaten kam die Antwort: »Ja – wir glauben, Ihnen helfen zu können.

Schicken Sie Wassja zu uns.« Die 3400 Kilometer lange Reise von Alma-Ata nach Leningrad war kein Hinderungsgrund. Wenige Tage später meldete sich die Mutter mit ihrem Jungen bei Garbusow. Nach einer Serie medizinischer und psychiatrischer Tests, die die früheren Untersuchungsergebnisse bestätigten, wonach der Junge körperlich gesund und geistig in Ordnung war, wurde Wassja Frau Dr. Tschernopolskaja anvertraut. Sie versetzte ihn in hypnotische Trance und ergründete durch behutsame Fragen die Geheimnisse seiner Seele.

Wassja saß kerzengerade neben dem Schreibtisch der Ärztin, während sie uns die Geschichte seiner Sprachhemmung erzählte. »Im Alter von sechs Jahren war sich Wassja seiner Sprachstörung wohl bewußt, was zur Folge hatte, daß er noch mehr stotterte, sobald er aufgeregt war. Eines Tages kreiste ihn eine Gruppe älterer Jungen ein und hänselte ihn unbarmherzig. Wassja begann zu schluchzen. Etwas zerbrach in seiner Seele. Damals und dort beschloß er, nie wieder das Sprechen zu riskieren. Und diesem Entschluß blieb er treu, bis er hierhergebracht wurde.«

Nach drei Hypnose-Sitzungen, in denen er aufgefordert wurde, die Erinnerung an die Hänselei aus seinem Gedächtnis zu löschen, machte Wassja den ersten Versuch, Laute von sich zu geben. Nach zwei weiteren Sitzungen hatte er mit Hilfe von Sprachtherapeuten in der Logopädieklasse der Poliklinik gelernt, zu Dr. Tschernopolskaja kurze Sätze zu sagen – aber nur zu ihr. Sie hatte sein Vertrauen gewonnen. In den nächsten beiden Hypnosesitzungen wurde er aufgefordert, sich selbst und der Klarheit seiner Sprache zu vertrauen. Nach nur vierwöchiger Behandlung durch Dr. Tschernopolskaja kam der Moment, wo er bereit schien, auch mit anderen zu reden. Das war eine große Prüfung für den neuen Wassja. Wenn es ihm gelang, zwei völlig Fremden gegenüberzutreten und mit ihnen zu reden, dann konnte er mit jedem Menschen Kontakt aufnehmen.

»Er ist ein intelligenter Junge, aber seine Reaktion auf den Spott damals hätte sein ganzes Leben ruinieren können. Ohne Hypnose wären wir nie in der Lage gewesen, das herauszufinden«, erklärte uns Dr. Tschernopolskaja. Diese mollige, sympathische Frau mit dem sorgfältig frisierten Haar wirkte in ihrem makellos sauberen

Arztkittel keineswegs unnahbar. Man konnte sich gut vorstellen, daß ihre Wärme und ihr Lächeln die Herzen und das Vertrauen verstörter kleiner Kinder wie Wassja gewannen.

Mit einer liebevollen Geste zerraufte sie sein Haar. »Wassja wird noch zwei Monate bei uns bleiben, dann ist seine Zukunft gesichert. Wir werden ihn weiterhin hypnotisch behandeln und dafür sorgen, daß er die Fähigkeit entwickelt, künftig Hänseleien zu ignorieren. Wir hoffen natürlich, daß er bis dahin ohne Stottern sprechen kann. Die Ursache des Stotterns haben wir zwar noch nicht gefunden, aber zweifellos ist es auf einen anderen traumatischen Vorfall in seiner frühen Kindheit zurückzuführen. Auch das werden wir herausbekommen.«

Als wir uns erhoben, sprang Wassja auf, streckte uns die Hand entgegen und sagte mit fester Stimme: »Auf Wiedersehen.« Das war erst das fünfte oder sechste Wort, das wir in der halben Stunde, seit wir den Raum betreten hatten, von ihm hörten. Aber für ihn – und Dr. Tschernopolskaja – bedeutete es viel. »Wenn Sie ihn vor ein paar Wochen gesehen hätten, würden Sie nicht glauben, daß es dasselbe Kind ist. Die Gewißheit, wieder sprechen zu können – mit jedem! –, hat ihm ungeheuren Auftrieb gegeben.«

Wir schlenderten jetzt einen Korridor entlang, dessen Wände ebenfalls mit Märchenillustrationen geschmückt waren.

»Stottern ist ein Problem, mit dem wir häufig zu tun haben«, sagte Frau Dr. Tschernopolskaja. »Wir versetzen das Kind meist fünfzehn Minuten lang in Hypnose. Dabei entdecken wir dann oft, daß die Sprachhemmung durch eine ganz bestimmte Situation ausgelöst wird – etwa beim Einkaufen oder im Gespräch mit dem Lehrer. Meist ist in der Vergangenheit irgend etwas geschehen, was zu der Sprachstörung geführt hat. Wir suggerieren dem Kind, diesen Vorfall zu vergessen. Dann versuchen wir, es von einer bestimmten Idee zu überzeugen, die es als seine eigene akzeptieren soll. Beispielsweise ›lehren‹ wir sein Unterbewußtsein, daß es sich nicht mehr vor dem Reden zu fürchten braucht. Daß das Kind langsam und sicher sprechen soll. Daß sich seine Redeweise nicht von der anderer Kinder unterscheidet. Die Botschaft, die bei ihm ankommt, ist simpel: ›Du bist absolut normal. Du sprichst ganz klar. Es klingt genauso wie bei allen anderen Kindern.‹ Wenn das

Kind aus der Trance erwacht, bleiben diese Gedanken in seinem Unterbewußtsein zurück.

Wenn man erzählt, daß man einen Stotterer geheilt hat, so wird das von vielen Leuten nicht besonders wichtig genommen. Die wenigsten sind sich klar darüber, welche Verheerung eine Sprachstörung wie Stottern oder Stammeln in der Seele eines Kindes anrichten kann, es kann ein Leben lang davon gezeichnet bleiben und wird häufig dadurch menschenscheu. Die Beziehungen zu anderen leiden darunter, und das ständige Brüten kann die unmittelbare Ursache schwerer physischer Krankheiten sein. Die Eignung für Berufe, für die diese Menschen ansonsten qualifiziert gewesen wären, ist stark beeinträchtigt. Es ist zweifellos ein Leiden von großer Tragweite.

Ich möchte Ihnen die Geschichte von Anna erzählen, einem neunzehnjährigen Mädchen, das kürzlich zu uns zurückkehrte, weil ihr Stottern wieder aufgetreten war. Anna kam erstmals im Alter von fünfzehn Jahren zu uns. Sie hatte schon seit Jahren gestottert, aber ihr Zustand hatte sich plötzlich so verschlimmert, daß sie sich kaum noch verständlich machen konnte. In einer hypnotischen Trance erzählte sie uns, daß ihre Sprachstörung durch einen heftigen Streit ihrer Eltern ausgelöst worden war, bei dem sie mit ansehen mußte, wie ihr Vater ihre Mutter verprügelte. Die Eltern versöhnten sich später wieder, aber bei dem sehr sensiblen Kind blieb ein – anscheinend unheilbarer – Schaden zurück.

Es gelang uns, ihr Stottern unter Hypnose zu beseitigen, und wir schickten sie mit völlig normaler Sprachfähigkeit zu ihren Eltern zurück. Anna entwickelte sich zu einer ausgezeichneten Schülerin und studierte auch mit gutem Erfolg an der Universität, als wir plötzlich einen Brief mit der Bitte erhielten, ob wir ihr nochmals helfen könnten – ihr Stottern sei schlimmer denn je. Unter Mißachtung unseres Grundsatzes, niemanden über siebzehn zu behandeln, versprachen wir, den Versuch zu machen; denn Anna wurde von uns allen hier wie eine Tochter angesehen. Als sie kam, versetzten wir sie in Trance und fanden rasch heraus, was geschehen war.

Sie war zu einem sehr hübschen Mädchen herangewachsen und rivalisierte an der Universität mit ihrer Zimmergenossin um die

Zuneigung des attraktiven jungen Leichtathletik-Champions der Hochschule. Anna hatte schließlich sein Herz gewonnen. Ihre Zimmergenossin, die sie seit vielen Jahren kannte, war über den Verlust des Verehrers wütend, und als sie Anna und den jungen Mann Arm in Arm daherkommen sah, schrie sie: ›Du bist ja nichts als eine alte Stotterin!‹, wobei sie auf Anna einschlug und an ihrem Kleid riß. Der durch diese Worte verursachte Schock und die Pein, daß dieses alte Geheimnis vor ihrem Freund enthüllt wurde, waren für Anna zuviel. Schluchzend in ihr Zimmer zurückgekehrt, mußte sie feststellen, daß sie genauso schlimm stotterte wie früher. Ihr Freund versicherte ihr, daß es ihm nichts ausmache. Aber ihr Unbewußtes hatte reagiert, und das Mädchen brauchte unsere Hilfe.«

Es bedurfte sechs intensiver hypnotischer Sitzungen, um Annas Vertrauen in ihre Sprachfähigkeit wiederherzustellen und sie mit einer Abwehr auszustatten, die es ihr ermöglichen würde, sich darüber hinwegzusetzen, falls man sie je wieder eine »alte Stotterin« nennen sollte.

»Anna hat mir soeben geschrieben, daß sie sich mit dem Jungen verlobt hat«, schloß Dr. Tschernopolskaja. »Ist das nicht wunderbar?«

Dr. Garbusow, der die Führung fortsetzen wollte, schloß sich uns wieder an, und zu viert gingen wir weiter, wobei der Chefarzt uns die an der Poliklinik behandelten Fälle erläuterte.

Kinder, die an neurotisch bedingten Symptomen wie Bettnässen, Asthma oder Phobien leiden, werden erst dann in die Poliklinik Nr. 26 überwiesen, wenn alle anderen Behandlungen gescheitert sind. »Dies ist das einzige derartige Zentrum in der Sowjetunion«, hob Dr. Garbusow hervor. »Unsere Aufgabe ist es, dort Erfolg zu haben und Kindern ein normales Leben zu ermöglichen, wo jede andere Hoffnung verloren scheint. Die Hypnose ist uns dabei eine wertvolle Hilfe, sie bildet jedoch nur einen Teil der Behandlung. Wir setzen auch die neuesten ›Medikamente‹, Psychologie und gesunden Menschenverstand ein.«

Dr. Tschernopolskaja nickte. »Wir studieren die Persönlichkeit des Kindes, seine intellektuellen Fähigkeiten, seine Ziele und seine allgemeine Einstellung. Wir untersuchen die Geschichte des Patienten, die Geschichte seiner Familie, die Geschichte der Krankheit. Welche Beziehung hat das Kind zu anderen Menschen? Ist es extrovertiert oder introvertiert? Welcher ist der dominierende Elternteil? Die Antworten können uns wertvolle Hinweise darauf geben, was dem Kind Schwierigkeiten macht. Bevor wir die Behandlung überhaupt beginnen, führen wir eine Reihe sehr komplizierter Analysen durch.«

»Jede Neurose hat eine Ursache«, fuhr Garbusow fort, »und in den meisten Fällen ist sie im Elternhaus zu finden. Wenn ein Kind zu uns gebracht wird, treten jene unserer Mitarbeiter in Aktion, die nichts anderes zu tun haben, als diese familiären Lebensbedingungen zu erkunden. Ist das Kind von seinen Eltern oder älteren Geschwistern schlecht behandelt worden? Trinken sie? Vernachlässigen sie das Kind oder setzen sie es wie so viele ehrgeizige Eltern unter übermäßigen Druck, vor allem, damit es bessere Leistungen in der Schule oder beim Sport erzielt?

Es ist sinnlos, eine Heilung herbeizuführen, solange diese Bedingungen weiterbestehen. Deshalb müssen wir uns zuerst damit befassen. Es kann sein, daß die Eltern selbst psychiatrischer Behandlung bedürfen. In Extremfällen geben wir das Kind in ein Internat, wo es nicht durch eine ungünstige häusliche Umgebung beeinflußt wird, sondern unter der Aufsicht geschulter Psychologen steht.

Wir prüfen, ob das Kind unter ›Wachstumsschmerzen‹ leidet, konkreten Schäden, die durch sein Heranwachsen entstehen, wie etwa außergewöhnliche Anfälligkeit für Erkältungen und Kopfschmerzen. Wir schauen, ob das Kind körperliche Mängel hat, die es bedrücken könnten, und versuchen, sie zu beseitigen. Das Kind hat vielleicht irgendein Mal, einen mißgestalteten Finger oder Zehennagel, harmlose Fehler, die in den Augen eines Kindes jedoch enorme Bedeutung annehmen können. Wir versuchen, das in Ordnung zu bringen.

Die Probleme des Kindes können durch das Zusammentreffen mehrerer Ursachen oder auch durch eine einzige hervorgerufen worden sein. Hypnotherapie wird erst dann angewandt, wenn alle diese Bereiche untersucht worden sind und die Neurose weiterbesteht, nachdem die vermeintliche Ursache beseitigt wurde.

Wenn wir Hypnose verwenden, gehen wir nicht gegen die Krankheit als solche vor, sondern gegen die Symptome. Bei unseren Fällen handelt es sich in der Mehrzahl um Bronchialasthma, Hautkrankheiten, bestimmte Formen von Augenticks oder Sprachhemmungen. Wir können mit Kindern anfangen, die erst zweieinhalb Jahre alt sind, aber das Durchschnittsalter bei Behandlungsbeginn beträgt sieben Jahre. Wesentlich ist, daß die Kinder Anweisungen befolgen können. Sie müssen verstehen, was man zu ihnen sagt, die Instruktionen, die ihnen in Trance gegeben werden, begreifen und imstande sein, diese Anweisungen im Gedächtnis zu behalten und auszuführen, sobald sie in den Normalzustand zurückgekehrt sind.«

Wir kamen an der offenen Tür eines leer wirkenden Zimmers vorüber, als Garbusow uns anhielt. »Sie müssen sich diesen Raum ansehen. Karg und doch effektiv. Hier geht das alles vor sich: unser Hypnoseraum.«

An den Wänden des Zimmers, die in gedämpftem Weiß gestrichen waren, standen saubere Betten. Jedes war mit weißen Spanntüchern, einer leichten, gefalteten Decke und einem Keilpolster ausgestattet, das eine bequeme Lage ermöglichen sollte. Garbusow erklärte mit sichtlichem Stolz, daß der Raum bewußt klein gewählt war, um die behagliche, entspannte Atmosphäre zu erzeugen, die man bei der Hypnose zur Erzielung optimaler Resultate benötige. Die Betten standen eng beisammen, damit vor allem die kleineren Kinder einen Bruder, eine Schwester oder einen Freund neben sich haben konnten, was dazu beitragen sollte, die Nervosität der kleinen Patienten zu mildern.

»Nehmen wir beispielsweise an, ein sehr kleiner Junge leidet an einem Augentick. Wir können keinen Grund dafür finden. Es muß eine psychische Ursache haben. Beim ersten Mal würden wir zweifellos dafür sorgen, daß das Kind von einem älteren Bruder oder einer Schwester begleitet wird, damit es Zutrauen faßt, oder wir würden es in eine Gruppe von Gleichaltrigen geben.«

Das Licht läßt sich stufenlos abblenden, so daß der Raum nach Bedarf verdunkelt werden kann. In einer Ecke steht ein Plattenspieler bereit. »Größere Kinder können durch Blickkontakte in Trance versetzt werden, indem man sie fixiert und zugleich ein interessantes Objekt vor ihren Augen hin und her bewegt. Aber kleinere Kinder müssen eingeschläfert werden, indem man mit ihnen spricht, während im Hintergrund eine beruhigende Musik ertönt.

Es kommt darauf an, ein Gefühl der Geborgenheit, der Ruhe und des Friedens zu erzeugen, ohne das Kind zu ängstigen«, erklärte Garbusow. »Wir vermitteln den Kindern das Gefühl, daß sie sich entspannen sollten. Wir müssen sie in einen Zustand versetzen, in dem wir sie noch erreichen können, in dem sie uns noch zuhören können, damit die Suggestion aufgenommen und behalten wird. Das ermöglicht es uns, ihnen Informationen zu übermitteln.«

»In anderen Fällen werden die Kinder in tiefere Hypnose versetzt. Dadurch erzielen wir eine größere Abgeschlossenheit, ein höheres Maß an Aufnahmebereitschaft bei den Kindern«, sagte Frau Dr. Tschernopolskaja. »Die Beziehung zwischen Kind und Arzt ist dann wesentlich intensiver, und wir können sein Unbewußtes erreichen.«

In diesem Zustand sind die Kinder oft bereit, dem Arzt Dinge zu erzählen, die sie sich sonst nicht zu sagen trauen. Dadurch erhält der Arzt Hinweise auf Probleme, die selbst bei den gründlichsten Untersuchungen übersehen wurden, etwa beunruhigende Träume oder Vorfälle, die viele Jahre zurückliegen und zu unbedeutend sind, um von irgend jemand anderem als dem Kind selbst beachtet zu werden, die sich aber dennoch im Laufe der Jahre zu Erinnerungen verfremden, die so angsterzeugend sind, daß sie Menschenleben zerstören können.

»Wir hatten beispielsweise einen Jungen, der sich vor dem Sprechen fürchtete, obwohl er keine Sprachhemmung hatte und auch nicht stotterte. Wenn er eine Gruppe von Menschen beisammen sah, schien ihm irgend etwas die Stimme zu rauben. In der Hypnose stellte sich heraus, daß ein Erlebnis im Alter von drei Jahren die Ursache war. Er ging mit seiner Mutter eine Straße entlang, als vor ihren Augen zwei Autos zusammenstießen und Feuer fingen. Sofort stürzten von allen Seiten Menschen herbei, um die Insassen zu befreien. Es herrschte Geschrei und Verwirrung, Stichflammen schossen aus den Autos. Der kleine Junge war geschockt und voll panischer Angst. Er verband seither *jede* Menschenansammlung mit dieser Katastrophe, und Angst raubte ihm die Stimme. Während einige unserer Mitarbeiter in der Hypnose seine Erinnerungen zu besänftigen suchten und ihm neues Selbstvertrauen einflößten, nahmen ihn andere Mitglieder unseres Teams zu Veranstaltungen mit, wo in erster Linie gutgelaunte Menschenmengen zusammenkamen – zu Fußballspielen und in den Zirkus –, und ermutigten ihn dabei die ganze Zeit, mehr und mehr zu sprechen.«

Wir fragten Garbusow, welches sein interessantester Fall gewesen sei. Er zögerte nicht: »Ein sechzehnjähriges Mädchen wurde mit einem schrecklichen Ekzem zu uns gebracht, das vor allem seine Arme und Beine bedeckte. Sie litt sehr darunter und war emotional ausgesprochen labil geworden. Bei der geringsten, oft eingebildeten Zurücksetzung begann sie zu schluchzen. Durch das Hautjucken gequält, war sie oft übellaunig, so daß sich alle ihre Freunde von ihr abgewandt hatten. Mittlerweile wollte sie niemanden mehr um sich haben und sprach sogar von Selbstmord. Keinerlei medikamentöse Behandlung hatte ihr geholfen.

Ich versetzte sie in Hypnose. Es bedurfte mehrerer Sitzungen, um herauszufinden, daß der Ursprung ihrer Krankheit auf ein Erlebnis zurückging, das sie im Alter von zehn Jahren gehabt hatte. Ein alter Mann mit entstellenden Narben, die eine Folge des Krieges oder eines Unfalls gewesen sein mögen, hatte sie überfallen. Es gelang ihr zu entkommen, doch sie erzählte niemandem von dem Vorfall. In der Hypnose aber erinnerte sie sich ganz deutlich an die schuppigen Narben im Gesicht und auf den Armen des Mannes. Diese schreckliche Erinnerung war tief in ihr Unterbewußtsein hinabgesunken, um im Laufe der Jahre in Gestalt eines bösen Ekzems wiederaufzutauchen.

In der Hypnose enthüllte sie mir auch ihren geheimen Traum – daß sie eines Tages, wenn ihre Haut von der häßlichen Krankheit geheilt war, zusammen mit Freunden an den Strand des Finnischen Meerbusens fahren würde. Bisher hatte sie alle Angebote, mitzukommen, abgelehnt, weil sie meinte, die Menschen würden sie abstoßend finden. Aber sie wünschte sich so sehr, dabeisein zu können – es war die stärkste Sehnsucht in ihrem Leben, war sie doch mit dem Wunsch verbunden, den Hautausschlag loszuwerden.

Zunächst veranlaßte ich sie, die Erinnerung an den narbenübersäten alten Mann zu löschen. Dann bestärkte ich sie in der Hoffnung, daß ihre Haut bald wieder glatt sein werde. Schließlich suggerierte ich ihr: ›Am zweiten Sonntag im Juli dieses Jahres wirst du mit deinen Freunden an den Strand gehen. Du wirst wunderschön braun werden und einen Badeanzug nach der neuesten Mode tragen. Die Jungen werden sich nur so um dich reißen. Deine Haut wird vollkommen gesund sein. Denk daran, es wird am zweiten Sonntag im Juli geschehen.‹

Als sie aus der Trance erwachte, erinnerte sie sich natürlich nicht an meine Worte. Ich wiederholte die Suggestionen in einigen weiteren hypnotischen Sitzungen, und allmählich begann ihre Haut abzuheilen.

Ich verlor sie eine Zeitlang aus den Augen und war überrascht, als ich am zweiten Montag im Juli einen Anruf von ihr erhielt. ›Sie werden es nicht glauben, Dr. Garbusow, aber gestern bin ich zum ersten Mal an den Strand gefahren – und niemand hat gelacht. Meine Haut war genauso schön wie die aller anderen. Ich habe stundenlang in der Sonne gelegen. Jetzt bin ich braun, und all die häßlichen roten Beulen sind verschwunden.‹

Ihr Unterbewußtsein speicherte die Anweisung, die ich volle drei Monate vorher gegeben hatte. Sie wurde das Ekzem los, und die Suggestion veranlaßte sie sogar, genau an dem Tag, den ich vorhergesagt hatte, an den Strand zu gehen! Ich bin sehr stolz auf dieses Resultat.«

Kleinen Bettnässern suggerieren er und seine Kollegen, sobald die psychische Ursache des Übels entdeckt wurde, einfach unter Hypnose: »Du wirst das nie mehr tun. In sieben Tagen wirst du wieder zu mir kommen und dein Bett inzwischen nicht mehr naß gemacht haben. Es ist ganz leicht.« Es ist erstaunlich, wie oft diese Methode funktioniert – vor allem natürlich dann, wenn das auslösende Moment bereits gelöscht wurde.

Lernstörungen wie Lese- und Schreibschwierigkeiten sind gewöhnlich auf eine verborgene unbewußte Angst zurückzuführen, und auch die kann in Hypnose leicht behoben werden. Die Kinder lernen, wie man sein Gedächtnis schult, und werden sich der Vorteile bewußt, die ihnen Lesen- und Schreibenkönnen einbringen. Eine weitere typische Symptomatik, die erfolgreich behandelt werden kann, ist die berühmt-berüchtigte morgendliche »Schulübelkeit« von Kindern – in der unbewußten Hoffnung, nicht am Unterricht teilnehmen zu müssen. In Hypnose wird ihnen suggeriert, wieviel Spaß die Schule machen kann und wie sehr es ihnen dort gefällt.

Auf der anderen Seite des Ganges fand gerade ein logopädischer Unterricht statt. »Das sollten Sie einmal sehen«, meinte Garbusow. Wir betraten ein typisches Klassenzimmer, an dessen Wänden Schaubilder hingen und dessen Bankreihen auf eine Tafel ausgerichtet waren, an der eine junge Lehrerin stand und die Vokale des russischen Alphabets vorsprach. Hier wurden Sprachstörungen im Gruppenunterricht behandelt.

Die Teilnehmer im Alter zwischen neun und sechzehn wirkten etwas verlegen, als wir vorgestellt wurden. Aber sie konnten sprechen und zögerten nicht, uns im Chor willkommenzuheißen. Wir fragten sie, ob sie den Hypnoseraum mochten, den wir soeben gesehen hatten. Ein großer, fünfzehnjähriger Junge antwortete: »Da gehen wir am liebsten hin.«

Für weitere Fragen war keine Zeit. Dr. Garbusow sah kurz auf seine Uhr und erklärte dann: »Dr. Sacharow haben Sie bereits kennengelernt, aber ich möchte, daß Sie ihn auch bei seiner Arbeit erleben. Die ist wieder ganz anders.«

»Wie Sie ja selber sehen«, sagte der junge Arzt und deutete auf die in seinem Arbeitsraum verstreuten Spielsachen, »möchte ich, daß die Kinder gern hier sind. Ich will nicht, daß sie das Gefühl haben, in einer Arztpraxis zu sein, da sie sich dann nicht richtig entspannen können. Ich möchte, daß sie es mehr als eine Art Spielplatz empfinden, wo sie einen neuen Freund – nämlich mich – kennengelernt haben.«

Dr. Alexander Sacharow, ein schmächtiger, adrett gekleideter Mann mit sauber getrimmtem Backen- und Schnurrbart, trägt an der Poliklinik Nr. 26 den Spitznamen »der Puppenspieler«. Obwohl er ein ausgezeichneter Hypnotiseur ist, arbeitet er vorwiegend mit kleineren Kindern, die auf hypnotische Suggestion noch nicht so gut ansprechen.

»Kleinere Kinder sind schwierig zu behandeln, aber es ist eine um so größere Herausforderung«, sagte er, von seinem Schreibtisch herbeieilend, um Spielsachen von Sesseln zu entfernen, damit wir uns setzen konnten. »Ich habe schon zweijährige Kinder erfolgreich mit Hypnose behandelt, aber die meisten Kinder dieses Alters können den Anweisungen noch nicht folgen und einem auch nicht erzählen, was ihnen Kummer macht.« Sacharow versucht deshalb, ihren Problemen auf den Grund zu kommen, indem er ihnen mit den Handpuppen, die in einer Ecke seines Spiel- bzw. Arbeitszimmers auf einem Haufen liegen, verschiedene Szenen vorspielt oder ihre Zeichnungen und Malereien, von denen einige die Wände seines Zimmers schmücken, analysiert. »Ich lasse das Kind einfach eine Weile mit den Spielsachen und den Handpuppen spielen, während ich mich mit den Eltern unterhalte. Dabei beobachte ich die ganze Zeit genau die Reaktionen des Kindes auf bestimmte Eigenheiten der Spielsachen, denn das gibt einem oft einen Hinweis auf die Ursache des Problems.«

Sacharow wählte einige Puppen aus und streifte sie über seine Hände. »Ich schlage zum Beispiel ein kleines Spiel vor. Jeder nimmt eine Puppe, aber zum Spaß tauschen wir die Rollen. Das Kind spielt den Vater; der Vater die Mutter; die Mutter das Kind. Dann fordere ich das Kind auf darzustellen, was es erlebt, wenn der Vater von der Arbeit nach Hause kommt, und ich bitte auch die Eltern, ihre jeweiligen Rollen möglichst echt zu spielen.«

Manchmal nimmt Sacharow selbst am Rollenspiel teil, um noch mehr herauszufinden. Er übernimmt etwa die Rolle eines älteren Bruders oder der Großeltern, die bei der Familie leben. »Bei genauer Beobachtung, insbesondere der Verhaltensweise des Kindes, weiß ich meist schon nach drei oder vier Sitzungen, wo der Schuh drückt.« Durch geschicktes Fragen, Fingieren bestimmter Situationen und sorgfältig ausgewähltes Rollenspiel kann er feine Risse in der Familienstruktur entdecken – die von den Erwachsenen möglicherweise als unvermeidlich hingenommen werden, auf kleine Kinder jedoch verherrend wirken können.

»Vielleicht verprügelt der Mann seine Frau, oder die Frau schimpft ständig mit ihrem Mann, wodurch das zwischen ihnen stehende Kind ein starkes psychisches Trauma erleidet. Oft zeigt dieses ›Spiel‹ den Eltern Konflikte auf, die ihnen gar nicht bewußt waren. Es offenbart das emotionale Verhalten und die Geheimnisse und Ängste nicht nur des Kindes, sondern der ganzen Familie. Vor allem gibt es mir eine Vorstellung davon, welchen Platz das Kind in der Familie einnimmt; manchmal ist die Sache relativ einfach, etwa wenn das Kind bloß überbehütet und verwöhnt ist. Oder es kann sein, daß an das Kind zu viele und zu hohe Ansprüche gestellt werden; oder daß es die enge Beziehung des Vaters zur Mutter übelnimmt.

Jede dieser Situationen kann eine emotionale Belastung bedeuten und seelische Narben hinterlassen, die sich beim Kind in Form von Bettnässen, Augenticks, Stottern und medizinisch unerklärlichen Krankheiten manifestieren. Das Handpuppenspiel kann uns über die Zusammenhänge aufklären.«

Spielsachen und Puppen eignen sich besonders gut zur Entdekkung verborgener Phobien. »Obwohl wir uns dessen nicht bewußt sind, haben viele kleine Kinder aufgrund von irgend etwas, das sie gesehen oder gehört haben, oder auch aufgrund von Träumen, große Angst vor an sich ganz harmlosen Dingen wie Spielzeugmäusen oder vor Pferden, Kühen, Lokomotiven, Autos oder Leuten in Uniformen. Ihre Angst nimmt, von anderen unbemerkt, immer mehr zu, bis sie sich schließlich physisch äußert«, erklärte Sacharow.

Er öffnete eine Mappe. »Hier ist ein Fall, mit dem ich Anfang dieses Jahres zu tun hatte. Ein vierjähriges Mädchen, Nadja, wurde aus einem sehr ungewöhnlichen Grund zu mir gebracht. Wochenlang stieß das kleine Mädchen jede Nacht im Schlaf gellende Angstschreie aus. Ich hörte Bandaufnahmen dieser Schreie, sie waren wirklich fürchterlich. Oft schlief sie so tief, daß ihre Mutter sie nicht aufwecken konnte, um ihr Schreien zu beenden, das manchmal bis zu einer halben Stunde lang andauerte. Obwohl die Gesundheit des Kindes davon nicht beeinträchtigt zu werden schien, litten die Eltern verständlicherweise sehr darunter.

Ein rätselhafter Fall. Es gab nicht den geringsten medizinischen Grund für das Schreien des Kindes, und auch die häusliche Atmosphäre war äußerst positiv. Aber als das Kind in mein Zimmer gebracht wurde, erhielt ich sofort einen ersten Hinweis. Sobald sich die kleine Nadja mit den Spielsachen beschäftigte, fiel mir auf, daß sie eine deutliche Abneigung gegen eine Wolfspuppe hatte. Obwohl der Wolf Menschenkleider trug und nicht zum Fürchten aussah, hielt sich das Kind von ihm fern und warf ihm ängstliche Blicke zu. Einmal, als der Wolf, durch ein anderes Spielzeug angestoßen, in ihre Nähe kullerte, wich sie jäh zurück.

Mit Erlaubnis der Eltern versetzte ich das kleine Mädchen in hypnotische Trance. Ich befragte sie so gründlich wie möglich. Es stellte sich heraus, daß sie einmal geträumt hatte, von einem Rudel Wölfe verfolgt durch tiefen Schnee zu laufen. Sie stürzte und sah, wie das Leittier, ein riesiger Wolf mit bluttriefenden Zähnen, sie zu zerreißen begann. Der Traum war vermutlich auf ein angsterregendes Bild von einem menschenfressenden Wolf zurückzuführen, mit dem sie jemand absichtlich erschreckt hatte. Obwohl Nadja sich nach dem Aufwachen nicht an den Traum erinnerte und niemand davon erzählte, kehrte die gräßliche Vorstellung, von einem Wolf zerfleischt zu werden, wieder zurück, sobald sie einschlief. Nacht für Nacht war sie diesem Horror ausgesetzt und schrie unwillkürlich.

Ich spürte, daß es sehr schwierig sein würde, ein so starkes Trauma zu löschen. Ich tat es, indem ich Nadja suggerierte, sie habe bei ihrem Sturz einen großen Prügel zu fassen bekommen, sei aufgesprungen und habe damit so fest auf den Wolf eingeschlagen, daß er mitsamt dem übrigen Rudel davongelaufen sei, ohne ihr etwas zuleide zu tun.

Nach fünf hypnotischen Sitzungen hörte das kleine Mädchen auf, nachts zu schreien, und als sie nach der dritten Behandlung in mein Zimmer kam, sah ich, daß sie den Spielwolf in der Ecke sozusagen windelweich prügelte!«

Sacharow hat festgestellt, daß man die das Kind belastenden Konflikte auch herausbekommt, wenn man es veranlaßt, die beunruhigenden Dinge mit Farbstiften zu zeichnen. Diese Malereien erweisen sich auch als große Hilfe für die spätere hypnotische Behandlung.

Zeichnet das Kind beispielsweise ein brennendes Haus, dann kann Sacharow sicher sein, daß es daheim Schwierigkeiten gibt. Malt es dagegen ein Haus in idyllischer Umgebung und mit lächelnden Leuten drumherum, dann weiß er, daß die Probleme woanders liegen müssen. Wenn ein Kind seine Mutter rot zeichnet, so deutet Sacharow dies als Hinweis, daß das Kind seiner Mutter angstvoll begegnet und dies die Ursache seiner emotionalen Störung sein könnte.

In sein Büro zurückgekehrt, zog Garbusow für uns das Resümee: Die Ergebnisse seien im großen und ganzen hervorragend. In fünfzig Prozent der Fälle erfolge eine rasche und vollständige Heilung. In weiteren fünfundzwanzig Prozent trete eine deutliche Besserung ein. Bei fünfzehn Prozent seien mäßige Fortschritte zu verzeichnen, und nur zehn Prozent der Patienten würden die Poliklinik so krank wieder verlassen, wie sie gekommen sind.

»Der Prozentsatz an Fehlschlägen sinkt jedoch allmählich«, bemerkte er. »Ich kann allerdings nicht sagen, wie bald wir – falls überhaupt – den Punkt erreicht haben werden, an dem es gar keine hoffnungslosen Fälle mehr gibt. Wir gehen davon aus, daß die Kinder ihre Schwierigkeiten überwinden können, sobald sie Vertrauen zu sich selbst gewonnen haben, aber es ist doch nicht ganz so einfach.

Was Sie hier sehen, ist eine Versuchsanstalt, in der neue Theorien und neue Methoden entwickelt und getestet werden, nicht nur zum eigenen Gebrauch, sondern zum Nutzen ähnlicher Kliniken in der ganzen Sowjetunion. Auf diese Weise werden unsere Fälle zu Lehrbeispielen. Und nachdem eine ganze Reihe Kliniken von hier bis Wladiwostok die von uns beschrittenen Wege zu gehen beginnt, liegt unsere große Verantwortung auf der Hand: Wir können es uns nicht leisten, Fehler zu machen. Fälle wie die des kleinen Wassja Wassiljewitsch und der kleinen Nadja gibt es zu Tausenden. Und was uns sieben betrifft, so müssen Sie sich auch uns multipliziert vorstellen: ein unübersehbares Heer von Psychotherapeuten, die sich darauf spezialisiert haben, die Seelen gestörter Kinder auf den richtigen Weg zurückzuführen. Es ist nur ein kleiner Abschnitt des menschlichen Lebens, aber er ist das Anfangsstadium des *Homo sapiens*. Um ihn zu verstehen, muß man tatsächlich an seinem Ausgangspunkt beginnen.«

16 Trance und Trauma

Am nächsten Tag hatten wir Gelegenheit, Professor Bul kennenzulernen, den bekannten Leningrader Hypnotiseur und Hypnologen. Eine Begegnung, die sich als besonderer Glücksfall erweisen sollte. Professor Pawel Ignatijewitsch Bul war eher klein und stämmig und machte anfangs einen etwas in sich gekehrten Eindruck. Er trug einen präsentablen, wenn auch etwas altmodischen Anzug, der seinen akademischen Status zu unterstreichen schien. Seine Stimme war sanft und freundlich, sein Auftreten von angenehmer Höflichkeit. Er hatte uns ein Buch mitgebracht, eine Abhandlung über Hypnose, die er verfaßt hatte.

Wenn die russischen Wissenschaftler, die sich mit Psychiatrie und Psychotherapie befaßten, in Gebiete abwanderten, die uns im Westen fremd erscheinen, so ist dies vermutlich auf das »wissenschaftliche Schisma« zurückzuführen, das bereits Ende des 19. Jahrhunderts eintrat, als Sigmund Freud eine Methode zur Behandlung psychischer Störungen entwickelte, die er Psychoanalyse nannte – und die von den russischen Wissenschaftlern der damaligen Zeit nicht akzeptiert wurde.

Schon damals, lange bevor aus dem zaristischen Rußland die Sowjetunion wurde, kam es wegen Freud zum Bruch zwischen Ost und West. Die Russen lehnten Freuds Konzeption von der kindlichen Sexualität und der Rolle der Sexualität als Ursprung von Neurosen kategorisch ab. Um die Jahrhundertwende vertraten russische Neurologen und Psychologen einschließlich der weltberühmten Forscher Iwan Pawlow und Wladimir Bechterew den Standpunkt, daß Freuds Theorien nichts weiter seien als eben – Theorien.

Heute, siebzig Jahre nach dem ersten, von Freud geleiteten Internationalen Psychoanalytischen Kongreß, lehnt die Sowjetunion die Psychoanalyse immer noch ab. Statt dessen haben sich die russischen Wissenschaftler einerseits auf eine Form der Behandlung konzentriert, die sie »rationale Therapie« nennen – wobei der Psychotherapeut mit seinem Patienten »vernünftig« zu argumentieren versucht – und andererseits auf die »suggestive Psychotherapie«, die jede Spielart der Hypnose, von der Autosuggestion bis zum kollektiven Tiefschlaf, der Massenhypnose, umfaßt.

Die Hypnotherapieforschung hat viele Phasen durchlaufen: Neue Methoden wurden entwickelt und die Anwendungsgebiete von psychischen Problemen über Herzkranzgefäßstörungen und Lungenkrankheiten auf den Bereich der Geburtshilfe und der gynäkologischen Beschwerden ausgedehnt; Hypnotherapie wird sogar als Narkose-Ersatz angewandt – die Liste scheint endlos. Eine Kinderklinik wie die Poliklinik Nr. 26, die Hypnose als ihre Haupt-Heilmethode betrachtet, ist heute noch eine Ausnahme, Vorläuferin künftiger Entwicklungen. Doch haben die allgemeinen Krankenhäuser und neurologischen Kliniken in allen Teilen des Landes neuerdings »Hypnotarien« – hypnotherapeutische Behandlungsräume – eingerichtet. Moskau machte den Anfang, gefolgt von Leningrad, Kiew und Minsk. Aber Moskau ist immer noch die einzige Stadt, wo es eine Ausbildungsstätte für Ärzte gibt, die sich auf Hypnotherapie spezialisieren wollen. Wenn demnächst das Leningrader Ausbildungszentrum seine Tore öffnet, wird der Mann an seiner Spitze zweifellos Professor Pawel Bul sein.

Bis dahin bleibt Bul Leiter des Pawlow-Instituts, des Leningrader »Hypnotariums«, an dem Hunderte von Patienten behandelt werden. Er berichtete uns unter anderem folgende Fallgeschichten:

Eine junge Frau war in Gefahr, an Unterernährung zu sterben. Ihre Speiseröhre war blockiert, nicht durch irgendeinen physischen Defekt, sondern weil sie der Überzeugung war, sie leide wie ihre Mutter an Magenkrebs. Die Frau hatte mit ansehen müssen, wie ihre Mutter, die nicht mehr den kleinsten Bissen schlucken konnte, von Tag zu Tag schwächer wurde. Ein Jahr nach dem Tod der Mutter mußte die inzwischen in die Klinik eingewiesene Tochter auf intravenöse Ernährung umgestellt werden. Wenn sie nicht wieder schlucken lernte, würde sie bis ans Ende ihrer Tage in einem Krankenhausbett an einen Apparat angeschlossen leben müssen. Als Bul von dem Fall erfuhr, gab er Anweisung, die intravenöse Ernährung einzustellen und die junge Frau in eine Abteilung des Pawlow-Instituts zu überführen. Eine Stunde nach der Verlegung befand sie sich bereits in Buls Hypnoseraum. Und eine weitere Stunde später nahm sie etwas Flüssigkeit zu sich – die erste natürliche Nahrung seit Monaten. Sie war auf dem Weg der Besserung und wurde völlig geheilt. Die Hypnose hatte ihr buchstäblich das Leben gerettet.

Ein Diabetiker wurde in das Pawlow-Institut gebracht, da er auf Insulin nicht mehr ansprach. Die Ärzte, die ihn an einem anderen Krankenhaus behandelt hatten, gaben ihn auf, nachdem es auch mit Hilfe einer Spezialdiät nicht gelungen war, seinen Blutzuckerspiegel zu senken. Damit waren alle bekannten Mittel zur Rettung seines Lebens erschöpft.

Die Befragung in der Hypnose ergab, daß eine Reihe emotionaler Probleme die Gesundheit des Mannes unterminiert hatten. Seine Frau hatte ihn vor einiger Zeit verlassen und ihr gemeinsames Kind mitgenommen; außerdem war vor kurzem ein Bruder verstorben. Seitdem sah der Mann keinen Sinn mehr im Leben.

Die Hypnotherapie schlug gut an. Mit jeder Sitzung verringerte sich das quälende Durst- und Hungergefühl und konnte allmählich unter Kontrolle gebracht werden. Nach zehn Behandlungen waren alle Spuren von Zucker in seinem Blut und Urin verschwunden. Er wurde als geheilt entlassen. Auch zwei Jahre später durchgeführte Nachuntersuchungen zeigten kein Wiederauftreten der Diabetes. Der Mann führt heute ein normales Leben, hat sich wieder verheiratet, und seine Frau erwartet ein Kind von ihm.

Eine andere Diabetikerin, eine siebenundvierzigjährige Schauspielerin, litt an einem akuten Fall von zuckerloser Diabetes, die sich in unstillbarem Durst und Hunger äußerte. Als sie an das Institut überwiesen wurde, nahm sie täglich durchschnittlich zwanzig Gläser Wasser und fast acht Pfund Nahrungsmittel, einschließlich drei Pfund Brot, zu sich. Es war ein suchtartiges Verlangen, das sie nicht zu kontrollieren vermochte und das auch durch die konventionelle Medizin nicht zu beseitigen war.

In der Hypnose schilderte sie eine Reihe von Unglücksfällen, die bei ihr ein schweres Trauma ausgelöst hatten. Begonnen hatte alles mit einem Sturz hinter den Kulissen, bei dem sie sich böse Kopf- und Gesichtsverletzungen zuzog. Die Kopfwunden heilten, aber ihr Gesicht war so entstellt, daß sich die Theaterleitung weigerte, sie weiter auftreten zu lassen. Gedemütigt und nicht bereit, sich mit einer doppelten Strafe für Sünden abzufinden, die sie nicht begangen hatte, suchte sie Trost im Essen. Das half ihr indes auch nicht weiter. In ihrer Verzweiflung darüber, daß sie jetzt nicht nur verunstaltet, sondern auch dick und unförmig war, verließ sie ihren Mann und ihre Kinder und unternahm einen Selbstmordversuch.

Danach wurde sie als hoffnungsloser Fall an das Institut überwiesen und einer Hypnosebehandlung unterzogen. Nach vier Sitzungen konnte sie ihren Durst mit nur zehn Gläsern Wasser täglich stillen, und sie konsumierte nur noch die halbe Menge an Lebensmitteln, die sie bei ihrer Einlieferung gebraucht hatte. Nach zehn Sitzungen wurde sie als geheilt erklärt. Ihre Nahrungs- und Flüssigkeitsaufnahme waren normal.

Nun begann die zweite Phase, in deren Verlauf sie Professor Bul bat, ihr einen kosmetischen Chirurgen zu empfehlen. Sie wußte nicht, daß sie damit einen Auftrag befolgte, der ihr in Hypnose erteilt worden war. Sie äußerte Bul gegenüber ihre Zuversicht, durch die plastische Operation ihre frühere Schönheit wiedererlangen zu können. Sie wurde daraufhin aus der Klinik entlassen und zur Weiterbehandlung an einen Chirurgen überwiesen. In einem Brief, den Bul ein Jahr später von ihr erhielt, berichtete sie ihm, daß sie mit ihrer Familie glücklich wiedervereint sei. Die Schönheitsoperation war erfolgreich gewesen. Das Theater hatte sie wieder engagiert, und sie war im Begriff, eine neue Karriere zu starten.

Eine an Bronchialasthma leidende Frau wurde nach langjähriger konventioneller Krankenhausbehandlung für unheilbar erklärt. Zu einem letzten Versuch kam sie ins Pawlow-Institut. In der Hypnose erzählte die Frau, was geschehen war. Ein Brief, in dem ihr mitgeteilt wurde, daß ihre Schwester und deren ganze Familie bei dem schrecklichen Erdbeben von Aschchabad umgekommen waren, hatte ihr einen schweren Schock versetzt. Allein gelassen und außerstande, damit fertig zu werden, war sie in eine tiefe Depression versunken. Sie wurde in ein psychiatrisches Krankenhaus überwiesen, wo man sie behandelte und zwei Monate später entließ. Aber in der ersten zu Hause verbrachten Nacht erlitt sie einen Asthma-Anfall. Sie wachte mit Atemnot und dem Gefühl zu ersticken auf und war gezwungen, den Rest der Nacht sitzend zu verbringen. So hatte ihr Alptraum begonnen. Sie wurde wiederholt behandelt, aber ohne Erfolg.

Im Institut legte man sie in eine Abteilung mit anderen Asthmapatienten und behandelte sie mit Hypnose. Nach nur fünf Sitzungen konstatierte der zuständige Arzt ein Nachlassen ihrer Hustenanfälle und der Verkrampfung der Brustmuskulatur. Nach zwanzig Behandlungen hatte sich ihre Atmung normalisiert, und sie schlief ruhig. Es bedurfte jedoch insgesamt vierzig Sitzungen, bevor man der Ansicht war, daß sie nun ohne ärztliche Betreuung leben könne. Seit ihrer Entlassung ist sie zu jährlichen Kontrolluntersuchungen gekommen und hat bis heute, sechs Jahre später, keinen Rückfall erlitten.

Professor Bul nahm unsere Frage vorweg: »Was ich ihr in der Hypnose sagte? Was ich dem Mädchen mit der blockierten Speiseröhre gesagt habe? Im Grunde sage ich allen dasselbe: daß sie ihre Beschwerden loswerden können – wenn sie sich nur genug darum bemühen. Tag für Tag, Woche für Woche: ›Sie machen gute Fortschritte, Sie fühlen sich besser, Sie gewinnen den Kampf.‹ Ich machte dem Mädchen klar, daß ihre Speiseröhre völlig in Ordnung sei, weil sie nämlich gar nicht Magenkrebs habe. Sie solle versuchen, ein paar Bissen zu essen, und abwarten, was dann passiert. Ich versicherte den Diabetikern, daß sie keine Diabetes hätten, sie sollten mir ruhig vertrauen. Ich sagte zu der Frau mit Bronchialasthma, daß sie sich von ihren Brustkrämpfen befreien könne. Ihre Anfälle würden immer seltener werden. Sie würde durch äußere Einflüsse wie Gerüche, Hitze, Luftfeuchtigkeit und Luftdruckschwankungen nicht mehr gestört werden; schlechte Nachrichten würden ihr nichts mehr ausmachen: ›Es wird besser, es wird besser.‹

Wir packen das Übel in der Tiefe der menschlichen Seele an seiner Wurzel. Meistens wird der Patient im Unterbewußtsein von irgend etwas gequält. Was ist dieses Etwas? Man muß es ans Licht bringen, dann ist schon die halbe Schlacht gewonnen.

Freilich ist Hypnose kein Allheilmittel. Wenn die Krankheit Nervengewebe zerstört hat, ist die Hypnotherapie ebenso machtlos wie die konventionelle Medizin. Viele Monate, nachdem der ursprüngliche Schaden angerichtet wurde, kann jedoch die Aufgabe der beschädigten Zellen von anderen Nervenzentren des betroffenen Bereichs übernommen werden. Dadurch ist es möglich, eine völlig oder annähernd normale Funktionsfähigkeit wiederherzustellen, wie das bei verschiedenen Formen des Gehirnschlags der Fall ist. Die Hypnotherapie wurde speziell in Fällen funktionaler Beschwerden mit hundertprozentigem Erfolg angewandt, in denen die Nervenzellen des menschlichen Gehirns aufgrund von Überlastung versagt und abgeschaltet haben.«

Der Vorgang ist Professor Bul zufolge mit der Funktion einer Sicherung vergleichbar, die bei Überlastung des Stromnetzes die Stromzufuhr unterbricht und dadurch ein Feuer oder eine Explosion verhindert. Im Haus herrscht jetzt Dunkelheit, und auch im Fall der sich selbst abschaltenden Nervenzellen ist das so, bis etwas dagegen unternommen wird. Nach einer Periode der Ruhe und darauffolgender Behandlung treten die Nervenzellen wieder in Aktion und befreien den Patienten von den physiologischen Begleiterscheinungen, die durch die Funktionsstörung entstanden waren.

Wodurch wird das »Sicherheitsventil« betätigt, das den »Strom« abschaltet? Bei der menschlichen Maschine tut es das Gehirn, dieses unerhört differenzierte Instrument, das jede seiner vierzehn Milliarden Nervenzellen mit einer eigenen Funktion ausgestattet hat. Es übt eine funktionale Bremswirkung auf jene Zellbündel – oder Nervenzentren – aus, die durch einen emotionalen Schock in Mitleidenschaft gezogen wurden. Die Aufgabe des Hypnotherapeuten besteht somit darin, dem Patienten zu helfen, sich diesen Schock, die Ursache seines Problems, in Erinnerung zu rufen, und dann die entsprechende Behandlung zu veranlassen. Es gibt keine Regel, die auf alle Fälle anwendbar ist.

Nach der Schilderung, die uns Professor Bul von seinem »Hypnotarium« gab, handelt es sich um eine abgeschlossene, lärmisolierte Station, die über zahlreiche hermetisch verschließbare Räume verschiedener Größe verfügt – von Einzelbehandlungsräumen bis zu Gruppentherapieräumen, wo die Patienten in nebeneinanderstehenden Betten liegen und gleichzeitig entweder durch einen Menschen oder durch einen Apparat in Hypnose versetzt werden.

Der Apparat ist in diesem Fall ein Videogerät, das eine Bandaufzeichnung mit Buls suggestiver Aufforderung zum Einschlafen spielt. Dies scheint ebenso wirksam zu sein, als wenn er selbst im Raum wäre, vorausgesetzt, die Patienten behalten den Bildschirm im Auge. Er ist so aufgestellt, daß er von allen Patienten im Liegen gesehen werden kann. Sobald sie schlafen, wird das Tonbandgerät eingeschaltet. Die hypnotische Suggestion dringt aus einem Lautsprecher. Diese Methode eignet sich selbstverständlich nur für die Behandlung von Patienten mit ähnlichen Beschwerden. Aber es bedeutet auch, daß Hypnose sozusagen gebrauchsfertig verpackt und überall dorthin gesandt werden kann, wo man sie braucht, vor allem an Krankenhäuser, die über kein geschultes hypnologisches Personal verfügen.

Die Hypnologie steckt noch in den Kinderschuhen, wie Bul selbst sagte, dennoch hat er höchst eindrucksvolle Zahlen und Daten in bezug auf seine eigene Arbeit innerhalb des letzten Jahres vorzuweisen. Von 132 Patienten, die an schweren Fällen der Basedowschen Krankheit litten, wurden 106 ohne chirurgischen Eingriff völlig geheilt, die übrigen sind noch in Behandlung. Von 160 ambulant behandelten Patienten – 60 Männer und 100 Frauen –, die unter extrem hohem Blutdruck litten, haben 90 die Behandlung abgeschlossen, weitere 60 werden die Therapie in zwei Jahren beenden. In allen Fällen trat innerhalb von zwei Monaten eine deutliche Senkung des Blutdrucks und eine Verlangsamung des Pulses ein. Die Patienten wurden einmal wöchentlich in Buls Hypnotarium behandelt. Die meisten von ihnen hatten emotionale Traumen erlitten. Nur 15 konnten sich an keinen derartigen Vorfall erinnern, doch auch auf sie wirkte die hypnotische Behandlung beruhigend. In einem Fall konnte der Puls in einer einzigen Sitzung von 112 auf 72 Schläge verringert werden.

Von 200 Patienten, die an Bronchialasthma erkrankt waren, wurden 180 stationär behandelt, und zwar in speziell konstruierten »Barokammern«, die an die verschließbaren Gondeln eines Heißluftballons erinnern. Die Patienten nahmen zur Behandlung in dieser Gondel Platz, dann wurde ihnen gesagt, daß sie sich in höhergelegenen Regionen mit dünner Luft befänden.

In Wirklichkeit bewegten sich die Asthmapatienten nicht von der Stelle. Alle Veränderungen wurden ihnen lediglich über Kopfhörer suggeriert. Der in ein Mikrofon sprechende Hypnotherapeut versetzte die Patienten in Schlaf und erzeugte dann die Illusion der Luftdruckveränderungen. Um den daraus resultierenden Sauerstoffmangel auszugleichen, sagte man den Patienten, sie würden reinen Sauerstoff durch eine Maske atmen, die sie während des Aufstiegs tragen sollten.

In Wirklichkeit wurde durch die Maske natürlich kein Sauerstoff zugeführt, und der Luftdruck in der Kammer blieb normal. Der Zweck dieser Behandlung ist, den Sauerstoffgehalt im Blut des Patienten zu normalisieren und dann zu stabilisieren. Wie die Beobachtung der Patienten und die Messungen des Sauerstoffgehalts in ihrem Blut zeigten, stieg dieser tatsächlich im Laufe der hypnotischen Sitzungen an, während sie den Sauerstoff »einatmeten«. Es war, als ob auch der Sauerstoff der Hypnose gehorchte. Auf diese Barokammer-Behandlung für asthmatische Patienten ist Bul besonders stolz.

Seine spektakulärsten Fälle sind vielleicht die fünf Operationskandidaten, die wegen ihres extrem schnellen Pulsschlags – 200 bis 250 Schläge pro Minute – in letzter Minute vom Operationstisch genommen werden mußten. In drei Fällen wurde die Operation viermal verschoben. Mit Buls Hilfe konnten alle fünf Patienten zur Zufriedenheit des operierenden Chirurgen vorbereitet werden. Er hypnotisierte den Patienten ungeachtet der Narkose kurz vor der Operation. Sobald sich der Patient in Trance befand, veranlaßte er ihn, sich zu entspannen, und senkte seinen Pulsschlag auf Normalmaß. In allen fünf Fällen konnte die Operation schließlich stattfinden, sobald der Puls des Patienten auf 100 bis 110 Schläge pro Minute reduziert war.

»Das Problem des Alkoholismus beschäftigt uns natürlich besonders«, erklärte Bul, »und deshalb hat sich auch die Hypnotherapie in letzter Zeit verstärkt damit befaßt. Da unsere Krankenhäuser nicht alle chronischen Säufer aufnehmen können, die Tag für Tag auf den Straßen liegen, planen wir, die Ausnüchterungsstationen der Polizei mit Tonbandkassetten auszustatten, die eine Hypnotherapie für Alkoholiker enthalten.

Der Mangel an Räumlichkeiten hatte zur Folge, daß Bul die Aufnahme von Alkoholikern auf solche Fälle beschränkte, in denen eine Behandlung unumgänglich war – wie etwa bei jenem vierzigjährigen Mann, der im Rausch einen Selbstmordversuch unternommen hatte. Sein Hals wurde buchstäblich in letzter Sekunde aus der Schlinge gezogen.

»Als er auf unserer Station landete«, erzählte Bul, »war er wieder nüchtern und in einem Zustand tiefer Depression. Er bekannte, seit seinem achtzehnten Lebensjahr zu trinken und oft zwei bis drei Wochen lang nicht mehr nüchtern geworden zu sein. Wir beobachteten ihn und verordneten ihm hypnotische Einzelbehandlungen. Nach drei solchen Sitzungen an drei aufeinanderfolgenden Tagen war sein Verlangen nach Alkohol bereits stark gesunken. Nach fünf Sitzungen war es ganz verschwunden. Gleichzeitig begann er wieder normal zu essen – was er seit Jahren nicht mehr getan hatte –, und sein Lebenswille kehrte zurück. Er wurde entlassen. Sechs Monate später besuchte er mich, um uns zu danken. Er habe während der ganzen Zeit keinen Tropfen Alkohol angerührt, berichtete er. Der Geruch allein verursache ihm Übelkeit. Heute, drei Jahre danach, ist er noch immer ›trocken‹.

Aber unsere Erfahrungen hier am Institut sind bei weitem nicht so eindrucksvoll wie die experimentelle Behandlung chronischer Alkoholiker durch meinen Kollegen Dr. Iwan Wisch. Er hat 760 Patienten – 696 Männer und 64 Frauen – therapiert und sie danach zehn Jahre lang weiter beobachtet. In allen Fällen ging er auf die gleiche Weise vor: Es wurde im Alkoholiker ein so starker Ekel gegen Alkohol ausgelöst, daß ihm schon der bloße Geruch Übelkeit verursachte. Dr. Wischs Behandlungen erwiesen sich am wirksamsten, wenn er seine Patienten zuerst hypnotisierte und sie dann mit Hilfe der sogenannten ›Elektroschlafmaschine‹ in einen mehrstündigen Schlaf versetzte. Diese Maschine arbeitet mit Hochfrequenz-Schwachstrom, der durch Elektroden, die an den Schläfen befestigt werden, den Körper durchläuft.«

Hat die Hypnose eine ähnliche Wirkung auf Drogenabhängige? Bul behauptete, mit solchen Patienten kaum Erfahrung zu haben;

anscheinend ist der Sowjetunion die Drogenseuche – zumindest bis jetzt – erspart geblieben. Doch in den wenigen Fällen von Drogensucht, die er behandelt hat, erwies die Hypnose sich ebenfalls als wirksam.

Bul berichtete von einem vierzigjährigen Kokainsüchtigen, der mit sechzehn Jahren zu trinken begonnen hatte und seit seinem einundzwanzigsten Lebensjahr Kokain nahm. Mit siebenundzwanzig wurde er in ein psychiatrisches Krankenhaus eingewiesen und auch tatsächlich geheilt. Er erlitt jedoch einen Rückfall und landete vier Jahre später, quasi als letzte Chance, bei Professor Bul. »Er war ein menschliches Wrack«, erinnerte sich Bul, »man hatte ihn als hoffnungslos abgeschrieben. Aber wir nahmen die Herausforderung an und stellten einen Therapieplan auf, der aus Medikation plus hypnotischer Behandlung bestand. Erste Woche: täglich Hypnotherapie. Zweite Woche: jeden zweiten Tag. Weitere vier Wochen lang: zweimal wöchentlich. Er wurde schließlich in einem einigermaßen stabilen Zustand entlassen, mit dem hypnotischen Befehl, weder Kokain noch Alkohol anzurühren. Seither ist ein Jahr vergangen, und er hat keinen Rückfall erlitten.«

Bul überlegte einen Augenblick, dann sagte er:

»Frigidität ist in Rußland ein Problem, das, glaube ich, darauf zurückzuführen ist, daß viele Russinnen eher prüde sind, während die meisten unserer Männer Spaß an der Sache haben. Wir haben vor kurzem eine Untersuchung über Frigidität durchgeführt und eine Behandlungstechnik entwickelt, die uns erfolgreich erscheint. Zum Glück ist die Sache leicht heilbar, da wir es hier mit eindeutigen Symptomen unbewußter Angst und Aversion zu tun haben, die durch zwei hypnotische Sitzungen zu beseitigen sind. Was ich zu den Frauen in der Hypnose sage? Vor allem: ›Wenn Sie Ihren Mann wirklich lieben, dann müssen Sie sich die Freiheit nehmen, allen seinen Wünschen nachzukommen.‹«

Ein verlegenes Lächeln huschte über sein Gesicht – nicht nur Frauen sind in der Sowjetunion prüde. »Und wenn Ihnen die Haare ausfallen, verzweifeln Sie nicht«, sagte er, das Thema wechselnd. »Kahlköpfigkeit hat, vor allem wenn sie punktuell auftritt, meist einen traumatischen Ursprung, gewöhnlich einen vergessenen, ins Unbewußte verdrängten Schreck. Der Vorfall wird in der

Hypnose aufgedeckt. Wir sagen dann dem Patienten, daß dies die Ursache seiner kahlen Stellen sei und daß es nichts mit seinem Haarwuchs an sich zu tun hat. Wir brauchen vier bis zehn Sitzungen, um den Patienten davon zu überzeugen. Und die Haare fangen meist sofort wieder an zu wachsen.

Es ist uns sogar gelungen, Warzen zu entfernen, besonders bei Kindern, die so leicht Warzen an den Händen haben. Wir suggerieren ihnen einfach unter Hypnose, daß jede Warze, um die wir mit einer Pinzette einen Kreis ziehen, innerhalb von einer Woche abfallen wird. ›Laß deine Hand verbinden, und du wirst es erleben.‹ Wenn die Kinder aufwachen, bitten sie uns, die Hand zu verbinden, was wir auch tun. Und ein bis zwei Wochen später sind die Warzen in der Regel vertrocknet. Unser Hokuspokus erinnert mich in diesem Fall an arabische Medizinmänner, die seit Jahrhunderten mit den gleichen Tricks arbeiten. Aber schließlich sind wir ja auch nicht die ersten Hypnotherapeuten. Die alten Griechen haben das schon vor dreitausend Jahren erfolgreich praktiziert, ebenso die Schamanen in Afrika. Der einzige Unterschied dürfte sein, daß wir wissen, was vor sich geht, und sie nicht. Zumindest glauben wir, es zu wissen.«

Wir erwähnten natürlich auch ihm gegenüber den eigentlichen Grund unserer Reise durch die Sowjetunion und stellten fest, daß auch Bul sich, ebenso wie andere russische Wissenschaftler, die wir kennengelernt hatten, am Rande der Parapsychologie bewegte. Viele der Parapsychologen, die wir interviewt hatten, kannte er persönlich – Sergejew, Adamenko, Injuschin. »Schließlich«, meinte er, »befassen wir uns ja alle mit den geheimen Kräften des menschlichen Geistes und den Rätseln der menschlichen Seele. Das menschliche Gehirn ist das phantastischste Instrument, das es auf dieser Erde gibt. Wir versuchen, es auf unsere Weise unter Kontrolle zu bringen, und die Parapsychologen probieren andere Wege der Beeinflussung.

Es ist ja eine bekannte Tatsache, daß unsere Parapsychologen die Hypnose in ihr Forschungsprogramm einbezogen haben, überzeugt, daß es sich dabei um ein wichtiges Hilfsmittel handelt, das vielleicht schon bald physikalisch meßbar sein wird. Die Frage ist: Welche Kräfte sind hier am Werk? Ist es die von den Parapsychologen so bezeichnete Bioenergie?« Bul schüttelte den Kopf. »Offen gestanden fühle ich mich da überfragt. Ich überlasse dieses Gebiet Männern wie Professor Sergejew, die sich in Ruhe damit befassen mögen.«

Nachdem Jurij Professor Bul nach Hause gebracht hatte, riefen wir Sergejew an und erzählten ihm, daß wir gerade einen Tag mit Bul verbracht hätten. »Nicht zu glauben«, rief er aus. »Bul ist einer der brillantesten Schüler Pawlows, eine Kapazität auf dem Gebiet der Hypnologie, die in der ganzen Sowjetunion, ja, auf der ganzen Welt kaum ihresgleichen hat. Nur einer kann ihm vielleicht das Wasser reichen. Wir haben nämlich zwei große Hypnologen in diesem Land: Bul in Leningrad und Raikow in Moskau.«

Wir sahen uns an, in dem Gefühl, gleich zweimal hintereinander ins Schwarze getroffen zu haben. Denn der nächste auf unserer Liste, mit dem ein Interview vorgesehen war, hieß – Dr. Wladimir Leonidowitsch Raikow.

17 Genies durch Hypnose – Helden durch Massensuggestion

Wir kannten seinen Namen aus Berichten, die im Westen erschienen waren, und durch sowjetische Parapsychologen, die den am Moskauer Medizinischen Institut ausgebildeten Wissenschaftler als eine ganz außergewöhnliche Persönlichkeit priesen. Im Gegensatz zu Professor Bul, der die Hypnose zur Behandlung von Kranken anwendet, arbeitet Raikow, wie wir hörten, ausschließlich mit Versuchspersonen, die körperlich und seelisch gesund sind. Dabei geht es ihm um die Entwicklung neuer geistiger Fähigkeiten und die Steigerung der Intelligenz.

Man teilte uns mit, daß uns Raikow am Moskauer Pädagogischen Institut und nicht in der Neuropsychologischen Klinik erwarte, wo er sonst tätig sei. Uns war das gleichgültig. Der Fahrer wußte, wo es hinging. Wir überquerten zunächst die Moskwa und verloren uns dann bald in einem Labyrinth gewundener Straßen mit verwitterten ziegelroten und aschgrauen Häuserzeilen. Das Auto hielt schließlich vor einem abbruchreifen, scheinbar unbewohnten Haus.

Wir rüttelten an dem einzigen Zugang zu dem Haus, einer schäbigen Brettertür, und sie öffnete sich knarrend. Wenigstens war sie nicht versperrt. Wir gingen einen engen Flur entlang und stiegen dann eine steile Holztreppe hinauf. Waren wir wirklich am richtigen Ort? fragten wir uns wieder. In diesem Moment gewahrten wir einen Mann, der über uns am Geländer des ersten Stockwerks stand. Dieser breitschultrige Brillenträger in seinem buntgemusterten Pullover, mit einem Stoppelbart um das kräftige Kinn und nachlässig zurückgekämmter schwarzer Mähne, wirkte nicht gerade akademisch. Er musterte uns freundlich. Wahrscheinlich der Hausmeister, dachten wir.

»Wir suchen Dr. Raikow.«

Mit breitem Lächeln streckte er uns seine Hand entgegen. »Ich habe schon auf Sie gewartet. Ich bin Raikow. Kommen Sie bitte mit.«

Er führte uns treppauf und treppab und durch mehrere Korridore in einen großen, leeren, kalten Saal, dessen überladene Dekkendekoration verriet, in welcher Ära das Gebäude errichtet worden war – spätzaristisch oder frühstalinistisch.

Im Gegensatz zu Raikow war der Mann, der uns an der Saaltür begrüßte, so tadellos gekleidet wie fast alle sowjetischen Wissenschaftler, mit denen wir zusammentrafen. Es war der Leiter des Instituts, Dr. Artur Petrowskij, Mitglied der Akademie der Wissenschaften und Vizepräsident der Sowjetischen Psychologischen Gesellschaft – außerdem Universitätsprofessor »und nicht zuletzt mein Boß«, fügte Raikow jovial hinzu.

Vor uns dehnten sich zahllose Stuhlreihen, alle leer mit Ausnahme von zwei Stühlen in der Mitte rechts außen, auf denen zwei einfach gekleidete Frauen saßen, die in dem riesigen Raum etwas verloren wirkten und darauf zu warten schienen, was sich vorn auf dem Podium abspielen würde, wo sich unter dem unvermeidlichen Lenin-Porträt ein langer Tisch über die ganze Breite des Saales erstreckte. Um ihn herum mindestens dreißig Stühle, ebenfalls leer.

»Folgen Sie mir bitte«, forderte uns Petrowskij auf, wobei er auf den Tisch zuging und nur kurz stehenblieb, um den beiden Frauen etwas zuzuflüstern. Vermutlich, daß dies kein öffentlicher Vortrag sei. Aber die Frauen schüttelten nur den Kopf. Anscheinend waren sie fest entschlossen, nicht von der Stelle zu weichen. Wir stiegen auf das Podium. Petrowskij wies uns höflich Stühle im Mittelabschnitt des Tisches an.

Raikow sah uns verschmitzt an, er war startbereit. Wir sollten fragen, und wir legten los. Vor allem brannten uns folgende Fragen auf der Zunge: Stimmte es, daß er Menschen in ein früheres Leben zurückversetzen konnte? Und hatte er dadurch Beweise für die Reinkarnation geliefert, wie berichtet worden war?

»Ich habe erwartet, daß Sie mich das fragen würden«, erwiderte er freundlich. »Ich weiß, daß die westliche Presse mich für eine Art

Seelenwanderungsexperten hält. Ich fühle mich geschmeichelt, aber es stimmt nicht. Die Reinkarnationstheorie fällt nicht in meinen Kompetenzbereich, und daran wird sich auch nichts ändern.«

Er lachte gutmütig. »Ich bin nichts weiter als ein Hypnotiseur und habe mit der großzügigen Unterstützung Professor Petrowskijs eine Reihe von Experimenten durchgeführt, die wir für wissenschaftlich wertvoll halten. Ich kann nur hoffen, daß Sie nicht die weite Reise gemacht haben, um von mir Beweise für das Phänomen der Wiedergeburt zu erhalten ...«

Wir versicherten Raikow, die Frage der Reinkarnation sei nicht der Grund, weshalb wir ihn zu sehen wünschten. In Wirklichkeit dachten wir freilich anders. Wir trauten ihm zu, daß er tatsächlich Menschen aus einem Leben in ein anderes versetzen könne und es nur auf Befehl von oben leugne. Eine Stunde später waren wir überzeugt, daß wir recht hatten und Dr. Raikow auf seinem Spezialgebiet Einmaliges leistete.

»Wir versuchen nicht herauszufinden, ob jemand schon früher gelebt hat«, hatte er soeben betont. »Wir benutzen die Hypnose, um die Versuchsperson mit Eigenschaften eines anderen Menschen auszustatten – zumindest für eine Weile. Unsere Versuchsperson soll bestimmte Eigenschaften des Betreffenden dazu benutzen, neue eigene Fähigkeiten zu entfalten. Für einen Außenstehenden hat es den Anschein, als versuche der Proband eine Person zu spielen, die er nicht ist. Dies ist jedoch nur ein oberflächlicher Eindruck. In seiner Psyche hat sich eine viel größere Veränderung vollzogen. Wir helfen dem Probanden tatsächlich, Talente zu entwickeln, indem wir ihm in Hypnose suggerieren, ein berühmter Maler, Sänger, Pianist oder Geisteswissenschaftler zu sein. Aber das ist keine Regression in ein früheres Leben. Ich suggeriere ihm, daß er die betreffende Person ist, und er glaubt mir, weil er in der Hypnose meine Worte als Wahrheit akzeptiert. Wenn er die richtige geistige Einstellung hat, dann wird er, nachdem er aus der Trance erwacht ist, die Ambitionen und Fähigkeiten des anderen in gewissem Umfang beibehalten.«

Raikow erhob sich, ging zu einem Tisch unterhalb des Podiums und öffnete mehrere große Pakete. »Kommen Sie her und sehen Sie sich das an«, rief er uns zu. »Hier sind gute Beispiele für das, was wir erreichen können.« Aus der braunen Packpapierhülle förderte er gerahmte Gemälde und Bleistiftzeichnungen zutage. Für unser ungeschultes, aber relativ kritisches Auge schien es sich um erstaunlich gute Arbeiten zu handeln. Es waren lauter Porträts junger Frauen.

»Das sind ausgezeichnete Künstler«, äußerten wir anerkennend.

»Künstler?« Er grinste. »Ich muß Ihnen sagen, daß die Leute, die diese Bilder gemalt haben, vor der Hypnose nicht die geringste künstlerische Ausbildung genossen haben und auch keinerlei Talent erkennen ließen. Sie haben ihr Können in der Hypnose erworben.«

Das war in der Tat kaum zu glauben. Die Resultate wirkten durchaus wie die Leistungen professioneller Künstler.

»Hier haben wir vier Gemälde einer schwarzhaarigen Madonna«, sagte Raikow. »Die erste Version ist noch primitiv, aber schauen Sie sich das vierte Bild an. Vergleichen Sie es mit dem ersten. Alle vier Bilder wurden von derselben Person gemalt, von einem Mädchen, das nie malen gelernt hat. Ich suggerierte ihr unter Hypnose, daß sie Talent habe und sich an der Staffelei versuchen solle, die ich in ihrem Zimmer aufgestellt hatte. Sie wurde mit jeder Sitzung besser, und das letzte Bild braucht keinen Vergleich mit der Arbeit akademischer Maler zu scheuen. Ihr Können nahm im Laufe der hypnotischen Sitzungen – sie brauchte etwa drei, um ein Bild fertigzustellen – kontinuierlich zu.«

Raikow trat zurück, damit wir die Bilder näher betrachten konnten. Er hatte recht. An den Bildern war deutlich ein Fortschritt ablesbar. Sie waren gut, insbesondere die letzten zwei. Unter den weiteren Bildern befand sich auch das Porträt eines blonden nordländischen Modells, das Ähnlichkeit mit der norwegischen Schauspielerin Liv Ullmann hatte. Es war ebenfalls von einem Dilettanten unter Hypnose gezeichnet worden. Dann zeigte Raikow uns die Arbeiten einer Krankenschwester. Unerklärlichen, durch die Hypnose freigesetzten Kräften gehorchend, hatte sie eine ungewöhnliche Technik entwickelt. Sowjetische Kunstkritiker, gehalten, keine »bürgerliche Dekadenz« in die sowjetische Kunst eindringen zu lassen, wären erbittert über sie hergefallen, wenn sie einen Platz in der Welt der schönen Künste beansprucht hätte. Der hypnotische

Trancezustand enthob sie jedoch anscheinend jeglicher Verantwortung, und Raikow konnte das Werk ohne Bedenken zeigen: die surrealistisch-psychedelische Darstellung eines Mädchengesichts.

Die Frau sei eine ausgezeichnete Malerin geworden, berichtete Raikow weiter, und habe noch viele Bilder gemalt, die allerdings nicht so kühn wie dieses wirkten. Heute sei sie als Künstlerin anerkannt. Ein anderer seiner Schüler, ein ehemaliger Ingenieur, der ein ausgedehntes hypnotisches Training absolviert hatte, veranstaltete in dem angesehenen »Haus der Maler« vor kurzem eine Einzelausstellung seiner Arbeiten. Er wurde aufgrund seines Könnens prompt als hervorragend ausgebildeter Sowjetkünstler gefeiert, obwohl er nie eine Ausbildung genossen hatte. Und schließlich sei da auch noch der kleine Wolodja ...

Nachdem sie bereits mit anderen Oberschülern gearbeitet hatten, wählten sie vor etwa einem Jahr Wolodja als Versuchsperson aus, da sein Vater, Professor Petrowskij, annahm, daß der Junge »von Haus aus« talentiert sein müsse. Er hatte sich jedoch bis dahin hartnäckig geweigert, zu malen oder zu zeichnen.

»Wir versetzten Wolodja in Hypnose und suggerierten ihm, daß er zeichnen könne. Er erklärte sich zu einem Versuch bereit, und zwei Sitzungen später zeichnete er Karikaturen, die von großer Begabung zeugten. Amüsanterweise stellten sie alle seinen Vater dar. Seit damals zeichnet Wolodja Karikaturen aller Art. Sie sind hervorragend, und es macht ihm Spaß.«

Wie war Raikow bei diesen Experimenten vorgegangen? Worin bestand sein Geheimnis? Er überzeugte seine Versuchspersonen davon, daß sie Repin, Lewitan, Aiwasowskij oder Serow seien – lauter international bekannte russische Maler, deren Werke in den Galerien der ganzen Welt hängen. Er achtete darauf, daß der Proband stets nur in die Persönlichkeit eines *verstorbenen* Künstlers versetzt wurde, um keine lebenden Zeitgenossen in Verlegenheit zu bringen. Einige seiner Schüler, die im hypnotischen Zustand mit den Werken eines berühmten Malers bekanntgemacht wurden, waren nämlich imstande, den Stil des Meisters einschließlich seiner Signatur perfekt zu kopieren. Andere ahmten zwar den Stil des Künstlers nach, setzten unter das Bild jedoch ein falsches Datum – vor oder nach der Lebenszeit des Malers – und enthüllten dadurch unbewußt, daß sie über ihn wenig wußten.

»Ganz interessant, aber ohne Bedeutung«, bemerkte Raikow dazu, »da wir ja nichts anderes beabsichtigen, als die latenten Begabungen des Probanden zu wecken. Über das Leben des Künstlers kann er sich auch später informieren. Während sich die Versuchspersonen in Trance befinden – manchmal ist eine ganze Gruppe zu einer recht ungewöhnlichen Zeichen- und Malklasse vereinigt –, gehe ich herum, schaue ihnen über die Schultern und gebe Ratschläge. Die Schüler, selbstverständlich hellwach, aber überzeugt, jemand anderer zu sein, greifen meine Anregungen willig auf. Sie lernen schnell und gut, weil ihre latente Begabung motiviert wird. Das Bewußtsein, einen berühmten Namen zu tragen, und ihre gehobene Stimmung, ihr Ehrgeiz, setzen eine Sensibilität in ihnen frei, die sie vorher nicht haben konnten.«

Wir erfuhren, daß professionelle Künstler sich an Raikow um Hilfe gewandt haben, wenn sie das Gefühl hatten, in ihrer Kreativität nachzulassen, und er hat »ihre erschöpften Batterien wieder aufgeladen«, so daß sie mit frischem Selbstvertrauen an ihre Arbeit zurückkehren konnten.

Aber die Malerei ist nur einer von vielen Bereichen, in denen Raikow Talente zur Entfaltung bringt und die Lernfähigkeit zu verbessern sucht. Er arbeitet auch mit Linguisten, Schachspielern, Erfindern und Musikern.

Einmal entschloß er sich, einem Mädchen zu helfen, das dazu ausersehen war, an dem berühmten Chopin-Wettbewerb für Pianisten teilzunehmen. Extremes Lampenfieber ließ ihre Leistungen jedoch plötzlich auffallend sinken. »Denk daran«, erinnerte er sie, »daß auch Rachmaninow mit starkem Lampenfieber zu kämpfen hatte und durch Hypnose geheilt worden ist.« Kurz bevor sie sich in das Konservatorium begab, um sich um ihre Nominierung als Vertreterin der Sowjetunion zu bewerben, versetzte Raikow sie in Trance und suggerierte ihr, daß sie eine bessere Pianistin sei als alle ihre Mitbewerber und hervorragend spielen werde. Erst kurz vor dem Wettbewerb holte er sie aus der Trance zurück. Sie errang den ersten Platz und wurde für die Endrunde in Paris ausgewählt.

»Ich glaube, daß ich sie von ihrem Lampenfieber befreit und vor ihrem Auftritt mit großem Selbstbewußtsein erfüllt habe«, erzählte

Raikow. »Als es ums Ganze ging, war diese Wirkung jedoch zum Teil wieder verpufft. Ich konnte ja nicht mit ihr nach Paris reisen, und so landete sie hinter zwei russischen Mitbewerbern, die sie in der Vorrunde geschlagen hatte, auf dem dritten Platz.

Ich suggeriere den Studenten die Einstellung eines Meisters wie Rachmaninow. Das funktioniert, vorausgesetzt, daß der Student Rachmaninow gut kennt. Ich suggeriere den Versuchspersonen auch, daß sie der betreffende Künstler selbst seien, und spiele ihnen, während sie in Trance sind, dessen Platten vor. Dabei bitte ich sie, sich ans Klavier zu setzen. Sie spielen die Stücke nach kurzer Zeit fabelhaft aus dem Gedächtnis nach.«

Raikow nimmt ihr Spiel auf Tonband auf, und seine Schüler sind, wenn sie sich das später anhören, völlig überrascht von ihren neuerworbenen Fähigkeiten – und absolut sicher, daß sie das Zeug haben, gute Musiker zu werden, und deshalb werden sie, wie Raikow zuversichtlich meint, tatsächlich gute Musiker. Für maßlosen Ehrgeiz hat er indessen nichts übrig. Einem Studenten wurde in der Hypnose auf seinen eigenen Wunsch suggeriert, daß er Tschaikowskij sei. In der Trance fragte Raikow ihn, wie ihm die *Mondschein-Sonate* gefalle. Er antwortete, daß er sie komponiert habe und sie eines seiner besten Werke sei. Raikow weckte den Studenten sofort auf. »Es wäre sinnlos gewesen, ihm zu suggerieren, daß er Tschaikowskij sei, wenn er ihn mit Beethoven verwechselt«, meinte Raikow schmunzelnd.

Schach erfreut sich in der Sowjetunion bekanntlich großer Beliebtheit. Ein Student bat Raikow, ihn zu einem besseren Schachspieler zu machen. Der Hypnotiseur brachte den Studenten mit dem ehemaligen russischen Weltmeister Michail Tal zusammen. Der junge Mann war von dieser Begegnung so überwältigt, daß er kaum ein Wort herausbrachte. Raikow schlug vor, daß sein Schützling drei Partien gegen Tal spielen solle.

Nervös und aufgeregt setzte er sich am Schachbrett dem genialen Vorbild gegenüber und wurde vernichtend geschlagen. In der zweiten Partie überließ Tal ihm abermals den ersten Zug, und wieder stolperte der Student der Niederlage entgegen. Auch beim dritten Mal wies er keine Fortschritte auf. Dann führte Raikow den Studenten in ein Nebenzimmer und hypnotisierte ihn. Er suggerierte ihm, er sei der – 1884 verstorbene – amerikanische Schachmeister Paul Morphy, und führte ihn dann an den Schachtisch zurück.

Tal staunte. »Vorher erschien ihm sein Herausforderer genau als das, was er war, nämlich ein junger, sehr unsicherer Mann. Jetzt, unter Hypnose, kam er hereingeschritten wie ein siegessicherer Feldherr und nahm ihm gegenüber mit der souveränen Haltung eines langjährigen Schachmeisters Platz. Er wirkte vollkommen verwandelt. Sie spielten drei weitere Partien. Jetzt war er aggressiv, voll Energie und Einfallsreichtum. Er spielte unvergleichlich besser. Er benahm sich, als wäre er Morphy. Der Weltmeister gewann zwar auch die folgenden zwei Spiele, doch bei der dritten Partie gelang es dem hypnotisierten Studenten, ein Rémis zu erzielen.«

Unter Hypnose, davon ist Raikow überzeugt, erhöht sich vor allem die Selbstsicherheit eines Menschen. Er traut sich zu, dieselben Leistungen zu vollbringen wie Raffael, Repin, Rachmaninow oder jede andere Berühmtheit, die man nennen könnte. Mit anderen Worten, der Betreffende gibt in der Hypnose seine eigene Persönlichkeit zugunsten einer höherstehenden auf. Sobald er deren Identität angenommen hat, gleicht sich sein Geist und sein Wissen völlig dem dieses Menschen und dessen Epoche an. Aus der Trance erwacht, vermag er sich nicht an seine Rolle während der Hypnose zu erinnern, aber er spürt ein Gefühl der Kraft, des Selbstvertrauens und der allgemeinen Stärkung. Solange es andauert, bleibt die innere Identifizierung mit dem »anderen« Menschen erhalten. Raikow redete den Hypnotisierten ein, daß sie in einem vergangenen Jahrhundert lebten, gleichzeitig aber, daß der Mensch zum Mond fliegen, sich über Tausende von Kilometern verständigen und mit Wagen ohne Pferde reisen könne. Sie schüttelten in echtem Unglauben den Kopf. In der hypnotischen Trance spricht die Versuchsperson übrigens nicht die Sprache ihres berühmten Vorbildes, sondern weiterhin das heutige Russisch, meint aber, sich in der Sprache des anderen auszudrücken.

Raikow hält oft Vorträge an Hochschulen, wobei er seine Zuhörer darauf hinweist, daß sich jeder, der an seinen Experimenten teilnehmen möchte, am Pädagogischen Institut melden könne. Die

Versuchspersonen werden dann auf ihre geistigen Fähigkeiten hin überprüft, und neunzig Prozent der Bewerber schließlich als ungeeignet abgelehnt. Raikow bevorzugt Personen, die in eine sehr tiefe Trance versetzt werden können und an die Wirksamkeit der Hypnose glauben. Er ist heute imstande, solche Probanden innerhalb von zwei Minuten in Trance zu versetzen. Er hat Menschen über das Fernsehen und den Rundfunk hypnotisiert, aber auch mittels Tonbandbefehlen, die er als nützliche Ergänzung seiner direkten Experimente betrachtet. Er erzählte uns, daß einer seiner Probanden einmal zur Gruppensitzung nicht erschienen sei und später telefonisch mitteilte, daß er eine Grippe habe. »Entspannen Sie sich und hören Sie mir zu«, forderte Raikow ihn auf. Dann versetzte er den Probanden telefonisch in eine hypnotische Trance und sagte ihm, es sei wichtig, am nächsten Tag wieder gesund zu sein. Am folgenden Morgen rief ihn der Mann an und meldete, daß es ihm gutgehe und er sich gleich auf den Weg machen werde.

Während es Raikow vorzieht, mit Kunststudenten zu arbeiten, hat Petrowskij eine ausgeprägte Vorliebe für Technikstudenten. Ihr Verstand sei geschult, in abstrakten Begriffen zu denken, sagt er, und daher für intellektuelle Experimente besonders geeignet. Die Manipulation der Gefühle überläßt er Raikow. Nach der Schilderung, die wir an diesem Tag im Moskauer Pädagogischen Institut erhielten, haben die Versuche schlüssig bewiesen, daß die geistigen Fähigkeiten eines Menschen durch die Hypnose vervielfacht werden können.

»Ich werde Ihnen weitere Beispiele nennen«, erklärte Petrowskij. »Bei einem unserer Tests erhält die Versuchsperson ein Blatt Papier, auf dem sich zahlreiche sinnlose Linien und ungeordnete Buchstaben befinden, und sie wird zunächst aufgefordert, zwei Buchstaben, beispielsweise S und T, auszustreichen. Sie muß dies innerhalb von fünf Minuten auf zwanzig Zeilen tun. Normalerweise unterlaufen dem Probanden dabei fünf oder sechs Irrtümer. Suggerieren wir ihm jedoch, daß er Einstein sei, dann löst er die Aufgabe fehlerfrei in der halben Zeit. Offensichtlich wird durch die Identifizierung mit jemandem wie Einstein das gesamte geistige Potential mobilisiert, das unter ›normalen‹ Umständen nicht zur Verfügung stände. Ein anderer Proband lernte, sich in einer einzigen Sitzung bis zu zweihundert Wörter einer Fremdsprache einzuprägen. Dank seiner hypnotischen Erfahrung gelang es ihm in jeder der folgenden Lektionen, ohne Hypnose bis zu hundertfünfzig Vokabeln zu memorieren.«

Experimente mit dem Fremdsprachenunterricht haben manchmal zu erheiternden Entdeckungen geführt. Dem Studenten einer Technischen Hochschule wurde suggeriert, daß er ein Engländer sei. Er wurde aufgefordert, englische Wörter aus einem englisch-russischen Wörterbuch auswendig zu lernen. Vor der Hypnose konnte er sich achtundzwanzig von fünfzig neuen Wörtern merken. In der Hypnose wurde sein Pensum um fünfzig Vokabeln erhöht – aber er behielt kein einziges Wort! Das Experiment wurde mehrmals wiederholt – stets mit dem gleichen Resultat. Schließlich stellte sich heraus, daß er sich in der Hypnose so vollständig mit dem Engländer identifiziert hatte, daß er die kyrillische Schrift nicht mehr lesen konnte! Er war also außerstande, die Bedeutung der englischen Wörter im Russischen zu lesen, und konnte sie deshalb auch nicht im Gedächtnis behalten.

»Die Hypnose vermag die angeborenen Fähigkeiten eines Menschen freizusetzen. Sie beseitigt die Schlösser und öffnet die Türen des Geistes«, sagte Petrowskij. »In der Kindheit besitzt jeder Mensch eine unerhörte Vielfalt von Talenten, die in diesem Alter leicht aktiviert werden können. Im Laufe seiner Entwicklung lernt er seine geistigen Gaben jedoch so anzuwenden, daß sie in bestimmten Bereichen voll zur Geltung kommen, während er sich in anderen Bereichen selbst hemmt. Er blockiert absichtlich manche Funktionen und Fähigkeiten, um sich auf bestimmte Aufgaben konzentrieren zu können. Die Hypnose ermöglicht eine Umverteilung dieser Energien; sie befähigt ihn zu raschem und leichtem Lernen auf Gebieten, die er bewußt ausgeklammert hatte, solange er sein eigener Herr war. Nicht jeder Mensch kann zu Höchstleistungen angespornt werden, aber jeder zieht einen Gewinn aus diesem Verfahren. Dies beweist aufs neue, daß die Fähigkeit, zu Papier und Bleistift zu greifen und Bilder zu zeichnen, zwar verschüttet sein kann, doch in uns allen schlummert. Vor dreihundert Jahren zweifelten unsere Ahnen daran, daß jeder Lesen und Schreiben lernen könne. Heute kommen niemandem mehr solche

Zweifel. Unsere Experimente zeigen indes, daß wir Fähigkeiten haben, die über unsere derzeitigen Vorstellungsmöglichkeiten weit hinausgehen – obwohl es natürlich immer individuelle Unterschiede der Kreativität geben wird.«

»Es ist nicht auszuschließen, daß es einen unmittelbaren Zusammenhang zwischen Hypnose und Kreativität gibt«, warf Raikow ein und fügte hinzu: »Wir sind der Ansicht, daß die Hypnose ein Zustand totaler Kreativität ist. In der Hypnose kann der Mensch zu einer völlig neuen Sicht und Konzeption der Dinge und der Welt kommen.

Die Probanden erinnern sich später nicht daran, hypnotisiert gewesen zu sein, aber sie behalten, was sie gelernt haben. Das bedeutet, sobald sie aus der Trance geweckt werden, glauben sie nicht mehr, berühmte Maler oder Musiker zu sein. Aber der Zugang zu ihrer Kreativität bleibt offen. Wir geben ihnen einen Schubs in Richtung Kreativität. Nach diesem Schubs entwickeln sie sich aus eigener Kraft weiter.«

Versuchspersonen, die diese Hypnoseexperimente voll und ganz bejahen, stellen fest, daß die Steigerung ihrer Fähigkeiten kontinuierlich anhält. Probanden, die nur vorgaben, an ihre Wirksamkeit zu glauben, konstatieren keine dauerhafte Veränderung. Im einen wie im anderen Fall haben sich keine nachteiligen Auswirkungen auf ihr Leben gezeigt. Andererseits ist nicht nur eine Steigerung ihrer Fähigkeiten auf einem bestimmten Gebiet wie Malerei zu verzeichnen, sondern die Versuchspersonen schlafen auch besser, und ihr Gedächtnis, ihre Persönlichkeit und ihre Disposition verändern sich in positiver Weise. Ihr Interesse an der Welt nimmt zu, ihr Kontakt mit ihrer Familie bessert sich ebenso wie ihre Beziehung zu ihren Arbeitskollegen.

»Was könnte die Hypnose sonst noch leisten«, fragten wir, »wenn Sie die Techniken weiter perfektioniert haben?«

»Ich glaube, daß wir beispielsweise einen hochspezialisierten Raketenkonstrukteur veranlassen könnten, sich selbst in die Zukunft zu projizieren und Pläne der Dinge zu zeichnen, die er da zu sehen vermag. Er verfügt ja bereits über das Grundwissen des Raketenbaus. Die Hypnose schließt lediglich die Türen des Unterbewußtseins auf, so daß seine geheimen Gedanken ans Licht kommen und nutzbar gemacht werden können«, meinte Petrowskij.

Er erklärte nun, warum er uns eigens hierher gebeten hatte. In diesem Saal hatte Raikow eines seiner erfolgreichsten Experimente mit Massenhypnose durchgeführt. Zweihundert Studenten wurde suggeriert, daß sie jemand anderer seien. Es sei der erste derartige Versuch gewesen. Raikow wandte sich ab; zum ersten Mal wirkte er etwas verlegen. »Alles im Dienste der Wissenschaft«, murmelte er, als müsse er sich entschuldigen. »Ich mußte einfach herausfinden, ob so etwas möglich ist.«

Und wir wußten, daß er dazu imstande war, wenn er es nur wollte. Ja, wir wußten auch, daß er uns suggerieren könnte, der leere Saal vor uns sei voller Leute!

Tatsächlich hatten wir, während die beiden Forscher sprachen, unwillkürlich das merkwürdige Gefühl, daß sich der Saal vor unseren Augen mit Studenten füllte, jungen Männern und Frauen mit abwesendem Gesichtsausdruck. Künftige Maler, Musiker, Schachmeister und Raumfahrtingenieure nahmen ihre Plätze in den leeren Stuhlreihen ein, aber auch Beamte, Lehrer, Soldaten ...

Nicht nur durch Raikows und Petrowskijs Ausführungen, sondern in den Interviews der ganzen letzten Tage war uns die totale Macht, die ein menschlicher Geist über einen anderen ausüben kann, zwingend vor Augen geführt worden. Jetzt mündeten unsere Überlegungen in die beunruhigende Frage, warum sich die Russen so sehr für Hypnose interessieren. Wenn die Hypnose in der Sowjetunion tatsächlich in so gigantischen Ausmaßen eingesetzt wird, wie unsere Informanten berichteten – und wir hatten keinen Grund, an ihren Worten zu zweifeln –, dann mußte sie von oben nicht nur geduldet, sondern ausdrücklich gefördert werden. In einem Land wie diesem *muß* alles vom Staat gebilligt sein, und dessen primäres Anliegen lautet: Verteidigungsbereitschaft. Übersetzt bedeutet das: Kriegsrüstung. Wir konnten uns gut vorstellen, wie diese wahrhaft beängstigenden Aspekte der Hypnose für militärische Zwecke nutzbar gemacht wurden. Zweifellos rechtfertigte das die großzügige Bereitstellung von Personal – in diesem Fall eines Elitekorps von Wissenschaftlern – und immensen Summen für die spezielle Forschungsaufgabe, deren Lösung in Friedenszeiten eine echte Hilfe für die Menschen darstellte, im Kriegsfall jedoch ...

Professor Bul hatte uns von einem Boxer erzählt, der ihn, besorgt über den Ausgang seines nächsten Kampfes, um Hilfe gebeten hatte. Bul versetzte den Mann in Trance und suggerierte ihm, daß er keine Angst zu haben brauche, sondern besser denn je in Form sei und seinen Gegner in der sechsten Runde mit einer Reihe vernichtender Treffer k.-o.-schlagen werde. »Es geschah genauso, wie ich es ihm eingeredet hatte. Er kämpfte, wie er nie zuvor gekämpft hatte. Und in der sechsten Runde ließ er einen Hagel von Schlägen los, die seinen Gegner zu Boden gehen ließen.« Bul erzählte diese Geschichte mit unverhohlenem Stolz.

Als er geendet hatte, wagten wir nicht, ihm die Assoziationen einzugestehen, die seine Geschichte in uns geweckt hatte – daß nämlich Kampftruppen durch hypnotische Behandlung mit ähnlichem Mut erfüllt werden könnten –, denn es war uns nur allzu bewußt, daß ihn unser lautes Nachdenken über dieses Thema peinlich berührt hätte. Er würde es ohnehin ablehnen, sich dazu zu äußern.

Während unser Auto aus dem Labyrinth dunkler, düsterer Gassen auf die helle Uferstraße einbog, die den Blick auf die dunkle Silhouette des Kremls freigab, spekulierten wir darüber, welche Pläne das Oberkommando der Roten Armee wohl mit der Sondereinheit der russischen Hypnologen habe. Man konnte sie auf vielerlei Weise einsetzen, sei es, daß man sie Männer hypnotisieren ließ, die zu waghalsigen Operationen ausersehen waren, oder daß man Spione falsche Informationen in ihrem Gedächtnis speichern ließ und unfähig machte, bereits gespeicherte richtige Informationen abzurufen. Oder daß man ganze Bataillone, Luftgeschwader und U-Boot-Besatzungen durch Hypnose in die gleiche Kampfbereitschaft versetzte wie Professor Bul seinen Boxchampion.

Daß die Sowjetunion bereits heute über ein solches militärisches Korps von Hypnologen verfügt – und Ausbildungszentren in Leningrad, Charkow, Kiew und Minsk geplant sind –, ist eine Tatsache. Es gehörte nicht viel Phantasie dazu, sich vorzustellen, daß Dr. Raikow, zum General ernannt und an der Spitze eines Kaders von Hypnotiseuren stehend, den Befehl hatte, den Truppen vom Eismeer bis zum Kaukasus zu suggerieren, daß sie unschlagbar seien, wenn Mütterchen Rußland sie zum Kampf aufrufe.

18 Sehen mit den Händen

Der vertrauliche Bericht war auf grünes Papier getippt und offensichtlich nur für die Augen weniger Auserwählter bestimmt. Er trug keine Unterschrift, aber aus dem Text ging hervor, daß eine gewisse Larissa Wilenskaja als Herausgeberin fungierte – »Referentin und Dozentin« der Bio-Informationsabteilung der Popow-Gruppe im Moskauer Zentrum für Parapsychologie. Besonders der erste Teil des Reports erregte unsere Aufmerksamkeit. Da stand:

»Untersuchung der optischen Sensitivität der menschlichen Haut bzw. ihrer Fähigkeit, sowohl durch direkten Kontakt als auch aus Entfernung Bilder zu registrieren.

Experimente haben gezeigt, daß Versuchspersonen durch entsprechende Schulung lernen können:

1. Farbe und Form von Bildern durch Berührung oder Beinahe-Berührung zu identifizieren,
2. verborgene Objekte zu identifizieren,
3. magnetische Felder aufzufinden.

Die von der Chefausbilderin Larissa Wilenskaja geleiteten Kurse haben eine Treffsicherheit von sechzig bis neunzig Prozent ergeben. Diese Erfolgsquote kommt fast an die Ergebnisse der Experimente heran, welche zur Zeit von der Ural-Gruppe durchgeführt werden, die mit dieser Arbeit einige Jahre früher begonnen hat.«

Ein wirklich faszinierendes Gebiet, auf dem Frau Wilenskaja da arbeitete: das Sehvermögen des Tastsinns. Wir sahen einander an, und der gleiche Gedanke schoß uns durch den Kopf: Wir müssen die Wilenskaja unbedingt treffen! Und es klappte. Am nächsten Morgen betrat eine stämmige, mittelgroße Frau unser Zimmer im siebzehnten Stock des *Intourist*-Hotels. Ihre markanten Gesichtszüge waren von ziemlich kurz geschnittenem Haar umrahmt, ihre Augen blickten klar und ernst durch eine Nickelbrille.

»Ich bin Ingenieurin Larissa Wilenskaja. Was kann ich für Sie tun?« In der Sowjetunion tragen die Absolventen Technischer Hochschulen den Titel »Ingenieur«.

Wir fragten: »Was können Sie uns über den gegenwärtigen Stand der Forschung auf dem Gebiet des haptischen Sehens sagen? Geht das nicht alles auf Rosa Kuleschowa zurück?«

Rosa Kuleschowas Geschichte ist weithin bekannt, sogar in Amerika. Die epileptische Lehrerin aus Nischnij Tagil im Ural machte Anfang und Mitte der sechziger Jahre Schlagzeilen in der Sowjetunion – hatte sich doch herausgestellt, daß sie die Fähigkeit besaß, mit ihren Händen zu sehen. Sie konnte Zeitungsüberschriften und sogar kleineren Druck lesen. Mit verbundenen Augen war sie in der Lage, allein durch Berührung mit der Hand die Farbe von Dingen zu identifizieren und durch Betasten oder »Befühlen« mit ihren Fingern selbst durch Metallplatten hindurch Zeichnungen und Fotografien zu beschreiben.

Die Wilenskaja lächelte und sagte: »Rosa Kuleschowa ist verbittert und enttäuscht von der Bildfläche verschwunden. Wir wissen nicht, wo sie ist, und es ist uns auch egal. Aber wenn sie damals nicht gewesen wäre, würde es vielleicht die Forschungen, an denen wir jetzt arbeiten, gar nicht geben. Sie hat eine wissenschaftliche Initiative von unerhörten Dimensionen ausgelöst. Forscher und Hunderte von Versuchspersonen in mindestens sechs sowjetischen Städten arbeiten heute auf diesem Gebiet.

Wir haben seit Rosas Zeiten, seit dem Jahr 1962 also, große Fortschritte gemacht. Es begann alles während Rosas Aufenthalt im Städtischen Krankenhaus von Nischnij Tagil, wo sie von Dr. Josef M. Goldberg wegen ihrer Epilepsie behandelt wurde. Als sie ihm vorführte, wozu sie imstande war, geriet er so aus dem Häuschen, daß er Kollegen herbeiholte, um ihnen zu zeigen, wie sie mit verbundenen Augen Farben identifizierte. Die Nachricht verbreitete sich wie ein Lauffeuer. Kurz darauf wurde sie aufgefordert, ihre Fähigkeiten vor einer Gruppe von Wissenschaftlern in Nischnij Tagil zu demonstrieren, und das führte zu Tests und immer weiteren Tests in ihrer Heimatstadt, in Swerdlowsk, der Hauptstadt des Urals, und schließlich in Moskau. Sie wurde berühmt – und das verkraftete sie nicht.

Als sie merkte, daß ihre Fähigkeiten schwanden, begann sie zu täuschen. Sie wurde bei allen möglichen Tricks erwischt, und die Tests verloren natürlich in zunehmendem Maße an Wert. Dann kam der letzte Schlag – eine Demonstration ihrer Fähigkeiten in der Moskauer Redaktion der *Literaturnaja Gazeta*. Es war eine Katastrophe. Sie versagte völlig, wurde beim Mogeln ertappt und von der Zeitung als Schwindlerin gebrandmarkt.«

Wenn sie auch während des Moskauer Experiments beim Schummeln erwischt worden war, so hatte sie doch bei anderen Anlässen keinesfalls geschwindelt – in Nischnij Tagil und Swerdlowsk, wo die einheimischen Wissenschaftler, die sie kannte und denen sie vertraute, vor den Tests für eine entspannte Atmosphäre gesorgt hatten.

Nach Rosas Debakel in Moskau gab es nicht mehr viel von ihr zu berichten. »Sie wurde nach Hause zurückgebracht, wo sich ihre Gesundheit rapide verschlechterte. Ihre epileptischen Anfälle kehrten zurück, ihr Verhalten wurde mit der Zeit so wirr, daß Dr. Goldberg sie an einen anderen Arzt zur Behandlung überwies. Kurz darauf verschwand sie auf ungeklärte Weise. Um ehrlich zu sein, es hat sie auch niemand gesucht. Es war traurig, aber vorbei ist vorbei.

Zumindest dachten wir das alle. Erst später wurde uns klar, daß dies keineswegs so war, daß Rosa Kuleschowa selbst zwar verschwunden war, ihr Geheimnis jedoch blieb. Wenn sie diese phänomenalen Fähigkeiten besaß – und wir wußten, daß sie sie früher besessen hatte –, dann mußten auch andere darüber verfügen.

In Nischnij Tagil, in Swerdlowsk und in Magnitogorsk begannen Wissenschaftler wie Sudakow, Nowomeiskij und Fischelew mit Versuchspersonen zu experimentieren, von denen sie annahmen, daß sie durch Training die Fähigkeit zum haptischen Sehen entwickeln könnten. In kurzer Zeit kristallisierten sich zwei Kategorien von Probanden heraus; die erste Gruppe bestand aus Vorschulkindern und Schülern, die nach eigenen Angaben über einen besonders feinen Tastsinn verfügten; und die zweite umfaßte Blinde aller Altersstufen. Die Blinden waren zum Teil von Geburt an blind, andere hatten ihr Sehvermögen erst zu einem späteren Zeitpunkt verloren. Diese Experimente haben die Ergebnisse der Kuleschowa-Tests inzwischen weit in den Schatten gestellt. Einige der Probanden haben tatsächlich gelernt, durch Berühren zu lesen und Farben zu unterscheiden.

Nach letzten Berichten haben an den jüngsten Experimenten mehrere hundert Versuchspersonen unter Leitung von etwa einem Dutzend Wissenschaftlern teilgenommen, die jetzt als die größten Kapazitäten auf diesem Gebiet in Rußland gelten. Was auch immer wir hier in Moskau tun, können sie noch besser – aber wir sind auch nicht schlecht. Obwohl unsere Experimente von bescheidenerem Zuschnitt und weniger ausgeklügelt sind, glauben wir, zu bestimmten stichhaltigen Schlußfolgerungen gekommen zu sein. Wir haben eine Verbindung zwischen dem Kirlian-Effekt und dem haptischen Sehen gefunden: Es handelt sich dabei um die gleichen bioenergetischen Strahlen. Wenn man Objekte fotografiert, die sich hinter einem schwarzen Schirm befinden, dann erhält man ganz ähnliche Bilder, wie wenn man eine Versuchsperson beim haptischen Sehen fotografiert.«

Nachdem Frau Wilenskaja gegangen war, machten wir uns mit Feuereifer daran, das Geheimnis von DOP zu erkunden – kein leichtes Unterfangen, wie sich rasch herausstellen sollte. Die Abkürzung bedeutet *Dermo-optical Perception*, »dermo-optische Wahrnehmung«, ein Begriff, der von den sowjetischen Parapsychologen vorzugsweise verwendet wird.

Die drei Hauptzentren der sowjetischen DOP-Forschung waren uns aufgrund des bedauerlichen Zufalls, daß sich dort auch Rüstungsindustrie befindet, total verschlossen.

Während wir noch über dieses Dilemma nachdachten, erreichte uns über parapsychologische Geheimkanäle eine Botschaft: »Verzweifelt nicht. Der Berg wird zum Propheten kommen.«

Zwei Tage später traf der »Berg« in Form von drei Mikrofilmrollen ein. Ein sowjetischer Parapsychologe übergab uns das kleine Päckchen, ohne viel Aufhebens davon zu machen: »Dieser Film enthält zwei Berichte verschiedener Mitglieder der Ural-Gruppe über DOP. Es handelt sich nicht um illegales Material. Sie können es ohne weiteres außer Landes bringen.«

Aus der beiliegenden Inhaltsübersicht ging hervor, daß es sich um 128 Seiten Berichte zum Thema »Probleme der dermo-optischen Sensitivität« handle, Aufsätze, die in Swerdlowsk erschienen waren; sowie um 65 Seiten »Materialien zur Untersuchung der dermo-optischen Sensitivität«, veröffentlicht in Scheljabinsk, einer anderen Stadt im Ural. Wir steckten die Filme hocherfreut in einen Koffer und schleusten sie später vorsichtshalber lieber doch heimlich durch die Kontrollen im Flughafen Scheremetjewo.

Der folgende Bericht ist ein Resümee des umfangreichen Materials, das wir mit nach Hause nehmen durften und das hiermit erstmals in der westlichen Welt veröffentlicht wird.

Wassilij Borissow ist vollkommen erblindet; er hat sein Augenlicht bei einem Betriebsunfall verloren. Genadij Grigorjew, ein Arbeiter der gleichen Fabrik, ist nahezu blind; sein Sehvermögen hat sich auf ein Prozent der normalen Kapazität verringert. Beide sind Mitglieder des Blindenverbandes in Nischnij Tagil. Beide wurden für eine von Dr. Abram Nowomeiskij geplante Versuchsreihe ausgewählt, der zu diesem Zweck die Mitglieder des Verbandes wochenlang interviewt und getestet hatte und dann eine Arbeitsgruppe bildete, aus der diese beiden Männer schließlich für weitere Experimente auserkoren wurden.

Nach einer dreimonatigen Schulung in einem speziell dafür eingerichteten Raum des Pädagogischen Instituts von Nischnij Tagil, wo sie mit Buntpapier trainierten, lernten beide Männer, alle Farben des Spektrums durch bloßes Berühren mit der Hand zu erkennen – Rot, Orange, Gelb, Grün, Hellblau, Dunkelblau und Violett sowie Mischungen dieser Farben und die achromatischen Töne Schwarz, Weiß und Grau.

Am Ende dieser Ausbildungszeit wurden sie einem groß angelegten Test unterworfen. Die Mitglieder der Prüfungskommission zogen irgendein Blatt aus einem Stapel von hundert Seiten Buntpapier und übergaben das gewählte Blatt einem Laborassistenten, der es den beiden Blinden vorlegte. Borissow trug eine schwarze Brille, Grigorjew eine Augenbinde. Sie sollten das Stück Papier kurz berühren und dann die Farbe nennen. Beide bestanden den Test.

In der »Schlußrunde« gab man ihnen farbiges Papier anderer Qualität als das beim Training benutzte, um sicherzugehen, daß die Männer die Farben nicht etwa an einer bestimmten Oberflächenstruktur erkannten. Ein Teil der »Prüfungspapiere« war glänzend und glatt, ein anderer bestand aus grober Pappe, ein weiterer hatte eine geriffelte Struktur. Das Papier und die Pappe waren mit den verschiedensten Mitteln gefärbt, von Wasserfarben bis zu Tusche und Buntstiften. Jede Vorsichtsmaßnahme wurde ergriffen, um die Möglichkeit auszuschließen, daß sich die beiden Blinden durch haptische Anhaltspunkte orientieren konnten. Nur die Farbe sollte entscheiden.

Bei den letzten Tests wurden auch den Mitgliedern der Prüfungskommission sowie dem Laborassistenten die Augen verbunden, damit selbst sie nicht wußten, welche Farbe das Blatt hatte, das den Männern vorgelegt wurde. Dadurch sollte jede Möglichkeit einer bewußten oder unbewußten Suggestion ausgeschaltet werden. Auch unter diesen Umständen gelang es den Probanden, die Farben richtig zu identifizieren.

Es wurden Blätter unterschiedlicher Größe benutzt. Je größer das Blatt war, desto schneller gelang es ihnen, seine Farbe zu benennen. Wenn das Papier in schmale Streifen geschnitten wurde, wußten sie nichts damit anzufangen. Sie klagten, daß »zu wenig da sei«, um sich ein Urteil zu bilden. Legte man Streifen derselben Farbe nebeneinander, dann konnten sie diese richtig erkennen. Interessanterweise stellte sich heraus und wurde auch entsprechend vermerkt, daß die beiden Männer verschiedene Finger zum »Sehen« benutzten. Borissow benutzte den Mittel- und den Ringfinger seiner rechten Hand, die auch Kuleschowas »Arbeitsfinger«, allerdings an der Linken, gewesen waren. Grigorjew dagegen arbeitete mit der Außenseite seines rechten Daumens.

Nach diesen Tests begann man mit einer zweiten Versuchsserie: Identifizierung ohne Berührung. Bei dem nur einwöchigen Training sollten die beiden Versuchspersonen das »Gefühl« für eine bestimmte Farbe entwickeln. Schon nach kurzer Zeit entdeckte jeder, aus welcher Entfernung er eine bestimmte Farbe »sehen« konnte. So »sah« Borissow Rot aus einem Abstand von 35 Zentimetern, Orange von 25 Zentimetern, Gelb von 17 Zentimetern,

Hellblau aus 20 Zentimetern und Dunkelblau aus 33 Zentimeter Entfernung. Um Grün zu »sehen«, mußte er seine Hand dem Papier bis auf 10 Zentimeter nähern.

Danach gingen die Männer zu »Lesen und Rechnen« über. Sie wurden zunächst darin geschult, Ziffern zu erkennen. Man »zeigte« ihnen Karten, auf denen die Ziffern 0, 1, 3, 4, 6, 7 und 9 etwa acht Zentimeter groß gedruckt waren. So sehr Borissow sich auch bemühte – er konnte sie nicht identifizieren. Grigorjew schien sich dagegen ausgesprochen wohl zu fühlen und jede Minute dieser Übungen zu genießen. Der völlig blinde Borissow wurde daraufhin vor die Wahl gestellt, entweder sehr langsam weiterzumachen oder eine Pause einzulegen. Er entschied sich für die Pause und wurde entlassen.

Der vermindert sehfähige Grigorjew machte allein weiter und ging in die Geschichte der Medizin ein. Nach einer dreistündigen Übungszeit konnte er Zahlen »sehen«, indem er seine Handfläche drei Zentimeter über der Karte hielt. In der folgenden Sitzung gelang es ihm, jede Kombination der sieben Ziffern zu identifizieren. Er »las« 169, 4901, 16904, 669041 und 6703416, ohne einen einzigen Fehler zu machen. Nachdem er jede Ziffer einzeln gelesen hatte, vermochte er sie auch zu Zahlen zusammenzuziehen und vorzulesen: »Sechzehntausendneunhundertundvier.« Am Ende dieser Sitzung brachte man ihm auch noch die übrigen Ziffern – 8, 2 und 5 – bei.

In der dritten Sitzung wurde Grigorjew geprüft und bestand seinen »Lese-Test« in »Arithmetik« fehlerlos. Dann »zeigte« man ihm vier Buchstaben des russischen Alphabets: B, Sch, M und F. In weniger als einer Stunde lernte er, alle vier zu erkennen, wobei ihm die Handfläche seiner Rechten als »Auge« diente.

In der vierten Sitzung wurde eine weitere große Prüfung abgehalten, und zwar im physikalischen Labor des Pädagogischen Instituts von Nischnij Tagil. Dabei waren Dr. Nowomeiskij und die Professoren N. I. Kolesnikow und J. M. Filimonow anwesend. Grigorjew mußte eine Reihe von Zahlen identifizieren, die einzeln auf separate Karten in der Größe von Spielkarten gedruckt waren und vom Laborassistenten, dem man ebenso wie Grigorjew die Augen verbunden hatte, gründlich gemischt wurden. Die drei Wissenschaftler konnten die Karte, die der Versuchsperson vorgelegt wurde, nicht sehen. Nachdem Grigorjew die Zahl genannt hatte, hob er die Karte hoch, damit sich alle von seinem »Treffer« überzeugen konnten. Er irrte sich nicht ein einziges Mal. Im Durchschnitt brauchte er 0,75 Sekunden pro Zahl. In jedem Fall identifizierte er die Zahl, ohne die Karte zu berühren.

In einer Reihe weiterer Tests gelang es Grigorjew, Zahlen, Buchstaben, ja, ganze Worte, praktisch fehlerfrei zu »lesen«.

»Unglaublicher Erfolg«, vermerkte Dr. Nowomeiskij in seinem Protokoll. »Einem Blinden sind in zehn Lektionen die Anfangskenntnisse des Lesens beigebracht worden.« Der Arzt aus Nischnij Tagil vermerkte auch zusätzliche Beobachtungen. Seiner Ansicht nach war es richtig gewesen, den Lese- und Rechenübungen eine gründliche Schulung in der Identifizierung von Farben voranzustellen. Die Farben sind ein wichtiger erster Schritt, um einen Blinden wieder in die Welt der Sehenden zurückzuführen. Er konstatierte auch, daß Grigorjew seine Hand bis auf zwei oder drei Zentimeter Abstand an die schwarz gedruckten Buchstaben und Ziffern heranführen mußte, um diese »lesen« zu können, während er rote Buchstaben bereits aus einer Entfernung von 18 Zentimetern »sehen« konnte. Seine Hand schien jedes Mal den Umrissen des Buchstabens zu folgen, den er eben »las«, um ihn erkennen zu können. Wurde er daran gehindert, seine Hand zu bewegen, konnte er den Buchstaben nicht mehr »sehen«.

In späteren Tests stellte sich heraus, daß Grigorjew nicht zu lesen vermochte, wenn eine Glasplatte auf die Karten gelegt wurde. Das Lesen funktionierte hingegen besser, wenn man die Karten auf eine Metallunterlage legte, die mit bis zu 80 Volt elektrisch geladen war.

Im Laufe der Zeit stellte der Arzt fest, daß die Leistungen seiner »Schüler« sanken, wenn sie längere Zeit pausierten. Nach neuntägiger Abwesenheit mußte Borissow wieder am Nullpunkt beginnen; Grigorjew hatte nach zweiwöchiger Abwesenheit »vergessen«, wie er die Farben erkannt hatte. Aber sie holten den Rückstand rasch wieder auf. Bei späteren Versuchen wurde Grigorjew eine fünfundvierzigtägige Pause gegönnt. Als er zurückkehrte, konnte er keine einzige Farbe mehr erkennen, aber er brauchte nur ein Drittel der ursprünglichen Zeit, um den ganzen Lehrgang zu wiederholen. Borissow, der nie über das Stadium der Farbenidentifizierung hinausgelangt war, wurde nach sieben Monaten erneut zur Mitarbeit aufgefordert. Er hatte alles vergessen, brauchte aber nur fünfzig Minuten, um die Farben des Spektrums erneut erkennen zu lernen.

»Beide erwiesen sich als außergewöhnlich begabt«, heißt es im Schlußprotokoll von Nischnij Tagil, »aber Grigorjew war bei weitem der Beste von allen zweihundert getesteten Blinden. Leider wurde seine Hand arthritisch. Das war zu erwarten gewesen, da er bereits zu Beginn des Trainings an Arthritis gelitten hatte. Mit dem Fortschreiten der Krankheit büßte sein »Arbeitsdaumen« seine Sensitivität ein. Er war gezwungen, aus unserem Schulungsprogramm auszuscheiden, was sich für unsere Forschung als schwerer Schlag erwies. Wir haben noch keinen Ersatz für Grigorjew gefunden. Er hat uns jedoch unschätzbar wertvolle Kenntnisse vermittelt, die uns jetzt in anderen Fällen von Nutzen sind. Unser nächstes Ziel ist es, Blinde so weit zu schulen, daß sie Bilder beschreiben und Druck normaler Größe lesen können. Wir sind fest davon überzeugt, daß dies in absehbarer Zeit erreicht werden kann.«

Im Gegensatz zu Borissow und Grigorjew handelte es sich bei den übrigen Versuchspersonen um Hunderte von Oberschülern und Studenten. Bei allen Experimenten wurden drei Gruppen unterschieden: die Blindgeborenen, die später Erblindeten und die fast Blinden. Als Kontrollgruppen dienten voll sehfähige Schüler, denen die Augen verbunden waren. Die Zahl der männlichen und weiblichen Probanden hielt sich in etwa die Waage. Interessant ist, daß die weiblichen Versuchspersonen etwas besser abschnitten als die männlichen, mit einer Trefferquote von 53 : 47.

Worauf das haptische Sehen eigentlich beruht, ist bis heute nicht klar. Die Wissenschaftler sind im Laufe ihrer experimentellen Arbeit zu ganz unterschiedlichen Hypothesen gelangt. Die von Dr. Nowomeiskij entwickelte Theorie geht davon aus, daß es einen Zusammenhang zwischen der dermo-optischen Sensitivität und der Wirkung der unsichtbaren Strahlen gibt, die jedes Objekt im Universum aussendet. Dr. Fischelew vom Swerdlowsker Institut neigt hingegen zu der These von der Lichtempfindlichkeit der Haut und deren Fähigkeit, Licht zu reflektieren.

Professor Kolesnikow, ein anderes Mitglied der Nischnij-Tagil-Gruppe, hat das haptische Sehen durch einen Polarisierungsprozeß zu erklären versucht, während Dr. D. K. Gilew aus Ischim glaubt, daß DOP das Resultat von mechanischen Einflüssen und Temperatureinwirkungen verschiedener Farben auf die Rezeptoren der Haut des menschlichen Fingers, nicht unbedingt der Fingerspitzen allein, ist. Dr. M. M. Koschewnikow und seine Mitarbeiter schließlich postulieren das Vorhandensein bestimmter elektromagnetischer Eigenschaften, die von der menschlichen Haut in Sehvermögen »übersetzt« werden. Da es keine definitive, bewiesene Erklärung des Phänomens gibt, sind sich alle Beteiligten einig, daß es am besten wäre, wenn sie ihre Untersuchungen getrennt fortsetzten und in gewissen Abständen ihre Befunde miteinander verglichen, in der Hoffnung, daß sich ein gemeinsamer Nenner herauskristallisiert.

Auf dieser Grundlage wurden denn auch alle bisherigen Experimente vorangetrieben. Die daran beteiligten Städte sind Swerdlowsk, Scheljabinsk, Nischnij Tagil und Magnitogorsk im östlichen Vorgebirge des Urals sowie die weiter vom Gebirge entfernten Städte Werchnjaja Pischma und Ischim. Die größte Stadt ist Swerdlowsk mit neunhunderttausend Einwohnern und entsprechenden medizinischen und pädagogischen Einrichtungen, die kleinste Ischim, fünfhundertsechzig Kilometer östlich von Swerdlowsk, ein Ort mit etwa fünfunddreißigtausend Einwohnern am Rande der Jarowskoje-Sümpfe, nicht viel mehr als eine kleine Station an der Transsibirischen Eisenbahn. Daß dieses Nest, das im Sommer von Sumpfmoskitos heimgesucht wird und im Winter gegen die bittere sibirische Kälte zu kämpfen hat, zu einem Zentrum für die Erforschung der dermo-optischen Wahrnehmung werden sollte, ist eines der typischen Paradoxe des sowjetischen Lebens.

Das Forschungsteam von Ischim wird von dem gerade erwähnten Dr. Gilew geleitet. Anders als seine Kollegen hat er erst vor kurzem mit Blinden und Erblindeten zu arbeiten begonnen, die alle aus einer Anstalt in Tjumen stammen. Er hat sich auf »Sehen« durch Berührung mit den Fingerspitzen konzentriert und seine bisherigen Untersuchungen auf die Wahrnehmung von Farben beschränkt. Dank seiner Spezialisierung hat er sich im Laufe der Jahre einen tieferen Einblick in die Möglichkeit der Farbwahrnehmung durch Berührung erworben als die anderen Forscher.

In seinem ursprünglichen Experiment, das inzwischen in die Lehrbücher eingegangen ist und andernorts von Kollegen nachvollzogen wurde, prüfte Dr. Gilew an die zweihundert freiwillige Probanden, Studenten der Physik. Mathematik und Philologie des Pädagogischen Instituts von Ischim, und wählte dann zweiundzwanzig davon aus. Alle verfügten über ein normales Sehvermögen. Sein Auswahlkriterium war die Empfindlichkeit des Tastsinns seiner Versuchspersonen. Die Experimente erforderten sechsmal wöchentlich Übungen von anderthalbstündiger Dauer. Sobald das Übungsprogramm angelaufen war, schied kein einziger der freiwilligen Probanden aus, trotz der Monotonie des »Farbentrainings«.

Zu Beginn der Kurse lernten die Probanden nur zwei Farben erkennen: Rot und Hellblau. Man verband ihnen die Augen, und jeder erhielt ein Blatt Papier – glattes Zeichenpapier, mit Buntstiften gleichmäßig eingefärbt –, das er vor sich auf eine Glasplatte legte.

Die zweiundzwanzig Studenten brauchten zwei volle Sitzungen, um zwischen Rot und Hellblau unterscheiden zu lernen. Dann gab man ihnen zusätzlich gelbe Blätter, und nachdem sie gelernt hatten, die drei Farben zu unterscheiden, kam als vierte Farbe Orange hinzu. Dann folgten Grün, Dunkelblau und Violett. Einige Zeit später kamen Schwarz, Weiß und Grau hinzu, so daß die Palette insgesamt zehn Farben umfaßte.

»Fünf von unseren Studenten«, berichtete Dr. Gilew, »meisterten die Farbidentifizierung, ohne vergleichen zu müssen. Mit anderen Worten, sie konnten die Farben einzeln, ein Blatt nach dem anderen, identifizieren. Acht lernten, einige Farben ohne Vergleich zu erkennen, für die übrigen benötigten sie jedoch eine zweite Farbe zum Vergleich, um sie sicher benennen zu können. Die übrigen Versuchspersonen konnten die Farben überhaupt nur durch Vergleiche bestimmen.«

Sie wurden aufgefordert, die von jeder Farbe hervorgerufene Tastempfindung zu beschreiben, wobei sich weitgehende Übereinstimmungen ergaben, so daß Dr. Gilew haptische Beschreibungen der Farben liefern konnte. Diese Beschreibungen wurden später mit den Ergebnissen verglichen, die von anderen Testgruppen in Swerdlowsk, Magnitogorsk und den übrigen Städten aufgezeichnet worden waren, wo man die gleichen Versuche vorwiegend mit blinden und fast blinden Versuchspersonen durchgeführt hatte. Die Beschreibungen deckten sich, was zu beweisen scheint, daß wir aufgrund einer geheimnisvollen, noch nicht näher zu bestimmenden Fähigkeit wissen, wie sich Farben »anfühlen«. Gilews Studenten stimmten überein, daß sich Rot klebrig, rauh, grobkörnig und warm anfühlt, Hellblau dagegen kalt, schlüpfrig, dicht und feinkörnig, Gelb wiederum weich, glatt, porös, staubig und warm. Orange weist die gröbste Körnung auf, fühlt sich ebenfalls klebrig an, aber weniger als Rot; es ist kühler als Rot, aber wärmer als Gelb.

Grün hat eine adhäsive Körnung, es fühlt sich dichter und etwas wärmer als Hellblau an. Dunkelblau ist kalt und hart, aber auch irgendwie klebrig und dünn. Violett wirkt kühl und dicht und fühlt sich rauher an als Dunkelblau. Schwarz ist gleichmäßig grobkörnig und verursacht einen deutlichen Reibungswiderstand. Es wirkt wärmer als Weiß oder Grau, das glatt, kühl und schlüpfrig ist. Seine Oberfläche weist winzige parallellaufende Rillen auf. Weiß ist glatt, aber etwas grobkörnig, und fühlt sich kühl an.

Nach ihrer Lieblingsfarbe gefragt, entschieden sich die meisten für Hellblau, da sich diese Farbe am angenehmsten anfühlte, zumal alle Frauen wählten Hellblau.

Unter den fünf Besten waren zwei Frauen und drei Männer. Von den Letztgenannten meisterte der Student Iwan Karaulschtschikow die Identifizierung aller zehn Farben innerhalb von zwei Wochen – ein bisher unübertroffener Rekord, wie Dr. Gilew schreibt.

Die kontrastreichen sibirischen Witterungsverhältnisse ermöglichten es außerdem, die dermo-optische Sensitivität seiner Versuchspersonen bei extremer Kälte und bei feuchter Hitze zu testen: Mal machte es die Kälte den Versuchspersonen völlig unmöglich, durch Betasten zu »sehen«, ein anderes Mal übten starker Regen oder Gewitter dieselbe negative Wirkung aus.

Während Dr. Gilew seine ersten Versuche in der Kleinstadt

Ischim durchführte, arbeitete einer seiner Kollegen, Professor N. I. Sudakow tausend Kilometer südwestlich, in Magnitogorsk, an etwas anders gearteten Untersuchungen.

Sudakow hatte sich als Aufgabe gestellt: »Herauszufinden, ob alle Menschen lernen können, Farben durch Berührung mit den Fingerspitzen zu unterscheiden, und wie den Blinden beizubringen ist, sowohl verschiedene Farbschattierungen als auch geometrische Figuren und Buchstaben zu erkennen.«

Sudakow teilte seine freiwilligen Mitarbeiter – Studenten des Pädagogischen Instituts von Magnitogorsk – in Gruppen von jeweils dreißig ein, die gleichzeitig in fünf verschiedenen Labors arbeiten sollten. Seine Versuchsleiter wählten zunächst zwei Farben aus – Rot und Orange –, mit denen die Leute arbeiten sollten, aber statt nur Papierblätter auszuteilen, gaben sie den Probanden verschiedene Objekte derselben Farbe: rote Bleistifte, rote Bänder, rote Glasstücke, Räder von Plastikspielzeug, farbige Glasröhrchen. Dann verteilten sie die gleichen Objekte in Orange. Die Gruppen kamen täglich für jeweils neunzig Minuten zusammen. Die Versuchsleiter gingen herum und notierten die Trefferquoten der einzelnen Studenten. Nach zwei Wochen hatten die Versuchspersonen gelernt, zwischen Rot und Orange zu unterscheiden. Der beste Proband brauchte durchschnittlich zweiundvierzig Versuche, um die Farbe eines Papierblattes identifizieren zu lernen, während es bei der Glasröhre sechsundachtzig Versuche bedurfte, um dasselbe Resultat zu erzielen.

Die fünf Besten wurden dann einem Farb-Licht-Test unterzogen. Man plazierte sie vor eigens dafür konstruierte Reflektoren, deren undurchsichtige Glasscheiben von hinten durch einen mit Farbfiltern ausgestatteten Projektor angestrahlt wurden. Die Studenten sollten die jeweilige Farbe durch Berühren der Glasscheibe des Reflektors ermitteln.

Beim ersten Versuch ging es darum, Rot und Gelb zu unterscheiden, später kam noch Blau hinzu. Die drei verschiedenen Farben wurden ohne vorherige Ankündigung und ohne bestimmte Reihenfolge auf die Scheibe projiziert. Die Studenten, deren Finger das Glas abtasteten, sollten sowohl den Moment des Umschaltens als auch die Farbe erkennen.

Insgesamt wurden jedem Studenten zweihundert Farbumschaltungen vorgeführt, damit er sich mit den Unterschieden zwischen den drei Farben vertraut machen konnte. Bei dem dann folgenden Test wurde zehnmal die Farbe gewechselt. Ein Student identifizierte die Farben neunmal richtig, drei erkannten sie achtmal und einer erzielte sechs Treffer. Die Studenten erklärten übereinstimmend, daß sie keinen visuellen Eindruck von den verschiedenen Farben hatten, sondern sich vielmehr von der Stärke und Richtung eines bestimmten Widerstandes leiten ließen, den sie auf der Glasfläche spürten.

Sudakow war der Ansicht, daß er jetzt auch die blinden Versuchspersonen hinzuziehen könne. Von den sechs ausgewählten Probanden waren zwei blind geboren, zwei hatten ihr Augenlicht später verloren und zwei waren nahezu blind. Sie wurden nun durch die einzelnen Phasen der gleichen Experimente geleitet wie die sehenden Studenten. Bei allen Übungen schnitten sie in einem Verhältnis von 5 : 3 besser ab als ihre sehenden »Kollegen«.

Dann folgten die entscheidenden Tests mit großen Bildern – Illustrationen aus Kinderbüchern – sowie mit geometrischen Figuren von mindestens zweieinhalb Zentimetern Höhe und schließlich mit drucktechnisch reproduzierten Buchstaben des Alphabets in einer Größe von fünf bis acht Zentimetern. Alle diese »Gegenstände« wurden unter eine Glasplatte gelegt, so daß die Fingerspitzen der Versuchspersonen die Bilder oder Buchstaben nicht berühren konnten. Die Blinden mußten sie durch das Glas »sehen«.

»Wir waren froh, einen hundertprozentigen Erfolg registrieren zu können«, schreibt Sudakow in seiner Schlußbemerkung. Sobald alle blinden Versuchspersonen die anfänglichen Konturenprobleme bewältigt hatten, gelang es ihnen, die Umrisse der geometrischen Figuren nachzuziehen. Innerhalb kurzer Zeit zeichneten sie Dreiecke, Quadrate und Kreise auf die Oberfläche der Glasplatte – genau den Umrissen der darunterliegenden geometrischen Figuren entsprechend. In den Protokollen heißt es dazu:

> »Drei der blinden Versuchspersonen lernten die Umrisse von mehreren großen Buchstaben nachzuziehen, die unter der Glasplatte lagen, und sie zu identifizieren. Der Proband W. Schapos-

nikow brachte es darin zu einer solchen Meisterschaft, daß er nach drei weiteren Sitzungen einen Namen mit fünf Buchstaben laut vorlesen konnte, der auf das Blatt unter dem Glas gedruckt war. Der Name war Lenin.«

Sudakow erwähnt nicht, was weiter geschah. Es ist anzunehmen, daß die Versuche Fortschritte machen und der blinde Schaposnikow inzwischen noch mehr »sehen« gelernt hat. Sudakow schließt seinen Bericht mit einer Zurückweisung der Theorie, daß die Fingerspitzen bestimmter Menschen ebenso funktionieren wie die Retina des menschlichen Auges – eine Theorie, die von manchen im Zusammenhang mit dem Phänomen Kuleschowa erwogen wurde. Seine Experimente, schreibt Sudakow, bestätigten die Schlußfolgerungen der Wissenschaftler von Nischnij Tagil, daß dermo-optische Empfindungen nicht durch Licht per se verursacht würden, sondern durch bestimmte mit dem Licht zusammenhängende Faktoren, noch unbekannte Strahlen, die auf unsere Psyche einwirken.

Versuche wurden auch von Dr. N. I. Buskow und Dr. W. P. Susew mit einer Gruppe von Oberschülern in Swerdlowsk durchgeführt. Nur »sahen« seine Probanden nicht mit den Händen oder Fingern, sondern mit dem Hinterkopf: Sie mußten die Farbe eines Stück Papiers benennen, das ein Laborassistent in etwa fünfzehn Zentimetern Entfernung gegen ihren Nacken hielt. Auch hier konnte eine erstaunlich hohe Trefferquote verzeichnet werden.

Mit diesen Experimenten wollte man den Beweis erbringen, daß sich die haptische Sensitivität nicht auf die Finger beschränkt, sondern die Nackenhaut eine ähnliche Empfindlichkeit aufweist, ohne daß eine Berührung notwendig ist.

Dr. Susew bemerkt in einer Fußnote:

»Frühere, erfolgreiche Experimente mit unseren Oberschulprobanden galten der Farberkennung durch Berühren, wobei das Buntpapier durch eine Metallplatte bedeckt war. Die Versuchspersonen waren imstande, die Farbe durch eine Metallschicht von einem Millimeter Stärke zu erkennen.

Ähnliche Experimente sind von meinen Kollegen in Nischnij Tagil und Magnitogorsk mit positiven Ergebnissen durchgeführt worden und werden weiter fortgesetzt. Obwohl wir noch nicht über schlüssige Theorien verfügen, sind wir der Ansicht, daß haptische, kinästhetische, thermale und quasi-visuelle Wahrnehmungen sogar durch Metallplatten über eine kurze Entfernung hinweg ausgelöst werden können. Wir müssen erst noch herausfinden, wodurch dies bewirkt wird. Wir haben eine große Zahl von Theorien erprobt und verworfen, seit wir, angeregt durch die Versuche mit Rosa Kuleschowa, auf diesem Gebiet zu arbeiten begannen.«

Ja, die Wilenskaja hatte recht: Es fiel nicht ins Gewicht, daß die merkwürdige, einmalige Rosa Kuleschowa verschwunden war. Sie hat mit ihren verblüffenden Fähigkeiten eine wissenschaftliche Kettenreaktion ausgelöst, deren Ausmaß und Bedeutung erst in Ansätzen erkennbar ist. Mit unseren drei Filmrollen hielten wir den Beweis in Händen. Sie erwecken die Hoffnung, daß der Verlust des Augenlichts eines Tages nicht mehr gleichbedeutend mit dem Verlust der Sehfähigkeit sein könnte.

19 Die Strahlen von Alma-Ata – Fluch oder Segen?

Die Stimme, die durch das Knistern und Summen der Fernsprechleitung zu uns drang, war klar, wenn auch nicht besonders laut:

»Semjon Davidowitsch hat natürlich recht. Krebsgeschädigte Zellen verraten sich durch das sehr trübe Kirlian-Bild, das sie produzieren. Aber die konventionelle Kirlian-Fotografie bietet ja überhaupt wenige Details. Hier in Alma-Ata haben wir uns daher die Aufgabe gestellt, das Vorhandensein von Krebs mit größerer Präzision nachzuweisen. Das ist uns nun gelungen. Wir können jetzt Tumore sehr zuverlässig identifizieren. Aber wir wollen sie im Anfangsstadium erwischen, am besten gleich, wenn die erste Zelle von der Krankheit befallen wird.«

Der Mann am anderen Ende des Drahtes war Dr. Viktor Injuschin, ein bedeutender Biophysiker und Arzt, dessen neu entwikkelte Techniken zur Messung von Bioenergie ihm internationalen Ruf eingetragen haben.

Unsere Begegnung mit Kirlian lag bereits einige Zeit zurück, aber sein Lob Injuschins klang noch in unseren Ohren.

»Zum Glück für die Wissenschaft«, bemerkte er damals augenzwinkernd, »sind die neuesten Apparaturen Amateuren wie mir weggenommen und der Aufsicht von Profis wie Dr. Viktor Injuschin und seinem Team unterstellt worden. *Das* ist ein Mann – Injuschin«, sagte er mit fast ehrfürchtigem Gesichtsausdruck. »Ein brillanter Kopf. Ich bin so dankbar, daß er sich für unsere Forschungen interessiert. Seither arbeiten wir an mehreren Projekten zusammen, an lauter neuen Apparaturen, durch die der Aura-Fotografie bisher unbekannte Dimensionen und wesentlich breitere Anwendungsmöglichkeiten eröffnet werden. Injuschin ist derjenige, der unseren Entdeckungen wissenschaftliche Bedeutung verleiht. Und wenn irgend jemand eine Möglichkeit entdecken sollte, die Gefahrensignale zu deuten, die das geschädigte Gewebe in Form einer flackernden Aura aussendet, dann wird es Injuschin sein.«

Im Laufe der Jahre hat Injuschin allerdings auch eine ganze Reihe von Pilgerfahrten in das behelfsmäßige Labor Kirlians in Krasnodar am Nordrand des Kaukasus unternommen, um ihm über seine eigenen Fortschritte zu berichten und seinen Rat einzuholen. Doch erst unser Moskauer Telefongespräch mit Alma-Ata überzeugte uns, daß Injuschin der erwartete Durchbruch mit Hilfe der Kirlianschen Methoden wirklich gelungen war.

»In etwa fünf Jahren«, versicherte uns Injuschin, »werden wir so weit sein, daß wir Krebs früh genug erkennen können, um ihn zu verhindern – mit anderen Worten, wir werden imstande sein, die erste erkrankte Zelle zu entdecken.« Obwohl noch viele Probleme zu lösen seien, stehe ein neuer Apparat zur Verfügung, der *Kirlian Scanner 75*, der in den Werkstätten der Universität Alma-Ata gebaut wurde und der verschiedene Formen von Krebs mit hundertprozentiger Genauigkeit »sichtbar« machen könne.

»Ich finde unsere Ergebnisse sehr aufregend«, fuhr Injuschin fort, »aber ich möchte nicht so weit gehen zu sagen, daß wir bereits über alle Antworten verfügen. Ich bin sehr froh, daß unser System mit solchen Dingen wie Gewebsbiopsien aufräumt, die häufig schwierige chirurgische Eingriffe erfordern. Keine Biopsien mehr. Wir können jetzt ohne sie diagnostizieren.«

Anders als viele ihrer Kollegen in Moskau und Leningrad verfügt die sogenannte Alma-Ata-Gruppe, das Forscherteam um Injuschin, über eine feste Bleibe – recht stattliche Räume an der Staatlichen Kasachischen Universität –, eigene Labors und einen Stab von Mitarbeitern. Aber schließlich haben sie sich auch auf ein Forschungsgebiet spezialisiert, das jedermann nützt: Sie revolutionieren die medizinische Diagnostik und eröffnen damit dem Gesundheitswesen völlig neue Perspektiven.

In Alma-Ata werden die neuesten, differenziertesten und – aus mehr als einem Grund – noch geheimen Apparaturen erprobt, mit deren Hilfe sich der erste Beginn einer Störung körperlicher und geistiger Prozesse feststellen läßt. Praktisch heißt das: Injuschin und seine Mitarbeiter entwickeln neue Methoden zur Identifizierung von Krebs, lange bevor dieser irreparablen Schaden anzurichten vermag. In gewissem Sinn sind sie wirklich Revolutionäre, und ihre Hauptwaffe ist die Kirlian-Fotografie. Sowjetische Krankenhäuser haben inzwischen begonnen, mit Apparaten zu arbeiten, die man vor fünf Jahren in Alma-Ata konstruiert hat. Es gibt bisher allerdings nur einen einzigen *Kirlian Scanner 75*, und der ist in Alma-Ata ständig in Gebrauch.

Er gestattet die Beobachtung – mit oder ohne gleichzeitige Filmaufzeichnung – jedes Teils des menschlichen Körpers und ist imstande, wichtige Funktionen zu überwachen. Ein daran angeschlossener Computer übersetzt das Bild in Diagramme, die wie ein EKG gelesen werden können.

Der *Kirlian Scanner 80*, der gegenwärtig von Injuschins Ingenieuren konstruiert wird, soll die menschliche Zelle vieltausendfach vergrößern können. Durch die dabei ebenfalls stattfindende Vergrößerung des Kirlian-Effekts, der vibrierenden Aura, auf ein Format, in dem auch kleinste Details Aussagekraft gewinnen, hofft man zu einer schnellen und korrekten Diagnose zu gelangen. Aber auch dieser Apparat stellt noch keineswegs das endgültige Ziel der Forschungsgruppe dar. »Wir verfolgen verschiedene Theorien«, sagte Injuschin, »und testen viele verschiedene Techniken. Es geht lediglich darum, welche Technik sich als am wirksamsten erweisen wird.

In unseren Forschungslaboratorien arbeiten über hundert Männer und Frauen – Ärzte, Wissenschaftler, Bioingenieure, Labortechniker – an diesem Projekt. Wir arbeiten Hand in Hand mit den Ärzten unserer Klinik, wo wir Patienten in verschiedenen Stadien der Krankheit beobachten. Aber wir sind auch ständig auf der Suche nach Personen im Vorstadium des Krebses, deren Aura uns wertvolle Aufschlüsse über eine sich entwickelnde Krankheit liefert. Darüber hinaus geht es auch um Fragen der Menschlichkeit und der Moral. Was macht man mit einem Krebspatienten, dessen Krankheit bereits im Vorstadium diagnostiziert wurde? Man muß ihn mit den besten verfügbaren Methoden behandeln. Die Behandlung beraubt uns aber der Möglichkeit, die weitere Entwicklung der Krankheit zu beobachten. Deshalb müssen wir nach anderen

Patienten Ausschau halten, deren Präkanzerose in einem fortgeschritteneren Stadium ist. So müssen ständig die aus verschiedenen Quellen stammenden Daten korreliert werden. Die bloße ›Dechiffrierung‹ der Aura-Bilder ist dagegen – durch Vergleich mittels Computer – leicht durchzuführen.«

Obwohl die Krebsforschung in Alma-Ata an erster Stelle steht, beschäftigt sich Injuschin außerdem nicht nur mit anderen Krankheiten des Körpers, sondern auch mit psychischen Störungen. »Wir hegen nicht den geringsten Zweifel, daß eine Reihe von Geisteskrankheiten – vor allem Schizophrenie – im Frühstadium diagnostiziert werden kann«, bemerkte er. »Man muß sich darüber im klaren sein, daß die Anwendung der Kirlian-Fotografie in der Medizin eben erst begonnen hat. Ihre Möglichkeiten sind enorm; um nur einige zu nennen: Der Kirlian-Effekt leistet uns höchst wertvolle Dienste bei der Feststellung des Gesundheitszustands der Patienten, bevor wir diese mit Helium-Neon-Laser gegen Bluthochdruck, Gelenkschäden, Darmkatarrh und Stoffwechselstörungen behandeln. Wir benutzen ihn aber auch, um die Wirkung der Strahlung objektiv beurteilen zu können. Ich könnte noch zahllose weitere Beispiele anführen.«

Wenn es irgend jemand gab, der uns die eine Frage beantworten konnte, die uns seit Krasnodar beschäftigt hatte, so würde dies Viktor Injuschin sein. Haben die Wissenschaftler, die das Werk eines alten ehemaligen Reparaturmechanikers für Röntgenapparate fortführen, eine Erklärung für jene Kräfte gefunden, die zwar jedem Lebewesen von der Pflanze bis zum Menschen innewohnen, aber einer anderen Welt anzugehören scheinen, die unserer gegenwärtigen sichtbaren und physisch greifbaren quasi übergestülpt ist? Oder bedienen sie sich lediglich der Möglichkeiten, die ihnen der Kirlian-Effekt bietet, um die optimale medizinische Nutzung dieses Helfers der Menschheit zu erreichen?

»Ich bin zu der Auffassung gelangt«, antwortete er, »daß alle lebenden Organismen mit einem integralen System geladener Elementarteilchen ausgestattet sind und daß dieses bei allen biodynamischen Beziehungen innerhalb dieser Organismen eine dominierende Rolle spielt. Ein solches System von Elementarteilchen ist als biologisches Plasma bezeichnet worden. Im Gegensatz zum anorganischen Plasma ist das biologische Plasma ein strukturell organisiertes System. In ihm ist die ungeordnete Wärmebewegung auf ein Minimum reduziert. Das heißt soviel wie, die Entropie des Systems ist minimal.

Darüber hinaus ist das biologische Plasma in seinem thermodynamischen Ungleichgewichtszustand wegen seiner beträchtlichen Stabilität bei Änderungen der Temperatur und anderer Umgebungsbedingungen bemerkenswert. Einen beachtlichen Teil des biologischen Plasmas müssen Elektronen ausmachen; aus diesem Grund können vermutlich elektrische und magnetische Kräfte der Umgebung die Struktur eines derartigen Plasmas beeinflussen und so eine Energieentladung auslösen, die sich unausweichlich in physiologischen Vorgängen auswirken muß.

Wenn biologisches Plasma in lebenden Organismen existiert, wird es unter bestimmten Bedingungen lumineszieren. Ein konkreter Beweis für das Vorhandensein einer größeren Menge freier Elektronen in lebenden Systemen muß jedoch erst noch erbracht werden. Das Vorhandensein des vierten Aggregatzustandes der Materie in lebenden Organismen ist deshalb bisher nur eine Hypothese.

Worauf der Kirlian-Effekt nun hinausläuft, ist der Nachweis, daß der Plasmazustand im lebenden Organismus künstlich hergestellt werden kann, ohne dessen Vitalität zu beeinträchtigen. Und dazu reicht es aus, stark gepulste Hochfrequenzfelder anzulegen.

Untersuchungen haben aufgedeckt, daß die Ursache des Kirlian-Effekts die in einem starken elektrischen Hochfrequenzfeld ausgelöste kalte oder auto-elektronische Emission von Elektronen ist, die ein lebendiger Organismus in die Atmosphäre aussendet. Ihre Beobachtung oder die Fotografie eines lebenden Objekts wird im Hochfrequenzfeld möglich, wenn das Objekt selbst als eine Gegenelektrode zu einer zweiten, mit einem Dielektrikum beschichteten Elektrode fungiert. Auto-Elektronen, die von dem lebendigen Objekt ›abgezogen‹ werden, zünden die Mikrokanäle der Hochfrequenzentladung. Wenn diese das Dielektrikum durchdringt, das die Elektrode bedeckt, entsteht ein gleichförmiges Entladungsfeld. Im Hochfrequenzfeld wird das Dielektrikum polarisiert, es übernimmt so die Rolle der Elektrode.

Ich weiß, das ist nicht leicht zu verstehen, aber ich kann es nicht einfacher ausdrücken. Im System eines ebenen Kondensators, der aus dem beobachteten Objekt und der metallischen, mit einem Dielektrikum bedeckten Elektrode gebildet wird, verbinden die hochfrequenten Plasmamikrokanäle jedes Paar der Diplomoleküle, die einander gegenüberliegen. Entlang dieser Mikrokanäle bewegen sich Elektronen und Ionen, die Informationen über das beobachtete Objekt tragen.

Die elektrische Feldstärke hängt von der geometrischen Form des Objekts ab, während die Energie des Elektrons von zahlreichen physio-chemischen Faktoren abhängt. Im lebenden Objekt finden fortwährend physio-chemische Reaktionen statt, die Veränderungen der elektrischen Parameter der Zellen wie auch der Energie der Elektronen bewirken. Es sind diese Veränderungen, die sich in der Helligkeit, Farbe und Dynamik der Mikrokanäle widerspiegeln.

Hier in Alma-Ata haben wir eine spezielle Spektraluntersuchung des Hochfrequenz-Entladungsleuchtens durchgeführt, die ergeben hat, daß in Pflanzenblättern eine große Anzahl Lumineszenzmaxima und einige kleine Spitzen – Häufigkeitsmaxima – im roten Spektrum vorhanden sind.

Eine Bestrahlung der Pflanzen mit Laserlicht bewirkte Veränderungen im blaugrünen Lumineszenzspektrum. Der kurzwellige Teil stimmte in der Anordnung der Maxima mit der Lumineszenz der Blätter überein. Die Kirlian-Methode kann für eine objektive Abschätzung des Zustandes lebender Organismen und ihrer Beeinflussung durch verschiedene Umweltbedingungen einschließlich solcher elektromagnetischen Ursprungs benutzt werden.

Ein anderer Punkt ist der folgende: Wenn ein lebender Organismus der Einwirkung elektromagnetischer Wellen ausgesetzt wird, dann ist die Haut die erste Verteidigungslinie, die überwunden werden muß. Infolgedessen ist die Kenntnis der elektrischen Parameter dieser Barriere von großem Interesse für uns. Wir haben eine detaillierte Untersuchung durchgeführt, die zum Beispiel ergab, daß sich die elektrische Leitfähigkeit nur an Stellen hoher Leitfähigkeit ändert, nicht aber auf der ganzen Hautfläche. Es wurde festgestellt, daß der Grund dafür ein emotionaler war – nämlich emotionale Reaktionen und Veränderungen des Sauerstoffverbrauchs, die durch sie verursacht wurden.

Wir fanden heraus, daß im Falle emotionaler Erregung der Durchmesser der Stellen schwankte, und so besteht die Möglichkeit, daß die Stellen einander überlappen, um Flecken hoher Leitfähigkeit zu formen. Dies begrenzt sicherlich den Bereich unserer Suche und unserer Beobachtung. Merkwürdigerweise waren unsere Messungen nur auf trockener Haut zuverlässig.« Das liefe dann darauf hinaus, schien er sagen zu wollen, daß Emotionen genauso Materie sind wie die Materie selbst und daß sie Bioenergie erzeugen – eine meßbare Substanz.

»Vom Standpunkt der Bioplasma-Hypothese sehe ich, in Übereinstimmung mit den Erscheinungen des Kirlian-Effekts, den Menschen als ein Knäuel von Blitzen. Ein lebender Organismus ist nichts als ein gigantischer Flüssigkristall, ein Halbleiter, der sich aus einem verwickelten System von Leitern verschiedener Leitfähigkeitsstadien zusammensetzt.«

Als wir den Hörer nach diesem eindrucksvollen Telefon-Kolleg aufgelegt hatten, waren wir eigentlich höchst zufrieden mit dem Ergebnis. Aber hatte Injuschin uns wirklich alle Fragen beantwortet, die uns so wichtig schienen? Damals glaubten wir es. Aber später, als im Sommer 1977 angebliche sowjetische Pläne ans Licht kamen, aus der Parapsychologie eine Waffe zu schmieden, dachten wir immer häufiger an den Biophysiker in Alma-Ata. Er verfügte über die nötige hochgezüchtete Technologie. Sicher hatte man sich auch an ihn gewandt. Wir wollten ihn noch mal anrufen.

Also meldeten wir eines Morgens ein Gespräch nach Alma-Ata an. Wir hatten Glück: Injuschin war zu Hause und erinnerte sich an unser letztes Telefongespräch.

»Wir haben vor kurzem mit der Winogradowa gesprochen. Sie hat uns erzählt, daß Sie erstaunliche Fortschritte gemacht haben ... vor allem mit Laser.«

Das war kein Bluff. Wir hatten Alla Winogradowa in Moskau angerufen und ohne Schwierigkeit eine Verbindung erhalten. Sie hatte von Injuschins »unglaublichen neuen Fortschritten – vor allem mit Laserstrahlen« gesprochen. Wir waren auf der richtigen Spur.

»Hm, ja, das stimmt«, antwortete er vorsichtig. Vielleicht hatte er noch nicht gemerkt, daß wir ihn aus Amerika anriefen.

»In welcher Richtung?«

»In beiden. Theorie und Technologie . . .«

»Und auf welchem speziellen Gebiet?«

»Wir haben neue Anwendungsmöglichkeiten für Laser in der Medizin gefunden. Sehr wichtig. Auch in der Landwirtschaft und einigen anderen Bereichen . . .« Er hielt inne.

Die »anderen Bereiche« konnten militärischer Art sein, aber der Versuch, da weiterzubohren, würde nichts bringen. Besser, sich auf harmloseres Terrain zurückzuziehen. »Übrigens, wie wir uns erinnern, haben Sie auch sehr intensiv daran gearbeitet, die Technologie des Kirlian-Effekts zu verbessern . . . Unter anderem im Hinblick auf die Früherkennung von Krebs.«

»Ja, wir haben in dieser Richtung weiter Fortschritte gemacht. Trotzdem werden wir vermutlich noch anderthalb Jahre brauchen, um alle technischen Schwierigkeiten zu überwinden und die Sache für den allgemeinen Gebrauch zu vervollkommnen.«

»Das ist ja nicht mehr lange. Um auf den Laser zurückzukommen, woran haben Sie vor allem . . .?«

»Laserakupunktur. Ich spreche von der Laserstrahlnadel. Unerhörte Heilwirkung, viel wirksamer als die bisher gebräuchlichen Stromstöße und überhaupt kein Vergleich mit der ursprünglichen archaischen Methode, eine Metallnadel einzuführen. Die Chinesen glaubten, mit ihrer sogenannten Shanghai-Methode den Gipfel der Vollkommenheit erreicht zu haben. Aber ich glaube, mit unseren Strahlen werden sie nicht konkurrieren können . . .«

Ein politischer Unterton war unüberhörbar. Die Volksrepublik China tat gut daran, sich in acht zu nehmen. Der Injuschin-Strahl könnte sie am Ende auch woanders treffen. Das war es also: Er verfügte über immens wirkungsvolle neue Strahlen, die heilen und die genetische Struktur des Saatguts verändern, unter anderen Umständen vermutlich aber auch zu »Todesstrahlen« werden können. Wir hätten viel darum gegeben, mehr zu erfahren, aber wir drangen nicht weiter in ihn, da wir die Geduld der Leute, die unser Gespräch in Rußland mithörten, nicht überstrapazieren wollten. »Vielleicht besuchen wir Sie mal in Alma-Ata«, kündigten wir an.

»*Milosti prosim*«, erwiderte er freundlich. Zu deutsch: »Sie werden sehr willkommen sein.«

Auf unserer nächsten Rußlandreise werden wir sehen, ob er es ernst gemeint hat.

20 Psi-Technologie im Einsatz

Nach Jurij Schewjakows triumphierender Miene zu urteilen, hätten wir sofort im Bild sein müssen, als er uns beim Frühstück im Speisesaal des *Astoria* mit der Nachricht begrüßte, *sie* werde uns empfangen. *Sie* gewähre uns eine Audienz. Morgen um 4 Uhr.

Auf unsere Frage, von wem er denn spreche, antwortete er aufgeregt, *sie*, das sei die Bechterewa, die, in den Fußstapfen ihres Großvaters, des berühmten Wladimir Michailowitsch Bechterew, wandelnd, das von ihm ins Leben gerufene Hirnforschungszentrum leite und über ein Heer von 700 Ärzten gebiete. Darüber hinaus sei die hochangesehene Neurologin natürlich Mitglied der Sowjetischen Akademie der Wissenschaften, in der ihrem Wort besonderes Gewicht zukomme.

Am nächsten Tag machten wir uns in der Dunkelheit eines winterlichen Nachmittags auf den Weg in das Institut. Wir waren darauf vorbereitet, einer sowjetischen Wissenschaftlerin in ihrer gewohnten Sphäre von äußerster Kargheit zu begegnen, einer Frau in einem weißen Arbeitsmantel mit einer Batterie von Kugelschreibern in der Brusttasche, deren blasses Gesicht noch nie ein Makeup getragen hatte und deren Haar zu einem strengen Knoten geschlungen war. So sah die vertraute Erscheinung aus, der wir bei so vielen Anlässen begegneten. Der Gedanke, daß die Enkelin Wladimir Bechterews ein Recht auf Privilegien und individuelle Allüren haben könnte, wäre uns nie gekommen.

Um so mehr waren wir überrascht, von Natalia Petrowna Bechterewa in einem mahagonigetäfelten Arbeitszimmer empfangen zu werden, das alle Insignien der Kommandozentrale eines großen europäischen Industriekonzerns aufwies. Wenn da nicht das große Leninporträt gewesen wäre, das den ganzen langgestreckten Raum beherrschte, hätten wir geglaubt, in Paris, Zürich, Mailand oder Frankfurt zu sein. Sogar ein dezenter Parfümduft durchzog den Raum.

Die Bechterewa könnte sich bei einem Empfang im *Claridge* sehen lassen und würde vor den kritischsten Augen bestehen. Die Chefin des renommierten Gehirnforschungsinstituts am Leningrader Kirow-Prospekt entsprach genau dem Image einer Karrierefrau. Eine kleine, etwas üppige Frau Anfang Fünfzig thronte da regungslos, souverän und etwas ungeduldig hinter ihrem überdimensionalen, wohlaufgeräumten Schreibtisch, das Gesicht von kunstvoll frisiertem, hochtoupiertem, flammend rotem Haar umrahmt. Sie trug ein elegantes, langärmeliges Kleid, das aller Wahrscheinlichkeit nach aus dem Ausland stammte.

Sie maß uns mit abschätzendem Blick und forderte uns mit einer Handbewegung auf, an der gegenüberliegenden Seite des Schreibtisches Platz zu nehmen. Wie sie uns so in lässiger, distanzierter Überlegenheit musterte, konnte kein Zweifel daran bestehen, daß sie sich uns in jeder Hinsicht gewachsen fühlte.

Es war leicht zu erraten, daß ihre Position gut dotiert war und ihr erlaubte, in einer großen, komfortabel ausgestatteten Wohnung in einem exklusiven Viertel von Leningrad zu residieren. Es verstand sich auch von selbst, daß sie Tag und Nacht einen Wagen mit Chauffeur zur Verfügung hatte. Ob sie auch eine Datscha besaß? Vermutlich zwei! Eine in der Nähe von Leningrad, irgendwo bei den alten Zarenpalästen, wo die intellektuelle Elite ihre privaten Landhäuser hat, die andere am Rande von Moskau, als offizielles Statussymbol. Aber unserer Ansicht nach verdiente sie das auch. Schließlich setzt sie die Tradition Bechterews innerhalb und außerhalb Rußlands fort. Damit trägt sie entscheidend zum Ansehen der Sowjetunion bei. Insofern kann man von einer angemessenen Kompensation sprechen.

Mit ihrer deutlichen, metallischen Stimme kam sie sofort zur Sache: »Würden Sie mir bitte Ihr Anliegen vortragen? Ich werde mit Ihnen englisch sprechen.«

Uns kam der Gedanke, daß in den zarten Händen dieser Frau ironischerweise vielleicht die Zukunft der Parapsychologie liegt, die sie doch aus ganzer Seele verachtet. Denn dieser Raum ist der

Befehlsstand, von dem aus die Bechterewa das größte Team von Gehirnchirurgen, Ärzten und Technologen auf der Welt regiert, das sich der Erforschung aller Mysterien der Seele verschrieben hat. Schon morgen kann es geschehen, daß sie den Durchbruch erzielen, auf den die Parapsychologen gewartet haben und der die Telepathie, die außersinnliche Wahrnehmung und die Psychokinese auf eine unanfechtbare wissenschaftliche Grundlage stellt und durch den sich die Bioenergie so schlüssig erklären läßt wie Einsteins Relativitätstheorie. Wenn diese Frau sich jedoch eingestehen würde, daß sie die Parapsychologie unterstützt, würde sie die Forschungen wahrscheinlich auf der Stelle abbrechen lassen, so schrecklich verhaßt ist ihr dieses Gebiet.

»Nun?«

Das »Nun« hatte Gewicht und Nachdruck. Obwohl nur Sekunden vergangen waren, schien sie bereits die Geduld zu verlieren. Wir versicherten ihr zunächst, nur Minuten ihrer kostbaren Zeit in Anspruch nehmen zu wollen, und fragten, ob es ihr recht sei, mit »Madame Bechterewa« angesprochen zu werden.

Sie nickte kurz. Offenbar empfand sie diese weltläufige Anrede angemessener als das gleichmacherische »Genossin«.

»Also schön, meine Herren«, sagte sie, sichtlich auftauend. »Ihre Fragen bitte.«

Wir hatten eine gemeinsame Plattform gefunden. Die Einleitung ging uns nun glatt von der Zunge: »Madame Bechterewa, Ihr Institut hat mit der Entschlüsselung elektrischer Impulse begonnen, die durch Töne im menschlichen Gehirn ausgelöst werden . . .« Sie lächelte erfreut; ein Zeichen, daß wir unsere Hausaufgaben gut gemacht hatten. »Was werden Ihre nächsten Schritte sein?«

»Ich habe zwei Ambitionen im Leben«, antwortete sie. »Das eine, allgemeinere Ziel ist es, mich dem Werk meines Großvaters ebenbürtig zu erweisen. Das andere ist, nicht nur Worte zu verschlüsseln und zu entschlüsseln, die vom menschlichen Gehirn akustisch registriert werden, sondern das gesamte Spektrum der geistigen Aktivitäten des Menschen elektronisch zu transkribieren.«

»Sobald dies gelungen ist, wäre es dann nicht möglich, ein unterdurchschnittliches Gehirn mit überlegenen geistigen Fähigkeiten auszustatten?« fragten wir.

»Das wäre nicht ethisch«, gab sie sofort zurück. Aber sie räumte ein, daß es bereits möglich sei, den Code für bestimmte Worte durch Elektroden in das Gehirn zu senden.

»Beschäftigt sich nicht auch die Parapsychologie mit solchen Experimenten?«

Ihre Augenbrauen schnellten in die Höhe, als hätten wir frevelhaft ein Tabu verletzt. »Erwähnen Sie mir gegenüber nicht die Parapsychologie.«

»War denn aber Ihr Großvater nicht unter den ersten, die auf diesem Gebiet geforscht haben?«

Vor etwa siebzig Jahren entwickelte der kaiserlich-russische Neurologe Bechterew eine Theorie, wonach alle psychischen Phänomene in Wirklichkeit konkreter, physiologischer Natur sind. Mit anderen Worten, diese Phänomene sind *Materie.* Seine Studie erregte internationale Aufmerksamkeit. Leider setzte er diese Untersuchungen nicht fort, da er von Iwan Pawlow in eine Arbeit hineingezogen wurde, die zur Entwicklung der Theorie der bedingten Reflexe führte.

In diesem Augenblick trat ein Bediensteter mit Kaffee auf einem silbernen Tablett ein, und die Bechterewa hatte Gelegenheit, ihre Antwort hinauszuzögern. Sie machte sich mit der Kaffeekanne zu schaffen. Nach einer Weile sagte sie, zu dem Thema zurückkehrend:

»Ich werde die erste sein, die der Parapsychologie Anerkennung zollt, sobald es gelingt, den unbezweifelbaren Nachweis zu erbringen, daß beispielsweise die Telepathie ein praktikables Mittel geistiger Kommunikation ist. Falls dies je geschehen sollte, werde ich bereit sein, mir die Fakten anzusehen.« Doch im Augenblick sei das nicht ihre Aufgabe. »Ich habe mich, seit ich erwachsen bin, mit dem Gehirn beschäftigt. Ich schaue in das Gehirn hinein. Seine Kapazität ist unbegrenzt, seine Geheimnisse sind komplex. Es besteht aus mindestens vierzehn Milliarden Zellen. Die Zahl seiner Zellverbindungen, Gruppierungen, Interaktionen und Interdependenzen geht in die Millionen. Wir können seine Rätsel nur durch minuziöse, von einem Sektor zum anderen fortschreitende Forschung lösen.«

In den vergangenen elf Jahren, fuhr sie fort, hätten die Wissenschaftler des Gehirnforschungsinstituts zweitausend Hirnzonen lokalisiert und exploriert, von denen jede einem anderen Zweck dient. Die Entdeckung einer bestimmten Zone, die zum Beispiel von der Parkinsonschen Krankheit in Mitleidenschaft gezogen wird, hatte zur Folge, daß ein wirksames Mittel zur Bekämpfung dieses Leidens gefunden wurde: die absichtliche Zerstörung der Nervenzellen in dieser Zone, einem mikroskopisch kleinen Teilbereich des Gehirns. Andere Untersuchungen haben zur Lokalisierung von Zonen geführt, die bestimmte Emotionen auslösen. Es stellte sich heraus, daß manche Zonen unter dem Protektorat anderer stehen, die verhindern, daß man von Gefühlen überwältigt wird. Manche sind positiv, andere haben eine negative Wirkung, und zwischen beiden stellt sich ein Gleichgewicht her, das den Menschen beschützt wie in dem klassischen Beispiel des Tränenlachens.

»Wir kennen alle diese Zonen«, erklärte sie nüchtern. »Wir haben es mit einer riesigen Matrix zu tun, die Zellgruppen zu Bündeln zusammenfaßt. Alle Vorgänge werden durch Bioelektrizität gespeist. Jede Zellgruppe hat eine andere Funktion und weist einen unterschiedlichen Output dieser elektrischen Impulse auf, wenn sie reagiert oder nicht reagiert. Wenn wir ein Wort oder ein Geräusch hören, wissen wir, daß, vereinfacht ausgedrückt, folgendes geschieht: Ein einfaches Wort oder Geräusch wird zu einem komplexen Code, der von einem komplexeren Computer verarbeitet wird als alle, die wir bauen können – dem Gehirn. Die dafür zuständigen Zellen verwandeln es sofort in einen akustischen Code. Jedes Wort oder Geräusch hat einen anderen Code. Dieser wird dann an eine Zellgruppe weitergeleitet, die sofort analysiert, über welche ›Route‹ der Code weitergeschickt werden soll. Der Code wird dann an die entsprechenden Zellgruppen weitergeleitet, die darauf reagieren und an Zellzentren Handlungsanweisungen durchgeben oder auch die Information lediglich in lang- oder kurzfristigen Datenbanken speichern.

Ich werde Ihnen ein Beispiel geben: Sie hören einen Schuß. Der akustische Code wird an das Langzeitgedächtnis geschickt, das signalisiert, daß der Code für einen Schuß ›Gefahr‹ bedeutet. Im gleichen Augenblick analysieren andere Zellgruppen, ob der Schuß nahe oder fern war, ob Grund zur Annahme besteht, daß man auf Sie schießt, und welche Vermeidungsreaktion angebracht ist. All dies vollzieht sich wohlgemerkt in einer Mikrosekunde. Das Ergebnis ist, Sie ziehen fast im gleichen Moment den Kopf ein, in dem Sie den Schuß hören. Das ist selbstverständlich eine Vereinfachung des Ablaufs.

Durch die Verwendung von Elektroden können wir jetzt diese Kettenreaktion durch die Zellen des Gehirns verfolgen und genau feststellen, an welche Zellgruppen – wir sprechen von Zuständigkeitsbereichen – der Code weitergeleitet wurde.

Wir können nun buchstäblich sehen, wie ein Wort die verschiedenen Stationen im Gehirn durchläuft, und wir versuchen gegenwärtig herauszufinden, wie die Zellgruppen, von diesen Codes ausgehend, logische Schlußfolgerungen ziehen. Wir glauben, daß wir auch bald diejenigen Gehirnzonen werden lokalisieren können, die für Gefühle zuständig sind. Indem wir bei einem Probanden Reflexe und Emotionen auslösen und mit Hilfe der Elektroden die bioelektrische Aktivität registrieren, versuchen wir, verschiedene Areale einzukreisen. Aber Sie dürfen nicht vergessen, daß wir es mit Milliarden von Zellen zu tun haben! Es ist, als würde man in hunderttausend Heuhaufen nach einer Nadel suchen.

Das Entscheidende ist, daß wir jetzt messen können, in welchem Augenblick ein Nervensignal oder ein akustischer Code im Gehirn eintrifft, daß wir seinen weiteren Weg im allgemeinen verfolgen können und wissen, ob eine Entscheidung getroffen worden ist. Viele dieser akustischen Codes können wir jetzt selbst erzeugen.«

Die große Bechterewa hob gebieterisch ihre Hand, und wie durch Zauberei war ihr dienstbarer Geist wieder an unserer Seite und reichte uns Konfekt. Wir nippten an unserem Kaffee und äußerten uns anerkennend über den ausgezeichneten Service. Sie nickte gnädig.

»Madame Bechterewa, Sie sagten eben, daß Sie diese Codes selbst erzeugen oder simulieren können. Auch im Gehirn von Tieren? Mit dem Ziel, daß diese menschliche Anweisungen verstehen?«

Einen Moment lang glaubten wir, sie werde nicht antworten.

Dann sagte sie um so entschiedener: »Selbstverständlich! Wir könnten Elektroden in das Gehirn eines Tieres einpflanzen und ihm einfache Anweisungen erteilen. Komm her oder geh weg – oder trink Milch, wenn es sich um eine Katze handelt. Sie würde das verstehen. Man könnte das auch mit größeren Tieren tun. Und wenn wir umfangreiche Experimente durchführen, besteht die Möglichkeit, Tiersprachen zu entwickeln und elektrisch zu codieren, so daß wir faktisch mit ihnen ›sprechen‹ könnten. Aber Sie vergessen, daß der Mensch zuerst kommt. Außerdem, was für einen Sinn hätte letzten Endes die Steuerung von Tieren? Man könnte ihnen ja doch nie menschliche Qualitäten wie Wahrheitsliebe oder Solidarität vermitteln. Wir würden bloß unsere Zeit verschwenden und viel Geld für einen geringen Nutzen aufwenden. Wir bemühen uns deshalb vor allem, Menschen mit schweren Geisteskrankheiten zu helfen. Alle unsere Anstrengungen sind auf dieses Ziel gerichtet.«

»Also gut, könnte man das von Ihnen beschriebene Verfahren dazu benutzen, um Menschen Gedanken einzupflanzen?«

Die Bechterewa schüttelte den Kopf. »Aus ethischen Gründen meine ich, daß das nie getan werden sollte.« Ihre Stirn runzelte sich unmutig, und sie sah uns über den Schreibtisch hinweg fragend an, wie um herauszufinden, was wir im Schilde führten. Dann gewann mit einem Achselzucken wieder die Wissenschaftlerin die Oberhand. »Im übrigen sind wir von dieser Technologie noch weit entfernt. In sieben bis zehn Jahren könnte das allerdings möglich sein.«

Der Gedanke – und der Hintergedanke – war ihr offensichtlich unbehaglich. Doch im nächsten Augenblick war sie bereits wieder völlig Herrin der Lage.

»Sehen Sie, wir untersuchen gegenwärtig einen Bereich des Gehirns, in dem Bündel von Nervenzellen die einzigartige Funktion erfüllen, in totaler Passivität zu verharren, solange sich der menschliche Verstand rational verhält. Sobald wir etwas Falsches tun oder etwas für uns Lebenswichtiges vergessen, treten diese Zellen in Aktion und lösen einen Alarm aus. Dieser mobilisiert wiederum andere Zellen in einer ›Befehlszentrale‹ des Gehirns. Und diese erteilen das Kommando, den Fehler zu korrigieren.

Dadurch werden wir beispielsweise, wenn wir die Tür schon halb passiert haben, daran erinnert, umzukehren und einen vergessenen Schirm zu holen. Sobald der Fehler korrigiert ist, kehrt dieser Bereich des Gehirns wieder zu seiner Passivität zurück, um erst dann wieder in Aktion zu treten, wenn die nächste Fehlleistung passiert. Wenn wir dieses Areal durch Mikrozerstörung der Zellen eliminieren würden – was möglich wäre, da wir ihren genauen Sitz kennen –, könnten wir Sie beide zu zerstreuten Professoren machen.« Ihr Gesicht hellte sich zum ersten Mal auf, und sie lachte über ihren eigenen Scherz.

Wir stießen rasch in die Bresche vor und fragten: »Ist das nicht Parapsychologie?«

»Was soll ich sagen?« Das klang kompromißbereit. »Wenn wir eines Tages eine Tür aufstoßen und eine Bestätigung für die Existenz außersinnlicher Wahrnehmung finden, dann gut und schön. Ich will nicht ungerecht sein – ich habe selbst Augenblicke der Intuition gehabt, in denen ich ein Ereignis vorhersah. Und ich bin sicher, daß es eine vollkommen rationale Erklärung dafür gibt, die wir nur noch nicht entdeckt haben. In der Zwischenzeit haben wir zuviel Dinge zu tun, die wissenschaftlich solide sind, um auch nur daran zu denken, gezielt nach dieser Tür zu suchen.« Sie sprach es nicht aus, aber es schien ihr bewußt zu sein, daß sie eines Tages mit dem Kopf dagegenstoßen könnte und dann, ob es ihr gefiel oder nicht, gezwungen sein würde, durch sie hindurchzugehen.

Als wir später im Hotel unsere Notizen durchsahen, kam uns plötzlich eine unübersehbare Erkenntnis: Trotz ihrer Weigerung, sich zur Parapsychologie zu bekennen, bewegt sie sich in Richtung auf die gleichen Ziele wie die russischen Psi-Forscher. Auch sie hat bei ihren Untersuchungen der Rätsel des menschlichen Gehirns die Bioelektrizität oder Bioenergie entdeckt. Und ob sie es zugibt oder nicht: Sie folgt den Spuren ihres berühmten Großvaters, des Mannes, der als einer der ersten – schon vor siebzig Jahren – postulierte, daß die Parapsychologie potentiell eine Wissenschaft sei.

Wir glaubten, aus ihren Worten eine versteckte, hoffnungsvolle Botschaft heraushören zu können, nämlich, daß die außersinnliche Wahrnehmung, die Telepathie und die Psychokinese in einem modernen wissenschaftlichen Zentrum wie dem Gehirnforschungsinstitut Beweiskraft und Respektabilität erlangen könnten – *nur* in einem solchen Institut. Es hat die technischen Mittel und das wissenschaftliche Know-how, um Rätsel von dieser Komplexität zu lösen. Man muß sich darüber im klaren sein, daß es nirgendwo auf der Welt Apparaturen zur Erforschung des menschlichen Gehirns gibt, die nicht auch den Wissenschaftlern in dem Gebäudekomplex am Kirow-Prospekt in Leningrad zur Verfügung stehen. Und vermutlich gibt es dort Geräte, die wir im Westen nicht kennen.

Einen Tag später waren wir wieder mit Psi-Technologie konfrontiert, als wir nämlich abermals mit Dr. Genadij Sergejew zusammentrafen. Wir schüttelten die Köpfe bei dem Gedanken, wie nahe diese beiden Forscher einander im Grunde sind und wieviel die Bechterewa für ihn und seine improvisierten experimentellen Apparaturen tun könnte. Er hatte uns am Telefon angekündigt, daß er dieses letzte Treffen dazu benutzen wolle, uns seine »Zeitmaschine« vorzuführen.

Sergejews erstaunliche Konstruktion wurde in keiner geringeren Zeitung als der *Prawda* vorgestellt. Er hatte dem Reporter der Zeitung gesagt: »Ich habe mich jahrelang mit dem Studium der biologischen Energie des Menschen befaßt und bin der Frage nachgegangen, wie die Rhythmen der mannigfachen biologischen Informationen, die von uns ausgehen, gemessen und analysiert werden können.« Die *Prawda* hatte seine Ausführungen kommentarlos veröffentlicht. Wir bezweifelten, daß die Leser mit diesen Informationen etwas anzufangen wußten.

Ein eisiger Wind fegte durch die Straßen, und die Newa war bis an den Rand der Kaimauer gestiegen und drohte aus ihrem zementierten Bett auszubrechen. Die Paläste auf der gegenüberliegenden Seite waren in dichten Nebel gehüllt. Wir waren froh, uns im Innern eines Autos zu befinden, das der Chauffeur vorsichtig über die eisbedeckte Fahrbahn lenkte. Flankiert von uns beiden, balancierte Sergejew behutsam einen Apparat auf seinen Knien.

»Ist sie das, Genadij Alexandrowitsch?«

Er strahlte. »Jawohl, mein kostbarster Besitz. Meine Zeitmaschine.«

Der vor uns sitzende Jurij drehte sich um und warf einen Blick auf Sergejews Wunderapparat. Falls er von dessen Anblick enttäuscht war, so zeigte er es nicht. »Keine Angst! Wir werden dafür sorgen, daß ihr nichts zustößt.«

Alles ging glatt. Wir hatten uns an einem kleinen Tisch unter den wuchtigen blau-goldenen Ornamenten der schweren Draperien im Konferenzraum der Nowosti niedergelassen und waren verzweifelt bemüht, den Erklärungen Sergejews zu folgen. Es sprudelte eine Terminologie aus ihm heraus, die in keinem der neuesten wissenschaftlichen Wörterbücher zu finden war, und verflocht sie zu Sätzen, die nur für ihn eine eminente Bedeutung hatten. Wenn er wenigstens gelegentlich ein paar gewöhnliche Fachausdrücke aus einem regulären Lehrbuch der Physik eingestreut hätte!

Er bemerkte unsere Verwirrung und brach mitten im Satz ab. »Soll ich mich anders ausdrücken und nochmal von vorn beginnen?«

»Ja, bitte.« Wir seufzten erleichtert auf.

Er verlangsamte seinen Redefluß und wählte seine Worte so sorgfältig, als spreche er zu Sextanern. »Jeder Mensch hinterläßt in seiner Umgebung einen Abdruck von sich selbst, weil wir ständig Energie ausstrahlen, die von den uns umgebenden Dingen aufgesogen und gespeichert wird. Energie kann niemals vernichtet werden. Unsere Energieabdrücke bleiben daher – theoretisch bis in alle Ewigkeit – zusammen mit den Abdrücken anderer Menschen, die sich in diesem Raum befunden haben, erhalten.

Ich habe nun eine Maschine entwickelt, die mit Hilfe flüssiger Kristalle – derselben Kristalle, die in den modernen Digitaluhren Verwendung finden – diese Energie wieder von der Oberfläche der Objekte abzieht. Sie kann ›Erinnerungen‹ an die Vergangenheit, die, wie wir festgestellt haben, in jedem Objekt gespeichert sind, registrieren und in elektrische Impulse umwandeln. Es liegt noch ein langer Weg vor uns, bis wir imstande sein werden, solche Abdrücke von uns selbst, die wir im Vakuum der Zeit zurückgelassen haben, präzise aufzeichnen und übersetzen können. Aber meine Maschine ist ein erster Schritt in diese Richtung.«

Obwohl er uns seine Maschine offen zeigte und uns gestattete, sie zu fotografieren, zögerte er, uns ihre Funktionsweise zu verraten. Vielleicht meinte er, daß es unser Begriffsvermögen übersteigen würde – womit er vermutlich recht hatte. Vielleicht befürchtete er aber auch, daß eine zu detaillierte Beschreibung es anderen ermöglichen würde, sie nachzubauen.

Wir können nur soviel sagen, daß die Maschine, die leicht in der Hand zu tragen ist, aus zwei durch Drähte verbundenen Teilen besteht.

Ein Teil, der *Scanner*, hat Ähnlichkeit mit einem Mikrofon und enthält flüssige Kristalle, den wesentlichsten Bestandteil des Apparats. Sergejew erklärte, daß das flüssige Kristall eine Anhäufung organischer Verbindungen sei, deren Eigenschaften denen von Bestandteilen unseres Gehirns und unseres Blutes glichen. Sie können veranlaßt werden, auf fast jeden Reiz zu reagieren – auf Hitze, Licht, Ultraviolettstrahlen, Geräusche, Druck, Magnetismus, Elektrizität und sogar auf Spuren chemischer Dämpfe. Wir erinnerten uns daran, daß im Westen die Flüssigkristallelektronik, die in Uhren, Rechnern und Flugzeuginstrumenten Verwendung findet, eine ganz neue Industrie hervorgebracht hat.

Der zweite Teil ist ein Meßgerät, das den visuellen Beweis erbringt, daß die Kristalle elektrische Impulse einfangen, die auf Magnetband aufgezeichnet werden. Sergejew führte es uns vor, indem er den Scanner über den Tisch und andere Objekte bewegte. Die Meßnadel schlug am stärksten aus, wenn der Scanner dem Objekt am nächsten war, was, wie er sagte, bedeute, daß die von den Objekten gespeicherten elektrischen Impulse abgestrahlt und von seinem Scanner aufgezeichnet würden.

»Ich habe viele Jahre an der Vervollkommnung dieser Maschine gearbeitet, und dieses Gerät hier reicht aus, um zu beweisen, daß meine Theorie richtig ist. Lassen Sie mich das noch näher erklären.«

Er lehnte sich in seinem Sessel zurück. »Durch Verwendung sehr exakter analytischer Methoden haben wir festgestellt, daß der Mensch die elektrische Leitfähigkeit seiner Umgebung verändern kann.

Eine wichtige Rolle spielt dabei der Feuchtigkeitsgehalt oder Wasserdampf in der Luft. In Laborversuchen haben wir gezeigt, daß das elektrische Feld des menschlichen Gehirns die Zusammensetzung dieses Dampfes beeinflussen kann.

Da Gedanken Energie sind, kann der menschliche Körper elektrische Impulse an dieses Medium, den Dampf, übermitteln. Was dann geschieht, ist, daß unsere Gedanken die Struktur der Moleküle im Dampf verändern, der dann zu einer Bank oder einem Speicher menschlicher Gedanken wird.«

Er brach ab und sah uns an. Ob wir ihm folgen könnten? Als wir nickten, fuhr er fort: »Wir haben in Tests nachgewiesen, daß ein Raum, in dem die Luft einen entsprechenden Feuchtigkeitsgrad aufweist, menschliche Gedanken bis zu vier Tage lang in solchen ›Dampf-Banken‹ speichern kann. Eine Person, die intensiv, wenn auch nur für kurze Zeit, gedacht hat, hinterläßt also diese Gedanken in den Dampfbanken.

Nach vier Tagen setzt sich dieser Dampf. Wir haben festgestellt, daß das Wasser, wenn es mit den Dingen in Berührung kommt, den Abdruck der Gedanken in Form von Energie hinterläßt. Dies wurde mit Hilfe von Kirlian-Fotografie demonstriert. Der Abdruck ist natürlich für das menschliche Auge unsichtbar, aber er läßt sich mit Hilfe der Kirlian-Technik klar nachweisen.

Wir umhüllten nun saubere Münzen mit Plastik und drückten dann mit unseren Fingern auf die Hülle. Die Münzen selbst berührten unsere Finger nicht. Dennoch zeigte sich auf ihnen deutlich ein Abdruck, der vier Tage lang anhielt. Die Abdrücke waren besonders deutlich nach intensiver Denktätigkeit oder bei großer emotionaler Belastung.

Aus diesen Experimenten haben wir geschlossen, daß jeder Mensch auf den Objekten, die er berührt beziehungsweise die sich in seiner Nähe befinden, sowohl einen Energieabdruck als auch einen Informationsabdruck hinterläßt. Jedes Objekt unserer Umgebung hat magnetische Eigenschaften. Wenn es Energie absorbiert, so ändert sich die magnetische Beschaffenheit seiner Moleküle. Es wird dadurch zu einem natürlichen magnetischen Recorder.«

Sergejews Apparat verwandelt diese Abdrücke in elektrische Impulse zurück. »Wir sind jetzt in dem Stadium, in dem wir uns die elektrische Information wieder zugänglich machen können. Wir brauchen sie nur noch zu dechiffrieren.« Das »wir« bezog sich auf eine kleine Gruppe Leningrader Mathematiker – Sergejew ist selbst graduierter Mathematiker. Seine Mitarbeiter bei dieser Versuchsreihe bemühen sich gegenwärtig, den Grad an emotionalem Streß in Zahlen auszudrücken, wobei sie von der Stärke der elektrischen Impulse ausgehen, die an den Dingen gemessen werden.

»Unter außergewöhnlicher Belastung, angesichts einer Krise oder im Zustand großer Angst, kann sich der elektrische Output eines Menschen verzehntausendfachen. Auf diese Weise kann der Mensch in einem sehr kurzen Zeitraum die Informationen seines gesamten Lebens auf ein in der Nähe befindliches Objekt abstrahlen. Wenn ich sage ›kurz‹, so meine ich im Bruchteil einer Sekunde. Wenn man ein Objekt nimmt, das ein Mensch lange Zeit benutzt hat – sagen wir, eines seiner Lieblingsbücher –, dann wird man feststellen, daß es durch seine elektrischen Impulse verändert wurde. Es enthält die Gedanken und emotionalen Abdrücke dieses Menschen.

Da alle Objekte diese Informationen früherer Berührungen und früherer Zeiten tragen, bin ich mit meiner Maschine vielleicht imstande, das Rätsel zu lösen, ob der Mensch eine Seele hat. Die Energie verläßt den Körper, wenn der Mensch stirbt, und nimmt alle Informationen, die er gesammelt hat, und die gesamte Geschichte dieses Menschen mit sich. Vielleicht kann man das als Seele bezeichnen. Mein Apparat vermag diese Energie aufzuzeichnen. Sobald wir die Signale der Energie interpretieren können, verfügen wir vielleicht über die gesamte Lebensgeschichte eines lang Verstorbenen.

Ich glaube, daß das der Grund ist, weshalb es Geister geben könnte. Vielleicht kann die ganze Energie, die Information über einen Verstorbenen, die in einem Raum oder Areal enthalten ist, durch einen Vorgang, den wir noch nicht verstehen, für einen lebenden Menschen vorübergehend sichtbar werden. Das wäre möglich.«

Einen Moment lang versank Sergejew in Schweigen. Dann blickte er wieder auf und gab zu bedenken, daß diese Annahmen auch die Theorie der Seelenwanderung erklären könnten. Das menschliche Gehirn empfängt Signale von Spuren, die vor Hunderten oder Tausenden von Jahren hinterlassen worden sind, und wird von ihnen beeinflußt. Ein Haus enthält immer noch alle Informationen über das Leben jedes seiner Bewohner. Es sei durchaus möglich, daß ein Mensch schon bei der Geburt die Informationen von früheren Leben in seiner Umgebung in sich aufnehmen und dann als selbsterlebt empfinden könne – was ihn zu dem Glauben veranlasse, daß er wiedergeboren sei.

Sergejew packte seinen Apparat liebevoll zusammen. »Damit werden wir imstande sein, das Gedächtnis der Welt, ihrer Menschen und ihrer Geschichte zu entschlüsseln. Können Sie sich die Bedeutung dessen vorstellen? In Erfahrung zu bringen, was berühmte Männer und Frauen gedacht und gefühlt haben; wichtige Ereignisse zu rekonstruieren, genau wie sie sich zutrugen; die Evolution des Menschen zurückzuverfolgen? Wir untersuchen die dunkelsten Menschheitsrätsel einschließlich der Geister jetzt wissenschaftlich, und sie werden nicht mehr lange Zeit Rätsel für uns bleiben.«

Wir nickten zustimmend. Er hatte uns mit einer Realität konfrontiert, die zu überwältigend war, als daß wir sie sogleich ganz zu erfassen vermochten. Wir hatten das Gefühl, mit der Ewigkeit in Berührung gekommen zu sein.

Zwar standen Sergejew nicht dieselben Mittel zur Verfügung wie der Bechterewa und ihren Gehirnchirurgen, aber er zeichnete sich durch dieselbe Entschlossenheit aus, sein Ziel zu erreichen. Vor unserem Hotel schüttelten wir ihm die Hand und schlossen ihn dann impulsiv in die Arme, wie man sich in Rußland von einem Freund verabschiedet. »Wir wünschen Ihnen Erfolg, Genadij Alexandrowitsch ...«

Diese Begegnung mit Sergejew war nicht unser letzter Kontakt mit den laufenden Forschungsarbeiten, die der geheimnisvollen Bioelektrizität oder Bioenergie gelten. Als wir bei unserer Rückkehr nach Moskau Viktor Adamenko erzählten, welche Zusammenhänge zwischen den Elektroden des Gehirnforschungsinstituts und Sergejews »Zeitmaschine« bestehen, sagte er: »Sie können Ihrer Psi-Neuheitenliste noch etwas hinzufügen.«

Adamenko griff in seine Rocktasche und zog etwas hervor, das wie ein dicker Schreibstift aus Aluminium aussah. »Das ist ein

›Akupunktur-Anzeiger‹. Ich habe ihn erfunden, und er leistet im Grunde dasselbe wie die Elektroden und die Zeitmaschine – er zeigt die vom Körper ausgestrahlte Bioenergie an.«

Das Gerät, das etwa acht Zentimeter lang ist, findet vorerst nur in einer begrenzten Anzahl von Forschungskliniken in der Sowjetunion Anwendung, da bisher nicht mehr als zwanzig Stück hergestellt wurden, deren Verbleib streng überwacht wird. Adamenko, der im Begriff ist, seine Erfindung patentieren zu lassen, erklärte, daß der Stift einen von drei Batterien betriebenen elektronischen Verstärker enthalte. Der Verstärker ist an ein Lämpchen und einen metallenen Kontaktpunkt an der Spitze des Stiftes angeschlossen. Wenn der Stift über die Haut bewegt wird, leuchtet das Lämpchen auf, sobald der Kontaktpunkt mit einem Akupunktur-Punkt in Berührung kommt. Aus der Helligkeit, mit der das Lämpchen aufleuchtet, läßt sich ersehen, ob der Betreffende gesund ist oder nicht.

Das Gerät und das Prinzip, nach dem es funktioniert, hat bei den sowjetischen Wissenschaftlern Anerkennung gefunden. Wir bekamen einen Bericht in der renommierten, von der *Prawda* herausgegebenen wissenschaftlichen Monatsschrift *Wissenschaft und Leben* zu lesen, in dem es unter anderem hieß:

»In Alma-Ata experimentierte der Leningrader Chirurg Dr. M. K. Gaikin mit der Kirlian-Fotografie. Er hatte einige Zeit in China zugebracht, wo er sich mit Akupunktur beschäftigte. Von Kirlians Methode fasziniert, beschloß er, diesen in Krasnodar zu besuchen und ihn zur Konstruktion eines Geräts zu animieren, mit dessen Hilfe es den Ärzten möglich sein würde, die Akupunktur-Punkte des menschlichen Körpers aufzufinden. Kirlian hörte ihn mit großem Interesse an. Bereits lange vorher hatte er entdeckt, daß die ca. 700 Punkte des menschlichen Körpers, die als Akupunktur-Punkte gelten, mit jenen Punkten identisch sind, die sich bei der Kirlian-Fotografie bekanntlich durch besondere Helligkeit auszeichnen.

Kirlian war der erste, der über einen Apparat verfügte, mit dem die Akupunktur-Punkte aufgefunden werden können. Er war das Ergebnis einer Zusammenarbeit mit Dr. Gaikin und dem Elektronikingenieur I. V. Michalewskij. Später konstruierte der Physiker

Viktor Adamenko sein eigenes Instrument, das über einen neuartigen und stabilen Stromkreis verfügt. Adamenkos Gerät findet nicht nur die Akupunktur-Punkte auf, sondern registriert auch die bioenergetischen Prozesse im menschlichen Organismus.

Dadurch präsentiert sich diese uralte Heilmethode in neuzeitlichem, technologischem Gewand. Es ist daher möglich, daß die Ärzte von morgen bei ihren Diagnosen mühelos die dank Adamenkos Erfindung klar feststellbaren Punkte orten können, auf denen die uralte intuitive Heilkunde der Akupunktur beruhte.«

Die ersten Modelle des Geräts waren anscheinend noch recht unhandlich. Bei dem Stift, den uns Adamenko zeigte, handelte es sich um die bisher kleinste Version. Aber er verriet uns, daß er an einem noch kleineren und einfacheren Gerät arbeite. »Die Aku-Punkte im Körper geben einen schwachen elektrischen Strom von sich. Wenn der Kontaktpunkt meines Stiftes auf eine solche elektrische Entladung stößt, gibt er diese an den Verstärker weiter, der sie zu einer meßbaren Größe vervielfacht. Dieser Impuls wird an die Glühbirne weitergeleitet, die dadurch aufleuchtet.«

Er gestattete uns, das Gerät selbst auszuprobieren. Durch einen einfachen Knopfdruck an der Seite des Stiftes wird der Verstärker eingeschaltet. Aufgrund seiner Kenntnis der Akupunktur fand Adamenko jeden Punkt, ohne danach suchen zu müssen. Wenn man die Spitze über die Haut gleiten ließ, geschah meistens gar nichts, obwohl der Verstärker eingeschaltet war. Sobald man jedoch an einen Aku-Punkt geriet, etwa dort, wo er in den schematischen Akupunkturtabellen eingezeichnet ist, leuchtete das Lämpchen auf, oft ganz hell. Die Anwendung schien einfach zu sein, obwohl wir ohne Vergleichsmöglichkeiten nicht beurteilen konnten, wie die unterschiedliche Helligkeit der Lampe zu bewerten war.

Nach den neuesten Erkenntnissen sowjetischer Wissenschaftler besteht ein direkter Zusammenhang zwischen der Stärke der von den Aku-Punkten ausgehenden Stromstöße und dem Gesundheitszustand. Wenn die Leber geschädigt ist, so zeigt sich das an dem korrespondierenden Aku-Punkt. Dasselbe gilt für die Nieren oder das Herz und alle anderen Organe des Körpers. Wenn das Befinden eines Menschen schlecht ist, weisen die entsprechenden Aku-

Punkte nur schwache Entladungen auf. Trotz der Verstärkung durch Adamenkos Gerät ist die Stromabgabe dann gering. Ein schwaches Aufleuchten der Lampe deutet daher auf Krankheitsprozesse hin. Leuchtet die Lampe hell auf, so ist das ein Zeichen von Gesundheit.

»Das Verfahren ist in der Tat so einfach, daß, wenn diese Stifte heute in den Handel kommen würden, jedermann in der Lage wäre, am Morgen seine Aku-Punkte zu überprüfen, um festzustellen, ob ihm irgend etwas fehlt«, erklärte Adamenko. Er empfahl, daß sich jemand, der auf diese Weise Anzeichen einer Krankheit entdeckt habe, von seinem Arzt gründlich untersuchen lassen solle. »Wenn der Betreffende jedoch über ein Diagramm verfügt, aus dem hervorgeht, welche Aku-Punkte mit welchen Organen in Verbindung stehen, dann könnte auch der Laie einigermaßen zutreffende Diagnosen stellen.«

In Amerika, ja, überall in der Welt, würde sich eine Massenproduktion dieses Instruments für jeden Haushalt bald als ebenso unentbehrlich erweisen wie das Fieberthermometer. Man stelle sich nur vor, daß man morgens aufsteht, den Körper mit dem Stift überprüft und sofort weiß, ob man vollkommen gesund ist oder ob irgendein Organ zu erkranken droht!

Wir fragten, ob wir eines dieser Geräte kaufen oder zumindest leihweise mitnehmen könnten, um es in den USA von Wissenschaftlern untersuchen zu lassen. Wir garantierten die Rückgabe des Stiftes. Aber Adamenko reagierte auf beide Vorschläge ablehnend: »Sie sind nicht zum Verkauf oder Verleih bestimmt. Man hat mir gesagt, wenn ich dieses Patent nach Amerika verkaufen würde, könnte ich damit eine Million Dollar verdienen. Aber ich bin nicht daran interessiert. Dieses Gerät dient der wissenschaftlichen Forschung, nicht dem kommerziellen Gebrauch. Es ist meine Erfindung. Ich weiß, wie es funktioniert, und unsere Wissenschaftler sind von seiner Wirksamkeit überzeugt.«

In einem Forschungsbericht, der in Wissenschaftskreisen zirkulierte und von dem wir eine Kopie erhielten, hatte Adamenko postuliert:

»Das somatische System des Menschen ist mit einem komplizierten energetischen System vergleichbar, in welchem ständig eine ungeheure Zahl von Energietransformationen und -akkumulationen stattfindet. Diese Prozesse erfolgen nicht planlos. Im Gegenteil, sie werden mit sehr großer Präzision geregelt. Dies gestattet uns, das Zusammenspiel dieser Energiebewegungen mit dem übrigen menschlichen Mechanismus zu erforschen.

Diese Erkenntnis basiert auf einem neuen Teilgebiet der Biologie, die als ›Theorie des biologischen Feldes‹ bezeichnet und erstmals 1944 von dem sowjetischen Wissenschaftler Alexander Gurwitsch erwähnt wurde. Als Element des Feldes selbst wurde eine molekular instabile Konstellation angenommen. In Weiterentwicklung von Gurwitschs Theorie kommt man zu dem Schluß, daß der menschliche Organismus ein einziges Riesenkristall im Zustand der Instabilität ist. Das energetische Skelett des Kristalls wird durch ›Leitfähigkeitszonen‹ in sehr komplizierter Konfiguration bestimmt.

Die tierische und menschliche Haut und die Oberfläche der Pflanzen weisen Punkte auf, an denen dieses Leitvermögen austritt. Im Falle des Menschen sind diese Punkte mit den Stellen identisch, die von Hindu-Medizinern und chinesischen und japanischen Ärzten für die Akupunktur empfohlen wurden. Der menschliche Körper weist die größte Zahl solcher Punkte auf, Pflanzen die geringste.

Beim Studium der auto-elektronischen Emissionen im Bereich dieser Punkte mit Hilfe des Kirlianschen Hochfrequenzfeldes stößt man auf zwei Effekte: Die Leuchtkraft ist an manchen Punkten stärker und an anderen viel schwächer. Man kann annehmen, daß manche Punkte eine große Zahl negativer Ladungen enthalten, andere hingegen positive Ladungen. Im Laufe des Tages ändert sich die elektrische Beschaffenheit der aktiven Punkte. Durch Messung ihrer elektrischen Leitfähigkeit entdeckten wir eine Korrelation mit den Veränderungen des elektrischen Leitvermögens der Atmosphäre. Während sich das Leitvermögen der Atmosphäre im Verlauf einer regelmäßigen Periode von 24 Stunden erhöht, nimmt die Leitfähigkeit der Körperpunkte ab. Im Augenblick des Sonnenuntergangs nimmt das Leitvermögen der Punkte sprungartig zu. Die Leitfähigkeit der Punkte ändert sich im Einklang mit der Sonnenstrahlung, ist aber auch abhängig von den Witterungsverhältnissen – zum Beispiel vor einem Gewitter. Andererseits besitzt jeder Mensch seine eigene persönliche elektrische Stabilität, die bei manchen höher und bei anderen geringer ist. Das ist der Grund, weshalb die Menschen auf Wetteränderungen unterschiedlich reagieren.

Im Laufe der Evolution haben die Organismen ihre äußere Form den Umweltbedingungen angepaßt. In ähnlicher Weise müssen sie sich auch an die elektrischen und magnetischen Felder der Erde angepaßt haben und gegenüber deren Veränderungen empfindlich sein. Anscheinend dienen die aktiven Punkte der Haut dem Austausch elektromagnetischer Energie mit der sie umgebenden Atmosphäre.

Die Experimente unserer Wissenschaftler haben gezeigt, daß es einen Zusammenhang zwischen der elektrischen Stabilität des Menschen und seinem allgemeinen Gesundheitszustand gibt. Bei kranken Menschen tritt eine radikale Veränderung bestimmter Hautpunkte ein. Diese Menschen reagieren am empfindlichsten auf Veränderungen des elektromagnetischen Feldes der Erde. Das ist der Grund, weshalb Rheumapatienten so zuverlässig Witterungsumschwünge voraussagen können. Diese Experimente haben auch gezeigt, daß sich an den Aku-Punkten die seelische Verfassung des Menschen ablesen läßt.«

Als wir diesen Bericht lasen, mußten wir an die Bechterewa und ihr riesiges technologisches Imperium am Leningrader Kirow-Prospekt denken, und wir hatten Sergejew vor Augen, wie er seine bescheidene Zeitmaschine vor sich her trug, Adamenko, wie er uns seinen Akupunktur-Stift vorführte, Kirlian, wie er Unsichtbares fotografierte ... Steuerten sie nicht alle auf verschiedenen Wegen unbeirrbar auf das gleiche Ziel zu?

Wer aber war ihm wohl am nächsten? Wer würde es als erster erreichen? Wenn überhaupt einer von ihnen ...

21 Das Auge des KGB

In der *Großen Sowjetischen Enzyklopädie*, Ausgabe 1974, heißt es:

»Was als Parapsychologie bezeichnet wird, sollte in zwei Kategorien eingeteilt werden. Bei der einen handelt es sich um Phänomene, die tatsächlich existieren, aber noch der wissenschaftlichen Erklärung harren. In die zweite fällt der ganze Schwindel, der von Mystikern und Scharlatanen als übersinnlicher Vorgang bezeichnet wird; diese Leute müssen entlarvt und angeprangert werden.«

Die Gefahr, irgendwelchen Scharlatanen aufzusitzen, bestand wirklich, denn uns wurden die Namen von mehr »Medien« angedient, als wir brauchen konnten. Rußland ist mit überdurchschnittlich vielen Quacksalbern gesegnet, die sich, sehr zum Bedauern von Wissenschaftlern wie Sergejew und Adamenko, auch auf die Parapsychologie geworfen haben. Einmal fragten wir sie um Rat, wie wir uns gegenüber Dr. Wjatscheslaw Saizew verhalten sollten, der mehrere vielgelesene Artikel über okkulte Phänomene in sowjetischen Zeitschriften veröffentlicht hatte. »Lassen Sie sich bloß nicht mit dem ein«, antwortete man uns. Weshalb? Die Antwort war geheimnisvoll: »Er ist nicht das, was Sie suchen.« Wir interviewten ihn trotzdem – nur um festzustellen, daß der Minsker Gelehrte den Bezug zur Realität völlig verloren hatte, um es höflich auszudrücken. Unter anderem warnte er uns, vor Wesen von einem anderen Stern auf der Hut zu sein, die sich der Körper bestimmter Moskauer Bürger bemächtigt hätten. Er gab uns sogar einige Adressen, wo wir Extraterrestrischen begegnen könnten.

Wir verwendeten das Saizew-Interview überhaupt nicht und unternahmen auch keine Reise, um eines der vielen »Medien« und Orakel, all die Hellseher oder Astralpropheten kennenzulernen, die zumindest in den Augen der sowjetischen Behörden die Parapsychologie in schlechten Ruf gebracht haben. Dennoch hätte uns der KGB, allen unseren Vorsichtsmaßnahmen und unserem Wohlverhalten zum Trotz, aufgrund des Materials, das wir sammelten und später außer Landes brachten, leicht verhaften können. Oft nahmen wir Unterlagen von Leuten in Empfang, denen wir gerade zum ersten Mal begegnet waren: Fotografien, Filme, Dokumente, wissenschaftliche Aufsätze im Original und auf Mikrofilm, Zeitungsausschnitte und Bücher, die die Autoren stolz für uns signierten. Trotz bester Empfehlungen hätte zumindest einer von ihnen ein Agent sein können. Und einer genügt schließlich. Wir waren fast sicher, daß wir auf unseren vielen Reisen von einem KGB-Agenten überwacht wurden. Aber trotz unseres Argwohns gegenüber Nikolai Sergejewitsch Witrochin hatten wir keinen absoluten Beweis für seinen »Auftrag«, außer daß wir uns verdächtig oft »zufällig« irgendwo begegneten.

Doch zu unserem Glück wollten uns die Sowjets, aus welchem Grund auch immer, keine Steine in den Weg legen. Selbst die Durchsuchung des Gepäcks in der Abflughalle von Scheremetjewo – ihre letzte und zugleich wirkungsvollste Chance – ging reibungslos vonstatten. Wir waren auf dem Heimweg und sehr zufrieden mit dem Erreichten.

Die Zeit verstrich. Wir waren in Amerika mit der Niederschrift dieses Buches beschäftigt, als am Morgen des 11. Juni 1977 KGB-Beamte den achtundvierzigjährigen Moskauer Korrespondenten der *Los Angeles Times*, Robert Toth, verhafteten. Die Festnahme fand am belebten Kutusow-Prospekt in Moskau vor den Augen von Passanten statt, die so taten, als hätten sie nichts gesehen. Toth wurde auf ein Polizeirevier gebracht und beschuldigt, Geheiminformationen »politischen und militärischen« Charakters gesammelt zu haben.

Folgendes war geschehen: Ende 1976 hatte ein zu den Dissidenten gehörender Wissenschaftler Toth gefragt, ob dieser sich für Parapsychologie interessiere. Als Toth seine Zweifel an der wissenschaftlichen Grundlage »paranormaler Phänomene« äußerte, teilte man ihm mit, daß es einen Wissenschaftler gäbe, der behaupte, eine solide Basis für die Möglichkeit außersinnlicher Wahrnehmung nachweisen zu können. Mehrere Monate später wurde Toth mit Valerij Georgijewitsch Petuchow bekannt gemacht, konnte dessen komplizierten Ausführungen jedoch nicht folgen und schrieb daher auch nichts über diese Begegnung.

An jenem 11. Juni rief Petuchow Toth an und bestand darauf, sich mit ihm sofort gegenüber von Toths Wohnung zu treffen. Dort übergab Petuchow dem Journalisten ein Dokument. Toth erklärte später, er habe das Dokument kaum in Händen gehalten, als fünf KGB-Männer auftauchten, ihn in ein Auto bugsierten und ins nächste Polizeirevier brachten. Dort wurde Toth einem Polizei-Inspektor gegenübergestellt, der alle Beteiligten vernahm. Der Inspektor nahm auch die Aussage eines gewissen L. M. Michailow zu Protokoll, der von ihm als leitendes Forschungsmitglied der Sowjetischen Akademie der Wissenschaften vorgestellt wurde und plötzlich aus dem Nichts aufgetaucht zu sein scheint, um die maschinengeschriebenen Blätter zu überprüfen, die Toth bei seiner Festnahme in der Hand hielt. Sein Urteil: Das Material sei zumindest teilweise »geheim«, Toth, der sich weigerte, ein handschriftliches russisches Protokoll zu unterzeichnen, durfte schließlich, von einem amerikanischen Vizekonsul begleitet, nach Hause gehen. Aber einige Tage später wurde er als »Zeuge« im KGB-Hauptquartier, dem berüchtigten Lefortowo-Gefängnis, verhört. Es hieß, er habe von einem sowjetischen Wissenschaftler ein Dokument erhalten, das den Beweis zu erbringen suche, die Parapsychologie, vor allem die außersinnliche Wahrnehmung, sei eine wissenschaftlich gesicherte Tatsache.

»Ich fragte, wie man denn die Parapsychologie zu einer Geheimsache erklären könne«, berichtete Toth in späteren Interviews.

»Die Parapsychologie an sich mag kein Geheimnis sein«, erwiderte Major Dobrowolskij, der Toth verhörte, »aber es mag wissenschaftliche Teilbereiche *innerhalb* der Parapsychologie geben, die geheim sind. Ich kann nichts dafür: L. M. Michailow von der Sowjetischen Akademie der Wissenschaften hat erklärt, daß die Materialien, die Sie an sich genommen haben, geheim seien.«

Am folgenden Tag mußte Toth wieder nach Lefortowo, um weitere Fragen zu beantworten, die ihm diesmal von einem anderen Verhörspezialisten des KGB, einem Oberst Wolodin, gestellt wurden. Die Fragen reichten von seinem Interesse an Parapsychologie bis zu seinen Kontakten mit sowjetischen Dissidenten. Insgesamt wurde Toth dreizehn Stunden lang vernommen und am Ende des zweiten Tages aufgefordert, sich weiterhin zur Verfügung des KGB zu halten. Doch am nächsten Tag teilte man ihm telefonisch mit: *»Bolsch ne nado«* – er werde nicht mehr gebraucht. Eine Anfrage der Amerikanischen Botschaft ergab: »Mister Toths Abreise steht nichts mehr im Wege.« Die Familie Toth machte sich also auf die Heimreise – Happy-End einer unerfreulichen Erfahrung, die viel schlimmer hätte ausgehen können.

Wer aber war dieser Petuchow? Wir hatten noch nie von ihm gehört, noch viel weniger von seiner angeblich weltbewegenden Entdeckung. Keinem der namhaften amerikanischen Parapsychologen, selbst Dr. Thelma Moss nicht, die ständig in Kontakt mit Parapsychologen in allen Teilen der Welt – auch in der Sowjetunion – ist, war der Name Petuchow bekannt. Daß Frau Dr. Moss von Petuchow nie etwas gehört hatte, war eine indirekte Bestätigung unserer Vermutung, daß der angebliche Psi-Forscher, der die Dokumente übergab, die zu Toths Verhaftung führten, ein Schwindler war – ein *agent provocateur* im Dienste des KGB. Dieser Vorfall war ein sorgfältig geplanter und durchgeführter Coup.

Das Motiv schien auf der Hand zu liegen. Die Sowjets wollten Toth einschüchtern, weil er über Dissidenten berichtet hatte. Der KGB brachte später auch tatsächlich viel mehr Zeit damit zu, Toth über seine Dissidenten-Verbindungen zu befragen als über Parapsychologie. Nachdem Petuchow zum Schein vier Tage in Gewahrsam genommen worden war, wurde ihm – wie TASS berichtete – gestattet, nach Hause zurückzukehren, weil er dem KGB geholfen hatte, einen »hartgesottenen Geheimagenten aus einem der imperialistischen Länder zu entlarven«. Sicher wird man nie wieder etwas von ihm hören.

Warum aber verfielen die Sowjets ausgerechnet auf die Parapsychologie, um ihre Repressalien gegenüber Robert Toth zu rechtfertigen? Es scheint darauf nur eine einleuchtende Antwort zu geben: Seit unserem letzten Besuch in der Sowjetunion ist die Parapsychologie zu einer sehr wichtigen Angelegenheit geworden, in ihrer Bedeutung vergleichbar der Kernforschung, der Raketenentwicklung und anderen strategischen Geheimnissen. Daher begannen die sowjetischen Behörden Anfang 1977 eine regelrechte Kampagne, um den Fluß von parapsychologischen Informationen in den Westen zu stoppen.

Hinter dem Eisernen Vorhang tätige CIA-Agenten berichteten, daß die Russen imstande seien, das Verhalten von Menschen telepathisch zu beeinflussen, auf ihre Gefühle und ihre Gesundheit einzuwirken und sogar über große Entfernungen hinweg allein durch psychische Kräfte Menschen zu töten.

So hegte man denn auch die Befürchtung, daß unsere führenden Politiker einer telepathischen Bewußtseinskontrolle unterworfen werden könnten. »Die geistig-psychische Beeinflussung eines Feindes durch hypnotische Telepathie ist den Sowjets sicherlich bekannt. Die Beherrschung und Manipulation des menschlichen Bewußtseins muß ihnen als lohnendes Ziel erscheinen.«

Um die Bestätigung zu erhalten, daß die Sowjetführung tatsächlich parapsychologische Forschung vorantrieb, brauchte die CIA nur im 19. Band der *Großen Sowjetischen Enzyklopädie* von 1974 zu blättern, der eine ausführliche Darstellung der Parapsychologie als Wissenschaft enthält. Der von V. P. Sintschenko, dem Autor von *Parapsychologie: Fiktion oder Realität*, und A. N. Leontjew verfaßte Bericht schließt:

> »Die primären Anstrengungen und Hoffnungen zahlreicher Parapsychologen konzentrieren sich gegenwärtig auf das Studium des elektromagnetischen Feldes von Organismen als Mittel der biologischen Kommunikation und als Informationsträger. Diese Forschungen werden an Insekten, höheren Tieren und am Menschen durchgeführt, aber es gibt viele Wissenschaftler, die zumindest nach außen hin ihre Arbeit nicht in Verbindung mit der Parapsychologie sehen. Eine materielle Basis dieser Phänomene ist bis jetzt noch nicht gefunden worden.
>
> Die Versuche, elektromagnetische Felder, die entweder als Bioplasma, Elektro-Aurogramm oder Biopotential bekannt sind, zu messen bzw. überhaupt zu analysieren, werden zusammen mit traditionellen Methoden wie dem Erraten von Zener-Karten und Fernsuggestion fortgesetzt. Neuentwickelte Instrumente,

mit deren Hilfe der geistig-seelische Zustand einer Versuchsperson festgestellt werden kann, haben den Charakter der zeitgenössischen Parapsychologie verändert.

Bestimmte in der Parapsychologie übliche private Forschungsmethoden haben zwar die Natur der paranormalen Phänomene nicht erklären können, sich jedoch gelegentlich für die Psychophysiologie und die experimentelle Psychologie als nützlich erwiesen. Die methodische Anfechtbarkeit der parapsychologischen Experimente hat allerdings unter den Wissenschaftlern verständlicherweise Skepsis und Irritation hervorgerufen, die durch die häufigen Fälle von Mystifikation und Schwindel noch verschärft werden.

Einer der Gründe dieses Mißtrauens ist auch in der Tatsache zu sehen, daß die parapsychologischen Vorgänge nicht beliebig reproduzierbar sind, das heißt, daß sie den Ansprüchen wissenschaftlicher Verifizierbarkeit nicht genügen. Parapsychologen erklären dies damit, daß Psi-Phänomene durch besondere Konstellationen in der Psyche ausgelöst würden, die nicht willkürlich herbeigeführt werden könnten; sie seien außerdem im höchsten Grade instabil und verschwänden, sobald sich die äußeren und inneren Umstände als ungünstig erwiesen. Dadurch wird die Interpretation parapsychologischer Phänomene sehr schwierig. Gewisse außersinnliche Vorgänge scheinen tatsächlich stattzufinden, der Nachweis ihrer Existenz wird jedoch durch unsere Unkenntnis über die Kanäle, durch die diese Informationen übermittelt werden, verhindert.«

Trotz aller Schwierigkeiten hinsichtlich der Wiederholbarkeit der Phänomene im Rahmen kontrollierter Tests machen die sowjetischen Wissenschaftler Fortschritte. Das bestätigen auch die Enthüllungen August Sterns, eines heute in Paris lebenden russischen Emigranten, der berichtete, daß er Ende der sechziger Jahre längere Zeit in einem geheimen Laboratorium in der »Wissenschaftsstadt« von Nowosibirsk mit Versuchen zubrachte, eine physikalische Basis für psychische Energie zu finden. Er behauptete, man habe ihm in Moskau mitgeteilt, daß unter Leitung des KGB ein noch geheimeres Labor eingerichtet worden sei. Ein zur gleichen

Zeit veröffentlichter CIA-Bericht enthielt die Schätzung, daß ein einziges parapsychologisches Speziallabor der Sowjets über einen technischen Stab von dreihundert Physikern, Ärzten, Biochemikern und Elektroingenieuren verfüge.

Sterns Enthüllung über das Psi-Forschungslabor des KGB gewann zusätzliche Glaubwürdigkeit, als Einzelheiten der Verstrikkung des amerikanischen Geheimdienstes mit der Psi-Forschung ans Licht kamen.

Im Jahre 1977 erhielt die Presse dank des Gesetzes über Informationsfreiheit *(Freedom of Information Act)* Zugang zu bisher geheimen Akten der CIA. Es stellte sich heraus, daß ein gigantisches Forschungsprogramm durchgeführt worden war, bei dem parapsychologische Medien, Drogen, Hypnose, Regression, Elektroschocks, Ultraschall, Psychiatrie und Psychologie eine Rolle gespielt hatten. Die besten Universitäten, Krankenhäuser und Forschungsinstitute des Landes waren daran beteiligt, wobei sich die einzelnen Teams durch harmlos klingende Decknamen tarnten. Ohne Wissen der amerikanischen Öffentlichkeit hatte man jahrelang mit Techniken der Bewußtseinskontrolle experimentiert, weil man fürchtete, daß uns die Russen auf diesem Gebiet bereits weit voraus seien.

Im Jahre 1973 startete die CIA beispielsweise mit zwei bekannten amerikanischen Medien, Ingo Swann und Pat Price, eine Versuchsreihe über »Astralprojektionen« oder »außerkörperliche Erfahrungen«. Die unter Leitung der Physiker Harold E. Puthoff und Russell Targ am Stanford-Forschungsinstitut in Kalifornien durchgeführten Experimente zeitigten erstaunliche Ergebnisse. In kontrollierten Versuchen projizierten die Medien ihr Bewußtsein über große Entfernungen und beschrieben angeblich geheimste militärische Einrichtungen und sogar den Inhalt vertraulicher Akten in diesen Basen zutreffend. Bei einem Experiment schilderte Price bis ins Detail eine im Uralgebirge verborgene sowjetische Anlage. CIA-Agenten in der Sowjetunion bestätigten seine Darstellung. Die beiden Medien »spionierten« auch in China, und wieder wurde die Richtigkeit ihrer Aussagen durch CIA-Leute in der Volksrepublik China bestätigt. Amerikanische Regierungsbeamte waren fassungslos angesichts dieser Resultate, und ein Sicherheitsoffizier rief aus: »Verdammt, es gibt keine Sicherheit mehr!«

Dr. Stanley Krippner, ein bekannter Arzt und früherer Leiter des Maimonides-Traumzentrums in Brooklyn, New York, wird von den sowjetischen Parapsychologen hochgeschätzt und korrespondiert häufig mit ihnen. Als wir ihn im August 1977 anriefen, sagte er: »Ich habe seit vielen Monaten von keinem der sowjetischen Parapsychologen etwas gehört – schon lange vor dem Fall Toth nicht. Von Adamenko, Sergejew, Injuschin oder irgendeinem der anderen ist nicht mehr das geringste Lebenszeichen gekommen. Offensichtlich ist etwas geschehen. Ich fürchte, es ist ein Hinweis, daß ihre Arbeit schärfer kontrolliert wird.«

Als wir mit Dr. Thelma Moss sprachen, war sie soeben vom Dritten Internationalen Psychotronischen Kongreß zurückgekehrt, der im Sommer 1977 in Tokio stattfand. Die erste derartige Konferenz war in Prag abgehalten worden, und mehrere russische Parapsychologen einschließlich Genadij Sergejew hatten daran teilgenommen. Sogar Tofik Dadaschew war dort und demonstrierte den verblüfften Wissenschaftlern aus Ost und West seine unglaubliche Fähigkeit, Gedanken zu »empfangen« und zu lesen, selbst von Menschen, die in einer ihm unbekannten Sprache denken. Andere Delegierte aus der Sowjetunion nahmen an der zweiten, in Monaco veranstalteten Konferenz teil. Wir waren natürlich sehr gespannt, nun Dr. Moss' Bericht über das dritte internationale Treffen zu hören. »Wen von unseren russischen Freunden haben Sie gesehen, Frau Dr. Moss?«

»Niemanden«, antwortete sie. »Ich bin sehr enttäuscht, weil wir alle den Berichten unserer russischen Kollegen mit großem Interesse entgegengesehen hatten. In diesem Sommer gab es bereits eine andere internationale Konferenz, die sich fast ausschließlich mit Akupunktur und der damit zusammenhängenden Technologie befaßte. Sie wurde in Rumänien abgehalten. Bei dieser Konferenz waren einige Leute, die ich nicht kannte – eine kleine Gruppe aus Moskau. Sie waren vom Institut für Unorthodoxe Medizin und sagten, sie erwarteten noch Viktor Injuschin. Er kam aber nicht. Die rumänische Konferenz fand einen Monat vor dem Zwischenfall mit Toth statt, und man sollte der Sache daher nicht zuviel Bedeutung beimessen. Doch an der Konferenz in Tokio nahm niemand aus der Sowjetunion teil, und das war *nach* jenem Ereignis«, bemerkte sie. »Ich glaube, daß der Fall Toth sich auf die Konferenz in Tokio in mehr als einer Hinsicht auswirkte. Jedenfalls waren auffallend weniger Delegierte erschienen, und aus Moskau, wie gesagt, nicht einer.«

Ob sie etwas von Adamenko erfahren habe? »Nein, die einzige Person, von der ich indirekt gehört habe, ist Larissa Wilenskaja. Es scheint ihr gutzugehen.«

Die neue sowjetische Klassifizierung der Parapsychologie als Forschungszweig von politischer und militärischer Bedeutung, darin waren wir uns einig, kann für die Männer und Frauen, die sich so ganz und gar in den Dienst ihrer wissenschaftlichen Mission gestellt haben, ernste Folgen zeitigen. Wir wußten, daß die Stimme Amerikas und die BBC, die beide von den Russen mit ihren Kurzwellenradios eifrig abgehört werden, ausführlich über den Fall Toth berichtet hatten. Unsere eigenen Erfahrungen ließen uns vermuten, daß die Parapsychologen ihren Aktionsradius zunächst einschränken würden, um zu sehen, aus welcher Richtung der Wind nun wehte.

Mit Hilfe unserer Beziehungen in der Sowjetunion nahmen wir Ende 1977 mit ihnen Kontakt auf und erhielten Nachricht über das weitere Schicksal fast aller unserer Gesprächspartner. Wir erfuhren, daß Viktor Akamenko seine Stelle am Institut für Physiologie in Moskau verloren und danach einige Zeit in Krasnodar verbracht hatte, inzwischen aber nach Moskau zurückgekehrt war, wo ihn ein neues Projekt von »beträchtlicher Bedeutung« erwartete. Alla Winogradowa war es gestattet, sich weiterhin mit Psychokinese zu befassen; auch auf diesem Gebiet stehen »bedeutsame Entwicklungen« bevor. Semjon Kirlian ist bei guter Gesundheit und hat sich nie größerer Hochachtung erfreut als seit dem aufsehenerregenden Bericht über die Rolle des Kirlian-Effekts in der Akupunktur, den er Mitte 1977 auf der Bundeskonferenz über Akupunktur in Taganrog erstattete.

Genadij Sergejew behauptete, er sei »in Ungnade gefallen«, da die angesehene Zeitschrift *Nauka i zizn* (»Wissenschaft und Leben«) einen Angriff gegen ihn und sein neuestes Buch über Bioenergie veröffentlicht hatte. Er verlor daraufhin seine Stelle; er wehrte sich jedoch und setzte seine Hoffnungen in einen positiven Artikel über seine »Zeitmaschine« in der Zeitschrift *Technika i nauka* (»Technik und Wissenschaft«) vom Dezember 1977. Unsere Verbindungsleute erreichten ihn in Moskau, wo er gerade dabei war, seine wissenschaftliche Reputation zurückzugewinnen. Wir sollten uns »keine Sorgen« um ihn machen – er sei zu wertvoll, um fallengelassen zu werden.

Alexej Solotows üppiger schwarzer Bart war bei seiner Arbeit in Tunguska noch um eine Handbreit länger geworden. Er verbrachte den ganzen Oktober 1977 im »Telegrafenstangenwald«. Er und sechs seiner Mitarbeiter sichteten ein Ufo, das den Wald überflog, aber nicht landete.

Nikolajew befand sich wohlauf; ihm war gestattet worden, seine Versuche fortzusetzen, und sein Ruf hatte sich durch ein überaus erfolgreiches Telepathie-Experiment gefestigt, das im März 1977 gefilmt worden war. Es wurde auch etwas von einer bevorstehenden »neuen Aufgabe« gemunkelt, die ihn zwingen würde, seine Arbeit als Schauspieler einzuschränken.

Professor Zigel, der Papst der sowjetischen Ufo-Forschung, war am Moskauer Institut für Luftfahrt intensiv mit der Ausbildung von Kosmonauten beschäftigt.

Wie zu erwarten, erreichte uns keine Mitteilung von oder über die Iwanowa – selbst die Russen haben Schwierigkeiten, ihren Spuren zu folgen. Die Kulagina war hingegen weiterhin auf ihrem Posten.

Unsere russischen Gesprächspartner hatten wir seinerzeit aufgrund ihrer wesentlichen Beiträge zur Wissenschaft der Parapsychologie ausgewählt. Sie haben sich ihres Rufs seither als würdig erwiesen, und die meisten von ihnen werden dem Staat sicherlich noch von großem Nutzen sein. Wir erwarten nicht, daß sie »abspringen«, und es wird ihnen auch auf absehbare Zeit nicht gestattet sein, die Sowjetunion zu verlassen. Die Tatsache, daß sie im Besitz »geheimer Informationen« sind, wird ihren Bewegungsradius einengen. Aber wir können nur Vermutungen darüber anstellen, was mit ihnen geschehen wird.

Es ist anzunehmen, daß Viktor Injuschin in den kommenden Entwicklungen eine Schlüsselrolle spielen wird, leitete er doch bereits, als wir mit ihm sprachen, ein wichtiges Geheimprojekt-Team. Nicht, daß er sich für einen Waffenexperten gehalten hätte – aber haben sich unsere Atomwissenschaftler je als Väter der Atombombe betrachtet? Wenn man uns fragen würde, von wem Moskau die spektakulärsten Resultate erwartet, würden wir den geheimnisvollen Mann von Alma-Ata an erster Stelle nennen.

Wir wissen nicht, wie es um seine und seiner Kollegen Zukunft bestellt sein wird – eines steht jedoch außer Zweifel: Wir haben unseren Bericht über die Entwicklungen auf dem Gebiet der Parapsychologie gerade noch rechtzeitig aus der Sowjetunion herausgebracht, bevor der Eiserne Vorhang wieder einmal herunterrasselte . . .

Personen- und Sachregister